L'ÉGLISE ÉCLIPSÉE

Publié par
OMNIA VERITAS LTD

www.omnia-veritas.com

Illustration de couverture *La Domenica del Corriere*
Christ intact malgré les bombes

"... Alors l'eau et le feu purifieront la terre et consumeront toutes les œuvres de l'orgueil des hommes, et tout sera renouvelé : Dieu sera servi et glorifié."

Événement prédit par Notre Dame à la Salette 19 septembre 1848

La Très Sainte Vierge Marie apparaît à deux enfants Mélanie Calvat, 14 ans et Maximin Giraud, 11 ans :

"Rome perdra la foi et deviendra le siège de l'antéchrist... L'Église sera éclipsée, le monde sera dans la consternation. Dieu sera servi et glorifié."

La très Sainte Vierge Marie a dit :" l'église sera éclipsée".

Elle n'a dit que cela.

PRÉFACE 11

AVERTISSEMENT 13

TÉMOIGNAGE INÉDIT DU PÈRE MALACHI MARTIN 19

    Premier entretien du 03 juin 1996 à New York 24
    Second entretien du 12 septembre 1996 à New York 25
    Troisième entretien du 17 septembre 1996 à New York 27
    Questions posées à Malachi Martin (septembre 1996) 28

PARTIE I 39

    LES MANŒUVRES SATANIQUES EN VUE DU RETOUR AU PAGANISME 39

CHAPITRE I 42

    FONDATION DE LA SOCIÉTÉ CHRÉTIENNE 42
        1. La révolte de Satan 42
        2. La venue de Jésus-Christ dissipe les ténèbres du paganisme 42
        3. La fondation de l'Église 44
        4. Triomphe de la société chrétienne sur la société païenne 45

CHAPITRE II 48

    RETOUR VERS LA CITÉ DE SATAN AVEC LE NÉOPAGANISME DE LA RENAISSANCE 48
        1. Humanisme et Renaissance 48
        *2. Les conséquences du retour du paganisme ou les filles légitimes de la
        Renaissance : la Réforme et la Révolution* 51
        3. Témoignage du Père de Clorivière sur la Révolution 54

PARTIE II 64

    ÉLABORATION DU COMPLOT MAÇONNIQUE CONTRE L'ÉGLISE 64

CHAPITRE I 67

    LA RÉVOLUTION ANTICHRÉTIENNE SOUS LE CONTRÔLE DE LA CONTRE-ÉGLISE DE SATAN : LA
    FRANC-MAÇONNERIE 67
        1. Satan : inspirateur du projet maçonnique 67
        2. La Franc-Maçonnerie, bras droit de la Révolution 68
        *3. Le projet révolutionnaire : construire la société nouvelle, opposée à la
        civilisation chrétienne* 73
        4. Condamnation de la Franc-Maçonnerie 81
        5. Le complot des Illuminati et la Révolution française 91
        6. Les suites de la Révolution française 93

CHAPITRE II 99

    PROJET D'INFILTRATION DE L'ÉGLISE 99
        1. Le bras armé de la Franc-Maçonnerie : les Carbonari 99

2. Documents maçonniques incontestés prouvant le complot 10
3. Une caractéristique du plan de la Contre-Église : opposer les nouveautés à la Tradition Apostolique 10

PARTIE III 11

RÉALISATION DU COMPLOT MAÇONNIQUE CONTRE L'ÉGLISE 11

CHAPITRE I 11

VERS LE MARIAGE DE LA CROIX ET DU TRIANGLE 11
1. Réalisation progressive du projet de Nubius 11
2. Une tentative manquée : l'épisode Rampolla 11
3. Les "révolutionnaires" dans l'Église 11
4. La nécessité d'un Concile pour amorcer le plan de la religion mondiale 12
5. Une tentative réussie : Jean XXIII, l'homme qui convoqua le Concile 12
    Une élection programmée 12
    Pourquoi la maçonnerie s'activait-elle pour cette année 1954 ? 12
Qui était Angelo Roncalli ? 13
L'élection de Roncalli rassure les Loges 13

CHAPITRE II 14

LE CONCILE « VATICAN II A ÉTÉ 1789 DANS L'ÉGLISE » CARDINAL SUENENS 14
1. L'annonce du Concile 14
2. Rôle déterminant du Secrétariat pour l'union des chrétiens 14
    Le Secrétariat au service des schismatiques et des hérétiques 14
3. Le Secrétariat au service de la cause juive 15
4. Le coup de force des modernistes 16
5. Vatican II, véritable "cinquième colonne" 17
    Les hommages de la Franc-Maçonnerie au "bon pape Jean" 17
6. L'homme qui parachève le Concile : Paul VI 17
7. La naissance de la nouvelle "église conciliaire" 18

PARTIE IV 19

LA NOUVELLE "ÉGLISE CONCILIAIRE" ET LA RELIGION MONDIALE 19

CHAPITRE I 19

DE KAROL WOJTYLA À JEAN-PAUL II 19
1. Mgr K. Wojtyla au Concile Vatican II 19
    a) Son œcuménisme 19
    b) Le sophisme de l'œcuménisme 20
2. Son élection soulève un flot de questions 210
    a) Jean-Paul I a-t-il été assassiné par la Maçonnerie vaticane ? 210
    b) Le Conclave a-t-il été régulier ? 21
    c) Des prélats gravitent autour de l'éventuel assassinat de Jean-Paul I et de l'élection de K. Wojtyla 21
3. Pourquoi K. Wojtyla a-t-il été choisi ? 220

a) Karol Wojtyla "acteur" 221
b) Le cardinal Wojtyla moderniste 233

CHAPITRE II **238**

"... NOUS DEVONS ARRIVER... AU TRIOMPHE DE LA RÉVOLUTION PAR UN PAPE" (NUBIUS) .. 238
1. *La réponse de K. Wojtyla devenu Jean-Paul II* 238
2. *Suppression de l'excommunication des francs-maçons* 241
3. *Jean-Paul II et L'Opus Dei, "Maçonnerie blanche"* 246
4. *Jean-Paul II et les cultes païens* 249
   a) Jean-Paul II et l'Hindouisme 250
   b) Jean-Paul II et les Vaudous 253
5. *Le scandale d'Assise* 257
6. *Jean-Paul II en France* 262
7. *Jean-Paul II et l'anniversaire d'Assise* 264
8. *Remerciements de la Franc-Maçonnerie* 268

CHAPITRE III **270**

VERS LA RELIGION LUCIFÉRIENNE 270
1. *En quoi consiste la religion luciférienne ?* 270
2. *La religion luciférienne coïncide avec la religion maçonnique* 274
3. *La religion mondiale, maçonnique : le noachisme* 277
   a) Le "prophète" Élie Benamozegh (1823-1900) 277
   b) Le noachisme, selon Élie Benamozegh 282
4. *Jean-Paul II, artisan du noachisme* 294
   a) "Conversion" d'Aimé Pallière au noachisme 294
   b) "Conversion" de Jean-Paul II au noachisme 299
   c) D'où vient la "théologie" de Jean-Paul II ? 302
   d) Jean-Paul II réalise le grand projet noachide au Sinaï "prophétisé" par le grand rabbin Benamozegh 304
   e) Le Memorandum secret 307
5. *La "civilisation de l'amour" de Jean-Paul II et la "civilisation globale" des francs-maçons* 323

CHAPITRE IV **331**

"QUE LE CLERGÉ MARCHE SOUS VOTRE ÉTENDARD EN CROYANT TOUJOURS MARCHER SOUS LA BANNIÈRE DES CLEFS APOSTOLIQUES" (NUBIUS) 331
1. *La révolution conciliaire et les forces en présence* 332
   a) Les deux "anneaux" 333
   a) Réaction de l'autre partie de *"l'anneau des rétrogrades"* 338
   b) Que penser de cette autorité conciliaire ? 343
2. *Neutralisation de "l'anneau des rétrogrades"* 359
   Déclaration de fidélité aux positions de la Fraternité Saint-Pie X 369
   La Fraternité Saint-Pie X neutralise les prêtres et les fidèles qui refusent d'être en communion avec l'autorité conciliaire 374
3. *L'abolition et la "profanation" du Saint Sacrifice de la Messe* 394
   Ce dernier point retiendra notre attention 396

Satisfaction des protestants 400
Aveu du cardinal Stickler 405
La radiation des *"prêtres réfractaires"* du sein de la Fraternité Saint-Pie X 410
Un accord secret ? 419
4. Conséquences de l'abolition et de la profanation de la Sainte Messe 424

CHAPITRE V 427

DE *"LA CATASTROPHE UNIVERSELLE"* AU TRIOMPHE DE L'ÉGLISE 427

1. *"La catastrophe universelle"* 429
2. La *"catastrophe universelle"* doit-elle amener le règne de l'Antéchrist ? 434
   a) La préparation du règne de l'Antéchrist 435
   a) "L'homme qui s'est fait dieu" : l'Antéchrist 440
3. Un essai de réponse 445
   A) Selon les Pères de l'Église, la destruction de Rome doit précéder la venue de l'Antichrist 446
   B) La destruction de Rome, conséquence de son apostasie 447
4. L'intervention divine et le triomphe de l'Église 457
   a) L'intervention divine 458
   b) Les moyens à utiliser pour l'obtention du triomphe de l'Église 461
   c) Que dit Notre-Seigneur à cette religieuse ? 462
   d) Le triomphe du règne social de Notre-Seigneur par le Cœur Immaculé de Marie 465

DÉJÀ PARU 475

PRÉFACE

La première édition de ce livre est parue sans nom d'auteur, sans préface, sans mention d'une maison d'édition renommée... sans aucune publicité dans un catalogue connu... Et cependant, elle a été épuisée en quelques mois... et quelques lecteurs nous ont dit qu'ils avaient lu cet ouvrage tout d'une traite, passionnés par le sujet.

Voilà la deuxième édition, augmentée et, de ce fait, devenue encore plus percutante que la première.

Ce qui fait sa valeur, ce ne sont pas les idées, style d'un auteur renommé... L'auteur semble en effet se cacher derrière un ensemble de citations réunies pour montrer comment l'Église fondée par Notre-Seigneur Jésus-Christ est, actuellement, comme éclipsée.

Et c'est Notre Dame de La Salette qui, la première, en 1846, a employé cette expression : *"l'Église sera éclipsée"*.

Depuis, ici ou là, elle a été employée souvent... Par exemple, dans tel livre, tel bulletin, telle revue, telle prédication, etc.

"L'Église éclipsée ?" — m'écrit un professeur de lycée — est un petit ouvrage qui, s'il est petit en volume, est malgré tout très gros en signification. Il est intéressant car, de la part de l'écrivain, il est très restreint ; c'est un magnifique travail de secrétariat, un gros travail de documentaliste, où les citations révélatrices sont habilement employées pour montrer que ce n'est pas la volonté d'un homme qui voudrait tout voir en noir à propos de l'Église, ou qui aurait l'œil mauvais, qui veut faire passer une thèse pour justifier sa propre opinion ; c'est un travail objectif,

impartial, accablant pour les menteurs qui occupent les postes les plus hauts de l'Église. L'intérêt d'un tel genre de travail, c'est qu'il est indiscutable".

Oui, l'intérêt d'un tel genre d'ouvrage, c'est qu'il est indiscutable. Et il est indiscutable parce qu'il n'est pas l'exposé d'une thèse ou d'une opinion que l'on explique par des arguments plus ou moins savants, plus ou moins philosophiques, théologiques... Il est le déroulement, sur le plan des faits, des objectifs d'infiltration de l'Église par ses ennemis conjugués ayant pour chef Satan lui-même.

Si l'on veut comprendre ce qui se passe dans le Vatican, dans l'Église, et même dans le monde sur le plan religieux, il faut connaître un peu les projets de la subversion dans sa lutte contre l'Église...

Le lecteur se rend compte alors que ces plans sont en train de se réaliser, qu'ils sont ourdis depuis bien longtemps, mais que leur réalisation générale, préparée de longue date, arrive maintenant à la phase ultime...

Dans la crise actuelle, un catholique ne peut pas ne pas se poser la question : "Où va l'Église Catholique ? Ne serait-ce pas le temps annoncé par la Vierge Marie à La Salette... Rome perdra la foi... L'Église sera éclipsée... ?"

Mais l'éclipse ne dure qu'un moment... Et la Vierge Marie, à Fatima, l'a dit aussi, "son Cœur, à la fin, triomphera". L'éclipse n'aura qu'un temps. Il faut garder la vraie lumière pendant le temps de l'éclipse.

Le 13 octobre 1997.
Rd Père Vinson, Fondateur des Sœurs du Christ-Roi,
Prédicateur des Exercices Spirituels,
Directeur de *"Simple Lettre"*.

Avertissement

« En matière de foi, c'est toujours au Siège de Pierre qu'il faut se tenir attaché, et, parce que la doctrine que l'Église enseigne est celle qu'elle a toujours enseignée, qu'elle ne varie point, il ne faut jamais s'en départir, pour suivre, quelque motif qu'on puisse avancer, ceux qui enseignent une doctrine qui s'en écarte.

Il est donc important de faire une réflexion à laquelle il eût été à souhaiter qu'on fît plus attention : c'est que, lors même qu'on ne peut consulter l'Église ou son premier Pasteur, à qui l'infaillibilité est promise, il ne faut s'en rapporter aveuglément à aucune autorité particulière, parce qu'il n'y en a point qui ne puisse être entraînée elle-même et nous entraîner avec elle dans l'erreur.

C'est moins à l'autorité personnelle qu'à l'autorité des raisons alléguées qu'il faut se rendre ; ce n'est pas là le cas où une obéissance aveugle peut être louable, il y faut user de discernement, comme le dit l'Apôtre : *"rationabile sit obsequium vestrum"* ; enfin il faut avoir plus égard à la force et au nombre des preuves et des raisons qu'au nombre des autorités particulières. Car dans les temps de trouble, où la vérité est persécutée, il arrive d'ordinaire que le plus grand nombre penche du mauvais côté qui favorise sa faiblesse, quoique le moins conforme à la vérité.

Il faut donc consulter le Seigneur avec simplicité, dans le dessein et la ferme résolution de suivre les lumières de sa conscience, sans avoir égard de ce qui peut arriver de fâcheux, et au jugement désavantageux que les hommes pourront porter de notre conduite. Le Seigneur se plaît à éclairer une âme qui le cherche avec droiture, et les lumières d'une saine conscience s'accordent toujours avec les décisions d'une véritable doctrine. En se conformant à cette lumière, on a vu les âmes les plus simples montrer plus de courage et de fermeté que la plupart des autres dans la défense de la vérité[1] ».

En ces temps où l'on peut penser que se réalise la prophétie de Notre-Dame de la Salette, à savoir *"l'Église sera éclipsée, le monde sera dans la consternation*[2], plus que jamais, il faut mettre en pratique ce qu'écrivait le Père de Clorivière : qu'*"il ne faut s'en rapporter aveuglément à aucune autorité particulière"* et vouer sa fidélité à la Sainte Église catholique, apostolique et romaine. Plus que cela, il faut aimer et défendre l'Église catholique contre les attaques et les persécutions engagées contre Elle.

"Bien que combattre — disait Grégoire IX — *pour arracher la Terre Sainte aux mains des païens soit l'assurance de mériter la vie éternelle, on pense que c'est un mérite beaucoup plus grand, si l'on combat l'impiété de ceux qui exterminent la foi, en laquelle consiste le salut de tout le monde, et ourdissent la ruine générale de l'Église"* (Bulle *"Dei Filius"* du 21 octobre 1239).

Le principal danger aujourd'hui se trouve chez les libéraux qui espèrent marier la lumière de la Tradition apostolique avec les ténèbres, où

---

[1] Père Pierre de Clorivière S. J. — dont le procès de béatification est clos — : *"Études sur la Révolution"*, Ed. Sainte Jeanne d'Arc, pp. 132-133.

[2] Mélanie, en commentant cette partie du secret dira à l'abbé Combe : "L'Église sera éclipsée. Premièrement, on ne saura quel est le vrai pape. Deuxièmement, le Saint-Sacrifice cessera d'être offert dans les églises et même dans les maisons ; de sorte que, pendant un temps, il n'y aura plus de culte pour le public. Mais je vis que pourtant le Saint-Sacrifice ne cessa pas : on l'offrait dans des granges, des alcôves, des caves et des souterrains" (Abbé Combe : *"Le secret de Mélanie et la crise actuelle"*, Rome, 1906, p. 137).

s'agitent les hérétiques, les schismatiques, les apostats et les modernistes. Cette doctrine fut pourtant toujours condamnée *"comme étant contraire à l'enseignement de la Sainte Écriture, des Saints Pères et de l'Église"* (Pie IX, *"Quanta cura"*).

La Sainte Écriture le rappelle fréquemment : *"Est est, non non, tout le reste vient du démon"* (Mt V, 37). Sentence reprise par l'apôtre saint Jacques (V, 12), qui souligne quant à lui : *"Que votre parole soit : Est est, non non, afin que vous ne tombiez point sous le jugement"*. Saint Paul écrit aussi : *"... quelle union y a-t-il entre la justice et l'iniquité ? ou quelle association entre la lumière et les ténèbres ? ou quel accord entre le Christ et Bélial ?"* (II Cor. VI, 14-15). Aucune communion n'est en effet possible entre les *"fils de lumière"* et les *"fils des ténèbres"*.

Dans la même ligne, Léon XII enseignait : *"Évitez avec soin ceux qui appellent la lumière ténèbres et les ténèbres lumière. En effet, quel avantage auriez-vous à vous lier avec des hommes qui ne tiennent compte ni de Dieu, ni des puissances, qui leur déclarent la guerre..."* (cité par l'anthologie de Georges Virebeau : *"Les papes et la Franc-maçonnerie"*, Paris 1977, p. 23).

Pie IX, dans un discours aux catholiques français, du 18 juin 1871, s'exclamait :

« ... *L'athéisme dans les lois, l'indifférence en matière de religion, et ses maximes pernicieuses qu'on appelle catholiques libérales, voilà, oui, voilà les vraies causes de la ruine des États et ce sont elles qui ont précipité la France. Croyez-moi, le mal que je vous signale est plus terrible encore que la Révolution, que la Commune même !* — Ici le Saint Père se porta les mains au front, et avec un mouvement qui indiquait un amère chagrin mêlé à une profonde indignation, il dit — *J'ai toujours condamné le libéralisme catholique* — puis levant les mains et les agitant, il ajouta précipitamment et avec force — *je le condamnerai quarante fois encore s'il le fallait* » (*"L'Univers"*, 26 juin 1871).

De même Mgr Sarto (futur saint Pie X) expliquait que dans le camp des ennemis de la foi, les plus dangereux ne sont pas ceux qui s'étalent au grand jour, mais les autres, qui trompent et se dissimulent : les catholiques libéraux.

« Les catholiques libéraux sont des loups couverts de la peau des agneaux. Le prêtre conscient de sa mission doit dévoiler leurs trames perfides, leurs méchants desseins. Vous serez appelés papistes, cléricaux, rétrogrades, intransigeants ; honorez-vous-en et ne faites pas attention aux railleries des pervers...

Veillez, ô prêtres, à ce que, par votre faute, la doctrine de Jésus-Christ ne perde pas la parure de son intégrité. Conservez toujours la pureté et l'intégrité de la doctrine, en tout ce qui touche aux principes de la foi, aux mœurs et à la discipline... Beaucoup ne comprennent pas les soins jaloux et la prudence dont on doit user pour conserver la pureté de la doctrine. Il leur semble naturel et quasi nécessaire que l'Église abandonne quelque chose de cette intégrité ; il leur semble intolérable qu'au milieu des progrès de la science, l'Église seule prétende demeurer immobile dans ses principes. Ceux-là oublient le commandement de l'apôtre : *"Je t'ordonne devant Dieu qui donne la vie à toutes choses et devant Jésus-Christ qui a rendu témoignage sous Ponce-Pilate, je t'ordonne d'observer ce commandement (la doctrine) immaculé, intact, jusqu'à la venue de Notre-Seigneur Jésus-Christ"* » (cité par *"La Contre-Réforme Catholique"*, n° 237, novembre 1987, p. 5).

Pie XII aussi enseigne qu'"*Il est inadmissible qu'un chrétien se compromette avec l'erreur, ne serait-ce que d'une manière minime, même si cela se fait pour maintenir le contact avec ceux qui sont dans l'erreur*" ("*C'est un geste*" 10.7.1946).

On ne peut unir la vérité et l'erreur parce qu'elles s'opposent nécessairement. La moindre erreur associée à une vérité ne donne pas une vérité amoindrie, elle donne une erreur nouvelle. Un exemple pour mieux comprendre : si l'on met du poison dans une liqueur, on n'obtient pas une liqueur de moindre qualité, mais une potion mortelle.

Les faits ne contredisent pas la théorie. Si, en effet, on unit la vérité à l'erreur les conséquences sont mortelles. C'est ainsi que le philosophe catholique Augusto del Noce, très connu en Italie, en faisant un bilan de la période au cours de laquelle la "*democrazia cristiana*" italienne (démocratie chrétienne), parti politique des catholiques libéraux, avait exercé le pouvoir, concluait : "*Pendant sa domination s'est réalisée une sécularisation plus entière que celle jamais réalisée par les Jacobins, les maçons ou les communistes*".

Le 5 janvier 1895, Mélanie, en visant les libéraux, écrivait : "*En vérité, les catholiques, sans parler des autres, aident merveilleusement à composer, à préparer le règne de l'Antéchrist ; les Lucifériens n'ont pas à combattre beaucoup, pour former ce régiment d'endémoniés : tout ce mal se fait paisiblement...*" (*Documents pour servir à l'histoire réelle de la Salette*, Résiac, 1978).

Malachi Brendan Martin S. J.

23 juillet 1921 ~ † 27 juillet 1999

Né dans le Comté de Kerry, en Irlande, il étudia à l'Université Catholique de Louvain, en Belgique. Il y reçut des doctorats en langue sémitique, en archéologie et Histoire orientale. Il étudia ensuite à Oxford et à l'Hebrew University à Jérusalem.

Ordonné prêtre le 15 août 1954, il est prêtre jésuite à Rome de 1958 à 1964, et accomplit certaines missions délicates pour le cardinal Augustin Bea, dont il était le secrétaire privé, et les papes Jean XXIII et Paul VI. Relevé en 1964 par Paul VI de ses vœux de pauvreté et d'obéissance à sa propre demande, il déménage à New-York et devient un auteur international de best-sellers, fictions et non-fictions. Un de ses sujets de prédilection est le Troisième Secret de Fatima, dont il parla longuement dans ses ouvrages. Il rappelle que ce qu'il a de plus effrayant est qu'il est apocalyptique et correspond aux textes eschatologiques des Saintes-Écritures.

TÉMOIGNAGE INÉDIT DU PÈRE MALACHI MARTIN

Nous abordons cette étude par le témoignage du Père Malachi Martin, qui a eu l'extrême obligeance de signer ses déclarations. Comme il fut secrétaire du cardinal Bea, et que ce dernier a joué un rôle majeur dans la fondation de la nouvelle *"église conciliaire"*[3], ainsi que dans l'exécution du plan des ennemis de l'Église, son témoignage est à la fois d'un grand intérêt et d'une gravité extrême. C'est pourquoi nous éviterons de citer les noms des personnes directement concernées par cette enquête ; sauf, bien sûr, le Père Malachi Martin lui-même. Certains nous ont dit ne pas être trop d'accord avec quelques affirmations du Père. Nous faisons remarquer qu'il faut distinguer, dans ce témoignage, les événements qu'il relate de ses opinions personnelles, que l'on n'est pas obligé de suivre. Ce qui nous a semblé important dans le cadre de cet ouvrage, ce sont les faits objectifs qu'il rapporte.

Tout commence par un article intitulé « Le pape serait-il le cardinal Siri ? » signé L. H. Rémy, dont voici la reproduction :

« Dans un de ses écrits, le Prince Scortesco, cousin germain du Prince Borghèse, Président du Conclave ayant élu Montini au Pontificat suprême, donne les renseignements suivants concernant le conclave du 21 juin 1963 : *"Pendant le Conclave, un cardinal sortit*

---

[3] C'est la dénomination que le cardinal Benelli utilisa pour désigner l'église issue du Concile. Le cardinal Wojtyla, dans son livre *"Signe de contradiction"*, lui donne le nom d'*"église post-conciliaire"*.

de la chapelle Sixtine, rencontra les représentants du B'naï B'rith[4], leur annonça l'élection du cardinal Siri. Ils répondirent en lui disant que les persécutions contre l'Église reprendraient de suite. Retournant au conclave, il fit élire Montini".

Rendant visite à Monsieur de la Franquerie, en novembre 1984, avec mon ami Francis Dallais, nous reparlâmes de ce grave problème. Monsieur de la Franquerie, en 1963, était en relation suivie avec de nombreux prélats romains, et il nous confirma avoir entendu des confidences de gens sûrs et bien informés ayant eu connaissance de ces faits.

Nous décidâmes, pour en avoir le cœur net, d'aller voir le cardinal Siri à Gênes. Monsieur de la Franquerie ayant eu l'occasion dans le passé de le rencontrer et d'avoir avec lui d'aimables entretiens, lui écrivit pour lui demander audience ; ce que le cardinal nous accorda le vendredi suivant l'Ascension 1985.

C'est ainsi que le 17 mai 1985, nous nous retrouvions chez moi à Lyon, Monsieur de la Franquerie et Francis Dallais. La soirée fut merveilleuse. J'avoue que je suis sensible au charme très vieille France de notre cher marquis et que nous avons passé, jusqu'à une heure très avancée dans la nuit, des moments inoubliables à l'écouter nous raconter ses souvenirs d'une vie féconde et bien remplie. Que ce soit ses souvenirs sur Monseigneur Jouin, sur le Maréchal Pétain ou sur Pie XII, Monsieur de

---

[4] « Le B'naï B'rith, qui veut dire Fils de l'Alliance en hébreu, est la première organisation juive mondiale. C'est à la fois la plus ancienne, la plus nombreuse et sans doute la plus influente. Fondée en 1843 aux États-Unis, cette société secrète para-maçonnique exclusivement réservée aux juifs comprend plus de 550 000 Frères et Sœurs dans une cinquantaine de pays » (*"Les guerriers d'Israël"*, Facta, 1995, p. 415). Lire aussi le remarquable ouvrage de Mr. E. Ratier : *"Mystères et secrets du B'naï B'rith"*.

la Franquerie est intarissable et passionnant.

Le lendemain matin, nous sommes partis tôt pour Gênes où le cardinal nous attendait vers 10 heures et nous accorda une audience de deux heures. Nous fûmes reçus avec beaucoup d'attention dans le magnifique Palais épiscopal de Gênes. Le cardinal qui parle très bien le français, fut chaleureux, attentif et d'une courtoisie propre à ces gens, grands par la fonction, mais plus encore par le cœur.

S'engagea alors un dialogue entre ces deux respectables personnes dans un langage diplomatique que je ne connaissais pas et qui est d'un charme, d'une délicatesse, fruit de l'éducation de centaines d'années, et malheureusement disparu de nos jours.

Ils parlèrent de plusieurs problèmes actuels ou passés, inutiles à retracer aujourd'hui. Pour ce qui nous concerne, nous avions convenu la veille au soir, de parler d'abord de la sortie, lors du Conclave, du cardinal Tisserand. Rappelant donc cette histoire, la réaction du cardinal Siri fut nette, précise, ferme et indiscutable : *"Non, personne n'est sorti du Conclave"*. Il ne peut témoigner que de ce qu'il a vu et non pas de ce qui aurait pu se passer dans son sommeil ou dans son dos. Mais ce qui a retenu notre attention, c'est cette fermeté, ce non catégorique du cardinal.

Quelques instants plus tard, lui demandant s'il avait été élu pape, sa réaction fut complètement différente. Il commença par rester longuement silencieux, il éleva les yeux au ciel avec un rictus de douleur et de peine, joignit les mains et dit, pesant chaque mot avec gravité : *"Je suis tenu par le secret"*. Puis, après un long silence, lourd pour nous tous, il reprit : *"Je suis tenu par le secret. Ce secret est horrible. J'aurais des livres à écrire sur les différents conclaves. Des choses très graves se sont passées. Mais je ne peux rien dire".*

Réfléchissons. S'il n'avait pas été élu pape, il l'aurait dit avec autant de promptitude et de fermeté qu'à la question précédente. Ayant été élu, il ne pouvait le dire, tenu par le secret, et, ne pouvant mentir, il s'est retranché derrière ce secret.

En fait, il s'avère que j'ai dans mes proches quelqu'un qui le côtoie de près et qui m'a assuré que le cardinal leur a dit avoir été élu pape deux fois : à la place de Paul VI, et à la place de Wojtyla. La première fois il aurait refusé, la seconde on l'aurait obligé de refuser sous menace de schisme !

Pour les trois témoins que nous fûmes, nous sommes repartis très ébranlés et pratiquement convaincus de son élection.

Et alors se posent de graves questions. A-t-il démissionné ? L'a-t-on forcé à démissionner ? Qu'en est-il de ces élections ? Quels lourds secrets pèsent sur lui ?

Lors du dernier Synode, il resta quelques heures et repartit. Malgré son âge avancé et le fait qu'il ait dépassé 75 ans, il n'a pas donné sa démission et on ne l'a pas exigée.

Alors ? Dernier cardinal nommé par Pie XII, nous laissons aux historiens et aux théologiens le soin d'étudier ce problème à fond et d'y répondre. Nous laissons simplement ce grave témoignage » (*"Sous la Bannière"*, juillet/août 1986).

Dans la semaine qui suivit la parution de cet article, Monsieur de la

Franquerie reçut deux appels téléphoniques de Rome, prouvant que même une petite revue très confidentielle était lue au Vatican. Les correspondants voulaient savoir si l'article était sérieux, ce que Monsieur de la Franquerie leur a confirmé.

L'article fut ensuite traduit en anglais, en allemand, en espagnol, en italien et diffusé partout, si bien qu'un jour un prêtre demanda un rendez-vous au directeur de la revue. Ce prêtre était envoyé par le Père Malachi Martin, Jésuite, habitant New York.

Il le rencontra pour lui faire savoir de la part du Père Malachi Martin, présent en qualité d'interprète aux derniers conclaves (parlant plusieurs langues), que ce qu'il avait écrit était vrai.

Il compléta cette information par un élément important : à savoir que Malachi Martin dut traduire un message destiné au cardinal Siri, lequel contenait exactement cette phrase :

« Si vous acceptez le pontificat nous engageons des représailles contre votre famille »

Courant mai 1996, un de nos amis, se trouvant pour quelques mois aux États-Unis, en profita pour aller voir le Père Malachi Martin. Il eut l'initiative de lui poser par écrit quelques questions.

Voici donc le rapport des visites, les questions et les réponses telles qu'elles nous sont parvenues[5].

---

[5] On peut faire parvenir au lecteur qui le souhaiterait les photocopies des réponses manuscrites en anglais, signées par le Père Malachi Martin.

Premier entretien du 03 juin 1996 à New York

« Malachi Martin vit aux États-Unis. Il dit toujours sa messe, confesse et voit des personnes. Il a soixante-quinze ans et toute sa tête.

Je me présente comme un ami d'amis du Marquis de la Franquerie. Cela lui suffit à situer les choses. (...) Presque de lui-même, il me parle des Conclaves qu'il a vécus. Je lui pose deux ou trois questions. Il m'affirme que le cardinal Siri a bien été élu pape à la place de Paul VI et de Jean-Paul II et qu'il a refusé deux fois à cause de menaces faites sur lui et sa famille. Il était d'une grande famille de Gênes. Durant les deux Conclaves, aucun des cardinaux n'est sorti. Ces menaces lui ont été faites par un autre cardinal.

Je n'ai pas trop insisté sur le sujet et nous avons parlé de la crise en général. Puis, de lui-même, alors qu'il parlait de Jean-Paul II, du fait qu'il ne gouvernait pas et qu'il ne croyait pas à son infaillibilité, que l'Église était gouvernée par les évêques, il m'a dit que finalement tout cela posait de graves problèmes, que toutes les ordinations des prêtres par Jean-Paul II étaient invalides et que les fidèles étaient perdus.

Je lui ai reposé la question : *"Alors vous affirmez que tout cela est invalide ?"*

Il me répond avec une grande simplicité et assurance : *"Mais oui puisque le sacrement a été changé au Concile"*[6].

Alors je lui dis qu'il faudrait écrire tout cela et il m'apprend qu'il est en

---

[6] La question de la probable invalidité du rite post-conciliaire du sacrement de l'ordre est traitée dans la revue *"Forts dans la Foi"*. Rama P. Coomaraswamy, MD : "Le drame anglican du clergé catholique post-conciliaire", n° 9/10, 2ème trimestre 1990.

train d'écrire un nouveau livre sur ce sujet. Par la même occasion il me dédicace son dernier livre en anglais, qui sera traduit en français : *"La maison balayée par le vent"*.

« Ensuite nous parlons de choses et d'autres. Il m'apprend que l'abbé de Nantes était venu le voir et lui avait demandé d'insérer une page sur sa communauté et lui-même dans un de ses livres, mais qu'il avait dû refuser. Il a connu Mgr Guérard des Lauriers, Mgr Ngo Dhin Thuc et beaucoup de monde.

Je lui demande ce qu'il pense des sacres opérés par Mgr Ngo Dhin Thuc. Il pense qu'ils sont tout à fait valides. Il pense qu'il existe actuellement quelques 57 évêques qui ont été sacrés ainsi. Il me demande si Mgr Williamson est *"sédévacantiste"* de cœur ou non. Je lui réponds qu'en tout cas, il l'a été, ainsi que d'autres, mais qu'il ne le dit pas. Mgr Fellay affirme avoir des relations avec les "sédévacantistes non déclarés". Il m'invite à revenir le voir. Ce qui se fera très prochainement »

Second entretien du 12 septembre 1996 à New York

« Dans mon dernier récit j'oubliais de mentionner que l'on avait vraisemblablement fait un chantage au cardinal Ottaviani dans ses derniers jours pour qu'il accepte le Novus Ordo, sans quoi on ne lui donnerait pas les derniers sacrements.

Ce jeudi soir, Malachi Martin avait préparé les réponses écrites aux questions que je lui avais posées par écrit par courrier quelque temps avant. Cela dans le but d'une éventuelle publication.

Il me prévient que notre entretien ne sera pas long car il doit recevoir dans une heure, un prélat de Rome. Jean-Paul II a signé un document officiel donnant l'autorisation à un Conclave de déposer le pape pour des motifs d'incapacité physique ou de santé. Si bien qu'on ne parle plus que de Conclave à Rome... mais le prochain sera pire et la situation aussi !

Outre les réponses écrites, nous en reprenons quelques-unes de vive voix. Notamment la question du Conclave. Il me décrit à nouveau comment le refus du cardinal Siri s'est passé : *""Après avoir été élu Pape et avoir lu un papier qui venait de lui parvenir, dans une enveloppe, par le rang des cardinaux, l'un des trois cardinaux présidant le Conclave s'approche pour lui demander selon les paroles consacrées s'il accepte d'être pape. À ce moment-là, Siri se dresse raide comme un bâton et prononce les phrases latines de refus sur un ton impersonnel et froid comme s'il était contraint. La raison qu'il donne de son refus est 'propter metum', c'est-à-dire 'à cause de la peur'"*.

À cet instant, Malachi Martin me dit que, canoniquement, cette manière de répondre pourrait être un motif pour invalider le Conclave[7].

---

[7] L'*Osservatore Romano* du 21/03/1989 reporte un commentaire du P. Betti à propos des nouvelles formules de la profession de foi (il faudrait écrire un chapitre pour les commenter). Il dit entre autre : « La deuxième catégorie concerne les vérités et les doctrines que le Magistère propose d'une manière définitive bien qu'elles ne soient pas divinement révélées. À ces vérités doit correspondre un assentiment total, même s'il ne s'agit pas d'un assentiment de foi, car elles ne sont justement pas proposées comme divinement révélées. Par exemple, la légitimité d'un Pontife romain : son élection est un fait historique. Elle pourrait même être théoriquement entachée d'un vice électoral. Ce n'est pas le fait en lui-même qui est divinement révélé, mais il est tellement lié à la Révélation que le Magistère peut se prononcer d'une manière définitive sur la légitimité de tel ou tel Pape. Autrement, l'Église serait restée pendant telle ou telle période sans un chef légitime, sans un successeur de Pierre ». Cet extrait semblerait presque une réponse au témoignage publié trois ans avant, en 1986 dans *"Sous la Bannière"*.

Je lui demande : « De qui émanait ce papier ? »

Il me répond : « Il venait des cardinaux, probablement des cardinaux Villot et...[8] En tout cas c'était l'expression du refus de la Loge spéciale. Cette Loge est réservée à Rome aux cardinaux en liaison étroite avec le Grand-Orient.

Jean XXIII et Paul VI ont fait partie de la Loge spéciale »

Je lui demande de confirmer : « Jean XXIII était-il franc-maçon ? »

Il répond : « Sur l'appartenance de Jean XXIII à la Franc-Maçonnerie, toutes les preuves sont dans les archives du Vatican, jalousement gardées par le cardinal Sodano. Lui-même aurait vu des photos prises par son chauffeur dévoilant Jean XXIII fréquentant les loges parisiennes »

La suite de notre conversation fut un peu une répétition des réponses qu'il avait écrites. Faute de temps nous nous arrêtons là. Nous devons nous revoir le mardi suivant »

Troisième entretien du 17 septembre 1996 à New York

« Ce sera notre dernière rencontre avant mon retour en France.

Malachi Martin me dit encore qu'on ne parle plus que de Conclave à Rome, que chacun cherche des voix et que les francs-maçons s'agitent de manière très active au sein de la Loge spéciale réservée aux cardinaux, mais en liaison avec le reste de la Franc-Maçonnerie via le Grand-Orient

---

[8] Le second nom est difficile à saisir. Afin d'éviter une erreur nous préférons ne pas le transcrire.

et le Grand Maître d'Italie dont il ne se souvenait plus exactement du nom.

Il me dit qu'il a plusieurs fois parlé à Jean-Paul II de ces pressions (de la Franc-maçonnerie) et des erreurs de Vatican II, mais qu'il lui a répondu que cela n'était rien et qu'il s'en moquait.

Je lui demande : « Jean-Paul II se considère-t-il comme pape ? »

Il me répond : « Il doute même s'il est pape et il se comporte plus comme un évêque que comme un pape »

Nous parlons ensuite de Mgr Thuc, de Mgr Mac Kenna puis il lit et signe la traduction de ses réponses en français afin de pouvoir demander à ce qu'elles soient publiées.

Je lui demande quelques précisions sur le motif du premier refus du cardinal Siri et la manière dont cela s'est passé. Il me répond que ce fut le même procédé à chaque fois (pour Paul VI et Jean-Paul II).

Puis je lui demande ce qu'il entend par *"faire avancer les dossiers sur l'Œcuménisme et le Judaïsme"*. En fait, il fut simplement un intermédiaire entre Jean XXIII et le cardinal Bea.

Enfin, après qu'il m'ait donné sa bénédiction, nous nous séparons avec l'intention de rester en correspondance »

Questions posées à Malachi Martin (septembre 1996)

Sujet : Traditionalisme

1. Connaissez-vous la thèse dite de *"Cassiciacum"* rédigée par Mgr Guérard des Lauriers ? Qu'en pensez-vous ? Considérez-vous qu'aujourd'hui le "pape"[9] est un usurpateur, n'a plus d'autorité et devrait soit se convertir, soit être déposé ?

Je ne connais pas "Cassiciacum"[10].

2. La Fraternité Saint-Pie X[11] fait signer une reconnaissance de la légitimité de Jean-Paul II avant le diaconat. Elle donne la consigne pratique de prier publiquement pour lui et de dire l'"Una cum famulo tuo papa nostro Joanne Paulo" à la messe. Qu'en pensez-vous ?

La Fraternité est confuse au sujet de la papauté.

3. Pensez-vous que les sacres opérés par Mgr Ngo Dinh Thuc sont valides ?

Les consécrations de Mgr Ngo Dinh Thuc sont valides.

4. Que pensez-vous du combat de Mgr Lefebvre et de Mgr de Castro Mayer ?

Je pense que Mgr Lefebvre et Mgr de Castro Mayer furent des héros faillibles mais des héros.

5. Connaissez-vous le livre d'Arnaldo Xavier da Silvera *"La nouvelle messe,*

---

[9] Entre guillemets dans l'original.
[10] Nous ne savons pas pourquoi le Père Malachi Martin n'a pas répondu à la deuxième question.
[11] La Fraternité Saint-Pie X a été fondée par Mgr Lefebvre en 1970.

qu'en penser ?" Est-il vrai qu'on l'a assassiné ?

Je ne sais rien sur Arnaldo Xavier da Silvera.

Sujet : Les Conclaves

1. Le cardinal Siri a-t-il été élu pape deux fois ? Quand ?
2. On pourrait penser que son refus vient de lui seul. Pourquoi a-t-il refusé et laissé la place à Paul VI puis à Jean-Paul II ?
3. Certains ont posé la question au cardinal Siri ; il n'a pas répondu et est resté silencieux. Vous dites qu'il y a eu des pressions. Lesquelles et comment le savez-vous ?
4. De quel cardinal émanent ces pressions ?
5. On a vu des fumées noires au Conclave élisant Jean-Paul II. Était-ce parce que le cardinal Siri avait été élu et avait refusé ?

(1-5) Que Siri, deux fois dans son vieil âge, ait été élu pape est un fait indéniable pour ceux qui savent ce qui s'est passé. Tout ce que Siri lui-même aurait concédé fut cette peur des représailles qui fut le facteur déterminant de son comportement. Les pressions sur lui pour qu'il n'accepte pas le pontificat ne venaient pas d'un seul cardinal. Simplement Siri n'était pas acceptable pour la faction progressiste et ses patrons. Oui, il y eut la confusion après un scrutin au Conclave d'octobre 1978.

6. Vous n'avez pas assisté au Conclave élisant Jean XXIII mais vous dites qu'il fit gentiment sa propagande personnelle. Est-ce vrai ? Pourquoi aurait-il souhaité être pape ?

Angelo Roncalli fut toujours missionnaire dans son intention de

L'ÉGLISE ÉCLIPSÉE

devenir pape. Il avait un agenda entièrement moderniste pour l'Église[12].

Sujet : Les Papes

1. Jean XXIII était-il initié ? Certains documents l'appellent *"frère"*. Qu'en pensez-vous ?

Oui, il fut initié par Vincent Auriol[13].

2. L'encyclique *"Pacem in Terris"* comporte-t-elle des hérésies ? Relève-t-elle du Magistère infaillible ?

Cela devrait appartenir au Magistère Ordinaire universel. Mais c'est un document moderniste.

3. Doit-on considérer Jean XXIII comme un pape légitime ? Doit-on suivre sa réforme liturgique ?

Il fut validement élu. Non, nous ne devrions pas suivre sa réforme liturgique.

---

[12] En évoquant cette expression de "missionnaire" le Père Malachi Martin veut dire que le cardinal Angelo Roncalli agissait pour devenir Pape. Par le mot "agenda" il signifie qu'il avait un programme moderniste. On y reviendra par la suite.

[13] Il s'agit d'une initiation à la Franc-Maçonnerie. Relevons cet extrait de la revue de l'abbé Mouraux : « Nonce à Paris, Mgr Roncalli recevait à table ouverte Edouard Herriot et Vincent Auriol, francs-maçons notoires et politiciens qui menaient une action persécutrice de l'Église. Dans la chaleur d'un banquet, il leur dit un jour : "Ce qui nous sépare est de peu d'importance". Tout son bonheur semblait être celui de la table où il voulait avant tout plaire » (*Bonum Certamen* 122, p. 7).

4.	Paul VI a-t-il des origines juives ? Que pensez-vous de la thèse de la survivance de Paul VI disant qu'il aurait été remplacé par un sosie ?

> *Personne ne connaît vraiment tous les ancêtres de Montini. Non, Paul VI ne fut jamais remplacé par un sosie.*

5.	Jean-Paul II a-t-il des origines juives ? Était-il hérétique avant son élection ? Certains documents maçonniques l'ont acclamé parce qu'il reconnaissait *"le droit à l'erreur"*. Pensez-vous qu'il soit parfaitement conscient de ce qu'il fait ?

> *Jean-Paul II, non, autant que je sache, n'a pas d'ancêtre juif, mais qui sait réellement ?[14] Il est parfaitement au courant de ce qu'il a fait. Il n'est pas conscient des erreurs qu'il a adoptées.*

6.	Jean-Paul I a-t-il été assassiné ? Pourquoi ?

> *Nous ne pouvons pas expliquer les événements qui entourent la mort de Jean-Paul I par des moyens ordinaires. Des gens puissants ne l'aimaient pas comme pape.*

7.	Que pensez-vous de la réforme des psaumes par le cardinal Bea sous Pie XII ? Que penser de l'institution de la liturgie de Pâques à minuit par Pie XII ?

> *Je pense que tous leurs changements furent nuisibles.*

8.	Quel est le pape coupable d'avoir occulté le message de Fatima ? Certains journaux ont publié des révélations sur le troisième secret disant

---

[14] Emilia Kaczorowska, la mère de Jean-Paul II, était juive.

qu'il y avait eu des fuites, qu'en pensez-vous ?

Le pape Jean XXIII.

9. Qui sont actuellement les cardinaux *"papabile"* ? Peut-on espérer un retour à l'ordre après Jean-Paul II ? Quel avenir envisagez-vous pour la papauté et donc pour l'Église ?

Le futur de la papauté : la hiérarchie de l'Église est extrêmement lugubre.

Sujet : Vatican II

1. Le Concile Vatican II comporte-t-il des hérésies formelles ? Lesquelles ?

C'est-à-dire que certaines parties de certains documents contredisent des assertions passées du Magistère Romain. Par exemple, à propos de la liberté religieuse, de la primauté papale et de l'infaillibilité ; à propos du but du mariage, à propos du rôle des juifs, à propos de l'Église dans le monde.

2. Le Concile Vatican II relève-t-il du Magistère Ordinaire Universel ? Aurait-il dû être infaillible ?

Explicitement, Paul VI et les évêques du Concile ont nié l'infaillibilité du Concile Vatican II. S'il avait reflété la Tradition du Magistère Romain, il aurait fait partie du Magistère Ordinaire Universel, mais il ne le fit pas.

3. Le Concile Vatican II devra-t-il être déclaré comme un brigandage, au même titre que le Concile d'Éphèse ?

Peut-on interpréter le Concile à la lumière de la Tradition ?

Ce que fera finalement le Magistère Romain à propos de Vatican II c'est ce que chacun espère. Finalement le pape aura à corriger Vatican II et ses documents à la lumière de l'enseignement fixe du Magistère Romain. Ce qui n'est pas pour très bientôt. Si vous voulez interpréter Vatican II à la lumière de la Tradition, vous devrez réformer ses principaux documents totalement[15].

Sujet : Relations au Vatican

1. Vous avez été le secrétaire du cardinal Bea et avez donc probablement suivi ses entretiens. Qu'en pensez-vous ? Le cardinal Bea serait à l'origine du Ch. 4 du Schéma sur l'Œcuménisme concernant les juifs[16]. Il rejette la culpabilité du peuple juif dans la crucifixion. Qu'en

---

[15] Nous pouvons remarquer que "réformer totalement les principaux documents" de Vatican II revient nécessairement à rejeter le Concile, dont les parties bonnes ont servi à faire passer les mauvaises.

[16] Pendant le Concile fut distribuée une plaquette aux Pères conciliaires intitulée "L'action judéo-maçonnique dans le Concile". Après avoir donné plusieurs preuves que le chapitre 4 présenté au Concile était d'origine juive nous trouvons ceci à la page 10 : « Si nous voulons la preuve définitive que le chapitre 4 du Schéma sur l'Œcuménisme présenté au Concile par le cardinal Bea — qui fit personnellement l'apologie de cette thèse — est de source judéo-maçonnique, nous la trouvons dans les pages de l'important journal français *"Le Monde"* du 19 novembre 1963 : "L'organisation juive internationale B'naï B'rith a exprimé son désir d'établir des relations plus étroites avec l'Église catholique. Le dit Ordre vient de soumettre au Concile une déclaration dans laquelle est affirmée la responsabilité de l'humanité entière dans la mort de Jésus-Christ. Si cette déclaration est acceptée par le

pensez-vous ? Avez-vous participé à la rédaction de ce texte ?

Le cardinal Bea était occupé à introduire le plus de doctrines et politiques progressistes possibles. Il fut la main dirigeante dans le schéma sur l'Œcuménisme. J'ai refusé de suivre ce que Jean XXIII et Bea proposaient à propos du rôle de la réputation des juifs.

2. On dit que vous avez fait toute votre carrière au Vatican. Est-ce vrai ? À quel poste ?

Non, je fus nommé professeur à l'Institut Pontifical Biblique à Rome en 1958. De là, je devins un assistant et un conseiller du cardinal Bea.

3. Quel a été votre rôle pendant le Concile ? Les *"observateurs"* ont-ils participé à la rédaction de la *"nouvelle messe"* ?

Pendant le Concile, mon rôle fut d'être "derrière la scène", faisant

---

Concile, a déclaré M. Label A. Katz, Président du Conseil International du B'naï B'rith, les communautés juives étudieront le moyen de coopérer avec les autorités de l'Église (catholique)". En présentant son projet de décret en faveur des juifs — tout à fait contraire à l'Évangile — Son Éminence le cardinal Bea se garda de bien informer les Pères du Concile de l'origine de ses thèses et de leur préciser qu'elles furent suggérées par l'Ordre maçonnique du B'naï B'rith ». Ajoutons aussi cette lettre du cardinal Villot au cardinal Marty du 22 décembre 1977 : "... Le Saint Père a en effet bien présents à la mémoire les rapports sincères et fructueux que son vénéré prédécesseur le pape Jean XXIII a entretenu avec Jules Isaac. Il apprécie également les heureuses conséquences que ces rapports ont entraîné pour l'orientation ultérieure des relations de l'Église catholique avec le judaïsme, relations qui ont trouvé une expression ecclésiale dans le numéro 4 de la déclaration *"Nostra Ætate"* du deuxième Concile du Vatican, ainsi qu'en d'autres manifestations qui l'ont précédée ou suivie" (*"Les Églises devant le judaïsme"*, Ed. du Cerf, Paris, 1980, pp. 181 et 182).

avancer les plans sur l'Œcuménisme et le judaïsme. Six protestants en clergyman (sur un total de huit consultants) rédigèrent le novus ordo sous la direction de Mgr. Annibale Bugnini. À moins qu'une très spéciale attention ne soit exercée, le novus ordo est invalide.

4. Mgr Bugnini était-il initié à la Franc-Maçonnerie ?

Oui, Bugnini était un membre de la loge[17].

5. Tous vos livres sont diffusés sous forme de roman avec des noms imaginaires. Pourquoi ? Avez-vous eu des menaces de mort ?

Tous mes livres ne sont pas sous la forme d'un roman ; seulement trois d'entre eux. J'ai publié seize livres.

6. Avez-vous connu Carlo Falconi ? Qu'en pensez-vous ? Dans son livre *"Vu et entendu au Concile"*, il dit : *"Un trente troisième degré par ailleurs*

---

[17] Nous savons donc, comme il est confirmé par ce témoignage, que la "nouvelle messe" est l'œuvre des protestants et des francs-maçons. Devons-nous être surpris de trouver par exemple des formules cabbalistiques dans l'Offertoire ?

Pour connaître la pensée des protestants au sujet de la messe, lisons ce qu'écrivait Luther, fondateur de cette secte : "Nous déclarons en premier lieu que notre intention n'a jamais été d'abolir absolument tout culte de Dieu, mais seulement de purger celui qui est en usage, de toutes les additions dont on l'a souillé : je parle de cet abominable Canon, qui est un recueil de lacunes bourbeuses ; on a fait de la messe un sacrifice ; on a ajouté des offertoires. La Messe n'est pas un sacrifice ou l'action du sacrificateur. Regardons-la comme sacrement ou comme testament. Appelons-la bénédiction, eucharistie, ou table du Seigneur, ou Cène du Seigneur, ou Mémoire du Seigneur. Qu'on lui donne tout autre titre qu'on voudra, pourvu qu'on ne la souille pas du nom de sacrifice ou d'action" (*Werke*, t. XI, p. 774). "Quand la messe sera renversée, je pense que nous aurons renversé la papauté" (*Contra Henricum Angliæ Regem, Werke*, t. X ; sec. II).

digne de foi m'a assuré que Montini était franc-maçon. Pour ma part, je ne le crois pas". Qu'en pensez-vous ?

Je n'ai pas connu Carlo Falconi personnellement. Oui pendant une certaine période, Montini fut membre de la Loge, comme le fut Jean XXIII.

Ce qui compte, dans ce témoignage — faisant abstraction du fait que ces manœuvres peuvent avoir rendu invalides ces conclaves — est que l'élection de ces pontifes conciliaires est due à une énorme manipulation des valets de la secte maçonnique.

Remercions le Père Malachi Martin pour son courage. Ses accusations soulèvent de graves questions que seuls des théologiens et des canonistes pourront résoudre.

Comment en sommes-nous arrivés à cela ?

Le lecteur l'aura compris : ce que dévoile le Père Malachi Martin est l'aboutissement d'un long complot. En effet, que dit-il ?

"Siri n'était pas acceptable pour la faction progressiste et ses patrons". "Nous ne pouvons pas expliquer les événements qui entourent la mort de Jean-Paul I par des moyens ordinaires". "Des gens puissants ne l'aimaient pas comme pape".

Qui sont les *"patrons"* de cette faction progressiste qui sévit au Vatican ? Quels sont ces *"gens puissants"* ? Comment sont-ils arrivés à dominer au Vatican, jusqu'à pouvoir manipuler des Conclaves ?

Nous ne pouvons pas aborder la question des instigateurs et manipulateurs du Concile Vatican II, sans replacer leur action dans le cadre du complot contre l'Église.

Les œuvres de Mgr Delassus — 1836/1921 — *("Le problème de l'heure présente"*, 1906) et de Mgr Gaume *("Le Traité du Saint-Esprit")* constituent pour cela un bon fil conducteur.

Dans une première partie, nous rappellerons les manœuvres sataniques en vue de favoriser le retour du paganisme. Ce sera l'occasion de résumer l'œuvre magistrale des anti-libéraux du siècle dernier, dont les ouvrages sont malheureusement indisponibles et par conséquent presque inconnus.

Dans une seconde partie nous examinerons le plan de la Franc-Maçonnerie pour démolir la société civile et ecclésiastique.

Dans une troisième partie nous constaterons sa réalisation, principalement avec le Concile Vatican II.

Enfin dans une quatrième partie nous nous intéresserons aux suites du Concile, à savoir la mise en place de la religion mondiale.

PARTIE I

LES MANŒUVRES SATANIQUES EN VUE DU RETOUR AU PAGANISME

« Depuis que, par la jalousie du démon, le genre humain s'est misérablement séparé de Dieu..., il s'est partagé en deux camps ennemis, lesquels ne cessent de combattre, l'un pour la vérité et pour la vertu, l'autre pour tout ce qui est contraire à la vérité et à la vertu. Le premier est le royaume de Dieu sur la terre, à savoir la véritable Église de Jésus-Christ, dont les membres, s'ils veulent lui appartenir du fond du cœur et de manière à opérer leur salut, doivent nécessairement servir Dieu et son Fils unique, de toute leur âme, de toute leur volonté. Le second est le royaume de Satan. Sous son empire et en sa puissance se trouvent tous ceux qui, suivant les funestes exemples de leur chef et de nos premiers parents, refusent d'obéir à la loi divine et multiplient leurs efforts, ici pour se passer de Dieu, là pour agir directement contre Dieu... » "Employant à la fois l'audace et la ruse, elle a envahi tous les rangs de la hiérarchie sociale et commence à prendre, au sein des États modernes, une puissance qui équivaut presque à la souveraineté » (Léon XIII *"Humanum genus"* du 20 avril 1884).

« La Révolution est inspirée par Satan lui-même ; son but est de détruire de fond en comble l'édifice du christianisme, et de reconstruire sur ses ruines l'ordre social du paganisme » (Pie IX le 8 décembre 1849, *"aux Évêques d'Italie"*).

L'ÉGLISE ÉCLIPSÉE

Ce projet est également dévoilé par les francs-maçons eux-mêmes.

« Tous les trônes étaient menacés par ceux qui conspiraient contre le trône pontifical. Mais arriver à mettre effectivement toute souveraineté dans le peuple n'était, dans la pensée de la Secte, qu'une opération préliminaire au grand œuvre. *"Cette victoire (la chute des trônes, écrivait Tigrotto, le 5 janvier 1846, deux ans avant la Révolution de 48 qui devait les ébranler tous), cette victoire qui sera si facile, n'est cependant pas celle qui a provoqué jusqu'ici tant de sacrifices de notre part. Il y a une victoire, plus précieuse, plus durable, et que nous poursuivons depuis si longtemps... Pour tuer avec sécurité le vieux monde (et sur ses ruines établir une civilisation nouvelle), nous avons vu qu'il était nécessaire d'étouffer le germe catholique et chrétien'*, en d'autres termes anéantir le christianisme dans les âmes » (Mgr Delassus, op. cit., p. 171).

Prière pour la France

O Dieu, qui avez miraculeusement suscité Sainte Jeanne d'Arc pour défendre la Foi et la Patrie, faites, s'il Vous plaît, par son intercession, que les Français sachent choisir pour les gouverner et guider, des hommes sages et justes qui assureront à votre peuple, par le respect de Vos Saintes Lois, la tranquillité dans l'ordre et la liberté de Votre Église. Nous Vous le demandons, ô Père, par Jésus, le Christ, notre Seigneur. Amen.

Sainte Jeanne d'Arc, priez pour la France

CHAPITRE I

FONDATION DE LA SOCIÉTÉ CHRÉTIENNE

1. La révolte de Satan

Lucifer, ange de lumière, s'est rebellé par orgueil contre Dieu qui l'a précipité au fond de l'enfer. Depuis il est devenu le chef des démons[18].

Lucifer, esprit supérieur de par sa nature angélique, n'aura de cesse de combattre Dieu et de construire sa cité sur terre. Il entraîna Adam et sa descendance dans sa révolte où elle s'enfonça pendant de longs siècles.

Deux Cités sont aux prises depuis toujours : la Cité du bien et la Cité du mal. Les hommes sont les citoyens de l'une ou de l'autre ; il n'y a pas d'alternative !

2. La venue de Jésus-Christ dissipe les ténèbres du paganisme

Durant l'antiquité jusqu'à la venue du Sauveur, *"le prince de ce monde"* triomphe. Rome, la nouvelle Babylone, était d'ailleurs le siège de son empire. Le paganisme était répandu partout.

Le paganisme, poussait le genre humain sur la pente où le péché originel

---

[18] Sur ce point le lecteur pourra lire le document qui sera disponible prochainement : *"Synthèse du « Traité du Saint-Esprit » (1877) de Mgr Gaume"*. À lire absolument ! Suite du n°1 *"Le sens de l'Histoire à partir de la Sainte Écriture"*.

l'avait engagé, en persuadant les hommes qu'ils étaient sur la terre pour jouir de la vie et des biens de ce monde.

Pour nous tirer de la voie de perdition et nous ouvrir la voie du salut, le Verbe de Dieu s'incarna dans le sein de la Bienheureuse Vierge Marie et passa trente-trois années parmi nous. "Et *le Verbe s'est fait chair et Il a habité parmi nous*" (Jean, I. 14).

L'Œuvre du Christ, Dieu fait homme, et du Saint-Esprit réduisent à néant la société païenne. Rome devient même la capitale de la Cité du bien. Le Vicaire du Christ supplante les antichrists.

L'Enfer et ses suppôts, pleins de rage, vont œuvrer inlassablement pour ressusciter l'antique paganisme, caractérisé par l'esclavage, les sacrifices humains, le culte des idoles (surtout celui du serpent), les guerres de domination et d'asservissement et la tyrannie.

Le divin Sauveur renversa la notion que le païen s'était faite de la vie. Il nous a appris que la vie d'ici-bas n'est pas la vraie vie, la Vie, éternelle et bienheureuse, à laquelle son Père nous destine. Cette Vie dont le Père est la source, Il l'a, de toute éternité, donnée à Son Fils, et le Fils, nous la donne, moyennant la foi et le saint Baptême.

Notre-Seigneur exprimait cela en disant à ses apôtres : *"Demeurez en moi, et moi en vous. Comme le sarment ne peut porter de fruit par lui-même, s'il ne demeure uni à la vigne ; ainsi vous non plus, si vous ne demeurez en moi.*

Moi, je suis la vigne ; vous, les sarments. Celui qui demeure en moi, et moi en lui, porte beaucoup de fruit ; car sans moi vous ne pouvez rien faire" (Jean xv, 4 et 5).

Toute la vie présente doit tendre à cet épanouissement, à cette transformation de l'homme déchu en l'homme nouveau, racheté. Les vertus surnaturelles infuses dans notre âme au baptême, se développent de jour en jour par l'exercice que nous leur apportons avec le secours de la grâce, et nous rendent ainsi capables des activités surnaturelles qui nous ouvriront les portes du Ciel.

L'entrée dans le ciel sera la naissance, comme le baptême fut la conception.

Par la venue de Jésus, le sens de la vie présente fut donc radicalement changé. L'homme ne fut plus sur la terre pour jouir et mourir, mais pour se préparer à la vie d'en haut et la mériter.

3. La fondation de l'Église

Notre-Seigneur voulut perpétuer cet enseignement divin ainsi que ses actes, les rendre toujours parlants et agissants pour toutes les générations qui devaient venir. Pour cela, il fonda la Sainte Église.

"Le règne visible de Dieu sur la terre, c'est le règne de son Fils incarné, Jésus-Christ ; et le règne visible de Dieu incarné, c'est le règne permanent de son Église... Là Dieu est connu ; là son nom est révéré et glorifié, là, sa royauté est acclamée, là sa loi est observée ; en un mot selon la belle définition du catéchisme de Trente... Le règne de Dieu et du Christ c'est l'Église, Regnum Christi quod est Ecclesia" (Card. Pie : *"Sermon de Pâques"*, 1859). Qui sont les hommes heureux sinon ceux qui sont avec Dieu ?

"Tout le but de l'homme est d'être heureux", dit Bossuet (Méditation sur l'Évangile). Il appartient à l'homme de se diriger — selon son libre arbitre

—, vers ce qui est le bien véritable. *"Cherchez premièrement le royaume de Dieu et sa justice. — dit Notre Seigneur — Le reste vous sera donné par-dessus tout"* (Math. VI, 33).

4. Triomphe de la société chrétienne sur la société païenne

À mesure que la nouvelle conception de la vie apportée par Notre-Seigneur Jésus-Christ sur la terre, entra dans les intelligences et pénétra dans les cœurs, la société se modifia. Les cœurs devenaient plus purs, les esprits plus intelligents, l'ordre plus parfait rendait la paix plus générale et plus profonde. La paix et l'ordre engendraient la prospérité, et toutes ces choses donnaient ouverture aux arts et aux sciences, reflets — malgré les défauts inévitables inhérents à la nature humaine déchue — de la lumière et de la beauté des cieux.

La nouvelle donnée essentielle du christianisme est, encore et surtout, l'introduction du surnaturel dans la vie morale et par conséquent dans la vie politique des cités : le pouvoir temporel est, de droit, distinct — non séparé — du pouvoir spirituel, tout en ayant l'obligation stricte de lui être soumis. Le christianisme doit régner non seulement sur les individus, mais encore sur les gouvernements : *"Allez et enseignez toutes les nations..."* C'est la nation et non seulement les individus qu'il faut convertir. Pie XI disait que convertir un chef est plus important qu'avoir mille missionnaires à l'œuvre.

Le cardinal Pie s'exprimait dans le même sens : « *Dire que Jésus-Christ est le Dieu des individus et des familles et n'est pas le Dieu des peuples et des sociétés, c'est dire qu'il n'est pas Dieu* » (O.C. VI, 434).

Les âmes aspirèrent au ciel et travaillèrent à le mériter. Jésus-Christ était le docteur écouté, le guide suivi, le roi obéi.

Telle fut l'œuvre du Moyen Age. Durant son cours, l'Église accomplit une triple tâche. Elle lutta contre le mal qui provenait des divers paganismes et le détruisit ; elle transforma les bons éléments qui se rencontraient chez les anciens Romains et les diverses races de barbares ; enfin elle fit triompher l'idée que Notre-Seigneur avait donnée de la vraie civilisation.

Certes, comme toujours, même aux meilleures époques, il y eut des hommes de joie et des hommes de proie ; mais on voyait les familles monter grâce à leurs vertus ou décliner à cause de leurs vices.

Dans l'esprit de Robespierre, la « *déchristianisation* » entreprise à partir de brumaire an II (novembre 1793) ne doit conduire ni à l'athéisme ni à la laïcité. La reconnaissance du « *Grand Être* », auteur de l'Univers, est commune à Voltaire et à Rousseau, elle cimentera la société nouvelle.

Détail d'un éventail montrant Robespierre brûlant l'athéisme et le fanatisme et dévoilant la Vérité.

Le 18 floréal (7 mai), Robespierre fait prendre par la Convention le décret par lequel « *le peuple français reconnaît l'Être suprême et l'immortalité de l'âme* » et lui fait approuver le projet de déroulement de la fête de l'Être suprême mis au point par David pour le 20 prairial.

Aux Tuileries, l'Incorruptible prononce deux discours pour stigmatiser l'athéisme, rendre grâce à l'Être suprême et élever la conscience publique.

CHAPITRE II

Retour vers la Cité de Satan avec le néopaganisme de la Renaissance

1. Humanisme et Renaissance

Jusqu'au XIIIème siècle la chrétienté forme une vaste unité politique, un espace sans frontière, habité par des races multiples. Les seigneurs et les rois avaient accepté la suprématie pontificale. Ce qui faisait la force de la société chrétienne, c'était l'autorité reconnue et respectée du Souverain Pontife.

Un premier coup fut porté à la société chrétienne dès 1303.

L'autorité pontificale fut contredite, insultée et brisée par la violence et par l'astuce du roi Philippe Le Bel. Pour un moment, la querelle du Roi de France avec le Pape Boniface VIII, après la période d'Avignon, aboutit au grand schisme d'Occident qui décapita le monde chrétien à la fin du XIVème siècle. Dès lors, la force commença à primer le droit, comme avant Jésus-Christ. On vit les guerres reprendre le caractère païen de conquête et perdre le caractère d'affranchissement.

Dans cette période beaucoup se refroidissaient dans leur élan vers Dieu, et au XVème siècle se manifesta ouvertement le mouvement de recul qui a conduit le monde à sa triste condition actuelle. Et avec le recul de la Foi vint la décadence.

Ce recul et cette nouvelle orientation donneront vie à la Renaissance qui remit en honneur les idées et les mœurs païennes. Les écrivains, les savants, les artistes et les philosophes, appelés humanistes, allaient se substituer à l'Église et affaiblir sa bienfaisante influence. Ils rejetèrent toute l'ancienne science théologique et philosophique au profit des ouvrages païens ; ils entrèrent en lutte ouverte avec l'Église et le christianisme, et trop souvent jetèrent un défi à la morale chrétienne. Attaquant la société chrétienne par la base, les humanistes renversaient en même temps dans le cœur de l'homme la notion chrétienne de sa destinée.

Pour ces intellectuels et leurs disciples de nos jours, l'ordre surnaturel fut, plus ou moins complètement, mis de côté ; la morale fut bafouée et devint la satisfaction donnée à tous les instincts ; la jouissance sous toutes ses formes fut l'objet de leurs assiduités. La glorification du plaisir était le sujet préféré des dissertations des humanistes. Ils poétisèrent les pires débauches et les figurèrent au moyen de la sculpture et la peinture.

Tandis que l'Église prêchait la déchéance de l'homme, affirmait sa faiblesse et la nécessité d'un secours divin, l'humanisme préparait le terrain à un illustre franc-maçon, Jean-Jacques Rousseau, (cf. Père Deschamps : *"Les sociétés secrètes"*, Tome 2, 1881, p. 6) et proclamait la bonté de la nature : il déifiait l'homme. Tandis que l'Église assignait à la vie humaine une raison et un but surnaturels, plaçant en Dieu le terme de notre destinée, l'humanisme païen limitait à ce monde et à l'homme lui-même l'idéal de la vie.

C'est par leurs travaux que les humanistes, permirent à la Réforme et la

Révolution d'asseoir les bases de la société nouvelle[19].

La vie moderne prit une direction toute nouvelle qui fut à l'opposé de la vraie civilisation. Le cœur ne fut plus pour aimer Dieu, l'esprit pour Le connaître, le corps pour Le servir, et par là mériter la vie éternelle.

La découverte du Nouveau-Monde, les inventions nouvelles (l'imprimerie, la poudre, le télescope, etc., qui en soi ne sont pas nécessairement mauvaises) vinrent s'ajouter à l'étude des œuvres de l'antiquité et provoquèrent un enivrement d'orgueil.

Ainsi fut renversée la notion sur laquelle la société avait vécu et par laquelle elle avait prospéré depuis Notre-Seigneur Jésus-Christ. De théocentrique la société devenait anthropocentrique.

Toutes les erreurs qui depuis ont perverti le monde chrétien ont eu là leur source, chez les humanistes.

De l'Italie, le mouvement gagna les autres parties de l'Europe et la civilisation commença à se transformer pour devenir ce qu'elle est aujourd'hui, en attendant d'être ce qu'elle se montrera demain. Il fallut le cataclysme de la Réforme pour ouvrir les yeux sur les séductions malsaines de la Renaissance.

---

[19] *"Dans le passé, le mouvement qu'on appelle la Réforme eut pour chefs et pour auxiliaires des hommes qui, par leurs doctrines, renversaient de fond en comble les deux pouvoirs, le spirituel et le temporel... C'est de cette hérésie que naquirent, au siècle dernier, et la fausse philosophie, et ce qu'on appelle le droit moderne, et la souveraineté du peuple, et cette licence sans frein, en dehors de laquelle beaucoup ne savent plus voir la vraie liberté, le socialisme, le communisme, le nihilisme, monstres effroyables, qui sont la honte de la Société et qui menacent d'être sa mort"* (Léon XIII *"Diuturnum illud"*, 1881).

2. Les conséquences du retour du paganisme ou les filles légitimes de la Renaissance : la Réforme et la Révolution

Même si la nature humaine avec ses passions est toujours la même, jusqu'à la Renaissance le but de l'activité humaine était la conquête de la vie éternelle. Les institutions religieuses et civiles dirigeaient les hommes vers leur fin dernière. Depuis, le point de vue a changé, le but n'est plus le même, comme on l'a vu.

Les idées modernes, telles que l'indépendance de la raison à l'égard de la Révélation, l'indépendance de la société civile à l'égard de l'Église, l'indépendance de la morale à l'égard de la loi de Dieu, ces idées, jetées dans l'esprit des hommes de l'époque, germèrent et donnèrent leurs fruits : la Réforme, la Révolution française et ce dont nous sommes actuellement témoins.

C'est à la cour des princes que les humanistes avaient leurs académies ; c'est là qu'ils composaient leurs livres.

Voilà pourquoi la Réforme, reçue et propagée avec tant d'ardeur par les princes en Allemagne et ailleurs, fut une première tentative d'application pratique des idées nouvelles émises par les humanistes.

L'historien allemand et protestant Ranke nous dit quel fut le grand moyen de séduction du protestantisme : la licence, que la Renaissance avait mise en honneur.

La Réforme venait promettre le paradis à tout homme, même le plus criminel, sous la seule réserve d'un acte de foi intérieur à sa justification personnelle par l'application des mérites du Christ.

À partir de Constantin, le catholicisme était devenu la religion de l'État. Ainsi en France, des traditions carolingiennes et mérovingiennes, la tradition chrétienne est la seule qui se soit conservée complètement intacte jusqu'à la Révolution.

Durant un demi-siècle, les protestants essayèrent de séparer de sa Mère la fille aînée de l'Église ; ils usèrent alternativement de la ruse et de la force pour s'emparer du gouvernement, pour mettre le peuple français si catholique sous le joug des Réformateurs, comme ils venaient de le faire en Allemagne, en Angleterre, en Scandinavie. Ils furent sur le point de réussir. Leur intention était de substituer à la monarchie chrétienne un gouvernement et un genre de vie *"modelés sur ceux de Genève"*, c'est-à-dire la république.

La France était au bord de l'abîme, elle pouvait s'effondrer. Mais Dieu ne le permit pas. La Ligue naquit pour prendre en main la défense de la foi, pour la maintenir dans le pays. Elle personnifia l'idée de la fidélité catholique. Les Guise seraient très probablement devenus rois de France si Henri III s'était fait protestant, ou si Henri IV ne s'était pas fait catholique. Dieu voulut conserver à la France sa race royale, comme il l'avait fait une première fois par la mission donnée à sainte Jeanne d'Arc. L'héritier du trône, d'après la loi salique, était Henri de Navarre, protestant et chef des protestants. Dieu changea son cœur.

Louis XIII et Louis XIV, même s'il y a bien des réserves à faire à l'égard de ce dernier[20], remirent la France sur le chemin de la civilisation catholique.

---

[20] Voir à ce propos, Ayroles : *"Jeanne d'Arc sur les autels"*, Gaume, Cie Editeurs, 1885, pp. 56, 257 et suivantes.

L'ÉGLISE ÉCLIPSÉE

Malgré cette attaque frontale du protestantisme, la France, après les guerres de religion, était restée catholique. Mais un mauvais levain avait été déposé en son sein. Sa fermentation produisit : le gallicanisme, le jansénisme et le philosophisme. Leur action sur l'organisation sociale amena la Révolution, second assaut porté à la civilisation chrétienne.

Les hommes de la Réforme furent dépassés par ceux de la Révolution. La Renaissance avait déplacé le lieu du bonheur et changé ses conditions ; elle avait déclaré le voir dans ce monde. L'autorité religieuse restait pour dire : *"Vous vous trompez, le bonheur est dans le Ciel"*. La Réforme écarta l'autorité ; mais elle gardait le livre des Révélations divines, qui continuait à tenir le même langage. Le Philosophisme nia que Dieu eût jamais parlé aux hommes, et la Révolution s'efforça de noyer ses témoins dans le sang.

La Révolution détruisit l'ordre ecclésiastique et se débarrassa de la noblesse, gardienne des traditions, comme des corporations ouvrières, elles aussi conservatrices de l'ordre naturel[21]. Toutes ces sentinelles écartées, on se mit à l'œuvre, beaucoup pour détruire, peu pour construire.

La Révolution s'empressa de proclamer la République[22], que la Renaissance avait rêvée pour Rome même, que les protestants avaient déjà voulu substituer en France à la monarchie, et qui fait si bien les

---

[21] "La Révolution dit à l'ouvrier qu'il est l'égal de son patron, au patron qu'il est libre, c'est-à-dire n'a aucun devoir vis-à-vis de son ouvrier, et c'est ainsi qu'en proclamant la fraternité, elle allume la guerre sociale jusque dans le plus humble atelier" (Père Deschamps, op. cit., p. XXI).

[22] La Franc-Maçonnerie définit ainsi ses rapports avec la République : « Le Grand-Orient vint aussi offrir ses félicitations, et un autre membre du gouvernement provisoire, le juif Crémieux lui dit : *"La République est dans la maçonnerie"* » (Mgr Delassus, *"Le problème de l'heure présente"*, p. 112).

œuvres de la Franc-Maçonnerie.

Les Conventionnels de 1792 édifièrent en principe, que l'homme est bon par nature ; là-dessus ils élevèrent la trilogie maçonnique : liberté, égalité, fraternité. En fait de religion, on organisa le culte de la déesse Raison.

Ce qui apparaît dans la Révolution et ce que nous voyons à l'heure actuelle, c'est l'antichristianisme, ou plus radicalement encore, l'athéisme. La Révolution consiste essentiellement dans la négation de Dieu.

« La Révolution s'attaque d'abord à la religion. L'Église catholique est surtout l'objet de sa haine ; parfois son culte est proscrit et ses ministres sont mis à mort ; toujours elle est dépouillée des biens qui sont, entre ses mains, le patrimoine des pauvres et elle est privée de sa légitime influence sur l'ordre social.... car la notion de la subordination de la société civile à une loi divine positive est le principe que la Révolution voudrait détruire à fond dans l'âme des peuples. Cette négation est son essence même » (Père Deschamps, op. cit., p. XXI).

"Il y a dans la Révolution un caractère satanique. Elle est satanique dans son essence". (*Œuvres complètes* de J. de Maistre, t 1, p. 303).

3. Témoignage du Père de Clorivière sur la Révolution

Il est bon de citer longuement le Père Pierre Joseph Picot de Clorivière qui, victime de la tourmente révolutionnaire, est un témoin qualifié pour montrer l'opposition entre Révolution et Catholicisme. Il écrivit ces lignes en 1796. Comme le lecteur pourra le constater, ces extraits seront utiles pour la compréhension de plusieurs questions abordées tout au long de cet ouvrage.

« Pour fermer la bouche à la fausse philosophie et pour conduire à la vérité tout homme qui veut faire un sain usage de sa raison, il n'est rien en effet de plus convenable que de faire voir l'enchaînement des vérités naturelles avec celles que la sainte Église enseigne dans le catholicisme.

Les auteurs de la Révolution antichrétienne, en rejetant les dogmes du christianisme, ont en même temps rejeté la morale qui en fait partie ; plus directement, quelques points de la morale soit naturelle, soit évangélique, comme étant plus opposés à leur doctrine de liberté et d'égalité. Ils ont donné de fausses idées de la loi en la faisant dépendre de la volonté générale des hommes ; ils ont détruit l'obéissance aux autorités légitimes, soit dans l'ordre naturel et civil, soit dans l'ordre surnaturel et ecclésiastique ; ils ont prétendu abolir la nécessité du culte extérieur ; ruiné le mariage en lui ôtant son indissolubilité ; regardé comme nuls et illicites les vœux de religion ; méconnu toute distinction entre le sacré et le profane.

Il est donc nécessaire de condamner et de combattre en particulier ces erreurs, et de faire voir quel a toujours été le sentiment de l'Église en ces matières.

Séparé de Jésus-Christ, le monde intellectuel tombe dans un état analogue où serait le monde physique privé de la lumière et de l'influence du soleil. C'est le règne du chaos : confusion dans les idées, erreurs dans les principes, fausseté dans les jugements, mensonge dans la manière de parler et d'agir. Des systèmes absurdes sont adoptés et les vérités les plus manifestes rejetées. Par un prestige devenu presque universel, on fabriquera sur la Divinité, sur l'homme, sur l'existence du monde, les systèmes les plus incohérents.

Jésus-Christ est appelé le soleil de Justice, et il en remplit d'une manière divine toutes les fonctions. Il est, dans le monde intellectuel, ce que le soleil est dans le monde matériel, et, dans l'ordre surnaturel il donne à l'homme la vie, la force et le mouvement, il l'anime de son esprit, fait germer en lui sa parole et lui donne de porter des fruits de salut. Auteur de la lumière, source et maître de vérité, il est lui-même la Vérité.

Et comment celui qui est essentiellement Lumière pourrait-il admettre la moindre obscurité ? Certes, Jésus-Christ Lui-même, de quelque manière qu'on l'envisage, soit comme Dieu, soit comme homme, ne peut jamais rien perdre de sa clarté. Il n'en est pas ainsi quand on le considère par rapport à nous, Il s'obscurcit pour nous quand nous sommes nous-mêmes dans les ténèbres. Pour des hommes relégués au fond d'un cachot, le soleil est comme s'il n'était pas. Et si des insensés font voler autour d'eux des tourbillons de poussière, cette poussière retombe sur eux et les aveugle. Tel est le sort de ceux qui prétendent obscurcir la gloire du Sauveur du monde à force de blasphèmes, de railleries et de sophismes. Jésus-Christ n'en est pas moins éclatant de lumière et de beauté ; leurs efforts n'aboutissent qu'à les plonger eux-mêmes dans les ténèbres.

On ne peut concevoir plus grand mal que d'être privé de la lumière de la Vérité, d'être le jouet de l'erreur et du mensonge. Ce sera cependant le caractère de cet âge, où les ténèbres spirituelles seront plus grandes que dans les siècles passés et deviendront presqu'universelles.

Semblable à son divin Époux, l'Homme de douleurs, l'Église sera regardée comme si Dieu l'avait frappée et abattue, et son âme, comme celle de Marie, sera percée du glaive de la Justice divine *"afin que les pensées de plusieurs soient découvertes"*. Les desseins de Dieu sont impénétrables, ce qui paraît y être le plus contraire, devient dans ses mains un moyen de les accomplir d'une manière plus admirable.

Purifiée et fortifiée par ces jours d'oppression et d'obscurité, l'Église reparaîtra plus brillante et plus étendue que jamais. Elle sera de nouveau reconnue pour la reine et la maîtresse des nations. Mais que les vrais fidèles restent fermes dans l'épreuve, et que ceux qui chancellent prennent garde de perdre le peu de lumière qui leur reste, qu'ils raniment leur foi, afin de ne pas se laisser éblouir par de fausses apparences, et d'aimer mieux être affligés avec les justes que de se réjouir avec les pervers » (p. 203 à 206).

« L'ordre de la Providence n'a pas lieu, du moins pour ce qui regarde le salut et par rapport aux emplois du siècle, dans ces temps et ces pays où règnent l'impiété, le schisme ou l'hérésie. Le Seigneur abandonne à leur sort les pays qui l'ont tout à fait abandonné, et l'ont comme forcé de les laisser à eux-mêmes et de retirer d'eux les soins d'une Providence spéciale. Jamais il ne s'éloigne entièrement d'eux ; il veille, mais comme cause première, comme moteur universel, et dans l'ordre de la nature.

Parce qu'ils ont fui la lumière, Il permet que, tombés dans les ténèbres, ils ne s'en aperçoivent même pas. On ne doit donc plus croire qu'il y ait des grâces spéciales et d'un ordre surnaturel, pour les emplois et les dignités, dans ces pays où le christianisme sera persécuté, et qui seront livrés à l'erreur ou à l'oubli de toute religion.

Les puissances des ténèbres, par un châtiment de la Justice divine, présideront à la forme de gouvernement qu'on y adoptera ; en conséquence toute la machine n'aura pour but que d'introduire et de faire régner la corruption et l'incrédulité. Les emplois n'y seront donnés qu'à ceux qui porteront *"le caractère de la bête"* ; pour y être admis, il faudra faire profession d'impiété ou coopérer à toutes sortes d'injustices.

Dans ce siècle ténébreux, qui cependant se vantera d'être un siècle de lumières, il y aura beaucoup d'hommes charnels et sans aucune notion des choses divines. Ceux-là sont les adorateurs du monde. À nous de nous garder de cet esclavage, en restant purs de toute ambition, comme de toute attache aux biens du monde et de toute recherche de ses plaisirs » (pp. 148 et 149).

« De la méditation des prophéties de l'Ancien et du Nouveau Testament, il résulte plusieurs choses très propres à nous éclairer et à ranimer notre courage.

Loin de nous scandaliser, ce qui se passe sous nos yeux ne doit nullement nous surprendre ; il n'arrive rien que ce qui a été annoncé par les Serviteurs de Dieu, ses prophètes.

L'Église de Jésus-Christ devait être abandonnée, opprimée et persécutée par ces mêmes nations qui, pendant des siècles, se sont fait gloire de l'avoir pour Mère et pour Maîtresse.

Les maux que souffre l'Église seront vengés, en dépit de la folle prétention de ses ennemis de rendre vaines les promesses divines, et les gouvernements qui croiront détruire l'Église travailleront à sa gloire, mais à leur propre ruine.

Enfin, malgré le pouvoir plus grand laissé aux puissances des ténèbres, Dieu mettra un frein à leur fureur et il y aura une interruption dans l'exécution de leurs desseins. Mais à en juger par ce que nous voyons, il semble bien que cette interruption n'aura lieu qu'après un assez long espace de temps, et après bien des ravages causés parmi plusieurs peuples.

Nous avons vu une première épreuve, dans laquelle nos premiers pasteurs ont repoussé presqu'à l'unanimité, ce qu'on proposait de contraire à la fidélité due au Seigneur et à son Église.

Une seconde épreuve sera plus terrible encore, lorsque des chrétiens devenus infidèles ne se contenteront pas de renoncer à quelques points de la religion catholique, mais les attaqueront tous à la fois » (p. 150).

« Il faut observer aussi que le premier usage que les démons font actuellement de leur grand pouvoir, le premier moyen dont ils se servent pour faire mourir les hommes d'une mort spirituelle et les entraîner ensuite dans la mort éternelle, c'est de les priver, autant qu'il dépend d'eux, de tout secours spirituel. Ils ne peuvent rien directement sur ces secours intérieurs que Dieu donne par lui-même, mais ils espèrent en interrompre le cours en ôtant à l'âme les moyens extérieurs de salut, en coupant ces canaux ordinaires par lesquels Dieu se plaît à répandre ses grâces. Ces moyens sont les Sacrements, la parole de Dieu, la hiérarchie ecclésiastique, l'éducation chrétienne. Mais la mort spirituelle que ces mauvais génies prétendent donner aux hommes a encore un autre et terrible sens : il s'agit d'une mort spirituelle absolue, telle que dans le cours ordinaire de la grâce elle ne laisse aucun germe de vie. Les chrétiens pécheurs conservent en général la foi et l'espérance, qui peuvent les rappeler à la vie.

Ceux mêmes qui se sont séparés de l'Église ont encore quelque ressource dans la croyance, quoique seulement naturelle, à certaines vérités révélées ; mais la mort spirituelle qu'en ce temps les démons s'efforceront de donner aux hommes consiste à leur ôter, autant qu'il se peut, toute possibilité de retourner à la vie surnaturelle, par le renoncement général à toutes les vérités révélées, et en particulier à la divinité de Jésus-Christ » (pp. 151 et 152).

« Un autre danger est d'abandonner une vérité après l'avoir reconnue, par la crainte du mal auquel on s'expose en la défendant. Qu'on réfléchisse bien que défendre une vérité, surtout quand elle touche la foi, c'est défendre la cause de Dieu ; l'abandonner, c'est s'éloigner de Dieu pour se ranger du côté du Père du mensonge.

C'est toujours quelque chose de grave et dont les conséquences sont funestes : une première faute en attire une seconde, et tel croyait n'avoir à se reprocher qu'un faux pas qui se voit en peu de temps entraîné dans un abîme. Il faut donc être dans la ferme détermination de ne jamais reculer dans tout ce qui concerne la vérité, et de compter pour rien son repos, ses intérêts, sa vie même, quand il s'agit de la défendre.

Un autre danger encore, qui regarde ceux qui se seraient préservés des deux, ce serait de suivre aveuglément les autorités particulières qui, dans les temps de troubles et de persécution, penchent la plupart, pour l'ordinaire, du côté qui favorise la nature quoiqu'opposé à la vérité.

Qu'on s'en souvienne bien, la vérité demeure toujours la même, elle ne varie pas avec les circonstances ; ce que dans un temps on a vu être vrai n'a pas cessé de l'être, quoique tels ou tels aient changé de sentiment ; il faut s'en rapporter à ce qu'on pensait lorsque rien n'offusquait le jugement, et non aux doutes survenus depuis que des motifs terrestres et des craintes humaines ont ôté à l'entendement une partie de sa force et de sa liberté.

Qu'on pèse les raisons de ceux dont l'opinion tient les esprits en balance, plutôt que leur nombre, et ces raisons se trouveront bien faibles. D'ailleurs leur autorité s'éclipse et disparaît devant celle de l'Église et du Souverain Pontife.

L'Église devant subsister jusqu'à la fin des siècles, ne pouvait se maintenir sans un chef visible, et ce chef visible, pour être utile à l'Église, devait avoir tous les privilèges conférés à Pierre. La plénitude de sa puissance, de son sacerdoce, de sa juridiction, est l'émanation la plus parfaite de celle de Jésus-Christ. L'Esprit de sainteté et de vérité qui le dirige dans le gouvernement de l'Église lui communique, autant qu'il est nécessaire, son infaillibilité, pour qu'il n'induise le troupeau de Jésus-Christ dans aucune erreur soit pour le dogme, soit pour la morale.

Les lettres et les décisions qui émanent du Souverain Pontife pour le gouvernement et le bien universel de l'Église s'adressent à tous les temps et aux hommes de tous les pays. L'Esprit-Saint y préside, et jamais il n'a permis qu'il s'y soit glissé rien de contraire aux vérités révélées ni aux principes de la morale, jamais il ne le permettra. Leur autorité suffit pour terminer toutes les controverses » (pp. 156 et 157).

« J'ajoute que l'extinction des sectes hérétiques et schismatiques d'une part, et de l'autre la confusion et les absurdités où tomberont les nations qui auront apostasié la religion chrétienne, ne serviront pas peu à distinguer glorieusement la sainteté de l'Église de Jésus-Christ » (p. 58).

« Lorsque l'Église fait quelques pertes, Dieu daigne les réparer souvent d'une manière éclatante. C'est ce qui doit arriver au temps de la Révolution générale. Jamais les pertes de l'Église n'auront été plus grandes, elle sera en quelque sorte réduite à l'état où elle était à l'heure de la Passion du Sauveur, mais ce sera pour reparaître avec un nouvel éclat et propager plus loin qu'auparavant l'empire de Jésus-Christ. Sa jeunesse sera renouvelée, et l'Esprit-Saint répandra sur elle une plus grande abondance de dons. Les juifs ouvriront enfin les yeux à la lumière, ils adoreront Celui qu'ils ont si longtemps méconnu, et devenus les apôtres de la divinité de Jésus-Christ, ils la publieront chez les nations infidèles, de sorte que jamais l'Église n'aura été si étendue. Un grand nombre de ses enfants seront éminents en sainteté, et leur courage paraîtra surtout quand viendra le jour où il faudra qu'ils souffrent une cruelle persécution » (pp. 159 et 160).

« Les législateurs ont décrété que le peuple français reconnaîtrait l'Être Suprême et l'immortalité de l'âme, mais quel Être Suprême ? Ils l'ont déclaré, *"ce n'est pas le Dieu des prêtres"*. C'est un Dieu qui n'exige ni prière ni sacrifice, un Dieu indifférent entre le mensonge et la vérité, un Dieu pour qui tous les cultes sont égaux. Ils n'ont admis cet Être Suprême que par des raisons de politique, et en le confondant avec la nature, ils font assez voir ce qu'ils en pensent. Et quelle immortalité de l'âme ? Ils ne la définissent pas, et une âme immortelle, soumise au jugement d'un Dieu infiniment saint, ne serait pas de leur goût. En substituant le mensonge à la vérité, la révolution a pareillement corrompu la vertu. La vertu véritable demande que l'homme se fasse violence, et les principes révolutionnaires lui ôtent les motifs les plus puissants de s'imposer cette violence » (pp. 168 et 169).

« S'ils ont publié la Déclaration des Droits de l'Homme avec tant de solennité, s'ils ont pris tant de soin de l'inculquer et la graver profondément dans les esprits, c'est qu'elle contient tous les principes sur lesquels repose la Révolution antichrétienne » (p. 73) (Père Pierre de Clorivière S. J. op. cit.).

PARTIE II

ÉLABORATION DU COMPLOT MAÇONNIQUE CONTRE L'ÉGLISE

« Quelqu'un d'entre vous, vénérables frères, pourra s'étonner peut-être que la guerre faite en notre siècle à l'Église catholique ait pris de si grandes proportions. Mais celui qui aura bien compris le caractère, les tendances, le but des sectes, qu'elles s'intitulent maçonniques ou qu'elles prennent un autre nom, et s'il les compare avec le caractère, la nature et le développement de cette lutte déclarée à l'Église presque sur toute la surface du globe, ne pourra révoquer en doute que la calamité présente ne doive être attribuée principalement comme à sa cause, aux ruses et aux machinations de ces mêmes sectes. C'est d'elles que se compose la synagogue de Satan dont les forces réunies, comme une armée rangée en bataille, marchent, enseignes déployées, à l'assaut de l'Église... s'insinuant et se glissant subrepticement, travaillant sans relâche et trompant à plaisir, elle a fini par sortir au grand jour comme une puissance... Dévoilez surtout et attaquez l'erreur de ceux qui, trompeurs ou trompés, ne craignent pas d'affirmer que l'utilité sociale, le progrès, l'exercice d'une bienfaisance réciproque sont le but unique que se proposent ces conventicules ténébreux » (Pie IX, *Encyclique du* 21 *novembre* 1873).

L'ÉGLISE ÉCLIPSÉE

Lors du congrès antimaçonnique tenu à Trente, vers la fin de septembre 1896, le futur pape S. Pie X s'adressa à la jeunesse : *"Mes chers jeunes gens, luttez, luttez toujours contre la Maçonnerie, démasquez cette Secte infâme. Jadis, j'ai cru, moi aussi, exagéré ce qu'on affirmait d'elle, mais depuis, par mon ministère même, j'ai eu l'occasion de toucher du doigt les plaies qu'elle ouvre ; depuis, j'ai été convaincu que tout ce qui a été publié au sujet de cette association infernale, n'a pas dévoilé la vérité entière".*

Ce complot engagé contre l'Église est inscrit, entre autres, dans le rite d'initiation des francs-maçons :

« Écoutons une revue belge de 1820, citée par l'avocat saxon Eckert : "Lorsque le chevalier Kadosch a prononcé son serment, on lui met le poignard en main, et l'on dépose à ses pieds un crucifix, puis le très-grand lui dit : *Foule aux pieds cette image de la superstition, brise-la.*

S'il ne le fait pas, afin de ne rien faire deviner, on applaudit et le très-grand lui adresse un discours sur sa piété. On le reçoit sans lui révéler les grands secrets. Mais s'il écrase le crucifix, alors on le fait approcher de l'autel, où sont trois représentations, trois cadavres si l'on peut s'en procurer. Des vessies pleines de sang sont à l'endroit où on lui crie de frapper. Il exécute l'ordre et le sang rejaillit sur lui, et en prenant par les cheveux les têtes coupées, il s'écrie : *Nekam ! la vengeance est faite !*

Alors le très grand lui parle ainsi : *Par votre constance et votre fidélité vous avez mérité d'apprendre les secrets des vrais maçons. Ces trois hommes que vous venez de frapper sont la superstition, le roi et le pape. Ces trois idoles des peuples ne sont que des tyrans aux yeux des sages. C'est au nom de la superstition que le roi et le pape commettent tous les crimes imaginables"* »[23].

Fruit d'un long et patient travail de sape sur les consciences. L'idée de détruire les frontières, les États, les religions et tout ce qui préside à l'unification d'un peuple est une vieille rengaine qui sous-tend toutes les subversions quelles qu'elles soient, c'est ce qu'on appelle le « Mouvement Révolutionnaire Mondial » qui fait feu de tout bois pour atteindre l'objectif ultime du « Grand Œuvre » : Un seul peuple universel, un seul gouvernement pour la planète, une seule religion.

---

[23] Conservateur belge, t. xix, pp. 258 et 259 — Eckert, la Franc-Maçonnerie, t. i, p. 333 — cité par le Père Deschamps : *"Les sociétés secrètes"*, Tome 2, 1881, pp. 82-83.

CHAPITRE I

LA RÉVOLUTION ANTICHRÉTIENNE SOUS LE CONTRÔLE DE LA CONTRE-ÉGLISE DE SATAN : LA FRANC-MAÇONNERIE

1. Satan : inspirateur du projet maçonnique

« Satan hait le Verbe Incarné. Il doit donc s'efforcer de faire passer cette haine au cœur de ceux que le Verbe Incarné s'est donné pour frères.

Jusqu'au XVIIIème siècle il n'avait pas osé proposer publiquement de haïr. Enfin il rencontra Voltaire, et par lui, il put donner à toute une Secte répandue sur tous les points du globe, ce mot d'ordre : *"Écrasons, écrasez l'infâme !"* "L'infâme", c'est Celui qui s'est fait Homme pour sauver l'homme et qui s'est fait Pain pour le nourrir : il s'agit de Jésus-Christ, Fils unique de Dieu.

La haine du Christ, c'est la suprême tentation, présentée à l'humanité rachetée, la dernière épreuve par laquelle elle ait à passer ; et cette épreuve est celle à laquelle la Révolution la soumet présentement » (Mgr Delassus : op. cit., p. 44).

Depuis les temps apostoliques, il existe un complot ourdi par une Contre-Église. Celle-ci a travaillé au sein des nations, réunissant tous ceux qui, sciemment, refusaient la Doctrine de salut enseignée par Jésus-Christ, puis par l'Église Catholique.

Plusieurs familles antichristiques (les manichéens, les cathares, les rose-croix...) dont la matrice commune est le gnosticisme, sont rentrées dans la *"Synagogue de Satan"* (Ap. II, 9), jusqu'à ce que les conjurés contre l'Œuvre d'amour du Christ se regroupent *"officiellement"* sous un étendard puissant : celui de la Franc-Maçonnerie Internationale.

Toutes ces familles, distinctes mais non divisées, cherchent à répandre l'apostasie pour ramener le monde au paganisme, à l'esclavage du diable, dont le Verbe Incarné est pourtant venu nous délivrer.

Dans l'encyclique *"Humanum genus"* Léon XIII écrit : *"La Franc-Maçonnerie n'est pas autre chose, tout au moins dans les hauts grades, que la religion occulte de Satan"*.

2. La Franc-Maçonnerie, bras droit de la Révolution

« Depuis un siècle et demi, une puissante association, dont les principes sont identiques aux idées réalisées par la Révolution, s'étend dans le monde entier, se couvrant de mystère, agissant dans toutes les parties du corps social, tantôt par la presse, la tribune, l'enseignement de la jeunesse, tantôt par des complots, mais toujours marchant vers le même but.

Cette association existe, c'est la Franc-Maçonnerie, qui est la source et comme la mère de toutes les sociétés secrètes[24]. Elle a commencé à agir dès les premières années du XVIIIème siècle, et les progrès de la Révolution ont été en proportion de sa diffusion... ses doctrines sont partout les mêmes : son unité, son universalité, expliquent ainsi l'unité et

---

[24] "L'étude des sociétés secrètes est donc une nécessité absolue pour avoir l'intelligence des temps modernes" (Père Deschamps, op. cit., p. XXXVII).

l'universalité de la Révolution » (Père Deschamps, op. cit., pp. XXVIII et XXIX).

« Le Frère Malapert, orateur du suprême conseil du rite écossais, parlant en 1874, dit en propres termes : *"Au XVIIIème siècle, la Franc-Maçonnerie était si répandue dans le monde, qu'on peut dire que rien ne s'est fait depuis cette époque sans son consentement"* » (Père Deschamps, op. cit., pp. XXXVI et XXXVII).

Les papes n'ont pas cessé de dénoncer cet instrument de la Révolution.

Pie VI (1775-1799) écrit le 25 décembre 1775 : *"La fourberie de ces hommes pervers, est véritablement indigne... Dans leur œuvre corruptrice et néfaste... ils ne sont que les instruments de celui qui eut recours au serpent pour séduire et perdre nos premiers parents"*. Léon XII (1823-1829) affirme que la Révolution menace non seulement l'Église mais aussi les États. Dans cette perspective il est *"absolument certain"* qu'existe une unité malgré la diversité de leurs noms *"de toutes les sectes pour un projet infâme"*. Pour cela il n'hésitera pas à dire aux princes de la chrétienté :

> « Les circonstances actuelles sont telles que vous avez à frapper ces sociétés secrètes non seulement pour la défense de la religion catholique, mais encore pour votre propre sûreté et pour celle de vos sujets. La cause de la religion est aujourd'hui tellement liée à celle de la société, qu'on ne peut plus les séparer ; car ceux qui font partie de ces sectes ne sont pas moins ennemis de votre puissance et de la religion.
> Ils attaquent l'une et l'autre et désirent également les voir renversées. S'ils le pouvaient, ils ne laisseraient subsister ni la

religion, ni l'autorité royale... Ce n'est pas seulement la haine de la religion qui anime leur zèle, mais l'espoir que les peuples soumis à votre empire, en voyant renverser les bornes posées dans les choses saintes par Jésus-Christ et son Église, seront, par cet exemple, facilement amenés à changer également et à détruire les formes des gouvernements politiques ».

D'ailleurs les francs-maçons l'avouent eux-mêmes.

« Dans la séance du 15 janvier 1904, Charles Benoist avait dit aux ministres : *"Vous n'êtes pas le gouvernement, vous n'êtes qu'un faux gouvernement"*. Puis, montrant le côté où siègent les francs-maçons : *"Le véritable, c'est celui-là"*. E. Combes répondit : *"On n'a jamais que le gouvernement qu'on mérite"*. En d'autres termes : Si vous êtes, Français, sous le joug de la Franc-Maçonnerie, c'est que vous avez appelé sur vous cette humiliante tyrannie par vos fautes et par les crimes commis contre Dieu et son Église » (Mgr Delassus : op. cit. ; pp. 33).

Pie IX (1846-1878) applique aux membres des sociétés secrètes ces paroles du Christ aux juifs : *"Vous êtes les enfants du diable, et vous voulez faire les œuvres de votre père"* (Jean, VIII).

Il dira le 15 septembre 1865 au sujet des sociétés secrètes :

> *"Parmi les nombreuses machinations et les artifices par lesquels les enfants du nom de chrétien ont osé s'attaquer à l'Église de Dieu et ont essayé, quoique en vain, de l'abattre et de la détruire, il faut sans nul doute compter cette société perverse d'hommes vulgairement appelée maçonnique..."*

Pie IX dira encore le 20 septembre 1874 : *"Qu'ils sachent les ennemis de l'Église qui, pleins de confiance, sont dans l'enthousiasme de tout ce qui arrive et qui comptent sur certains événements, proches ou lointains, Dieu seul le sait, qu'ils sachent bien que les Pharisiens aussi et leurs amis étaient dans l'enthousiasme pour la mort du Christ comme s'ils avaient obtenu un triomphe ; ils ne s'apercevaient pas que cette mort était l'origine de leur défaite complète".*

En juillet 1873, dans l'encyclique *"Scite pro facto"*, Pie IX démasque le chef d'orchestre secret qui n'est autre que Satan, cause première du développement et du triomphe politique de la Franc-Maçonnerie.

« Léon XIII dénonça la Maçonnerie comme étant l'agent de la guerre faite de toutes parts à la Sainte Église. Le Bulletin de la Grande Loge symbolique écossaise exprima en ces termes la pensée de la Secte : *"La Franc-Maçonnerie ne peut moins faire que de remercier le Souverain Pontife de sa dernière encyclique. Léon XIII, avec une autorité incontestable et un grand luxe de preuves, vient de démontrer une fois de plus, qu'il existe un abîme infranchissable entre l'Église, dont il est le représentant, et la Révolution, dont la Franc-Maçonnerie est le bras droit. L'heure est venue d'opter entre l'ordre ancien, qui s'appuie sur la Révélation, et l'ordre nouveau, qui ne reconnaît d'autres fondements que la science et la raison humaine, entre l'esprit d'autorité et l'esprit de liberté"* (cité par Don Sarda y Salvany : *"Le Mal social, ses causes, ses remèdes"*).

Cette pensée a été exprimée de nouveau au Convent de 1902, par l'orateur chargé de prononcer le discours de clôture : *"... Ce qui nous sépare ? C'est un abîme, abîme qui ne sera comblé qu'au jour où triomphera la Maçonnerie..."*

Depuis lors, *La Lanterne*, (...) l'organe officieux des gouvernants, ne cesse de dire : *"... L'Église sait aujourd'hui que la République lui sera mortelle, et si elle ne la tue pas, c'est elle qui tuera la République. Entre la République et l'Église, c'est un duel à mort".* (...) Aussi en octobre 1902, le premier ministre E. Combes dira : *"Il s'agit de savoir, à l'heure actuelle, qui l'emportera de la Révolution, personnifiée par la République, ou de la contre-révolution incarnée dans la réaction cléricale et nationaliste"* » (Mgr Delassus : op. cit., pp. 29 et 30).

« Dans une lettre pastorale, écrite en 1878, Mgr Martin, évêque de Natchitoches, aux États-Unis, parlant de la conjuration antichrétienne, disait :

> *"En présence de cette persécution d'une universalité jusqu'ici inouïe, de la simultanéité de ses actes, de la similarité des moyens qu'elle emploie, nous sommes forcément amenés à conclure à l'existence d'une direction donnée, d'un plan d'ensemble, d'une forte organisation qui exécute un but arrêté vers lequel tout tend.*
>
> *Oui, elle existe, cette organisation, avec son but, son plan et la direction occulte à laquelle elle obéit ; société compacte malgré sa dissémination sur le globe ; société mêlée à toutes les sociétés sans relever d'aucune ; société d'une puissance au-dessus de toute puissance, celle de Dieu exceptée. Société terrible, qui est, pour la société religieuse comme pour les sociétés civiles, pour la civilisation du monde, non pas seulement un danger, mais le plus redoutable des dangers"* » (Mgr Delassus : *op. cit.*, p. 77).

« Mgr Dupanloup (*Étude sur la Franc-Maçonnerie*, Paris, Douniol, 1875), le cardinal Deschamps, archevêque de Malines (*La Franc-Maçonnerie, son caractère, son extension, son organisation, ses sources, ses affluents, son but et ses secrets.* Tournai, Casterman, 1863), ont, avec leur haute autorité, démontré que la Franc-Maçonnerie était le plus grand péril des temps modernes, dans des écrits où les leçons de la logique et les enseignements de l'histoire sont présentés d'une façon saisissante.

Le cardinal Mathieu, résumant la longue expérience de sa vie d'évêque et d'homme public, écrivait à son tour : *"Je suis à m'interroger péniblement, et à savoir comment il se fait que les puissants de ce siècle ne regardent pas même autour d'eux, et si près d'eux, ce qui les mine et qui les ronge en attendant leur renversement complet. Je suis très persuadé que la plupart des grands et sinistres événements de nos jours ont été préparés et consommés par la Franc-Maçonnerie"* (Lettre du 7 avril 1875 à M. Robinet de Cléry) » (Père Deschamps, op. cit., pp. XXXIII, XXXIV).

La désignation de la Franc-Maçonnerie comme l'un des pires ennemis de l'Église catholique a été l'un des points essentiels de l'abondante correspondance que Mélanie, voyante de la Salette, a entretenue avec différents prêtres au cours de sa vie[25].

3. Le projet révolutionnaire : construire la société nouvelle, opposée à la civilisation chrétienne

« Comme les vérités de l'ordre religieux sont entrées dans la substance même de ces institutions qui sont l'ordre social, la famille et la propriété, tout l'effort de la conjuration antichrétienne devait donc se porter à effacer de l'esprit public la doctrine de l'Église, telle que son divin Auteur l'a faite. C'est l'Église qu'il faut détruire pour tuer l'idée.

---

[25] Lire le document : *"Extraits de lettres écrites par Mélanie..."* Nous avons aussi commenté quelques passages au gré des événements financiers actuels.

Réalisant que l'entreprise était impossible sans durée, la secte maçonnique conclut que, s'il était pour l'instant impossible de détruire l'Église, il fallait l'empêcher de restaurer pleinement la civilisation chrétienne. Aussi se mit-elle à combattre l'éducation chrétienne par une éducation laïque, antichrétienne[26].

C'est ainsi qu'une fois la Révolution déclenchée, le frère Bonaparte fut poussé au pouvoir. Les conquêtes qu'il entreprit permirent d'exporter la Révolution contre la doctrine de salut de Notre-Seigneur. De par ses conquêtes militaires, il imposa le nouvel enseignement athée dans tous les pays conquis.

---

[26] « Pour pouvoir diriger le monde religieux dans les voies qui devaient amener "la régénération du siècle", il n'était pas moins nécessaire de s'emparer de la direction des esprits que de réduire le Pape à l'état d'idole. Napoléon le comprenait bien, et c'est pour cela qu'il institua l'Université et lui donna le monopole de l'enseignement. Le maçon Fourcroy apporta au Corps législatif, le 6 mai 1806, un projet de loi ainsi conçu : art. 1. Il sera formé, sous le nom d'Université impériale, un corps chargé exclusivement de l'enseignement et de l'éducation publics dans tout l'Empire.
Napoléon dit à ses familiers : "On veut détruire la Révolution. Je la défendrai, car je suis la Révolution, moi, moi" — *Histoire du Consulat et de l'Empire*, par Thiers, t. v, p. 14 — » (cité par Mgr Delassus : *Le problème de l'heure présente*, p. 97). « L'enseignement public est aussi un des moyens dont se sont servies les sociétés secrètes dès le XVIIème siècle pour façonner l'esprit des peuples. Ne dirait-on pas écrites de nos jours ces instructions de Weishaupt, le fondateur de l'Illuminisme allemand, qui s'empara, quelques années avant 1789, de la direction de toutes les loges françaises et allemandes (Liv. II chap. v, 6 et 7). "Il faut partout gagner à notre Ordre le commun du peuple, et le grand moyen pour cela est l'influence sur les écoles... Que nos régents soient sans cesse occupés à former des plans, et à imaginer la manière dont il faut s'y prendre pour nous rendre maîtres de tous ces établissements". C'est là tout le secret de l'ardeur et de la persévérance avec lesquelles les loges cherchent partout à détruire l'enseignement chrétien et à lui substituer l'instruction laïque et obligatoire dirigée par leurs adeptes » (Père Deschamps, op. cit., pp. LXXXII et LXXXIII).

Aux yeux des francs-maçons, la lutte devait être engagée contre tout ce qui pouvait contrarier l'évolution mise en avant par les idées de la Renaissance.

Une législation longuement étudiée, savamment préparée dans les loges, puis votée par le Parlement et perfectionnée après coup par une batterie de mesures administratives se mit alors en branle » (Mgr Delassus : op. cit., pp. 13, 23).

« Au cours des discussions de la loi sur les associations, les républicains ne cachèrent pas que cette loi était un premier pas dans la voie de l'anéantissement de l'Église. Viviani dévoilera le souhait de la Secte dans son discours à la tribune du 15 janvier 1901 :

> « Au-dessus de ce combat d'un jour il y a un conflit formidable, où le pouvoir spirituel et le pouvoir temporel se disputent des prérogatives souveraines, essayant, en s'arrachant les consciences, de garder jusqu'au bout la direction de l'humanité. S'opposent en effet *"la société fondée sur la volonté de l'homme, et la société fondée sur la volonté de Dieu"*. Il s'agit de dérober l'esprit laïque aux étreintes de la société religieuse" et de *"garder jusqu'au bout la direction de l'humanité"*, *"en détruisant la société fondée sur la volonté de Dieu, pour construire une société nouvelle, fondée sur la volonté de l'homme"*. Il s'agit de *"substituer la religion de l'humanité à la religion catholique"*.

Voilà pourquoi la guerre déclarée aux congrégations n'est qu'un engagement. La vraie campagne est celle qui met en présence l'Église catholique et le Temple maçonnique, c'est-à-dire l'Église de Dieu et l'Église de Satan, conflit formidable dont dépend le sort de l'humanité.

L'ÉGLISE ÉCLIPSÉE

Tant que l'Église sera debout, et propagera la Foi, elle mettra au cœur de tous, les espérances éternelles. Ce n'est donc que sur ses ruines que pourra s'édifier la *"religion de l'humanité"*, qui, elle, ne veut pas que l'homme porte le regard hors du temps. Ce projet satanique fait l'unanimité chez les républicains qui par nature sont libéraux et ennemis du Christ-Roi.

En effet, à ce projet M. Jacques Piou dit : *"Ce que veulent les socialistes, c'est arracher les consciences au pouvoir spirituel et conquérir la direction de l'humanité"*. Un autre membre s'écriera : *"Ce ne sont pas seulement les socialistes qui le veulent, ce sont tous les républicains"*. M. Piou ne contredit pas » (Mgr Delassus : op. cit., pp. 17 à 20).

On peut lire dans le bulletin du Grand-Orient que : *"Il y a une religion universelle qui renferme toutes les religions particulières du globe ; c'est cette religion que nous professons ; c'est cette religion universelle que le gouvernement professe quand il proclame la liberté des cultes"*. (juillet 1856, p. 172).

Ou bien dans le même Bulletin n° 37 *"Politique et Maçonnerie"* : *"La Maçonnerie se veut super église, l'église qui les réunira toutes"*.

Ou encore Roca[27] : *"Ce que veut bâtir la chrétienté... c'est un culte universel où tous les cultes seront englobés"* (*"Glorieux centenaire"*, p. 7).

« Pie VII ne s'était donc point trompé lorsqu'il dit dans son encyclique du 22 mars 1808 : *"Sous cette égale protection de tous les cultes se cache et se déguise la persécution la plus dangereuse, la plus astucieuse qu'il soit possible*

---

[27] Paul Roca, théosophe, sera le disciple du fameux cabaliste Stanislas de Guaïta, auteur d'un impressionnant hymne à Lucifer, et du 33ème Oswald Wirth. Il mourut en 1893. L'Église lui refusera la sépulture en terre bénite.

L'ÉGLISE ÉCLIPSÉE

d'imaginer contre l'Église de Jésus-Christ, et malheureusement la mieux concertée pour y jeter la confusion et même la détruire, s'il était possible que la force et les ruses de l'enfer puissent prévaloir contre elle" » (Mgr Delassus : op. cit., p. 98).

« Le 26 décembre 1864, Van Humbeeck, vénérable de la loge *Les Amis de l'Union du Progrès*, dit : *"On a reproché à la Révolution de creuser un gouffre. Ce n'est pas vrai : la Révolution n'a pas creusé un gouffre, elle a creusé une fosse, elle l'a creusée pour y descendre le cadavre du passé (la civilisation chrétienne). Ce qui est vrai de la Révolution, est vrai de la Maçonnerie, dont la Révolution n'est que la forme profane. Oui, un cadavre est sur le monde ; il barre la route du progrès (du retour à la civilisation païenne) : ce cadavre du passé, pour l'appeler par son nom, carrément, c'est le catholicisme"*.

L'année suivante, 1865, fut tenu à Liège le congrès des étudiants. C'est de ce congrès que furent tirés tout d'abord l'état-major de l'Internationale, puis les auxiliaires de Gambetta. À ce congrès Lafargue demandait : *"Qu'est-ce que la Révolution ?"* Et il répondait : *"La Révolution, c'est le triomphe de l'homme sur Dieu"*.

En 1870, un manifeste fut publié à Paris, au siège du Grand-Orient, sous ce titre :

« Dieu devant la science, ou Religion et Franc-Maçonnerie. On y lisait : *"Le catholicisme, cet ennemi acharné de la Franc-Maçonnerie, dont les doctrines lui sont entièrement opposées"*.

Cette même année, *"le Monde maçonnique"* (numéros de janvier et mai 1870) fit cette déclaration : *"La Franc-Maçonnerie nous apprend qu'il n'y a qu'une seule religion, une vraie, et par conséquent une seule naturelle, le culte de l'humanité. Car, mes frères, cette abstraction qui, érigée en système, a servi à former toutes les religions, Dieu, n'est autre que l'ensemble de tous nos instincts les plus élevés, auxquels nous avons donné un corps, une existence distincte".* Rien de plus clair : l'humanité est Dieu, les droits de l'homme doivent être substitués à la loi divine, le culte des instincts de l'humanité doit prendre la place de celui rendu au Créateur » (Mgr Delassus : op. cit., pp. 22, 23, 25, 26).

« Un penseur profond, qui a étudié, lui aussi, à fond l'action et les doctrines de la Maçonnerie, le Père Pachtler, a résumé dans un seul mot l'idée fondamentale de la Franc-Maçonnerie et de toutes les sociétés secrètes qui en dérivent : c'est la déification de l'humanité, ou l'homme mis à la place de Dieu... *"Aux trois erreurs initiales qui se trouvent dans cette notion de l'humanité, à savoir : la perfection originelle de l'homme, la négation de toute fin surnaturelle pour lui et son indépendance absolue, correspondent,* ajoute le Père Pachtler, *une série d'étapes dans la voie du mal qui sont l'Humanité sans Dieu, — l'Humanité se faisant Dieu, — l'Humanité contre Dieu : tel est l'édifice que la Maçonnerie cherche à élever à la place de l'ordre divin, qui est l'Humanité avec Dieu"* » (Père Deschamps : *"Les sociétés secrètes",* Tome 2, 1881, pp. 2 et 4).

Le terme auquel la Franc-Maçonnerie veut faire aboutir le mouvement commencé à la Renaissance apparaît maintenant clairement : constituer une société nouvelle avec une religion nouvelle, la religion de l'humanité !

La Sainte Église catholique a toujours combattu cette *"société nouvelle"* qui œuvre non seulement à la restauration du paganisme antique, mais encore à l'instauration du culte satanique mondial. On comprend pourquoi la Chaire de la vérité a toujours dénoncé et combattu la secte maçonnique.

L'ÉGLISE ÉCLIPSÉE

Léon XIII dira en effet dans son encyclique *"Humanum Genus"* :

« À notre époque, les fauteurs du mal paraissent s'être coalisés dans un immense effort, sous l'impulsion et avec l'aide d'une société répandue en un grand nombre de lieux et fortement organisée, la société des Francs-Maçons. Ceux-ci, en effet, ne prennent plus la peine de dissimuler leurs intentions et ils rivalisent d'audace entre eux contre l'auguste majesté de Dieu...
En un si pressant danger, en présence d'une attaque si cruelle et si opiniâtre du Christianisme, c'est notre devoir de signaler le péril, de dénoncer les adversaires, d'opposer toute la résistance possible à leurs projets et à leur industrie... »

« Les faits montrent d'une manière suffisante la constitution intime des francs-maçons et montrent clairement par quelle route ils s'acheminent vers leur but. Leurs dogmes principaux sont en un si complet et si manifeste désaccord avec la raison qu'il ne se peut imaginer rien de plus pervers. En effet, vouloir détruire la religion et l'Église établies par Dieu Lui-même et assurées par Lui d'une perpétuelle protection, pour ramener parmi nous, après dix-huit siècles, les mœurs et les institutions des païens, n'est-ce pas le comble de la folie et de la plus audacieuse impiété ? Mais ce qui n'est ni moins horrible ni plus supportable, c'est de voir répudier les bienfaits miséricordieux acquis par Jésus-Christ, d'abord aux individus, puis aux hommes groupés en familles et en nations : bienfaits qui, au témoignage des ennemis même du christianisme, sont du plus haut prix. Certes, dans un plan si intense et si criminel, il est bien permis de reconnaître la haine implacable dont Satan est animé à l'égard de Jésus-Christ et sa passion de vengeance... Ce que les francs-maçons proposent, c'est de détruire entièrement toute la discipline religieuse et sociale née des institutions chrétiennes, et de lui en substituer une autre, adaptée à leurs idées, et dont le principe et les lois fondamentales sont tirés du naturalisme... Le premier principe des naturalistes, c'est qu'en toutes choses la nature ou la raison humaine doit être maîtresse et souveraine ».

Le même pontife, le 19 mars 1902, fit à tous les évêques, une peinture exacte de la maçonnerie en peu de mots :

« Personnification permanente de la Révolution, la Franc-Maçonnerie constitue une sorte de société retournée dont le but est d'exercer une suzeraineté occulte sur la société reconnue et dont la raison d'être consiste entièrement dans la guerre faite à Dieu et à son Église. Il n'est pas besoin de la nommer, car, à ses traits, tout le monde a reconnu la Franc-Maçonnerie... Embrassant dans ses immenses filets presque la totalité des nations et se reliant à d'autres sectes qu'elle fait mouvoir par des fils cachés, attirant et retenant ensuite ses affiliés par l'appât des avantages qu'elle leur procure, pliant les gouvernements à ses desseins, tantôt par ses promesses et tantôt par ses menaces, cette secte est parvenue à s'infiltrer dans toutes les classes de la Société. Elle forme un État invisible et irresponsable dans l'État légitime ». Il y a « un seul et même centre de direction, un plan arrêté d'avance ».

« ... D'ailleurs ils se tiennent toujours prêts à ébranler les fondements des empires, à poursuivre, à dénoncer et même à chasser les princes, toutes les fois que ceux-ci paraissent user du pouvoir autrement que la secte ne l'exige ».

Le 29 août 1896, le futur saint Pie X écrivait ceci au professeur don Antonio De Angelo, délégué du comité diocésain à la sous-commission antimaçonnique :

> « Combattre la maçonnerie est une œuvre religieuse et éminemment sociale, parce que cette secte est hostile, non seulement à notre sainte religion dans toutes ses manifestations, mais s'applique à ruiner aussi la tranquillité de l'ordre. Je recommande aux membres de cette ligue de s'intéresser tout spécialement à ces pauvres jeunes gens qui, séduits par d'adroites paroles, se font gloire d'être affiliés à la secte anticléricale, laquelle, sous prétexte de raison et de science, combat directement la foi ».

Le Père Kolbe écrivait également en 1922 : *"De nos temps, le chef des ennemis de l'Église et du salut des âmes, c'est la Maçonnerie... Le principal, le plus grand et le plus puissant des ennemis de l'Église, c'est la Maçonnerie".*

4. Condamnation de la Franc-Maçonnerie

Dans un ancien livre de catéchisme on pouvait lire ceci :

> « Au début du XVIIIème, toutes les forces anticatholiques (déistes, matérialistes, libres penseurs) se groupèrent en une puissante association qui prit le nom de Franc-maçonnerie. D'abord société philanthropique et politique, la Franc-Maçonnerie devint, après la fondation de la grande loge de Londres en 1717, le centre de la libre-pensée et comme l'armée de l'incrédulité.
> D'Angleterre, elle se répandit en France où elle eut sa première

loge à Dunkerque en 1721. Le Grand-Orient de France qui a son siège à Paris fut fondé en 1772.

Par son aspect philanthropique la Franc-Maçonnerie fut ce qu'elle est toujours : l'Ange des ténèbres déguisé en lumière. Elle séduisit ainsi de nombreuses nobles âmes, des prêtres,... Ces gens n'avaient pas discerné le but caché de la Franc-Maçonnerie.

Plus clairvoyants, les papes s'aperçurent qu'ils avaient en face d'eux les plus graves ennemis de l'Église. Elle fut condamnée assez vite par Clément XII en 1738, par Benoît XIV en 1751, par Pie VII en 1821, par Pie IX en 1865, par Léon XIII en 1884 dans son encyclique *"Humanum genus"* »

En 1738, année où fut publiée la seconde édition des Constitutions d'Anderson, le pape Clément XII (1730-1740) mit en garde pour la première fois contre la nouvelle société secrète des francs-maçons.

C'est ainsi que dans sa bulle *"In Eminenti"*, du 28 avril 1738 le pape écrivait :

> « Nous avons appris par la renommée publique qu'il se répand au loin, chaque jour avec de nouveaux progrès, certaines sociétés, assemblées, réunions, agrégations ou convents nommés de francs-maçons ou sous une autre dénomination selon la variété des langues, dans lesquels des hommes de toute religion et de toute secte, affectant une apparence d'honnêteté naturelle, se lient entre eux par un pacte aussi étroit qu'impénétrable, d'après des lois et des statuts qu'ils se sont faits, et s'engagent par un serment prêté sur la Bible, et sous les peines les plus graves, à cacher par un silence

inviolable tout ce qu'ils font dans l'obscurité du secret... S'ils ne faisaient pas le mal, ils ne haïraient pas ainsi la lumière, et ce soupçon s'est tellement accru que, dans plusieurs États, ces dites sociétés ont été depuis longtemps proscrites et bannies comme contraires à la sûreté des royaumes... Après mûre délibération et de notre plein pouvoir apostolique, nous avons conclu et décrété de condamner et d'interdire ces-dites sociétés... par notre présente constitution valable à perpétuité.

C'est pourquoi nous défendons formellement et en vertu de la sainte obéissance à tous et à chacun des fidèles de Jésus-Christ... d'entrer dans lesdites sociétés de francs-maçons ou autrement appelées, de les propager, les entretenir, les recevoir chez soi, ou de leur donner asile ailleurs et les cacher, y être inscrits, agrégés, y assister ou leur donner le pouvoir et les moyens de s'assembler... et cela sous peine d'excommunication à encourir par tous, comme dessus, contrevenants, par le fait et sans autre déclaration... Qu'il ne soit permis à aucun homme d'enfreindre ou de contrarier, par une entreprise téméraire, cette bulle de notre déclaration, condamnation, mandement, prohibition et interdiction. Si quelqu'un ose y attenter, qu'il sache qu'il encourra l'indignation du Dieu tout-puissant et des bienheureux apôtres Pierre et Paul » (cité par l'anthologie de Georges Virebeau : *"Les papes et la Franc-Maçonnerie"*, Paris 1977, pp. 15-17).

Conscient du danger de la Secte, le 14 janvier 1739, Clément XII l'interdisait dans les États pontificaux, tandis qu'en France, la bulle pontificale ne fut jamais présentée à l'enregistrement du Parlement par le roi Louis XV. Aussi le gallicanisme fut-il un des plus sûrs alliés de la Franc-Maçonnerie.

La bulle donnait un bon aperçu de la Secte. Le pontife avait ajouté qu'il condamnait les francs-maçons encore *"pour d'autres causes justes et raisonnables à nous connues"*. Or R. Peyrefitte eut connaissance à la Bibliothèque Vaticane d'une Lettre secrète de Clément XII, de dix-huit pages, annexée à la bulle *"In Eminenti"* dont il publia de larges extraits : l'Église n'en contesta pas une phrase.

Cette lettre commence par poser le principe que le devoir d'un catholique, dans les choses de la conscience et de la foi, est d'éviter le risque de tomber en tentation et d'adopter des idées dont il ne sait pas exactement la nature.

« Un catholique doit avoir avant tout la foi et croire les vérités révélées. Toute théorie ou doctrine qui est en contradiction avec la foi catholique, est pour nous, nécessairement fausse et menteuse. Un catholique qui la professe et qui s'y lie par serment pour la professer et la propager, est un mauvais catholique ; bien plus, un non-catholique, un apostat et un sectateur de l'Antéchrist. Quel besoin un catholique peut-il avoir de professer et propager d'autres doctrines, s'il a déjà la sienne, venant de Dieu, puisque du Christ ? (...)

Nous connaissons bien la véritable doctrine et le véritable sens de la doctrine de cette secte, la plus perverse et la plus périlleuse de toutes, justement parce qu'avec l'art consommé des enfants des ténèbres, elle cache sa vraie nature et obscurcit sa vraie doctrine. Nous tenons pour assuré qu'il n'est pas nécessaire de disputer publiquement sur des choses aussi évidentes, car ce que l'on en connaît publiquement suffit du reste pour sanctionner l'incompatibilité de cette secte avec le caractère chrétien. (...)

L'ÉGLISE ÉCLIPSÉE

L'existence de Dieu, serait donc contredite par la raison humaine et la raison humaine, fin en soi, puisque destinée à disparaître avec la mort physique, serait le vrai et unique Dieu d'un univers créé seulement pour la gloire de l'homme et de sa raison. Telle est la véritable doctrine des Francs-Maçons, secte secrète qui nie l'existence de Dieu, en faisant parade de la prendre comme symbole. Quel est ce Dieu, nié par cette même raison, qu'ils placent au centre de l'univers ?

Il est le Suprême Architecte de l'Univers. Où il y a quelque chose de supérieur, il y a nécessairement quelque chose de subalterne... mais eux se qualifient de maçons et donc de collaborateurs continus, directs et nécessaires de l'Architecte, participant à son activité, et non ses fils et serviteurs. Ils sont en même temps les briques avec lesquelles se construit jour par jour cet univers au centre duquel il n'y a plus Dieu, mais la raison humaine, vrai artisan de tout d'après leur doctrine. Ils sont la maçonnerie, c'est-à-dire l'Atelier qui unit les maçons et d'où sortent les briques de cette humaine construction.

Le temps viendra où beaucoup d'entre eux finiront par avouer leur athéisme. Mais le temps viendra aussi où beaucoup d'esprits se libéreront de ces liens pourtant insidieux, beaucoup de cœurs se rebelleront devant tant d'orgueil et tant de présomption qui nous font dire que cette secte est satanique, parce qu'elle défend les doctrines qui contiennent le péché de Lucifer, et beaucoup, après de durs efforts, trouveront dans la vraie Église cette lumière, cette raison humaine éclairée par Dieu qu'ils cherchent aujourd'hui vraiment dans l'erreur et dans l'orgueil... Attendons que l'erreur, comme toujours, détruise l'erreur » (*"Les fils de la lumière"* Flammarion, Paris, 1961, pp. 395 à 405).

À aucun moment Clément XII ne parle de corporations de maçons, bâtisseurs de cathédrales, comme les discours maçonniques nous le disent ; il définit explicitement la Franc-Maçonnerie comme une secte nouvelle dès 1738, cinquante ans avant la Révolution française.

En 1789, la Secte s'appliquera à la destruction plutôt qu'à la construction des cathédrales et de l'ordre chrétien.

Dès ses débuts officiels la Franc-Maçonnerie est donc tenue pour un complot international et permanent contre le Trône et l'Autel. Complot secret et caché difficile à percevoir. L'objectif de la Franc-Maçonnerie est donc d'accaparer le pouvoir temporel par le moyen de la République ; le pouvoir spirituel par le moyen d'une nouvelle religion (qui sera celle de *"l'église conciliaire")*.

Benoît XIV (1740-1758) qui succède à Clément XII réitère la condamnation. Afin de lever toute ambiguïté il confirma l'excommunication dans sa constitution apostolique sous forme de bulle, *"Providas romanorum pontificum"*, du 18 mai 1751.

Le 6 juillet 1758 le cardinal Rezzonico lui succède et devient Clément XIII (17581769). Son pontificat s'ouvre sur une époque où les idées philosophiques sont à la mode, l'incrédulité en expansion. Le Pape lutta surtout contre les écrits pernicieux que la Secte répandait de toutes parts.

Citons la vigoureuse exhortation du Souverain Pontife dans l'encyclique *"Christianæ reipublicæ salus"* du 25 novembre 1766 hélas sans effet : *"Il faut combattre avec courage... et exterminer de toutes ses forces le fléau de livres funestes ; jamais on ne fera disparaître la matière de l'erreur, si les criminels éléments de la corruption ne périssent consumés par les flammes"* (cité par

L'ÉGLISE ÉCLIPSÉE

Grégoire XVI dans son encyclique *"Mirari vos"*).

Le 25 décembre 1775, Pie VI (1775-1799) condamne les *"sectes de perdition"*. Même constance avec Pie VII (1800-1823) qui jugea nécessaire de dénoncer les sociétés secrètes, *"gémissant de ce que le zèle du Saint-Siège n'ait pas obtenu les effets qu'il attendait et de ce que ces hommes pervers ne s'étaient pas désistés de leur entreprise"* (*"Ecclesiam a Jesu Christo"*, du 13 septembre 1821).

Dans cette même encyclique le pape révéla l'existence d'une nouvelle secte, encore plus dangereuse que les précédentes, désignée sous le nom de *"carboneria"* (charbonnerie). Pour Léon XII (1823-1829) il est *"absolument certain"* qu'existe malgré la diversité de leurs noms, une unité *"de toutes les sectes pour un projet infâme"*. Selon lui ces hommes *"sont les mêmes que nos pères n'hésitèrent point à appeler les premiers nés du diable"*. Le carbonarisme et les autres sociétés secrètes prirent une extension telle que Léon XII dut revenir à la charge dans sa constitution apostolique *"Quo graviora"* du 13 mars 1825.

Les avertissements de Léon XII ne portèrent pas les fruits espérés. Aussi Pie VIII (1829-1830) mit-il à nouveau en garde contre la corruption de la jeunesse dans son encyclique *"Traditi humiliati"* du 24 mai 1829.

"Au Consistoire" du 9 décembre 1854, Pie IX (1846-1878) applique aux membres des sociétés secrètes ces paroles du Christ : *"Vous êtes les enfants du diable, et vous voulez faire les œuvres de votre père"* (...) *"sectes abominables de perdition / peste / enfants du démon / synagogue de Satan"*. La lutte contre la Franc-Maçonnerie et le libéralisme, qui sont intimement liés[28], fut le

---

[28] « Un des chefs de la Maçonnerie belge et du parti libéral dans ce pays, le Frère Goblet

souci principal de son pontificat.

En témoignent ses documents : encyclique *"Qui pluribus"* du 9 novembre 1846, allocution *"Quibus quantisque"* du 20 avril 1849, encyclique *"Noscitis et nobiscum"* du 8 décembre 1854, encyclique *"Quanto conficiamur mœrore"* du 10 août 1863, *"Syllabus"* (mot qui signifie *"recueil"* des erreurs modernes) du 8 décembre 1864, allocution consistoriale *"In ista"* du 29 avril 1876, bref *"Ex epistolæ"* du 26 octobre 1865, bref *"Quamquam"* du 29 mai 1873, encyclique *"Etsi multa luctuosa"* du 21 novembre 1873.

Dans cette dernière Pie IX rappela : *"Si quelques-uns pensent que les constitutions apostoliques publiées sous peine d'anathème contre les sectes occultes et leurs adeptes et fauteurs n'ont aucune force dans les pays où ces sectes sont tolérées par l'autorité civile, assurément ils sont dans une bien grande erreur".*

Peu avant de mourir Pie IX précisera pour les futurs prélats : ceux *"qui s'efforcent d'établir une alliance entre la lumière et les ténèbres sont plus dangereux que les ennemis déclarés".*

Voilà des propos bien acerbes pour les prélats conciliaires et ceux qui prétendent faire l'expérience d'un mariage impossible de la lumière avec les ténèbres, de la Tradition avec le progressisme au Concile Vatican II.

Léon XIII (1878-1903) précisera les buts de la secte des francs-maçons

---

d'Aviella (sénateur), parlant le 5 août 1877, à la loge des Amis philanthropes de Bruxelles, a exprimé cette pensée avec des développements qui indiquent nettement le rôle auquel la Maçonnerie aspire : ... *"Dites-leur, en un mot, que nous sommes la Philosophie du libéralisme. Dites-leur tout cela avec les réserves que comporte le secret maçonnique"* (Reproduit par le *Courrier de Bruxelles* du 3 mars 1879) » (Père Deschamps : *"Les sociétés secrètes"*, Tome 2, 1881, p. LXIX).

L'ÉGLISE ÉCLIPSÉE

dans son encyclique *"Humanum genus"*. Il enjoindra aux catholiques d'*"arracher à la Franc-maçonnerie le masque dont elle se couvre"*. Il souligne que *"le Christianisme et la Franc-Maçonnerie sont essentiellement inconciliables, si bien que, s'agréger à l'une, c'est divorcer de l'autre"*.

Tout au long de son pontificat Léon XIII, comme auparavant Pie IX, multiplia les mises en garde contre la Franc-Maçonnerie : encyclique *"Etsi nos"* du 15 février 1882, encyclique *"Humanum genus"* du 20 avril 1884, allocution *"Dall'alto"* du 15 octobre 1890, allocution *"Spesse volte"* du 5 août 1898, encyclique *"Inimica vis"* du 8 décembre 1892, lettre *"Custodi"* du 8 décembre 1892, encyclique *"Præclara"* du 20 juin 1894, allocution *"Parvenu à la 25ème année"* du 19 mars 1902, allocution *"Nobis quidem"* du 22 juin 1903.

Saint Pie X (1903-1914) combat l'esprit maçonnique qui s'infiltre dans le sein de l'Église. Le Pape écrit la célèbre encyclique *"Pascendi"* du 8 septembre 1907 qui condamne le modernisme, en le définissant *"égoût collecteur de toutes les hérésies"* puis impose au clergé, en septembre 1910, le serment anti-moderniste.

Dans son encyclique *"Maximum illud"* du 30 novembre 1919, Benoît XV (1914-1922) reste fidèle à l'enseignement de ses prédécesseurs.

Puis Pie XI (1922-1939) condamne, le 19 mars 1937, avec l'encyclique *"Divini Redemptoris"* le communisme, fils de la Franc-Maçonnerie.

Enfin Pie XII (1939-1958) qui dira par exemple le 24 juillet 1958 : *"Les racines de l'apostasie moderne sont : l'athéisme scientifique, le matérialisme dialectique, le rationalisme, le laïcisme et leur mère commune : La Maçonnerie"* (*Doc. Cath.*, 1958, p. 918).

L'ÉGLISE ÉCLIPSÉE

Pour tous ces Papes, le Siècle des Lumières et les idées dévastatrices contenant le venin de l'apostasie ont donc une seule et même origine : la Franc-Maçonnerie.

Le juge Agnoli rappelle : *"La maçonnerie est l'institution la plus anathématisée et exécrée par l'Église au cours de son existence bimillénaire (le Père Esposito a compté environ 590 condamnations disséminées dans de nombreux documents)"*[29].

« L'idée fondamentale du Christianisme, c'est que la morale et tout l'ordre social reposent sur la vérité révélée, sur Dieu et son Christ : *Omnia instaurare in Christo*. Or cette base est dès l'abord renversée par l'article des statuts qui considère la morale et la vertu comme indépendantes de toutes les religions. L'Église a donc justement frappé d'excommunication les francs-maçons dès leur entrée dans l'ordre. Elle ne peut pas, sous peine de trahir le dépôt de son divin Maître, renoncer à être la seule et infaillible directrice des hommes dans la route qui doit les conduire à la vie future » (Père Deschamps, op. cit., p. LXIV).

Les francs-maçons eux-mêmes reconnaissent en la papauté leur pire ennemi. Gustave Bord dans *"La Franc-Maçonnerie en France"* écrit : *"La Papauté fut le seul pouvoir qui se rendit nettement compte du péril que présentait la Maçonnerie et cela presque dès le début. La Papauté avait bien vu le péril ; en temps utile elle l'avait signalé. Elle ne fut pas crue ; en France elle ne fut même pas écoutée. Les parlements refusèrent d'enregistrer les bulles*

---

[29] Conférence du Docteur Carlo Alberto Agnoli au Congrès de Si Si No No, janvier 1996, à Albano — Italie —, publiée par *"Le Courrier de Rome Si Si No No"* : "La Franc-Maçonnerie et le Concile". Les citations de ce document sont tirées de la traduction française distribuée lors de la conférence donnée en italien.

pontificales, qui, n'étant pas fulminées, ne pouvaient avoir aucun effet utile. Un monde allait disparaître".

5. Le complot des Illuminati et la Révolution française

Au sein de la Franc-Maçonnerie s'est formée une secte encore plus secrète que les autres qui en prit rapidement la direction. Ce fut celle des Illuminati.

Son fondateur, Weishaupt, était professeur de droit à l'Université d'Ingolstadt en Bavière.

Un jour de 1785, un des complices de Weishaupt, Lanz — prêtre apostat — transportant d'importants messages de son chef, fut frappé par la foudre. Les papiers trouvés sur lui par la police bavaroise permirent de découvrir la trace des principaux coupables. Un procès s'ensuivit dont les pièces furent rendues publiques par l'électeur de Bavière, afin d'éclairer les puissances chrétiennes sur le complot tramé contre elles. Plus précisément ces documents annonçaient le coup à porter contre la monarchie française par une révolution, pour 1789[30] !

En effet, selon les Illuminés, on ne pouvait démolir l'Église que si préalablement les puissances chrétiennes qui la protègent (la monarchie) étaient renversées. D'abord le pouvoir temporel, ensuite le pouvoir spirituel ; d'abord le Trône, ensuite l'Autel.

C'est un fait indéniable : les Hauts Initiés de la Franc-Maçonnerie

---

[30] Ces pièces ont été reproduites dans l'ouvrage de Barruel, *"Mémoires pour servir à l'histoire du Jacobinisme"*. Lui-même les connaissait par la publication faite en 1787 par l'imprimeur de la cour de Munich sous ce titre : *"Écrits originaux de l'ordre et de la secte des Illuminés"*.

provoquèrent la révolution de 1789 pour décapiter la Monarchie dans la personne de Louis XVI.

Tout cela transparaît dans le rituel maçonnique où il faut décapiter un mannequin couronné et ensuite poignarder un mannequin coiffé d'une Tiare. Ce rituel veut exprimer qu'avant de poignarder la papauté, il faut décapiter la royauté, bras protecteur de la Sainte Église : par un travail de sape mené par les *"philosophes"* et les encyclopédistes, c'est ce qui arriva.

L'Église réagira à cet assassinat. Pie VI, très marqué par l'exécution de Louis XVI, n'hésitera pas à déclarer dans son Allocution au Consistoire secret du 17 juin 1793 :

> « Louis XVI a été condamné à la peine de mort et la sentence a été exécutée. Quels hommes ont donc rendu semblable jugement ? Quelles manœuvres l'avaient donc préjugé ? La Convention nationale qui s'était établie son juge en avait-elle le droit ? Nullement. Cette assemblée après avoir aboli la royauté, le meilleur des gouvernements, avait transporté l'autorité publique dans les mains du peuple, incapable d'écouter la raison et de suivre aucun plan de conduite, sans discernement pour apprécier les choses, réglant la plupart de ses décisions, non sur la vérité, mais sur ses préventions, inconstant, facile à tromper et à se laisser pousser au mal, ingrat, présomptueux, cruel et qui se fait une joie de voir couler le sang humain, de se repaître du supplice et de l'agonie de ses victimes, comme dans l'antiquité il courait aux spectacles de l'amphithéâtre.
> Encore une fois, ô France, toi à qui, disais-tu, il fallait un souverain catholique, parce qu'ainsi le voulaient les lois fondamentales du

royaume, tu l'avais ce monarque catholique et par cela seul qu'il était catholique, tu l'as assassiné ».

Pie VI ajoutera : « L'assemblée générale du Clergé de France, en 1755, avait découvert et dénoncé les abominables complots de ces artisans d'impiété. Si on eut écouté nos représentations et nos avis, Nous n'aurions pas à gémir maintenant de cette vaste conjuration tramée contre les rois et les Empires »

La révolution de 1789 ayant achevé dans le sang la nation chrétienne, la voie se trouvait ouverte pour la République. À la révolution déclarée devait succéder une révolution silencieuse, rampante : la révolution dans les esprits. Comment ? En réduisant toutes les valeurs au nouvel humanisme.

6. Les suites de la Révolution française

Les 200 ans qui nous séparent de la Révolution française nous permettent d'apprécier la justesse des propos des Papes. En effet, les principes de 89 ne sont pas autre chose que la doctrine politique de la Franc-Maçonnerie.

Il fallait briser le noyau catholique que constituait la famille. Les sectateurs introduisirent le mariage civil, le divorce, l'éducation laïque, c'est-à-dire athée. L'autorité parentale a été remise en question par des pédagogues rousseauistes, le féminisme, le travail des femmes, les crèches dès l'âge le plus tendre, la contraception, l'avortement et encore bien d'autres *"cadeaux"* maçonniques ont été introduits dans la société pour *"libérer"* le genre humain.

« La société repose sur l'Autorité qui a son principe en Dieu ; la famille, sur le mariage qui tient de la bénédiction divine sa légitimité et son indissolubilité ; la propriété, sur la volonté de Dieu qui a promulgué le septième et le dixième commandements pour la protéger contre le vol et même contre les convoitises. C'est tout cela qu'il faut détruire, si l'on veut, comme la secte maçonnique en a la prétention, fonder la civilisation sur de nouvelles bases » (Mgr Delassus, op. cit., p. 7).

C'est ainsi que l'humanisme laïc a été préféré par les peuples catholiques. Il s'est établi une complicité entre l'esprit du peuple et la Franc-Maçonnerie pour combattre et rejeter le Christ-Roi.

Fortes de ces conquêtes, les loges continuèrent l'élaboration du complot visant à la destruction de l'Église, ou plutôt à la substitution à la véritable Église d'une super-église syncrétiste, au moyen de l'infiltration par la voie hiérarchique.

Une terrible et lente décomposition des masses s'organisa ensuite grâce au régime préféré de l'enfer, la République qui, grâce à ses écoles sans Dieu, pleine de suffisance et de mensonges grossiers, va travailler contre la vérité historique à détruire les origines et les finalités surnaturelles de la monarchie française[31]. La République pleine de haine contre le catholicisme, va inculquer une culture de mort à des générations qui vont apostasier et se damner pour l'éternité.

Clément XIII écrivit dans l'encyclique *"Christianæ reipublicæ salus"* du 25 novembre 1766 : *"Le péril est d'autant plus grand que les livres qui propagent de telles doctrines, habilement composés, écrits avec beaucoup d'art, pénètrent*

---

[31] Lire le texte de Jean Vaquié sur *"Les origines et les finalités surnaturelles de la Monarchie Française"*.

partout, et partout répandent le venin de l'erreur".

Or ces écrits sont ceux qui infestent les programmes scolaires de nos enfants, qui suscitent les conflits de générations actuels, et qui ont fait des hommes de ce temps des révoltés en puissance contre le Verbe Incarné.

Dans son encyclique *"Traditi humiliati"* du 24 mai 1829, Pie VIII écrit :

« Nous voulons de plus vous signaler d'une façon spéciale certaines de ces sociétés secrètes constituées récemment, dont le but est de corrompre les âmes des jeunes gens qui étudient dans les écoles et dans les lycées[32], où certains maîtres dépravés sont établis pour conduire leurs élèves dans les voies de Bélial par des doctrines contraires à celles de Dieu, et avec un soin assidu et perfide, en parfaite connaissance de cause, souillent par leurs enseignements les intelligences et les cœurs de ceux qu'ils instruisent. Il en résulte que ces jeunes gens sont tombés dans une licence tellement lamentable qu'ayant perdu tout respect pour la religion, rejeté toute règle dans leur conduite, méprisant ainsi la sainteté de la pure doctrine, ils violent toutes les lois divines et humaines et se livrent sans pudeur à tous les désordres, à toutes les erreurs, à toutes les audaces" » (cité dans l'anthologie de G. Virebeau : *"Les papes et la Franc-maçonnerie*[x], Paris, 1977, pp. 23, 24).

Le 25 décembre 1775, Pie VI déjà dénonçait : « …ces philosophes de malheur dont les doctrines perverses dissolvent les liens qui unissent les hommes entre eux et les tiennent dans la juste dépendance de supérieurs légitimes et arrivent même à pénétrer dans le sanctuaire. Les philosophes

---

[32] N'oublions pas qu'aujourd'hui — plus que jamais — les écoles sont corruptrices.

disent et répètent jusqu'à satiété, que l'homme naît libre et qu'il n'est soumis à l'autorité de personne. Ils représentent en conséquence la société comme un amas d'idiots dont la stupidité se prosterne devant les Rois qui les oppriment, de sorte que l'accord entre le Sacerdoce et l'Empire n'est autre chose qu'une barbare conjuration contre la liberté de l'homme »

Cette République a fait de la France, Fille aînée de l'Église, la pire ennemie du règne social de Notre Seigneur Jésus-Christ. Mais cette République est déjà jugée : *"Je régnerai malgré mes ennemis"* (Notre-Seigneur à sainte Marguerite-Marie).

Cette révolution silencieuse cachait inévitablement une autre guerre : celle de la désintégration des cadres traditionnels de la société. L'ennemi ne cherche pas à prendre le pouvoir, qu'il a depuis longtemps, mais il s'efforce de construire un système religieux qui prépare une génération capable d'adorer l'Antéchrist.

Sachant que tout le monde ne mordrait pas à la nouvelle religion lancée par la Maçonnerie, l'humanisme laïc, les Illuminati avaient compris que pour attirer les derniers catholiques, les irréductibles, il n'y avait qu'un seul moyen : prendre le contrôle de Rome. La Franc-Maçonnerie moderne ne pouvait accepter une coexistence avec le christianisme qu'à une seule condition : qu'il cesse d'être catholique !

Satan n'a contre lui que la Croix du Rédempteur et cette Croix n'agit que dans le cœur des hommes. Concluons que Dieu exige la foi de l'homme. Comme le dit saint Augustin, notre Créateur ne peut nous sauver sans nous. La Croix est sans pouvoir sans la Foi. C'est l'origine du *"petit reste"* ou *"petit troupeau"*. Tant qu'il en restera quelques-uns, le monde pourra être sauvé.

L'Enfer sait tout cela ; il sait où attaquer pour remporter la victoire qu'il recherche depuis l'aube des temps. Il lui faut donc faire vaciller la Foi.

De plus, les ennemis maintiennent un juste délai entre chacune de leurs victoires afin d'adapter les peuples au changement que Satan impose aux hommes qui le servent. Si *"faire vaciller la foi"* fut l'objectif incontestablement recherché par les pires ennemis de l'Église qui venaient de conquérir le Trône par la Révolution de 1789, restait à adopter une stratégie infernale pour démolir l'Église

LA FRANC-MAÇONNERIE EST LA PERSONNIFICATION DE LA RÉVOLUTION DONT L'UNIQUE RAISON D'ÊTRE EST DE FAIRE LA GUERRE À DIEU ET À SON ÉGLISE.

« Les francs-maçons ont toujours à la bouche les mots de *"liberté"* et de "*prospérité publique*". À les en croire, c'est l'Église, ce sont les souverains qui ont toujours fait obstacle à ce que les masses fussent arrachées à une servitude injuste et délivrées de la misère. Ils ont séduit le peuple par ce langage fallacieux et, excitant en lui la soif des changements, ils l'ont lancé à l'assaut des deux puissances ecclésiastique et civile."

(Léon XIII, *Humanum genus*, 1884)

CHAPITRE II

Projet d'infiltration de l'Église

1. Le bras armé de la Franc-Maçonnerie : les Carbonari

Dans le cours du XIXème siècle, parmi les sociétés secrètes les plus actives, la plus impénétrable à cette époque est la société des Carbonari, divisée en *"Ventes"* superposées les unes aux autres à la manière maçonnique, et au sommet desquelles règne l'Alta Vendita (Haute-Vente, branche supérieure de la maçonnerie italienne), très sélective. Elle est en rapport avec les Suprêmes Conseils du Rite Ecossais dont fit partie le Très Initié Mazzini[33].

Louis Blanc dira que : *"...les sociétés ou ventes et carbonari constituent la partie militante de la Franc-Maçonnerie"* (Histoire de Dix ans, p. 98, 4ème édition).

La Haute-Vente suprême était composée de 40 membres, tous choisis et tirés un à un parmi l'élite révolutionnaire des loges et des Ventes, ayant pour chef Nubius, dont le vrai nom n'a pas été dévoilé par le Vatican.

---

[33] La Haute-Vente fut le bras armé de la Franc-Maçonnerie, l'instrument par lequel les décisions prises dans les loges maçonniques s'exécutaient sur le terrain.
J. Marquès-Rivière dans *"La Franc-Maçonnerie et la France"* écrit : "La Maçonnerie qui est la fin eut le carbonarisme comme moyen pour la continuer... Le carbonarisme a des caractères particuliers ; on pourrait dire qu'il est une maçonnerie qui descend de l'idée à l'action, de l'abstrait au concret, de l'énoncé des principes à leur application dans la vie réelle".

Nubius garda la direction de la Haute-Vente jusqu'en 1844. Il devint alors subitement sénile et mourut quatre ans après. La plupart des membres étaient juifs, appartenant pour certains aux plus grandes familles de Rome. *"Eckert, Gougenot-Desmoussaux, Disraëli, sont d'accord pour affirmer que les juifs sont les vrais inspirateurs de tout ce que la Franc-Maçonnerie conçoit et exécute, et qu'ils sont toujours en majorité dans le Conseil supérieur des sociétés secrètes"* (Mgr Delassus, op. cit., p. 140).

Mgr Delassus cite encore le témoignage d'un homme d'État fort bien instruit, le chancelier autrichien Metternich.

"Metternich qui dans sa correspondance parle à plusieurs reprises de l'action directrice exercée par la Haute-Vente sur tous les mouvements révolutionnaires de l'époque, dit dans une lettre adressée le 24 juin 1832 à Newmann, à Londres, que la Haute-Vente est la continuation de l'association des Illuminés. Personne n'a pu être mieux informé que lui" (Mgr Delassus, op. cit., pp. 138, 139).

C'est approximativement à cette époque que fut dévoilé le Plan poursuivi par les valets de Satan, plan qui confirme l'orientation prise par les révolutionnaires maçons depuis 1789.

« Renverser les trônes fut l'œuvre assignée au Carbonarisme. À la Haute-Vente fut assignée celle de faire disparaître le pouvoir temporel des Papes et celle, plus hardie encore, et plus incroyable, de corrompre l'Église catholique dans ses membres, dans ses mœurs et même dans ses dogmes » (p. 133).

« Dans la pensée de celui qui avait donné aux Quarante (dirigeants de la Haute-Vente, n.d.r.) les Instructions secrètes, le renversement du trône pontifical était le premier objet à poursuivre et à atteindre. Il voyait que c'est la Papauté qui maintient l'humanité sous le joug paternel de Dieu, et il s'était dit que du moment où l'Italie serait affranchie et le pouvoir temporel des papes anéanti, la Papauté, n'ayant plus de point d'appui sur la terre, suspendue en l'air, pour ainsi dire, ne garderait plus longtemps un pouvoir spirituel qui, pour s'exercer sur les hommes, composés de corps et d'âme, a besoin d'instruments matériels et de ministres humains » (Mgr Delassus, op. cit., p. 166).

2. Documents maçonniques incontestés prouvant le complot

Le 3 avril 1844, Nubius, l'un des hauts dignitaires de la Haute-Vente des Carbonari, découvrant l'impossibilité de renverser l'Église ouvertement, prend quelques décisions et les transmet par écrit à ses amis. Des papiers de la Haute-Vente italienne, qui embrassent une période allant de 1820 à 1846, tombèrent entre les mains de Léon XII. Ils ont été publiés par l'historien Crétineau-Joly, dans *"l'Église Romaine et la Révolution"* en 1859, à la demande de Grégoire XVI, puis de Pie IX. Ce dernier a confirmé l'authenticité des documents, refusant toutefois, par charité envers les familles concernées, de mentionner les véritables noms des membres de la Haute-Vente, connus de la police vaticane. De ceux-ci nous ne connaissons que les pseudonymes maçonniques : Nubius, Volpe, Piccolo-Tigre,...

Le principal personnage de la Haute-Vente, Nubius, écrivait à Volpe, le 3 avril 1844 :

« On a chargé nos épaules d'un lourd fardeau, mon cher Volpe, nous devons arriver par de petits moyens bien gradués quoiqu'assez mal définis, au triomphe de la révolution par un pape.

Le pape, quel qu'il soit, ne viendra jamais aux sociétés secrètes : c'est aux sociétés secrètes à faire le premier pas vers l'Église, afin de les vaincre tous deux. Le travail que nous allons entreprendre n'est l'œuvre ni d'un jour, ni d'un siècle peut-être ; mais dans nos rangs, le soldat meurt et le combat continue.

Nous n'entendons pas gagner des papes à notre cause, en faire des néophytes de nos principes, des propagateurs de nos idées. Ce serait un rêve ridicule, et de quelque manière que tournent les événements, que des cardinaux ou des prélats par exemple, soient entrés de plein gré ou par surprise dans une partie de nos secrets, ce n'est pas du tout un motif pour désirer leur élévation au siège de Pierre. Cette élévation nous perdrait. L'ambition seule les aurait conduits à l'apostasie, le besoin du pouvoir les forcerait à nous immoler.

Or donc pour nous assurer un pape dans les proportions exigées, il s'agit d'abord de lui former une génération digne du règne dont nous rêvons. Laissons de côté la vieillesse et l'âge mûr ; allez à la jeunesse et, si possible, jusqu'à l'enfance... C'est à la jeunesse qu'il faut aller, c'est elle que nous devons entraîner sans qu'elle s'en doute, sous le drapeau des sociétés secrètes. Pour avancer à pas comptés dans cette voie périlleuse, mais sûre, deux choses sont nécessaires de toute nécessité.

Vous devez avoir l'air simple comme des colombes, mais vous serez comme le serpent... n'ayez jamais devant elle un mot d'impiété ou d'impureté : *Maxima debetur puero reverentia*... Une fois votre réputation établie dans les collèges, les gymnases, dans les

L'ÉGLISE ÉCLIPSÉE

universités et dans les séminaires[34], une fois que vous aurez capté la confiance des professeurs et des étudiants, faites que ceux qui principalement s'engagent dans la milice cléricale aiment à rechercher vos entretiens...

Cette réputation donnera accès à nos doctrines au sein du jeune clergé[35], comme au fond des couvents. Dans quelques années, ce jeune clergé aura, par la force des choses, envahi toutes les fonctions : il gouvernera, il administrera, il jugera, il formera le conseil du souverain, il sera appelé à choisir le Pontife qui doit régner et ce Pontife, comme la plupart de ses contemporains, sera plus ou moins imbu des principes italiens et humanitaires que nous allons commencer à mettre en circulation... Que le clergé marche sous votre étendard en croyant toujours marcher sous la bannière des clefs apostoliques.

Tendez vos filets comme Simon Barjona ; tendez-les au fond des sacristies, des séminaires et des couvents plutôt qu'au fond des mers et, si vous ne précipitez rien, nous vous promettons une pêche plus miraculeuse que la sienne. Ne craignez pas de glisser quelques-uns des nôtres au milieu de ces troupeaux guidés par une dévotion stupide ; qu'ils étudient peu à peu le personnel de ces confréries et

---

[34] « Weishaupt, le fondateur de l'Illuminisme au XVIIIième siècle, traçait ainsi le plan de cette conjuration : "S'il est intéressant pour nous d'avoir les écoles ordinaires, il est aussi très important de gagner les séminaires ecclésiastiques et leurs supérieurs. Avec ce monde-là nous avons la principale partie du pays : nous mettons de côté les plus grands ennemis de toute innovation, et, ce qui est dessus tout, avec les ecclésiastiques, le peuple et les gens du commun se trouvent dans nos mains" » (Père Deschamps, op. cit., p. civ).

[35] Le 4 août 1845, le cardinal Bernetti, dont la perspicacité avait effrayé Nubius, écrivait à l'un de ses amis : "Notre jeune clergé est imbu des doctrines libérales et il les a sucées du mauvais côté. Les études sérieuses sont abandonnées" (Mgr Delassus, op. cit., p. 192).

ils verront qu'ils ne manquent pas de récoltes à y faire.

Infiltrez le venin dans les cœurs choisis à petites doses et comme par hasard ; puis à la réflexion, vous serez étonnés vous-même de votre succès.

Popularisons le vice dans les multitudes ; qu'elles le respirent par les cinq sens, qu'elles le boivent, qu'elles s'en saturent. Faites des cœurs vicieux et vous n'aurez plus de catholiques. Éloignez le prêtre du travail de l'autel et de la vertu, cherchez à occuper ailleurs ses pensées et ses heures... C'est la corruption en grand que nous avons entreprise, la corruption du peuple par le clergé et du clergé par nous, la corruption qui doit nous conduire à mettre l'Église au tombeau[36].

Vous aurez prêché une révolution en tiare et en chape, marchant avec la croix et la bannière, une révolution qui n'aura besoin que d'être un tout petit peu aiguillonnée pour mettre le feu aux quatre coins du monde »

Dans une autre Instruction on peut lire la même chose :

« Notre but final est celui de Voltaire et celui de la Révolution française, l'anéantissement à tout jamais du catholicisme et même de l'idée chrétienne...

Ce que nous devons demander avant tout, ce que nous devons chercher et attendre, comme les juifs attendent le Messie, c'est un Pape selon nos besoins...Il faut arriver à la révolution par un Pape...

---

[36] L'initié J. Breyer écrit : "... qui s'achève d'abord dans la corruption doctrinale du clergé laquelle amènera la fin de l'esprit romain lunaire et de son dernier bastion intégriste attardé... Alors Rome chrétienne sera alchimiquement poignardée..." (*Arcanes Solaires*, Ed. de la Colombe, 1959).

Glissez dans les esprits les germes de nos dogmes, que prêtres et laïcs se persuadent que le Christianisme est une doctrine essentiellement démocratique » (cité par Abbé Barbier : *"Les infiltrations maçonniques dans l'Église"*, 1910, pp. 4-12).

« Nubius pensait qu'un tel projet n'avait pu être conçu, et que les moyens à employer pour le réaliser n'avaient pu être donnés que par Satan lui-même, car il ajoute : *"Ce projet m'a toujours paru d'un calcul surhumain"*. Il n'y avait en effet pour avoir l'idée d'une telle entreprise que celui qui avait déjà porté son audace plus haut encore, puisqu'il s'était dressé contre l'Éternel lui-même » (Mgr Delassus, op. cit., p. 195).

En 1905, soixante ans après la lettre de Nubius à Volpe, paraissait en librairie, *"Il Santo"*. (Ed. Oscar Mondadori, Milano, 1989). Son auteur, Fogazzaro, était un moderniste italien. Ce livre, qui fut mis à l'index, nous révèle dès les premières pages, le but recherché par la *"Maçonnerie catholique"*.

« ...Voici, dit-il, nous sommes un certain nombre de catholiques, en Italie et hors d'Italie, ecclésiastiques et laïcs, qui désirons une réforme de l'Église. Nous la désirons sans rébellion, opérée par l'autorité légitime. Nous désirons des réformes dans l'enseignement religieux, des réformes dans le culte, des réformes dans la discipline du clergé, des réformes aussi dans le suprême gouvernement de l'Église. Pour cela nous avons besoin de créer une opinion qui amène l'autorité légitime à agir selon nos vœux, ne serait-ce que dans vingt ans, dans trente ans, dans cinquante ans »

Et il ajoute qu'« il jugeait prudent de ne rien divulguer ni sur la réunion ni sur les résolutions qui s'y prendraient et il pria tous ceux qui étaient là de

se considérer comme obligés au silence par un engagement d'honneur... »
Il poursuit : « Avant de fonder cette franc-maçonnerie catholique, j'estime qu'il faudrait s'entendre au sujet des réformes... »

Le mot est lâché et la réalisation n'a que trop réussi... Fogazzaro affirme :

> « Cet accord, faisons qu'il s'élargisse, qu'il embrasse la majorité des fidèles intelligents, qu'il monte dans la hiérarchie... maçonnerie catholique, oui, maçonnerie des catacombes !... »

Quelques années après, saint Pie X confirmait son existence dans le *Motu Proprio* du 1er septembre 1910 :

> « Les modernistes, même après que l'encyclique *"Pascendi"* eût levé le masque dont ils se couvraient, n'ont pas abandonné leurs desseins de troubler la paix de l'Église. Ils n'ont pas cessé, en effet, de rechercher et de grouper en une association secrète (*clandestinum fœdus*) de nouveaux adeptes »

Pour parvenir à leur objectif, il fallait donc, dans un premier temps envisager l'infiltration des séminaires par des agents de la Secte qui parallèlement répandraient dans la société laïque le venin de l'idéologie politicienne athée afin de corrompre par le moyen des lois tout ce qui pouvait être corrompu.

Dans un second temps, grâce à cette infiltration de l'ennemi dans les séminaires, il se constituerait une Franc-Maçonnerie catholique. Ce groupe d'infiltrés devait ensuite faire connaître son désir d'une réforme de l'Église : *"qu'elle devienne plus humaniste !"* Cette réforme qui devait se faire sans rébellion, *"en tiare et en chape"*, devait engendrer des réformes dans l'enseignement religieux, dans le culte, dans la discipline du clergé, dans le suprême gouvernement de l'Église. L'initié ex-chanoine Roca, traduira cette volonté de la maçonnerie ecclésiastique par la convocation d'un Concile.

Enfin, pour aboutir, il fallait créer une opinion qui amène l'autorité à agir selon les vues des *"hauts initiés"* de la Franc-Maçonnerie.

Le plan était clair : il prévoyait une conquête intérieure de l'Église par une opinion moderniste fabriquée par les médias et les prêtres, évêques et cardinaux félons, francs-maçons ou gagnés aux idées maçonniques.

Dans un troisième temps, ces hommes choisis pour cette mission ou conquis par les idées humanistes, finiraient par devenir membres du Sacré-Collège des cardinaux, responsables de l'élection du Pontife. Ils n'auraient alors qu'à choisir comme pape l'un des leurs !

Ce serait le pape de la Synarchie (ensemble de puissances occultes de toutes les tendances, œuvrant à la constitution souterraine d'un gouvernement mondial).

L'objectif final a toujours été le même : réformer l'Église romaine, sa Doctrine et son Culte, pour la faire entrer dans une super-église syncrétiste universelle. Pour ce faire, l'Église romaine devait subir un Concile œcuménique qui la mettrait en harmonie avec l'état nouveau de la conscience et de la civilisation moderne.

3. Une caractéristique du plan de la Contre-Église : opposer les nouveautés à la Tradition Apostolique

"Mon cher Timothée, je t'adjure devant Dieu et devant le Christ Jésus, qui doit juger les vivants et les morts, prêche la parole de Dieu, insiste à temps et à contretemps : reprends, menace, exhorte toujours en patience et doctrine. Un temps viendra où l'on ne supportera plus la saine doctrine ; mais ils se donneront une foule de docteurs, suivant leurs convoitises et avides de ce qui peut chatouiller leurs oreilles ; ils les fermeront à la vérité, pour les ouvrir à des fables.

Toi, au contraire, sois vigilant sur tous les points, aie beaucoup de patience, fais ton travail de messager de l'Évangile" (II Timothée, iv, 1-6).

Ces *"fables"* dont parle saint Paul sont les *: "Idées nouvelles, nouvel Évangile, nouveau Messie,* dit Mgr Delassus, qui ajoute : *aucun mot ne peut mieux caractériser ce que la Révolution veut introduire dans le monde..."* (Mgr Delassus, op. cit., p. 116).

"Jésus-Christ est le même hier et aujourd'hui, Il le sera à jamais. Ne vous laissez pas égarer par des doctrines diverses et étrangères" (S. Paul, *Ep. aux Hébreux*, XIII, 18). Aujourd'hui, presque un siècle après Mgr Delassus, les conciliaires ont ajouté : *"nouvel avent"*, avec des *"nouveaux sacrements"*, une *"nouvelle liturgie"*, une *"nouvelle messe"*, un *"nouveau catéchisme"*, une *"nouvelle théologie"*, un *"nouveau droit canon"*, etc., pour préparer la *"nouvelle église"* de la *"nouvelle civilisation de l'amour"* : le règne de *"l'esprit"*.

Pourtant saint Paul, en menaçant d'anathème, mettait bien en garde de croire aux nouveautés, même si celles-ci étaient — supposées — prêchées par un ange descendu du ciel.

L'objectif recherché par la Contre-Église consiste à faire croire aux nouveautés et à pousser les fidèles à abandonner ce qui a toujours été cru

L'ÉGLISE ÉCLIPSÉE

et toujours pratiqué depuis les temps anciens. Rappelons ce qu'écrit Léon XIII : *"Il s'agit pour les francs-maçons... de détruire de fond en comble la discipline religieuse et sociale qui est née des institutions chrétiennes, et de lui en substituer une nouvelle"* (Humanum genus).

"Et cette nouvelle Église, bien qu'elle ne doive peut-être rien conserver de la discipline scolastique et de la forme rudimentaire de l'ancienne Église, recevra néanmoins de Rome l'ordination et la juridiction canonique... La synarchie est de taille à opérer cette rénovation générale" (Roca : *"Glorieux centenaire"* p. 462 à 469).

Est-il nécessaire de rappeler que seul un Concile pouvait insuffler le venin perfide des nouveautés dans les veines de l'Église ? Une quantité impressionnante de textes maçonniques l'annonçait il y a plus d'un siècle.

O. T. O. (Ordo Templi Orientis)

Mariano Rampolla del Tindaro, né à Polizzi Generosa, en Sicile, le 17 août 1843 et mort à Rome le 16 décembre 1913, était un cardinal italien, cardinal secrétaire d'État de Léon XIII. *Portrait par Philip A. de László, 1900*

PARTIE III

RÉALISATION DU COMPLOT MAÇONNIQUE CONTRE L'ÉGLISE

« Le 15 janvier 1881 *"Le journal de Genève"* publiait une conversation de son correspondant à Paris avec l'un des chefs de la majorité franc-maçonne qui dominait alors comme aujourd'hui la Chambre des Députés. Il disait *"Au fond de tout cela, il y a une inspiration dominante, un plan arrêté et méthodique qui se déroule avec plus ou moins d'ordre, de retard, mais avec une logique invincible. Ce que nous faisons c'est le siège en règle du catholicisme romain... Nous voulons le faire capituler ou le briser. Nous savons où sont ses forces vives, et c'est là que nous voulons l'atteindre"* (cité par Mgr Delassus *"La conjuration antichrétienne"* p. 83) » (Jean Ousset : *"Pour qu'Il règne"*, p. 123).

"Le but, c'est la glorification de Dieu dans l'Homme, de l'Homme en Dieu, et ce divin terme auquel, à travers tous ses Cultes, la Religion universelle vous conduit".

"Mais, diront les moins réfléchis de mes coreligionnaires romains, ce serait la fin de l'Église romaine !

Pourquoi ?

Il n'y aura rien de changé (selon les apparences) dans cette Église, le Souverain Pontife continuera à être son Patriarche, sa hiérarchie et ses enseignements particuliers resteront intacts ; et elle n'aura fait que réaliser son propre programme catholique, c'est-à-dire antisectaire, antipolitique, universaliste.

Ne pouvant plus, ne voulant plus dominer politiquement les autres Communions, elle les reconquerra socialement en les respectant, en les admettant ainsi à une alliance véritablement œcuménique, pour la première fois depuis la diérarchie gréco-latine" (Saint-Yves d'Alveydre, le *"grand initié"*, dans *"Mission de l'Inde"*).

« Il y a deux histoires : l'histoire officielle mensongère qui nous est enseignée, l'histoire *"ad usum delphini"*, et l'histoire secrète où se trouvent les vraies causes des événements, une histoire honteuse » (Honoré de Balzac — martiniste, *"Les illusions perdues"*).

Avant de voir la réalisation de ce complot, résumons en quelques mots l'action de l'ennemi.

Satan a bien compris qu'il lui fallait pénétrer dans l'Église. Dix-huit siècles de complots incessants s'avéreront nécessaires pour décapiter le lieutenant du Christ (le Roi Louis XVI). Par ce fait, la Sainte Église se trouve sans protecteur temporel. Dès lors, n'ayant pu escalader les cieux, Satan croit pouvoir s'emparer du trône de saint Pierre.

Léon XIII, en 1884, parle aussi de l'occupation de Rome par les ennemis de Dieu. Voici ce qu'il dit dans son fameux exorcisme : *"Ubi sedes beatissimi Petri et Cathedra veritatis ad lucem gentium constituta est, ibi thronum posuerunt abominationis suæ..."* : *"Là où le Siège de Pierre et la Chaire de la Vérité ont été constituées pour la lumière des nations, là ils ont posé le trône de leur abomination..."*

À cette fin, il lui faut non seulement détruire les fondements de la civilisation chrétienne et construire une *"nouvelle société"*, mais encore prendre le contrôle des structures visibles de l'Église catholique.

Les maçons doivent œuvrer sous l'œil du Grand Architecte de l'univers. La Providence permet que leur plan soit connu et c'est l'Église elle-même qui le dévoile. Il se résume en une phrase : s'immiscer dans le sein de l'Église ; y placer les valets de la secte maçonnique et ainsi, par la propagande des loups déguisés en agneaux, arriver à préparer la venue du *"messie"* : l'Antéchrist !

Les conséquences, quant à la réalisation de ce plan, furent résumées en 1846 par Notre-Dame à la Salette : « *Rome perdra la foi et deviendra le siège de l'Antéchrist* »

Ratzinger-Benoît XVI avant de pénétrer dans la synagogue de Rome, accueilli par l'actuel grand rabbin de Rome, Riccardo Di Segni.

Ratzinger-Benoît XVI vient de visiter une nouvelle synagogue, celle de Rome, le dimanche 17 janvier 2010, renouvelant ainsi la visite "historique" de son prédécesseur, Wojtyla-Jean-Paul II, dans cette même synagogue, le 13 avril 1986.

CHAPITRE I

VERS LE MARIAGE DE LA CROIX ET DU TRIANGLE

1. Réalisation progressive du projet de Nubius

Dans *"La royale couronne des roys d'Arles"*, Jacques Bouix, en 1644 écrit : *"Tâchez que vos enfants deviennent chanoines et clercs, parce qu'ils ruineront leur Église. Faites vos enfants avocats, notaires et gens qui soient d'ordinaire occupés aux affaires publiques, et, par ce moyen, vous dominerez les chrétiens, gagnerez leurs terres et vous vengerez d'eux"* (cité par Gygès : *"Les juifs dans la France d'aujourd'hui"*, Paris 1985, p. 19).

Un exemple fut riche d'enseignement pour la Secte, celui du *"frère"* Bonaparte. Il voulut en effet avoir l'autorité sur un pape : *"...quelle influence, quel levier d'opinion sur le reste du monde !"*[37]

En effet Pie VI fut capturé par les armées révolutionnaires, et il mourut à Valence le 29 août 1799. La République eut beau crier *"victoire"*, le Sacré-Collège élit aussitôt un successeur qui prit le nom de Pie VII pour bien marquer la continuité.

En 1824, les francs-maçons se frottaient les mains, alors que le travail de sape ne faisait que commencer. Notamment à Rome, *"il y a une certaine*

---

[37] Napoléon Bonaparte : *Mémorial de sainte Hélène*, tome V, p. 388 et Mgr. Delassus : *"La Conjuration antichrétienne"*, p. 208.

partie du clergé qui mord à l'hameçon de nos doctrines avec une vivacité merveilleuse" (Lettre de Nubius du 3 avril 1824).

Soixante ans après, Mélanie, la bergère de la Salette, déplora la *"décadence civile et ecclésiastique"*[38].

Les loups[39] étaient dans la bergerie : elle parla même de *"loups évêques"*[40] !

Elle écrivait qu'un *"certain nombre d'évêques, et des prêtres"* faisaient partie de la Franc-Maçonnerie (Lettre du 16 novembre 1899, tome iv, p. 373).

Selon une explication orale de Mélanie à l'abbé Combe, plus de la moitié des évêques français étaient *"attachés au char de la Franc-Maçonnerie"*, sans en être nécessairement membres officiels, ce dont la Secte les dispensait volontiers. (op. cit., Tome III, p. 214, note 1).

Le 9 septembre 1891, au moment où se préparait le ralliement des catholiques français à la république maçonnique, elle écrivait au chanoine de Brandt : *"Je crains beaucoup depuis que j'apprends l'adhésion de certains personnages à la république ou à la forme de gouvernement actuellement existant. Selon moi il me semble qu'on veut allier le diable avec Dieu"* (op. cit., Tome IV, p. 254).

2. Une tentative manquée : l'épisode Rampolla

---

[38] Lettre du 4 juin 1887 *"Documents pour servir l'histoire réelle de La Salette"*, Nouvelles éditions latines, Paris 1963, tome IV, p. 163.
[39] "Il est charité de crier au loup quand le loup est dans la bergerie" (Saint François de Sales).
[40] Lettre du 20 novembre 1903, tome III, p. 175.

L'ÉGLISE ÉCLIPSÉE

À la mort de Léon XIII, la Franc-Maçonnerie crut que le moment était venu d'installer l'un des siens sur le trône de saint Pierre. *"Son homme de main"* s'appelait le cardinal Rampolla del Tindaro !

Secrétaire d'État de Léon XIII, le cardinal Rampolla était un haut initié recevant dans les Loges qu'il fréquentait les instructions lucifériennes pour les appliquer dans le gouvernement de l'Église. Il fonda au Vatican une arrière-loge qui devait recruter les plus hauts dignitaires du Saint-Siège.

Pendant ses vacances en Suisse, le cardinal Rampolla allait chaque samedi dans une arrière-loge près de l'abbaye d'Einsiedeln, et tous les quinze jours à la loge de Zurich pour y recevoir les instructions du Pouvoir Occulte : désarmer les catholiques de France par leur ralliement à la république maçonnique ; et fonder une arrière-loge à l'intérieur de l'Église, capable de fournir les hauts dignitaires du Saint-Siège, comme les cardinaux Ferrata, Gasparri, Ceretti, Bea, etc...

Cette loge de Zurich faisait partie de l'O.T.O., l'Ordo Templi Orientis dont le cardinal Rampolla était en effet membre. Il était arrivé aux plus hauts grades des cultes lucifériens puisqu'il appartenait aux VIIIème et IXème grades de l'O.T.O., seuls grades autorisés à approcher le grand maître général national ainsi que le chef suprême de l'Ordre, appelé *"brother superior"* (frère supérieur) ou O.H.O. (*Outer head of the order*).

Il n'est pas sans intérêt de savoir que l'Ordo Templi Orientis fut fondé par Aleister Crowley, considéré comme le plus grand sataniste des temps modernes ! Aleister Crowley reçut comme surnom *"le Cagliostro de la Maçonnerie contemporaine"*. Fils d'un armateur britannique, il sera initié en

Angleterre et il parviendra jusqu'au 33ème grade, lors d'un voyage au Mexique. Il fut expulsé de tous les pays et mourut en 1947.

Le rôle de Crowley est à intégrer dans le complot universel. La théosophie, le New Age qui en sont issus, et la maçonnerie luciférienne sont en effet liés ! La décence nous interdit de rapporter en détail les orgies et rites lucifériens qui vont jusqu'au sacrifice humain comme dans beaucoup de religions païennes.

Monseigneur Jouin, fondateur et directeur de la *Revue Internationale des Sociétés Secrètes* (R.I.S.S.), ayant eu en main les preuves de l'affiliation du cardinal Rampolla, chargea son rédacteur en chef, le marquis de la Franquerie, d'aller les montrer aux cardinaux et évêques de France.

Félix Lacointa, directeur du journal *"Le bloc anti-révolutionnaire"* (ex-Bloc catholique), témoigna de son côté en 1929 : « Au cours de notre dernier entretien (avec Mgr Marty, évêque de Montauban), comme nous le tenions au courant des découvertes faites récemment et que nous venions à parler du cardinal Rampolla del Tindaro, il voulut bien dire que, lors de la visite ad limina qu'il fit à Rome, quelque temps après la mort de l'ancien secrétaire d'État de Léon XIII, il fut appelé par un cardinal (Merry del Val, secrétaire d'État de saint Pie X)... qui lui raconta avec force détails qu'à la mort du cardinal Rampolla, on découvrit dans ses papiers la preuve formelle de sa trahison. Ces documents accablants furent portés à Pie X. Le saint pontife en fut atterré, mais voulant préserver du déshonneur la mémoire du prélat félon et dans le but d'éviter un scandale, il dit très ému : *"Le malheureux ! Brûlez !"* Et les papiers furent jetés au feu en sa présence » (Virebeau : *"Prélats et francs-maçons"*, Paris 1978, p. 28).

Au Conclave, le cardinal Rampolla concentra sur lui la majorité des voix, mais le cardinal de l'Empire austro-hongrois, Pusyna, intervint et déclara que son gouvernement s'opposait à l'élection de Rampolla. Le Sacré-Collège élit à sa place le cardinal Giuseppe Sarto qui prit le nom de Pie X[41].

Les francs-maçons avaient donc quasiment réussi au début du XXème siècle à avoir *"leur pape"* à la tête de l'Église en la personne du cardinal Rampolla del Tindaro.

Une fois élu, saint Pie X, afin de contrer l'infiltration ennemie dans le clergé, exigea de chaque prêtre le serment anti-moderniste au moment de son ordination.

3. Les "révolutionnaires[42]" dans l'Église

"Dans les temps à venir certains abandonneront la foi, pour s'attacher à des esprits séducteurs et à des doctrines diaboliques, enseignées par d'hypocrites imposteurs" (I. Timothée iv, 1-2).

"Une fois, les hérétiques étaient notoires, hors de l'Église mais maintenant (à l'époque de la deuxième venue du Christ) l'Église est pleine d'hérétiques occultes. Le diable prépare les discussions et les sissions dans les peuples pour être plus

---

[41] Les révélations relatives à l'épisode du cardinal Rampolla sont extraites du document : "*Le Bloc Anti-révolutionnaire*", n° juin-juillet 1929 : "Le frère Rampolla".

[42] « Bakounine fait ce portrait du maçon véritablement initié, admis dans les sociétés les plus secrètes : "Le révolutionnaire est un homme consacré. Il n'a pas d'intérêts personnels, pas de sentiments, pas d'affaires, pas de préférences, pas de biens, pas même de nom. Tout en lui est absorbé par un intérêt unique et exclusif, par une pensée unique, par une passion unique : la révolution" » (Mgr Delassus, op. cit., p. 153).

favorablement accepté quand il viendra" (Saint Cyrille d'Alexandrie, Cat. XV, sur la Deuxième venue du Christ, n° 7).

Dans son encyclique *"Pascendi"* du 8 septembre 1907, saint Pie X dira :

> « Les artisans d'erreurs, il n'y a pas à les chercher aujourd'hui parmi les ennemis déclarés. Ils se cachent, et c'est un sujet d'appréhension et d'angoisse très vive, dans le sein même et au cœur de l'Église... Ce n'est pas du dehors, en effet, c'est du dedans qu'ils trament sa ruine ; le danger est aujourd'hui presque aux entrailles mêmes et aux veines de l'Église »
>
> « Ils s'emparent de chaires dans les séminaires, dans les universités, et les transforment en chaires de pestilence. Déguisés peut-être, ils sèment leurs doctrines de la chaire sacrée ; ils les professent ouvertement dans les congrès ; ils les font pénétrer et les mettent en vogue dans les institutions sociales »

P. J. Bucher, fondateur de la charbonnerie française, écrivait ceci à ses adeptes de *"L'Atelier"* : *"La crise de la société ne se terminera que le jour où seront (les) catholiques les révolutionnaires et (les) révolutionnaires les catholiques"*[43].

Lors du consistoire secret du 23 mai 1923, où Pie XI interrogea une trentaine de cardinaux de la Curie sur l'opportunité de convoquer un concile œcuménique, le cardinal Billot fit remarquer *"l'existence de divergences profondes au sein de l'épiscopat lui-même"*, qui *"risquent de donner lieu à des discussions qui se prolongeront indéfiniment"*. Le cardinal Boggiani

---

[43] Cité par Mgr Lefebvre dans la préface au livre de Crétineau-Joly, *"L'Église Romaine et la Révolution"*, Ed. Cercle de la Renaissance Française, 1976.

estima qu'une partie considérable du clergé et des évêques étaient imbus des idées modernistes. Le cardinal Billot exprima ses craintes de voir le concile *"manœuvré"* par *"les pires ennemis de l'Église, les modernistes, qui s'apprêtent déjà, comme des indices certains le montrent, à faire la révolution dans l'Église, un nouveau 1789, objet de leurs rêves et de leurs espérances... Nous reverrions les jours si tristes de la fin du pontificat de Léon XIII et du début de celui de Pie X ; nous verrions même pire, et ce serait l'anéantissement des heureux fruits de l'Encyclique Pascendi qui les avaient réduits au silence"* (Raymond Dulac : *"La collégialité épiscopale au IIème concile de Vatican"*, Cèdre, Paris 1979, pp. 9, 10).

Pie XI renonça donc à convoquer un concile. Pie XII aussi, comme on le verra, adoptera la même attitude que son prédécesseur.

En 1928, le P. Gruber, spécialiste des sociétés secrètes, entretenait des conversations à Aix-la-Chapelle avec de hauts maçons d'Autriche et des États-Unis. Un accord fut recherché entre certains prélats membres de l'Église et la Maçonnerie. Puis ce sera le tour du P. Riquet sans compter l'innommable Teilhard de Chardin !

Quelques années plus tard, en 1938, Monseigneur Beaussart, évêque auxiliaire de Paris, remit à Pie XI, le fichier maçonnique de l'Épiscopat français. Ils étaient dix-sept à cette époque. Ce chiffre allait très rapidement tripler... (Marquis de la Franquerie, *"L'infaillibilité pontificale"*, deuxième édition, Chiré-en-Montreuil, 1973, p. 78). Sans doute étaient-ils encore plus nombreux puisque l'un des enquêteurs, Bouteloup, fut assassiné au cours de ses recherches pour l'enquête. Curieusement le Saint-Siège ne fit rien contre ces frères trois points mitrés. En effet le secrétaire d'État de Pie XI, le cardinal Gasparri, en était lui aussi ![44]

Trente-huit ans plus tard, en 1976, le journaliste italien Pecorelli (il fut peu après assassiné dans sa voiture) donna dans son journal *"L'osservatore politico"* du 12 septembre 1978, une liste de noms de 119 ecclésiastiques, affiliés aux loges, occupant des postes de responsabilité : cardinaux, évêques, secrétaires d'État, professeurs de séminaire, recteurs d'université, nonces apostoliques, membres de commissions pontificales, directeurs de journaux[45].

Dans l'avant-propos de la liste fournie — à la différence de celle de la revue *"Panorama"* paru le 10 août 1976 — avec la date et le numéro de la fiche d'inscription, ce qui lui donne un air de grande crédibilité, Pecorelli dit, en synthèse, avoir été en possession de la liste le 28 août précédent. Il invite donc Jean Paul I, à peine élu, à un contrôle et conclut par ces paroles : *"Publiant cette liste d'ecclésiastiques, peut-être affiliés à la maçonnerie, nous estimons offrir une petite contribution à la clarté dans l'Église catholique. Ou une pluie de démentis ou, dans le silence, l'épuration"*. La pluie manqua et l'épuration aussi.

Le journal de Rome *"Il Messaggero"* du 29 mai 1981 affirme qu'il est nécessaire de reconnaître que ce manque de démentis et ce silence, sont extrêmement éloquents.

La revue *"30 giorni"*, du 9 septembre 1993, dit que Jean Paul I *"avait*

---

[44] Latour, Loubier et Alexandre : *"Qui occupe le siège de Pierre ?"*, pp. 61 et 62 ; *Cahiers de Cassiciacum* 1er mai 1979, p. 101.

[45] Cette liste fut divulguée dans plusieurs journaux allemands, ainsi que dans la revue française *"Sous la Bannière"*, numéro 17, octobre 1988, pp. 21 et 22 ; elle comporte le nom, la date, le numéro d'immatriculation et la fonction de chaque prélat.

manifesté l'intention de mettre la main à la question de l'I.O.R. et d'enquêter sur la liste des prélats présumés inscrits à la maçonnerie". Par la suite, ces informations furent authentifiées et complétées par les perquisitions que la justice italienne fit effectuer dans la loge P2, afin d'éclaircir le scandale financier de la banque Banco Ambrosiano, liée à l'I.O.R, banque du Vatican.

La revue italienne *"Oggi"*, du 17 juin 1981, publia une interview de l'avocat Ermenegildo Benedetti de Massa Carrara, déjà Grand orateur du Grand Orient d'Italie qui disait : *"Il y a eu souvent des cardinaux et des prêtres dans la maçonnerie : on le dit de Mgr Bettazzi, de Mgr Casaroli, du cardinal Poletti, du père Caprile, directeur de "Civiltà cattolica" et du cardinal Marcinkus, l'homme des finances vaticanes, appelé le "banquier de Dieu". On a commencé à parler de ces personnes à partir de 1970. Que ce soit clair, ce n'était pas des commérages de couloir, mais des informations réservées que nous, au sommet de la maçonnerie italienne, nous échangions"*.

On trouve une nouvelle analogue dans la revue mexicaine catholique (progressiste) *"Proceso"*, du 12 octobre 1992. Le Commandeur du Conseil Suprême de la maçonnerie mexicaine Carlos Vasquez Rangel disait au Grand Maître de la maçonnerie de ce pays, Enrique Olivarez Santana, partant pour Rome afin d'assumer la charge d'ambassadeur près le Saint Siège : *"Certainement vous trouverez là-bas (au Vatican) beaucoup de réactionnaires, mais aussi beaucoup de frères maçons : dans les huit quartiers qui forment le territoire du Vatican fonctionnent quatre loges maçonniques. Quelques-uns des hauts-fonctionnaires du Vatican sont maçons. Ils appartiennent comme nous au Rite Ecossais, mais dans une forme indépendante. De même, dans les pays où l'Église ne peut opérer, ils exercent leur activité secrètement, à travers les loges"* (*"Si Si No No"* du 30 Novembre

1992).

4. La nécessité d'un Concile pour amorcer le plan de la religion mondiale

Le luciférien qu'était Roca dévoilait en 1889 : *"Une immolation se prépare, qui expiera solennellement. La Papauté succombera ; elle mourra sous le couteau sacré que forgeront les pères du dernier Concile"* (*"Glorieux centenaire"* pp. 462 à 469).

"Je crois que le culte divin tel que le règlent la liturgie, le cérémonial, le rituel et les préceptes de l'Église romaine subira prochainement dans un Concile œcuménique une transformation qui, tout en lui rendant la vénérable simplicité de l'âge d'or apostolique, le mettra en harmonie avec l'état de la conscience et de la civilisation moderne" (Roca : *"L'Abbé Gabriel et sa fiancée"*, cité par P. Virion dans *"Mystère d'iniquité"*, Ed. St Michel, 1967, p. 33).

« Théosophe puis anthroposophe, Rudolf Steiner, ancien disciple de la mage russe Helena Petrovna Blatvatsky[46], écrivait en fait en 1910 : *"Nous avons besoin d'un Concile et d'un pape qui le convoque"* (cit., in Mgr Rudolf Graber *"Sant'Atanasio e la Chiesa del nostro tempo"* Ed. Civiltà, 1974, p. 43). C'est ce concile qui fera naître la nouvelle église. Alice Bailey, fondatrice du Lucifer Trust, l'organisation théosophique et sataniste qui opère auprès de l'UNESCO, prédisait en 1919 l'apparition d'une *"Église Universelle"* dont le *"profil défini apparaîtra vers la fin du siècle"* (textuel !)

---

[46] Madame Blatvatsky fut l'une des premières femmes à atteindre le 33ème degré dans une maçonnerie mixte. Elle fut aussi la fondatrice de la théosophie et l'une des plus grandes autorités du monde ésotérique et occultiste. (Serge Hutin *"La massonneria"*, Mondadori, 1961, p. 147).

(Alice Bailey, *"Esteriorizzazione della gerarchia"*, Ed. Nuova Era, Roma 1985, p. 476) et qui conservera *"l'apparence extérieure dans le but d'atteindre les nombreuses ressources qui sont habituelles aux usages ecclésiastiques"* (Ibid). *"Il n'y aura pas de dissociation* — précisait encore A. Bailey — *entre l'unique Église Universelle, la Loge Sacrée de tous les vrais maçons et les cercles plus étroits des sociétés ésotériques"* (Ibid. p. 478). De cette façon, concluait-elle *"les buts et l'œuvre des Nations Unies mûriront et une nouvelle Église de Dieu, tirée de toutes les religions et de tous les groupes spirituels, mettra fin à la grande hérésie de la séparativité"* (Alice Bailey *"Il destino delle Nazioni"*, Ed Nuova Era, Roma 1988, p. 155) ». (cité par le Docteur Carlo Alberto Agnoli, op. cit.,). Ce Concile fut donc préparé en attendant de trouver le personnage qui le convoquerait.

5. Une tentative réussie : Jean XXIII, l'homme qui convoqua le Concile

Une élection programmée

« Le bulletin maçonnique *"Les échos du Surnaturel"* publie dans son numéro de Décembre 1961-Janvier 1962, le témoignage d'un auteur connu par plusieurs ouvrages : *"En ce qui concerne le Concile, j'ai écrit au cardinal Roncalli (ancien nonce à Paris dont j'étais le conseiller) à la date du 14 août 1954 pour lui annoncer son élection future (à la papauté) et lui demander un rendez-vous pendant les vacances dans son pays natal en vue d'étudier son premier travail... le Concile.*

Je précisais : "Voudriez-vous réfléchir sur tout cela, car il n'y aura pas de temps à tergiverser. Dès l'accession au trône pontifical, le plan doit se dérouler instantanément et surprendre tous les politiques".

Dans cette même veine les francs-maçons, dès 1954, avaient dit à Mgr. Roncalli d'apprendre des langues parce qu'il serait le prochain pape élu par eux et donc il fallait qu'il se prépare à cette papauté » (B.O.C. p. 9 n° 52 mai 1980). Cette même année 1954, au mois d'août, Jean-Gaston Bardet « de la tendance ésotérique chrétienne, écrit au Patriarche Roncalli alors en villégiature dans son village natal de Sotto il Monte. *"Non seulement* (Bardet) *lui prédit qu'il deviendra pape, mais* (il) *devine aussi le nom qu'il choisira quand il sera élu"* (Hebblethwaite : *"Jean XXIII, le Pape du Concile"*, Ed. du Centurion, 1988, p. 279). Bardet vient à Venise où il rencontre Roncalli, lui répète ses prédictions et lui dit, selon Capovilla (secrétaire de Jean XXIII), que son pontificat sera marqué par des *"interventions doctrinales et des réformes disciplinaires"* » (*Sodalitium*, n° 33 : *"Le Pape du Concile"*, 1954-1958, Xème partie, p. 37).

Pourquoi la maçonnerie s'activait-elle pour cette année 1954 ?

« À la fin de l'année 1953, Pie XII est très fatigué et ses affaires spirituelles étaient entre les mains du Père Bea[47], son confesseur, très savant, mais œcuméniste déchaîné. Comme il s'est avéré par la suite, on peut dire vraiment que Pie XII était livré corps et âme à de mauvaises mains ; c'est au point même que Carlo Pacelli son neveu en vint à se demander si son oncle n'était pas victime d'une tentative d'empoisonnement. (Antonio Spinosa : *"Pie XII l'ultimo Papa"*, Mondadori, Milano, 1992, p. 342). Mais le Seigneur se chargea de protéger miraculeusement et le corps et l'âme de Pie XII. Ce répit lui permettra d'accomplir deux actes extrêmement importants : la

---

[47] Que Mgr Bugnini, franc-maçon et artisan de la réforme liturgique, ait eu libre accès auprès de Pie XII lorsqu'il était malade, c'est à Bea qu'on le doit. (*Sodalitium* n° 11, p. 11 ; et Annibale Bugnini, *"La Riforma Liturgica"* (1948-1975) clv Ed. Liturgiche 1983, p. 22).

canonisation de Pie X et l'éloignement de Montini. Du 26 janvier au 16 février 1954, gravement atteint, Pie XII ne peut s'alimenter par les moyens naturels. À l'automne, c'est la rechute et son état est quasi désespéré.

Le 2 décembre Pie XII confie à Mgr Tardini : *"Je vous le dis, les autres pourraient penser qu'il s'agit d'hallucinations de malade. Hier matin, j'ai entendu clairement une voix (très clairement) qui disait : "Maintenant vient une vision". En fait rien n'est venu. Ce matin, pendant que j'assistais à la messe, j'ai vu un instant le Seigneur. C'était seulement un instant, mais je l'ai bien vu..."* (Chélini : *"L'Église sous Pie XII"*, Ed. Fayard, 1989, vol. II, pp. 513, 514). Pie XII avait pensé que le Seigneur venait le prendre, en réponse à sa prière : *"In hora mortis meæ, voca me"* (*"à l'heure de ma mort, appelez-moi"*). (Prière *"Anima Christi"* qui se trouve au début du livre des Exercices Spirituels de Saint Ignace). Jésus l'avait guéri au contraire, accordant à l'Église quatre années encore de sursis » (*Sodalitium*, n° 33 : *"Le Pape du Concile"*, Xème partie, 1954-1958, p. 37).

Pie XII écrit alors sa lettre du 13 août 1954 où il dit : *"Dans le monde d'aujourd'hui, plein d'embûches et de périls, nombreux sont ceux qui luttent avec hardiesse pour répandre l'erreur parmi les fidèles. Une propagande audacieuse, ouverte ou sournoise, s'infiltre parmi les catholiques, dans le but de les éloigner de la fidélité due au Christ et à la véritable Église, et, en même temps, d'arracher la foi de leurs âmes. Malheureusement, à côté de ceux qui défendent courageusement leurs croyances, nombreux sont ceux qui les abandonnent".*

Roncalli bien détaché face à la maladie du pape, comparait sa propre santé à celle minée de Pie XII dont il prophétise la mort, quatre ans à l'avance...

Il écrit, en effet, que le Pape *"... tantôt semble à la mort, et tantôt se remet, mais pour retomber ensuite. J'ai peu de confiance que le Saint-Père réussisse à guérir, malgré tant de médecins, de médicaments et de dépenses. Sa vie est un miracle, mais les miracles, comme tu le sais, ne durent que peu de temps"* (*Hebblethwaite*, op. cit., p. 281).

Mgr Roncalli devra donc attendre son Conclave jusqu'à la fin de l'année 1958[48]

Arrêtons-nous quelques instants sur un personnage clé : Dom Lambert Beauduin. Il s'agit d'un moine belge qui, la veille de la Première Guerre mondiale, au moment où s'affirme de plus en plus dans l'Église catholique un mouvement humaniste, mettra la dernière main au schéma maçonnique de la *"future"* réforme liturgique par la *"création"* d'une *"nouvelle messe"*, synthèse de l'hérésie moderniste. Il fut aussi l'un des *"prophètes"* de l'œcuménisme qui triomphera au Concile.

Les initiatives rampantes de Dom Lambert Beauduin finissent par heurter Pie XI qui réagit en condamnant ses thèses dans l'encyclique *"Mortalium animos"* en 1928. Dès lors, il travaille dans l'ombre, dans le secret. Dès 1924, il s'était lié d'amitié avec Mgr Roncalli.

---

[48] Attirons l'attention du lecteur sur un fait anodin et d'une gravité extrême : c'est précisément en 1958 que le rituel de la "nouvelle messe" est expérimenté à Taizé. De nombreux catholiques ignorent ainsi que la "nouvelle messe" de la nouvelle "église conciliaire" est le rituel de Taizé (protestant), un rituel très proche du rituel luthérien. Le Père Malachi Martin, conciliaire, a eu l'honnêteté de faire remarquer que cette "nouvelle messe" a été créée par des protestants, (Voir pp. 20-21) sous la direction d'un franc-maçon choisi par l'initié Roncalli ! Nous sommes loin de la Sainte Messe catholique.

Comment cette amitié s'est-elle faite ? On l'ignore ; mais Roncalli s'est fait retirer sa chaire d'enseignement à l'Athénée du Latran pour ses propos *"modernistes"*.

L'amitié qui existe entre les deux hommes va devenir fidèle et, à la nouvelle de la mort de Pie XII[49], « ...le vieux Dom Lambert Beauduin, âgé de 85 ans, (confiera au Père Bouyer, n.d.r.) : *"S'ils élisaient Roncalli — nous dit-il — tout serait sauvé : il serait capable de convoquer un Concile et de consacrer l'Œcuménisme"*. Le silence retomba puis la vieille malice revint, dans un éclair de regard : *"J'ai confiance — dit-il — nous avons notre chance ; les cardinaux pour la plupart, ne savent pas ce qu'ils ont à faire. Ils sont capables de voter pour lui* » (Louis Bouyer : *"Dom Lambert Beauduin, un homme d'Église"*, Castermann, 1964, pp. 180, 181).

Franco Bellegrandi, ex-Camérier de Cape et d'Épée de Sa Sainteté et collaborateur de *"L'Osservatore Romano"*, écrivait en 1977 un livre intitulé *"Nichitaroncalli"* qui ne fut publié qu'en 1994, et dont la présentation publique à Rome provoqua un certain émoi dans la presse nationale car, parmi les personnalités présentes, il y avait le cardinal Silvio Oddi.

Dans cet ouvrage il raconte ce qu'il a vu et entendu au Vatican. C'est ainsi qu'au mois de septembre 1958, peu de temps avant le Conclave, l'auteur recevait ces confidences :

« Je me trouvais en voiture avec un personnage que je savais être une haute autorité maçonnique en contact avec le Vatican. Celui-ci me dit :

---

[49] M. Martin écrit : "Il faut reconnaître que Pie XII, ce dernier des Romains, fut le premier d'entre eux à réaliser, même partiellement, que la révolution était imminente" (*"Le déclin et la chute de l'Église Romaine"*, Ed. Exergue, 1997, p. 274).

"Le prochain pape ne sera pas Siri, comme le bruit court dans certains cercles romains, parce que c'est un cardinal trop autoritaire. Il sera élu un pape de conciliation. A déjà été choisi, le patriarche de Venise Roncalli". Je répliquais surpris : *"Choisi par qui ?" "Par nos maçons représentés au Conclave"* m'a-t-il répondu sereinement. Sur ce, je répliquais : *"Y a-t-il des maçons au Conclave ?" "Certainement,* me dit-il, *l'Église est entre nos mains".* Je répliquais de nouveau : *"Alors, qui commande l'Église ?"* Après un bref silence, mon interlocuteur précisa : *"Personne ne peut dire où se trouve la tête. La tête est occulte".*

Le jour suivant, le Comte Sella (d'une famille très connue en Italie, n.d.r.) a écrit dans un document officiel, qui aujourd'hui est conservé dans le coffre-fort d'un notaire, le nom et le prénom de ce personnage ainsi que sa stupéfiante déclaration, complétée par le mois, l'année, le jour et l'heure ». (*"Nichitaroncalli"* p. 62, Ed. Eiles, Roma).

« À la veille du Conclave qui élira Mgr Roncalli, ce dernier ne se croise pas les bras, il est déjà presque certain de la victoire. Le vendredi 24 octobre, veille de la clôture du Conclave, il ne convoqua pas moins que Giulio Andreotti, l'homme politique italien connu qui est indiqué par la veuve Calvi comme le véritable chef de la loge P2, pour lui annoncer avec des circonlocutions diplomatiques, sa prochaine élection. (Ibid. p. 395) » (Docteur Carlo Alberto Agnoli, op. cit.).

« Lorsque Roncalli parle avec Andreotti, le Patriarche (pour peu de temps encore) est désormais tout ce qu'il y a de plus clair : *"Que... ce serait lui le nouveau Pape, je le compris nettement dès le premier matin du Conclave, quelques heures avant le transfert du cardinal de la Domus Mariæ, via Aurelia au Vatican. La veille au soir* — raconte encore Andreotti — *Mgr Capovilla m'avait téléphoné que le Patriarche voulait me voir"*. L'homme politique italien rappelle alors ses anciens rapports avec Roncalli et l'amitié de ce dernier avec le moderniste Buonaiuti. Enfin il revient à son colloque avec le Patriarche. C'est ce dernier qui voulut parler du Conclave : *"Il est vrai que nous disons tous : pas moi, pas moi. Mais ces flèches du Saint-Esprit doivent bien tomber sur quelqu'un... J'ai reçu un message de félicitations du Général De Gaulle, mais cela ne signifie pas qu'en fait les cardinaux français voteront en ce sens. Je sais qu'ils voudraient élire Montini et ce serait certainement excellent ; mais il n'est pas possible de passer outre à la tradition qui veut que le choix se fasse parmi les cardinaux..."* Voici le commentaire d'Andreotti : *"J'avais écouté avec stupeur, et un certain embarras. Je compris alors que Roncalli était sûr d'être élu par le Conclave"* (Giulio Andreotti : *"A ogni morte di Papa. I papi che ho conosciuto"*, Biblioteca universale Rizzoli, 1982, pp. 65-66) ». (*Sodalitium*, n° 33 : *"Le Pape du Concile"*, 1954-1958, p. 39).

Avant son entrevue avec Andreotti, Mgr Roncalli avait écrit deux lettres, l'une à l'évêque de Bergame, Mgr Piazzi le 23 octobre, l'autre à l'évêque de Fænza, Giuseppe Battaglia le 24 du même mois.

Au premier il annonçait la *"nouvelle Pentecôte"* qui allait se faire *"dans le renouvellement du chef"*. Il ajoutait : *"Peu importe que le nouveau pape soit ou non originaire de Bergame* (comme lui-même, n.d.r.). *Vous me suivez, Votre Excellence ?"* (P. Hebblethwaite op. cit., p. 308).

Quant à la lettre à l'évêque de Fænza, elle a précisément pour objet de défendre expressément au neveu don Battista Roncalli, incardiné dans ce diocèse, de venir à Rome ces jours-là ! Ce serait donner une désagréable impression de népotisme ! Mais après l'élection, clairement annoncée

"Quand vous apprendrez qu'il faut me rendre aux flèches du Saint-Esprit, exprimées à travers la volonté commune de tous ceux qui sont réunis ici..." le neveu pourra venir à Rome... féliciter l'oncle. Pour l'instant, recommande Roncalli *"naturellement, pas un mot de tout ceci à quiconque"* (P. Hebblethwaite op. cit., p. 308).

Ce dessein transparaît également dans une lettre du cardinal Tisserant du 12 mars 1970 où il fait une allusion significative à l'élection *"programmée"* de Jean XXIII : *"... L'élection du Souverain Pontife actuel a été faite rapidement. C'est la précédente, celle de Jean XXIII qu'on aurait pu discuter, les séances ayant été nombreuses. Je ne vois pas d'ailleurs comment des renseignements sur le scrutin ont pu être donnés par quelqu'un après le Conclave. Le secret avait été imposé avec plus de netteté que jamais. Il est ridicule en tout cas de dire qu'un cardinal quelconque aurait été élu. Vous comprendrez que je ne puisse pas en dire davantage. Avec mes meilleurs vœux..."* (Photocopie de la lettre publiée dans le livre de Franco Bellegrandi, op. cit., p. 30).

Dans une autre lettre, le cardinal Tisserant déclare à un abbé enseignant le droit canon, que l'élection de Jean XXIII est illégitime parce que voulue et préparée par des forces étrangères au Saint-Esprit. (*"Vita"* 18 septembre 1977, p. 4 : *"Le profezie sui papi nell'elenco di San Malachia"*). Ces lettres confirment que l'élection de Jean XXIII était bien *"programmée"*.

L'image qui sort de cette affaire n'est certes pas celle d'un homme simple, ou plutôt simplet comme le jugea le cardinal Heenan (P. *Hebblethwaite*, op. cit., p. 394), mais bien celle d'un personnage tout occupé à se construire un piédestal.

Qui était Angelo Roncalli ?

Déjà dans sa jeunesse, on trouve des éléments montrant que Roncalli avait des penchants modernistes. Il fut co-disciple du célèbre moderniste italien Buonaiuti, condamné nommément par la suite. Au séminaire il utilisa comme livre d'histoire celui du professeur Turchi, imprégné de modernisme à tel point qu'il fut rappelé à l'ordre. Puis soupçonné d'orthodoxie douteuse on lui opposa le veto lors de sa nomination à la chaire d'histoire scolastique au séminaire romain. (Lorenzo Bedeschi, Pæse Sera, 13.12.1972)[50].

"De sa jeunesse sacerdotale, dans les années 1910, il (l'abbé Roncalli) *avait gardé des relations particulières avec les princes italiens, longtemps excommuniés pour spoliation de biens de l'Église"* (E. Lebec : *"Histoire secrète de la diplomatie vaticane"*, A. Michel, 1997, p. 147).

« Durant la Seconde Guerre mondiale les services secrets britanniques avaient créé une section appelée le *"MI 5"*, sur l'ordre de Churchill. Cet organisme était chargé de travailler dans le monde de l'occulte afin de déstabiliser le IIIe Reich au moyen d'un rituel magique. *"Amado précise que ce rituel eut lieu en présence de personnages tels que Ian Fleming[51], et avec la bénédiction de l'évêque Angelo Roncalli, initié[52] de la secte des Illuminati en Turquie[53], qui en 1958 deviendra le pape Jean XXIII !* Sur sa croix pectorale,

---

[50] Ces renseignements et beaucoup d'autres se trouvent dans *Hebblethwaite* : *"Giovanni XXIII, il Papa del Concilio"*, Rusconi, Milano, 1989, pp. 62, 65.

[51] Ian Fleming est le futur auteur du "surhomme" James Bond...

[52] Certains lecteurs ont fait remarqué que Mgr Roncalli, selon les documents que nous reportons, aurait été initié soit en Turquie, soit à Paris. Le fait qu'il ait été initié à deux loges différentes en soi n'est pas absurde.

[53] Les "Illuminati" sont avec Albert Pike les fondateurs du rite palladique luciférien par

il arborait d'ailleurs le signe des Illuminati : un œil ouvert au centre d'un triangle... Ceci se passait dans une obscure forêt du Sussex, au début de l'année 1941 » (*"Enquête sur l'existence des anges rebelles"*, de Edouard Brasey, p. 259, Filipacci).

En 1983 paraissait au Mexique un livre intitulé : *"Introduction à la Franc-maçonnerie"*. Son auteur, Jaime Ayala Ponce n'était pas n'importe qui : *"Initié du 33ème degré du rite écossais, membre actif du conseil suprême, premier écrivain maçonnique mexicain"*, nous dit-on dans la présentation du livre. Voici ce qu'elle dit :

« En 1935, Angelo Roncalli, archevêque de Mesembria est délégué apostolique en Turquie. Pour lui la vie n'est pas facile. C'est la guerre ; comme d'autres prêtres ou religieux, il doit porter des vêtements de laïc. C'est précisément à cette époque qu'il est invité à rentrer dans une société héritière des enseignements Rose-Croix à qui Louis Claude de Saint-Martin, le comte de Saint Germain et le comte de Cagliostro donnèrent tant de force... Pier Carpi, sérieux chercheur journalistique et détracteur de ces types de sociétés secrètes, paradoxalement devait découvrir au cours de ses recherches, les preuves écrites de l'affiliation maçonnique en Turquie de Angelo Roncalli, qui plus tard serait connu sous le nom de Jean XXIII... Ce grand journaliste nous relate dans son livre le procédé d'affiliation et décrit dans le détail le rituel de cette affiliation. Ainsi il raconte que c'est lors d'une des séances dans une loge qu'Angelo Roncalli tombe en transe mystique et c'est précisément le moment où il énonce ses fameuses prophéties... Tous ceux qui veulent aller plus loin dans cette

---

lequel le Conseil des treize, formant le Pouvoir occulte supérieur, reçoit ses ordres directement de Lucifer. La plupart des instructions données le furent à Charleston. Les "Illuminati" contrôlent et chapeautent la Franc-Maçonnerie.

histoire et connaître davantage ces sociétés, peuvent se procurer dans n'importe quelle librairie l'œuvre *"Les prophéties de Jean XXIII"* de Pier Carpi aux Éditions Martinet Roca (Espagne) ». (Pier Carpi — lui-même franc-maçon — *"Les prophéties du pape Jean XXIII"* — collection "J'ai Lu").

« Franco Bellegrandi (op. cit., p. 176) écrit aussi que : *"À l'époque du Concile fut répandue chez les Pères une publication circonstanciée qui accusait d'illégitimité l'élection de Jean XXIII parce que voulue par la Franc-Maçonnerie et qui indiquait Roncalli comme appartenant à cette Secte depuis les années de sa nonciature en Turquie"*.

Cette publication fit sortir de ses gonds le *"bon Pape"*, lequel ordonna une perquisition chez les évêques les plus suspects d'intolérance envers le *"nouveau cours"* (Ibid). Bellegrandi raconte en outre que Roncalli, qui condamnait officiellement le matérialisme marxiste, recevait fréquemment dans ses appartements privés le chef du Parti communiste italien Palmiro Togliatti, et que plus d'une fois il le retint à dîner. À ce sujet notre mémorialiste rapporte, enfin, un épisode qui a pour protagoniste le baron Marsaudon. Pie XII étant encore pape, la nouvelle lui parvint que le ministre de l'Ordre de Malte à Paris, qui était justement Marsaudon, était maçon. L'ecclésiastique chargé de l'enquête, Mgr Rossi-Stockalper, chapelain de l'Ordre de Malte et Chanoine de Sainte Marie Majeure, ayant vérifié que Marsaudon était réellement un degré trente-trois, se rendit à la nonciature pour parler de la chose directement avec le nonce.

« Le gros prêtre de Sotto il Monte — écrit Bellegrandi — entre un sourire et une plaisanterie, renvoya le chapelain de l'Ordre de Malte au secrétaire de la nonciature, Monseigneur Bruno Heim. Ce prêtre, devenu aujourd'hui "apostolic legate" en Grande-Bretagne, finit d'étonner l'envoyé de Rome avec son clergyman et la pipe qu'il fumait et ensuite avec ses ahurissantes affirmations sur la maçonnerie qu'il définissait comme "l'une des dernières forces de conservation sociale qu'il y ait au monde et, donc, une force de conservation religieuse". Et avec un jugement enthousiaste sur le baron Marsaudon, qui avait eu le mérite de faire comprendre à la nonciature la valeur transcendante de la maçonnerie. C'est justement pour ce mérite, qui était le sien, que le nonce à Paris, Angelo Giuseppe Roncalli, avait appuyé et fait passer sa nomination comme ministre de l'Ordre de Malte à Paris.

Monseigneur Stockalper avait été ahuri de cette révélation, et il reçut le coup de grâce quand, protestant en disant que le canon 2335 du Droit Canon prévoyait l'excommunication pour les affiliés à la maçonnerie, il s'entendit répondre par son interlocuteur, entre deux bouffées parfumées de sa grosse pipe, que *"la nonciature à Paris travaillait en grand secret à la réconciliation de l'Église catholique avec la maçonnerie"*. C'était en 1950 ! » (Docteur Carlo Alberto Agnoli, op. cit.).

Dans l'ouvrage intitulé *"Introduction à la Franc-Maçonnerie"*, l'auteur, Jaime Ayala Ponce, *"initié du 33ème degré du rite écossais, membre actif du conseil suprême"* relate : *"Il y a quelques années, le célèbre franc-maçon professeur A. Sierra Partida voulut publier dans les journaux nationaux une copie de l'acte d'intronisation dans une loge de Paris, où on laissait entendre que les profanes Angelo Roncalli et Giovani Montini avaient été emmenés ce même jour pour être initiés aux augustes mystères de la confrérie. Bien entendu la presse nationale refusa de publier ceci, aussi le professeur fit lui-même faire les copies qui circulèrent dans les cercles maçonniques du pays.*

L'ÉGLISE ÉCLIPSÉE

"Angelo Roncalli et Giovanni Montini, plus connus sous le nom de Jean XXIII et Paul VI, firent de nombreuses réformes dans le culte catholique afin de l'adapter aux temps modernes dans lesquels ils vivaient.

"S'il reste encore quelque doute, nous invitons tous ceux qui le désirent à lire et étudier le Concile Vatican II de Jean XXIII et nous verrons que beaucoup de fondements se basent sur les principes et postulats de la Franc-Maçonnerie.

"Si quelque fanatique doutait encore de ce que j'avance, je lui demanderais la raison pour laquelle Jean XXIII a décidé l'abolition de la bulle d'excommunication qui existait encore avant qu'il ne fût le successeur de saint Pierre".

"Au Congrès mondial de la Franc-Maçonnerie célébré à Mexico en octobre 1982, circula parmi les assistants une prière de ce grand pape que fut Jean XXIII, où il accepte définitivement son appartenance à la Franc-Maçonnerie". Suit le texte de la *"prière"* en question.

« Prière du pape Jean XXIII, publiée dans le *"Journal de Genève"* dans son édition du 9 août 1966, transcrite de l'italien au portugais dans *le "Diaro di congresso nacional brasileir"*, le 4 mars 1971, sur la proposition du sénateur Benedito Ferreira :

> « Seigneur et Grand Architecte, nous nous humilions à tes pieds et invoquons ton pardon pour notre erreur passée alors que nous sommes en cours de reconnaître nos frères francs-maçons comme tes fidèles de prédilection. Nous avons toujours lutté contre la libre pensée car nous n'avions pas compris que le premier devoir d'une religion, comme l'a affirmé le Concile, est de reconnaître même le droit de ne pas croire en Dieu. Nous avons persécuté tous ceux qui

dans ta propre Église s'étaient éloignés du chemin de la Vérité en s'inscrivant dans les Loges, ignorant toutes les injures et les menaces.

Sans réfléchir, nous avions cru qu'un signe de croix était supérieur à trois points formant une pyramide. Pour tout cela nous te demandons pardon, Seigneur, et te demandons de nous faire comprendre qu'un compas sur un nouvel autel peut signifier autant que nos vieux crucifix. Amen *(Revue Medio Dia en Punto, mars-avril 1978)* » (*"Sous la Bannière"* n° 22, mars-avril 1989 pp. 23 et 24).

« En 1949, Mgr Roncalli a dit, entre autres, au sujet de la Franc-Maçonnerie : *"Qu'est-ce qui nous sépare en réalité ? Nos idées ? C'est vraiment peu de choses"* » (Baresch, *"Église catholique et franc-maçonnerie"*, conclusion).

« Dans le livre du Père paulinien Rosario Esposito *"Les grandes concordances entre Église et maçonnerie"* nous lisons le texte d'une interview accordée par le baron Yves Marsaudon, 33ème grade le plus élevé du Rite Ecossais Ancien et Accepté, dans son livre *"L'œcuménisme vu par un Franc-Maçon de Tradition"*. Nous citons ci-après quelques extraits de cette interview publiée par le journal *"Le Juvénal"* du 25 septembre 1964 et accordée à André Faucher :

Marsaudon : *"J'étais très lié à Mgr Roncalli, nonce apostolique à Paris. Il m'a reçu plusieurs fois à la Nonciature et à diverses occasions, il est venu à mon domicile de Bellevue en Seine-et-Oise. Quand j'ai été nommé ministre de l'Ordre de Malte, j'ai manifesté au Nonce mes perplexités à cause de mon appartenance à la maçonnerie. Mgr Roncalli* *m'a conseillé formellement de rester dans la maçon*nerie".

— *"Vous a-t-il reçu après son élévation à la tiare ?"*

Marsaudon : *"Oui, il m'a reçu à Castelgandolfo en ma qualité de ministre émérite de l'Ordre de Malte, et il m'a donné sa bénédiction en me renouvelant son encouragement pour une œuvre de rapprochement entre les Églises, comme aussi entre l'Église et la maçonnerie de Tradition"* » (Docteur Carlo Alberto Agnoli, op. cit.).

« Le 18 décembre 1993, l'avocat napolitain Virgilio Gaito était élu Grand Maître du Grand Orient d'Italie, Obédience maçonnique dite de Palazzo Giustiniani. Peu après, le Grand Maître accordait deux entrevues significatives, la première à Fabio Andriola, journaliste de *L'Italia Settimanale*, la seconde à Giovani Cubeddu, correspondant de *Trenta Giorni*, mensuel, dirigé par Giulio Andreotti, du mouvement Communion et Libération. Lors de ces deux entrevues, Gaito fit une allusion à Jean XXIII. Nous rapportons ici les questions et les réponses significatives.

Andriola demanda à Gaito : *"Croyez-vous qu'il y ait des prêtres dans les loges du Grand-Orient, on dit que certains cardinaux ont été des frères..."* ? Le Grand Maître répondit : *"Probablement. Moi, je n'en ai pas connaissance. On dit que Jean XXIII a été initié à la maçonnerie lorsqu'il était nonce à Paris. Je rapporte ce qui m'a été dit. D'ailleurs dans ses messages j'ai saisi de nombreux aspects proprement maçonniques. Lui entendre dire qu'il faut mettre l'accent sur l'homme m'a beaucoup plu"* (*"La Loggia è una casa di vetro"*, Interview de Virgilo Gaito par Fabio Andriola, publiée dans L'*Italia settimanale* du 26 janvier 1994, n° 3, p. 74).

À propos des rapports entre Église catholique et maçonnerie, le Grand Maître répond : *"Nous accueillons tous les hommes libres, tous les esprits libres. D'ailleurs, il semblerait que le pape Jean XXIII ait été initié à Paris et qu'il ait participé aux travaux des Ateliers à Istanbul"* (*"Giuliano il Teista"*. Interview de Virgilo Gaito par Giovani Cubeddu, publiée dans *Trenta Giorni*, n° 2, février 1994, p. 29) » (*Sodalitium*, n° 42, *"Le Pape du Concile"*, xixème partie, p. 33).

Ces contacts avec la Franc-Maçonnerie ne sont pas sans conséquence. En effet c'est Jean XXIII qui amorcera le processus de levée de l'excommunication des francs-maçons ; ce qu'achèvera Jean-Paul II dans le Nouveau Code de Droit Canon de 1983. L'appartenance à la Franc-Maçonnerie comme l'adhésion au modernisme ou au communisme ne figurent plus dans la liste des positions sanctionnées par l'excommunication.

L'élection de Roncalli rassure les Loges

Angelo Giuseppe Roncalli fut élu, à soixante-dix-sept ans, l'après-midi du 28 octobre 1958, au onzième scrutin et il devint Jean XXIII !

Cette élection plut au vieil ami de Mgr Roncalli, le franc-maçon Marsaudon, qui écrivit : *"Nous eûmes tout d'abord la très grande joie de recevoir dans les 48 heures un accusé de réception à nos respectueuses félicitations. Pour nous c'était une grande émotion, mais pour beaucoup de nos amis ce fut un signe"* (Yves Marsaudon : *"L'œcuménisme vu par un franc-maçon de tradition"*, Ed. Vitiano Paris, 1964, p. 4).

« À peine élu, Jean XXIII reçut les plus vives félicitations du grand rabbin d'Israël Isaac Herzog, de *"l'archevêque"* anglican Geoffroy Fischer[54], et de Paul Robinson, président des Églises fédérées, ainsi que du chef de l'*"Église Orthodoxe russe"*, le Patriarche Alexis.

Le protestant américain souhaitait que la papauté (de Jean XXIII) mène à une meilleure entente entre les chrétiens et tous les hommes de bonne volonté » (*Sodalitium*, n° 34 : *"Le Pape du Concile"*, XIème partie — le début du pontificat de Jean XXIII —, p. 5).

« Apprenant l'élection au souverain Pontificat de son ancien collègue à Paris, Burkardt écrivit à un intime, Marx Richter, la lettre suivante dont voici quelques extraits significatifs : «…*L'aptitude (de Roncalli) à croire aux miracles, le respect du Sacré, ne sont pas son fait. C'est un déiste et un rationaliste, avec la meilleure tendance à se mettre au service de la justice sociale… Il changera beaucoup de choses ; après lui, l'Église ne sera plus la même* » (*Bonum Certamen* n° 122, revue de l'abbé Mouraux, p. 7).

Dans son livre *"Christianisme et Franc-Maçonnerie"*, Léon de Poncins écrit :

« Avec l'avènement de Jean XXIII et les nouvelles conceptions d'œcuménisme, il y eut brusquement comme une explosion. On vit surgir une floraison d'ouvrages consacrés à la Franc-Maçonnerie et une collection d'écrivains, historiens, philosophes, journalistes, politiciens, conférenciers, œuvrèrent chacun dans sa spécialité en faveur d'une réconciliation de l'Église catholique et de la Franc-Maçonnerie. On avait nettement l'impression d'une campagne

---

[54] L'"archevêque" G. Fischer était franc-maçon. Cf. Giordano Gamberini : *"Mille volti di massoni"*, Roma, Erasmo, 1975, p. 229.

internationale, méthodiquement orchestrée dont le centre d'impulsion était en France » (pp. 14-15).

Roncalli ouvre la voie à Montini et renforce le nombre de prélats modernistes qui *"décideront"* au Concile.

Une fois élu, Jean XXIII mettra en œuvre une stratégie qui aboutira à ce qu'il appellera l'*"aggiornamento"*, lequel se révélera être la Révolution dans l'Église.

Pour ce faire il lui faut tout d'abord préparer la voie à Montini et endormir la vigilance de la Curie, spécialement du Saint-Office.

Déjà avant son élection, à la veille du Conclave, la journaliste allemande Elisabeth Gerstner annonçait clairement, à la mi-octobre 1958, dans un article intitulé *"Zur Todesstunde Pius XII"* et paru dans le journal allemand *"General Anzeiger für den Nieder-Rhein"*, qu'à l'issue du prochain Conclave le patriarche de Venise — le cardinal Roncalli — serait élu, et ouvrirait la route au futur Paul VI.

Bien avant son élection Mgr Roncalli était lié à Mgr Montini par une vieille amitié.

Hebblethwaite écrit :

> « Montini devient de plus en plus son confident romain. Ils s'écrivent fréquemment. Dans leur correspondance figure une lettre de Roncalli du jour de Pâques 1954, qui ne fut jamais envoyée, dont le brouillon a toutefois été soigneusement conservé. Capovilla pense qu'elle était *"trop auto-révélatrice"* » (p. 274). « Durant toute

cette période Roncalli devient de plus en plus dépendant de Montini, son ami en haut lieu » (p. 276). « En 1954 se produit un événement qui déconcerte Roncalli : son ami Giovani Battista Montini est subitement démis de ses fonctions à la secrétairerie d'État et envoyé en exil-il est nommé archevêque de Milan. À parler franchement cette nomination signifie que Montini est mis à la porte de la curie romaine après près de trente ans d'activité en son sein » (*Hebblethwaite*, op. cit p. 281).

Sodalitium commente : « Mgr Roncalli était parfaitement conscient de son rôle de précurseur du *"Messie"* Montini. En 1956, à Pompei où ils se trouvaient tous deux, tant le cardinal Patriarche Roncalli que l'archevêque Montini, pour la conférence épiscopale italienne, Roncalli, avec un geste de profonde humilité insista pour donner la préséance à Montini. Ce dernier lui faisant observer qu'elle lui était due à lui en tant que cardinal et Patriarche, Roncalli lui répondit : *"L'archevêque de Milan mérite cette attention, puisqu'un jour il sera Pape"*.

La première étape en prévision du pontificat de Montini était donc l'élection de Mgr Roncalli, déjà suffisamment âgé pour laisser rapidement la place. La seconde étape était la nomination cardinalice de Montini. Et tel fut le premier acte de Jean XXIII qui dira : *"Montini, le premier fruit de notre pontificat"*. (Malachi Martin : *I Gesuiti*, Sugarco Ed. Milano, 1988, p. 312). Enfin il s'agissait d'ouvrir la voie à cette succession. Et Roncalli sur son lit de mort ira jusqu'à désigner Montini aux cardinaux : *"À mon avis mon successeur sera Montini. Les votes du sacré collège se porteront sur lui"* (*Hebblethwaite*, op. cit., p. 550). Roncalli, confident de Mgr Montini (*Hebblethwaite*, op. cit., p. 274), dit à ce dernier au téléphone juste après l'élection : *"Excellence, je vous tiens le poste au chaud"*[55] (*Sodalitium*, n° 33 : *"Le Pape du Concile"*, Xème partie, 1954-1958, p. 42).

« Pour imposer l'*"aggiornamento"*[56], Jean XXIII a besoin d'un minimum de consensus dans la Curie romaine. Il convoqua à cet effet Mgr. Tardini et lui offrit le poste de pro-secrétaire d'État. Ils se virent le lendemain et Mgr Tardini chercha à se dérober affirmant au Saint Père : *"Je dis au Saint Père que je ne voulais pas servir sous ses ordres parce qu'une politique nouvelle appelle des hommes nouveaux ; et je lui rappelle que je m'étais souvent trouvé en désaccord avec lui dans le passé..."* (*Hebblethwaite*, op. cit., p. 320). Roncalli insiste donc et Mgr Tardini accepte ! » (*Sodalitium* n° 34 : *"Le Pape du Concile"*, XIème partie, p. 5).

Deux jours après son élection, le 30 octobre 1958 il fallait nommer des cardinaux ; le dernier consistoire datait de 1953. Il manquait dix-sept chapeaux pour atteindre le plafond de soixante-dix fixé par le Pape Sixte V.

Les deux premiers nommés par Jean XXIII furent : *"...à commencer par Mgr Montini, archevêque de Milan"*, et Monseigneur Tardini, comme le même Jean XXIII l'écrira dans son journal. (*Hebblethwaite*, op. cit., p. 320).

---

[55] C'est ce qu'a déclaré à "30 *Giorni*" n° 5, mai 1992, p. 4, le cardinal Silvio Oddi auquel Jean XXIII, en personne, l'avait confié. Et la revue en fait part au lecteur précisément dans un article dédié aux interférences des sectes dans le Conclave.

[56] À ce sujet J. M. Jourdan écrit : "Ceux qui dans l'Église en toute bonne intention ont démesurément élargi l'aggiornamento et l'Œcuménisme, ne peuvent plus ignorer que la Contre-Église les utilise en vue d'accréditer rapidement l'Antéchrist" (Permanences de décembre 1965).

L'ÉGLISE ÉCLIPSÉE

Vingt et une autres nominations suivirent... dépassant ainsi le chiffre gardé par la Tradition. Cela ne suffit pas et au consistoire du 15 décembre, vingt-trois nouveaux cardinaux sont élus !

On relèvera le nom des ennemis de l'Église tels König[57] et Döpfner. Ce n'est pas tout, il y eut un autre consistoire en décembre 1959 avec huit nouveaux cardinaux élus et un troisième en 1960 qui va porter le nombre de cardinaux à quatre-vingt-cinq ! Grâce à ces nominations les ennemis de l'Église se trouvent propulsés au plus haut sommet de l'Église.

Pie XII avait tenu trois consistoires en dix-huit ans ; Jean XXIII en tiendra trois en vingt mois ! (Renseignements tirés de *Sodalitium*, n° 34, *"Le Pape du Concile"*, XIème partie, p. 56).

Une fois les pires ennemis et démolisseurs de l'Église, c'est à dire les modernistes, hissés au sommet de l'Église, le Concile pouvait être lancé...

L'apostat Renan[58] écrivait dans son livre *"L'Abbesse de Jouarre"* : *"Les réformes religieuses se feront par des personnages engagés dans l'Église, aboutiront à un concile... qui imposera la dégradation dogmatique et disciplinaire favorable à l'intégration de celle-ci dans l'Œcuménisme des*

---

[57] L'affiliation maçonnique de Franziskus König, archevêque de Vienne depuis 1956, créé cardinal par Jean XXIII le 15 décembre 1958, artisan majeur de l'élection de Karol Wojtyla, est particulièrement étayée. Roberto Fabiani par exemple, toujours bien informé, affirme sans hésiter ni ménager ses mots que le cardinal König est maçon et il précise qu'il est inscrit à la loge secrète "Giustizia e Libertà" de la Maçonnerie de Piazza del Gesù. (R. Fabiani, I Massoni in Italia, *L'Espresso* 1978, Farigliano, pp. 78 et 130).
[58] "Après la publication de *la Vie de Jésus* par Renan, une souscription fut faite dans toutes les loges belges pour offrir une plume d'or à l'auteur" (Père Deschamps : *"Les sociétés secrètes"*, Tome 2, 1881, p. 61).

Loges".

Les textes des initiés l'annonçaient, tout était prêt pour une révolution néo-moderniste. Elle faisait pression aux portes de Rome.

Pour sa part, Pie XII s'était refusé à être celui qui ouvrirait ces portes à la révolution. Il avait en effet pensé à réunir un Concile ; il fit même préparer plusieurs schémas. Mais son regard d'aigle ne tarda pas à évaluer les dangers d'une telle entreprise : *"J'entends autour de moi des novateurs —* disait Pie XII avant d'être élu — *qui veulent démanteler la Chapelle Sacrée, détruire la flamme universelle de l'Église, rejeter ses ornements, lui donner le remords de son passé historique... Un jour viendra où le monde civilisé reniera son Dieu, où l'Église doutera comme Pierre a douté. Elle sera tentée de croire que l'homme est devenu Dieu, que son Fils n'est qu'un symbole, une philosophie comme tant d'autres, et dans les églises, les chrétiens chercheront en vain la lampe rouge où Dieu les attend, comme la pécheresse criant devant le tombeau vide : où l'ont-ils mis ?..."* (Mgr Roche : *"Pie XII devant l'Histoire"*, pp. 52, 53).

Pie XII et Jean XXIII étaient au courant, tant l'un que l'autre, de cette situation. Mais ils prirent cependant une décision dans deux sens diamétralement opposés. Et ce, selon *Hebblethwaite*, parce que *"ce qui conduisit Pie XII à rejeter l'idée d'un concile, confirma Jean XXIII dans son jugement qu'il était plus que jamais nécessaire".* (Hebblethwaite, op. cit., p. 345).

Jean XXIII, qui a choisi le nom d'un antipape, n'hésite donc pas à ouvrir les portes de Rome à la Révolution antichrétienne. Il a réussi, grâce à une propagande bien menée, d'où les appellations : *"le bon pape Jean"*, *"le bon curé de campagne"* mais aussi *"le simplet"* et même, en Italie, *"il papa rosso"* (le pape rouge), à s'attirer les sympathies populaires. Il saura bien profiter de cette réputation.

CHAPITRE II

Le Concile « *Vatican II a été 1789 dans l'Église* » Cardinal Suenens

> « *Ils ne craignent pas* (les sillonistes) *de faire entre l'Évangile et la Révolution des rapprochements blasphématoires* » (Saint Pie X, Lettre sur le Sillon, 25 août 1910).

1. L'annonce du Concile

Le dernier Concile, le premier de Vatican, ne s'était jamais conclu : il avait été suspendu le 18 juillet 1870 devant l'imminence de la guerre, et l'occupation de Rome le 20 septembre suivant en avait empêché la reprise.

Jean XXIII annonça publiquement la convocation du second Concile œcuménique de Vatican, le 25 janvier 1959 en la Basilique de Saint-Paul-hors-les-Murs, juste trois mois après son élection.

"*Ce dimanche 25 janvier marquait la clôture de la semaine de prières pour l'unité des chrétiens. Roncalli la célébrait tous les ans depuis son séjour à Istanbul*" (P. Hebblethwaite, op. cit., p. 352). Le Concile qu'il va annoncer ne sera pas seulement œcuménique, c'est-à-dire général et non particulier, il sera aussi "*œcuméniste*" afin de réaliser le vœu d'amis tels que Dom Beauduin.

L'ÉGLISE ÉCLIPSÉE

Dans la célèbre allocution inaugurale à l'ouverture de Vatican II, Jean XXIII invitait les Pères du Concile à travailler *"joyeusement et sans crainte"* à l'"*aggiornamento*" de l'Église au monde moderne.

2. Rôle déterminant du Secrétariat pour l'union des chrétiens

Sous la direction du cardinal secrétaire d'État, Domenico Tardini, la commission anté-préparatoire s'occupa du futur Concile avec la rigueur, le sérieux et la correction de la curie romaine.

Mais le 30 mai, lors de la présentation du bilan des travaux anté-préparatoires, Jean XXIII dira : *"la préparation du Concile ne sera pas l'œuvre de la curie romaine"* (*Acta antepreparatoria* i, p. 92).

A qui allait-il donc la confier ? Aux ennemis de l'Église.

Le 5 juin 1960, Jean XXIII crée un Secrétariat pour l'union des chrétiens. Pourquoi s'y intéresser ? Parce qu'il sera l'embryon de la nouvelle *"église conciliaire"*. En outre, ce Secrétariat sera dirigé par le cardinal Agostino Bea[59]. Or *"sans Bea le Pape Jean n'aurait probablement pas eu le Concile qu'il souhaitait"* (*Hebblethwaite*, op. cit., p. 414).

En effet le plus grand danger pour la foi ne se trouvait pas dans les différentes Commissions, comme les quelques consulteurs modernistes de la Commission Théologique (Congar et de Lubac), mais plutôt dans ce Secrétariat du cardinal Bea. Là, il n'y avait pas que deux ou trois néo-modernistes, ils l'étaient pratiquement tous. En effet *"une bonne partie des*

---

[59] Le Père Schmidt nous présente deux "maîtres" de Bea : Monseigneur de Paderborn, Josef Höfer, et "le célèbre pasteur luthérien R. Baumann, qui visita le Père Bea en 1956" (S. Schmidt, op. cit., p. 436).

consulteurs du nouveau Secrétariat fut choisie parmi les participants de la Conférence Catholique pour les questions œcuméniques" de Mgr Willebrands, qui devint secrétaire... du Secrétariat.[60]

Le rôle joué dans le complot contre l'Église par ce Secrétariat et le cardinal Bea est tellement important qu'il mérite un certain développement.

Le Secrétariat au service des schismatiques et des hérétiques

Pour commencer, en 1941, Lorenz Jæger est élu archevêque de Paderborn. Cette ville allemande est tristement connue dans l'histoire religieuse outre-Rhin. Avant de devenir le diocèse du *"théologien"* psychanalyste Drewermann, qui réduit le christianisme à un mythe, déjà en 1580, l'évêque de Paderborn avait adhéré à la *"Confession d'Augsbourg"*, le credo des luthériens. (Encyclopedia Cattolica. Città del Vaticano, 1952, vol. IX, col. 515, rubrique Paderborn). C'est là et non à Rome que va se faire Vatican II. Pour s'en convaincre il suffit de lire l'*"Histoire de l'Église"* dirigée par Jedin : *"... à l'initiative de l'archevêque de Paderborn Lorenz Jæger (1892-1975) et de l'évêque luthérien d'Oldenburg, Wilhem Stählin (1883-1975), dès 1946, en Allemagne, des théologiens des deux confessions se rencontrèrent chaque année pour débattre des doctrines de foi communes ou de celles qui sont élément de division. Avec la participation déterminante du professeur hollandais Jan Willebrands (né en 1909) se constitua, en 1952, la Conférence internationale pour les problèmes œcuméniques dont le travail déboucha sur le secrétariat pour la promotion de l'unité chrétienne, institué en 1960 par le Pape Jean XXIII et dirigé par le*

---

[60] Père Stjepan Schmidt S.J., Agostino Bea, il cardinale dell'unità, Città Nuova, Roma, 1987 — présentation du livre écrit par Willebrands — p. 351.

L'ÉGLISE ÉCLIPSÉE

cardinal Agostino Bea (1881-1968).

Ce Secrétariat reçut en 1962 le statut officiel de commission conciliaire, en vertu de quoi il eut une part déterminante dans la préparation du décret sur l'Œcuménisme du concile Vatican II"[61].

« Le mouvement œcuménique, né à la fin du siècle dernier, à cause de division dans le milieu des sectes protestante, aboutit, avec l'adhésion des orthodoxes, au Conseil Œcuménique des Églises (CEC), fondé à Amsterdam en 1948 par 147 *"églises"* chrétiennes au moins. Aux trois décrets du Saint-Office (4 juillet 1919, 5 juin 1948 et 20 décembre 1949) interdisant aux catholiques de participer à de telles réunions sans autorisation préalable du Saint-Siège, s'ajoute l'encyclique *"Mortalium animos"* de Pie XI (6 janvier 1928), laquelle condamne sévèrement le mouvement œcuménique, dit alors panchrétien. Comment est-il possible alors qu'en 1960, avec l'institution du secrétariat, Jean XXIII ait approuvé ce mouvement œcuménique que ses prédécesseurs avaient condamné ? » (*Sodalitium*, n° 38, *"Le Pape du Concile"*, XVème partie, p. 61).

Contraints à un certain recul, les protagonistes de ce mouvement œcuménique recommencèrent leur politique après la Seconde Guerre mondiale. À cette époque *"surgirent un peu partout des groupes Una Sancta, composés de laïcs et de théologiens, centres pour une rencontre féconde entre catholiques et protestants dans la prière et le dialogue"* (E. Iserloch op. cit., p. 410).

---

[61] Erwin Iserloch : *"La Storia del movimento ecumenico"*, dans AA. VV., Storia della Chiesa, diretta da Hubert Jedin, Ed. italiana del 1980, Jaca Book, Milano, vol. X/1, p. 411.

« En France s'y distingue le Père M. Yves Congar O.P. (né en 1904), frappé de sanctions vaticanes après l'Encyclique *"Humani generis"* de Pie XII (1954). Mais le Père Congar a des appuis..., entre autres Mgr Jean-François Arrighi, secrétaire du cardinal Tisserant. *Hebblethwaite* écrit : *"Le pape Jean a connu Arrighi à Paris et l'a en haute estime. La légende voudrait qu'il ait donné des cours de théologie protestante au pape Jean. Ce qui est vrai, c'est qu'ils ont eu de nombreuses conversations sur des questions préparatoires au Concile. Arrighi faisait le lien avec des théologiens français comme Yves-Marie Congar, encore en disgrâce".* Jean XXIII avait à peine eu le temps d'annoncer la convocation d'un Concile que, fort de son amitié avec le pape Roncalli, Arrighi demandait dès février 1959 la constitution à Rome d'un *"petit groupe aux amples pouvoirs qui s'occupe des questions œcuméniques"* (Lawrence, *Journal Romain*, p. 20, cité dans Hebblethwaite p. 362). En février 1959 Arrighi dira à Lawrence : *"Il (Jean XXIII) a vraiment le souci de l'unité. Son point de départ est l'Église orthodoxe, mais quand vous devenez œcuménique, il faut y englober tout le monde. Il a eu quelque expérience du protestantisme en France. Récemment il a convoqué la Congrégation pour les églises orientales et leur a dit : "Je sais qu'humainement parlant mon plan est impossible, mais Dieu demande l'unité et nous devons faire quelque chose en ce sens"* (Lawrence p. 19, Hebblethwaite op. cit., pp. 362 et 363). Arrighi deviendra membre du Secrétariat pour l'union des chrétiens mais c'est le cardinal Bea qui réussira l'entreprise recherchée » (*Sodalitium*, n° 38 *"Le Pape du Concile"*, XVème partie, p. 61).

« Bea entretenait des relations suivies avec la Conférence catholique pour les questions œcuméniques fondée à Warmond (diocèse de Haarlem en Hollande) par le professeur de philosophie de l'époque, Johannes G.M. Willebrands, qui remplissait également la fonction de secrétaire. Willebrands fera carrière (cardinal) et aura l'"honneur" de définir Luther *"docteur de l'Église"* !

La Conférence était le point de rencontre d'un bon nombre d'œcuménistes de diverses nationalités, des français en particulier. Nous y retrouvons Mgr Arrighi, et Mgr Höhfer de Paderborn,... Le but de la Conférence était de suivre *"le travail du Conseil Œcuménique des Églises à Genève"* (*Hebblethwaite* op. cit., p. 61). Willebrands faisait la navette entre le Conseil œcuménique des Églises et le Père Bea dont il avait fait la connaissance en 1951. Bea recevait continuellement Willebrands et préparait le terrain pour la venue à Rome des membres protestants du Conseil Œcuménique des Églises.

La Conférence de Mgr Willebrands *"travailla — comme il le dit lui-même — jusqu'au seuil du Concile"* pour se dissoudre ensuite, après la constitution du Secrétariat par Jean XXIII, auquel il voulut donner pour guide le cardinal Agostino Bea. (Schmidt S.J., op. cit., p. 256).

Ce Secrétariat fut l'aboutissement non seulement du mouvement *"catholique"* de Willebrands, mais aussi du mouvement œcuménique protestant Sammlung du — curé — Hans Christian Asmussen (1898-1968), lequel déclarait à Bea en 1962 : *"Maintenant que votre Secrétariat a entrepris ce à quoi je visais, je peux me retirer"* (Schmidt, op. cit., p. 255) » (*Sodalitium*, n° 38 *"Le Pape du Concile"*, XVème partie, pp. 63 et 64).

Quant au rôle de Jean XXIII, il n'est pas à minimiser. *"Nous nous sommes parfaitement compris"* annonça triomphalement le cardinal Bea à la sortie de l'audience avec Jean XXIII, le 9 janvier 1960, en s'adressant à son secrétaire, le P. Schmidt. Il ne fit pas d'autre confidence (S. Schmidt, op. cit., p. 342). *"Je pense — écrit le P. Schmidt — qu'à partir de ce document naquit entre les deux hommes de Dieu une entente et une confiance qui ensuite ne fera que croître et qui assurera au futur Secrétariat un vigoureux appui de la part du Pape, sans lequel il aurait eu un chemin bien moins rapide"* (S. Schmidt, op. cit., p. 347).

« Fort de la compréhension et de l'encouragement de Roncalli, Bea se mit au travail, corrigea le projet de Paderborn et rassura Stakemeier, par une lettre du 20 janvier : *"Le Saint-Père sait que je m'occupe de la question œcuménique, et en est très content"* (S. Schmidt, op. cit., p. 343). Là-dessus aucun doute : Jean XXIII voyait dans le projet de Bea la réalisation de ses propres désirs pour le Concile qu'il avait convoqué. Mais... et la Curie ? Et le Saint-Office ? Et les cardinaux non œcuménistes ? Que feraient-ils ? Bea les connaissait bien. Ils devaient s'apercevoir du danger le plus tard possible. Il revient sur le projet qu'il avait demandé à l'Institut Möhler et le corrigea à nouveau.

Voilà les astuces du cardinal Bea *("Bea le jésuite, est jésuitique"* écrit malicieusement l'ex-jésuite Hebblethwaite, op. cit., p. 417) : *« J'ai tenu compte, écrit-il, de l'expérience que j'ai acquise au cours des années dans les Congrégations romaines et à leur contact, pour éviter toute chose qui puisse heurter ou susciter des critiques. Ainsi j'ai... omis exprès de déterminer plus précisément les finalités et les charges de la Commission, pour ne pas irriter la susceptibilité des autres organes et créer des difficultés au projet... Après une longue réflexion, j'ai formulé le nom de manière à ne pas employer le terme "œcuménique", puisque les discussions en relation avec le Conseil (Œcuménique des Églises) ont démontré qu'il avait été compris de différentes manières. Le titre actuel "pro unitate christianorum promovenda" se fonde... sur l'article 381 du Synode Romain de 1960, où il est dit : "baptismo homo... generali titulo christiani uno Mystico Corpore membrum efficitur Christi sacerdotis..."* ("Par *le baptême, l'homme... devient dans le Corps mystique, sous le titre général de chrétien, membre du Christ Prêtre"). Dans la formulation actuelle, le titre évite la question du "retour" et choses semblables »* et il ajouta : *"L'important est que tout soit exprimé de manière à convaincre"* (S. Schmidt, op. cit., p. 343).

Habilement, Bea évitait de prononcer le mot *"œcuménisme"*, trop manifestement lié à la conception protestante des rapports entre les *"chrétiens"*, mais aussi de parler de *"retour des non-catholiques au sein de l'Église"*, selon la conception catholique classique de ces rapports.

"Paderborn n'apporta aucun changement. Jæger fit sien le projet" (S. Schmidt, op. cit., pp. 345 et 346, et note 43).

Bea transmit la supplique à Jean XXIII le 11 mars 1960, en l'accompagnant de sa lettre de présentation. La réaction du Pape à la supplique fut positive et étonnamment rapide. Le cardinal Bea écrivit plus tard : *"La supplique fut transmise avec ma lettre du 11 mars. Deux jours plus tard, le Pape me fit savoir son accord de principe et le désir d'en discuter les détails ultérieurs, ce qui arriva en effet durant l'audience que j'eus ce jour-là"* (S. Schmidt, op. cit., pp. 345 et 346, et note 43). Jean XXIII *"avait tout lu"* et *"était d'accord"*. La voie était libre, Jean XXIII convoqua Bea le dimanche 13 mars, et le soir nota : *"...Ce matin j'ai reçu in privatis le cardinal Bea à qui j'ai confié la charge de préparer, comme chef nommé par moi, une Commission pro unione christianorum promovenda"* (S. Schmidt, op. cit., pp. 345 et 346, et note 43). *"Devant la proposition qui répondait concrètement à l'appel contenu dans l'annonce du Concile... le Pape éprouva un grand bonheur, comme s'il avait reçu un nouveau signe du ciel, d'autant plus agréable qu'il provenait d'un pays où catholiques et protestants avaient déjà commencé à mettre en pratique la norme évangélique de la tolérance... Le projet lui était transmis par un cardinal jésuite qu'il appréciait beaucoup"* (S. Schmidt, op. cit., pp. 346, 347).

Jæger et Bea donnèrent à Jean XXIII l'opportunité de réaliser le Concile comme lui, et non comme la Curie, le rêvait. Le Secrétariat était un organisme au service du Concile » (*Sodalitium*, n° 39, *"Le Pape du Concile"*, XVIème Partie, pp. 23, 24).

Non seulement des contacts furent développés avec les orthodoxes, les vieux catholiques, les anglicans et les protestants, mais ces derniers furent conviés à envoyer des représentants au Concile. On promit même au pouvoir qui chapeautait les délégués des orthodoxes russes de ne jamais condamner le socialisme... ce qui fut toujours respecté.

Jean XXIII réalisait ainsi le vœu du haut initié de la Contre-Église, Saint Yves d'Alveydre, lequel écrivait il y a un siècle dans *"Mission de l'Inde"* :

"Enfin, pour terminer cette Mission par un vœu : Vienne le jour d'un Concile œcuménique européen, où soient représentés tous les Cultes".

Chose qui n'aurait pas pu être envisagée auparavant, on a demandé aux plus grands ennemis de la doctrine catholique (comme les protestants), et à des schismatiques (comme les orthodoxes) de participer à un Concile catholique !

Cet exposé synthétique serait incomplet si nous n'évoquions pas le rôle joué par Küng.

« En 1960, Küng est nommé professeur de théologie à Tübingen ; alors qu'il n'a que trente-deux ans... il ose présenter un ordre du jour pour le

Concile. Pour Küng, le premier objectif du Concile est la réforme de l'Église. Si cette réforme aboutit, elle conduira à la réunion sur un pied d'égalité avec les *"frères séparés"*. Küng énumère les pas à franchir pour répondre aux requêtes légitimes de la Réforme protestante : la reconnaissance de la Réforme comme événement religieux (irréductible à des facteurs politiques ou psychologiques comme la libido de Martin Luther) ; l'estime et la prise en considération croissante de la Bible dans la théologie et dans le culte ; l'élaboration d'une *"liturgie"* du peuple, dans la langue du pays, bien évidemment ; une véritable compréhension du *"sacerdoce universel"* de tous les fidèles ; le dialogue entre l'Église et d'autres cultes ; le dégagement de la papauté de ses liens politiques ; la réforme de la curie romaine et l'abolition de l'Index des livres interdits. Küng se révèle un prophète clairvoyant : ces sept requêtes se retrouvent toutes, fût-ce sous une forme modifiée, dans les documents définitifs du Concile. De plus Küng en appelle astucieusement au pape Jean... Küng oppose le pape alerte et vif à la chrétienté endormie : *"... Les paroles et les actes du pape pourront-ils éveiller ces endormis ?" ("Concile et retour à l'unité"*, pp. 35, 36)... Il (Jean) ne fera jamais aucune observation publique sur Küng... Le cardinal Frantz König, archevêque de Vienne... préface l'édition allemande et parle du livre comme d'un *"heureux présage"*. Dans son introduction à l'édition française, le cardinal Achille Liénart, de Lille, en souligne l'importance œcuménique... On pouvait en conclure raisonnablement que, quoi que fasse la commission préparatoire, Küng avait établi le véritable ordre du jour du Concile et dressé le plan de bataille pour sa première session » (*Hebblethwaite*, op. cit., pp. 412, 413).

3. Le Secrétariat au service de la cause juive

Le Secrétariat pour l'union des chrétiens ne préparait pas seulement des schémas différents de ceux préparés dans les commissions préparatoires ; il cherchait également à imposer une révision des positions traditionnelles chrétiennes sur le judaïsme.

Ce projet était pourtant dévoilé dans une plaquette[62] distribuée aux Pères conciliaires.

« Le complot judaïque contre l'Église catholique qui atteint actuellement son apogée grâce à l'infiltration d'éléments juifs dans le haut clergé catholique et dans le Vatican même, fut publiquement démasqué, en 1936, par le journal *Catholic Gazette* de Londres, organe officiel mensuel de la Société Missionnaire Catholique d'Angleterre. Dans son numéro de février 1936 parut un article intitulé *The Jewish peril and the Catholic Church*" (Le péril juif et l'Église catholique) dans lequel sont reproduits les termes de certaines conversations tenues au cours d'une série de réunions secrètes de juifs à Paris.

Peu de temps après, l'hebdomadaire *Le Réveil du Peuple* publia un article similaire dans lequel il précisait que les déclarations dont il est fait état furent faites au cours de réunions secrètes de l'Ordre maçonnique B'naï B'rith qui est réservé aux juifs ; les Gentils n'ont pas accès à ses rangs, et de plus, c'est l'un des instruments les plus dangereux de la conspiration internationale hébraïque. Son chef actuel est justement Monsieur Label A. Katz. Ce haut dignitaire a entretenu de longs colloques avec le cardinal Bea qui le présenta même à sa Sainteté Jean XXIII en 1960 ».

Voici quelques extraits de cet article de 1936 :

---

[62] Cette plaquette fort intéressante est disponible dans son intégralité.

« Tant que subsistera parmi les Gentils une quelconque conception morale de l'ordre social, et tant que toute religion, tout patriotisme, toute dignité n'auront pas été liquidés, notre règne sur le monde ne pourra venir... Nous avons encore un long chemin à suivre avant de pouvoir détruire notre principal opposant : l'Église catholique.

Pour cette raison nous nous sommes attachés à trouver le meilleur chemin pour attaquer efficacement l'Église dans ses fondements mêmes. Nous avons répandu l'esprit de la Révolution et du faux libéralisme parmi les nations des Gentils afin de parvenir à les convaincre de s'éloigner de leur Foi et de les amener à avoir honte de professer les préceptes de leur religion et d'obéir aux commandements de leur Église. Nous avons amené bon nombre de ceux-ci à se transformer en athées, et qui plus est, à se glorifier de descendre du singe (les Darwinistes). Nous leur avons inculqué de nouvelles théories en réalité impossibles à réaliser, telles que le communisme, le socialisme et l'anarchisme, qui, maintenant, servent nos projets...

L'un des triomphes de notre Franc-Maçonnerie est que ces Gentils qui arrivent à être membres de nos loges, ne peuvent jamais soupçonner que nous les utilisions pour construire leurs propres prisons.

Nous avons suivi le conseil de notre prince des juifs qui dit sagement : faites de quelques-uns de nos fils des cardinaux et des évêques pour qu'ils détruisent l'Église...

Nous sommes les pères de toutes les révolutions, y compris de celles qui se tournèrent contre nous...

Nous pouvons nous enorgueillir d'être les créateurs de la Réforme ; Calvin fut l'un de nos fils ; il était d'origine juive et fut habilité par l'autorité juive et stimulé par la finance juive pour remplir son rôle dans la Réforme.

Martin Luther fut influencé par ses amis juifs, et son complot contre l'Église se vit couronné de succès, grâce au financement juif...

Nous sommes reconnaissants aux Protestants... de l'admirable appui qu'ils apportèrent dans notre lutte contre la puissance de la civilisation chrétienne et dans nos préparatifs pour l'avènement de notre suprématie sur le monde entier et sur les royaumes des Gentils... Nous avons réussi à détruire la majorité des trônes européens. Le reste suivra dans un très proche avenir. La Russie a déjà accepté notre règne. La France avec son gouvernement maçonnique se trouve en notre pouvoir. L'Angleterre dépendante de notre Finance se trouve sous nos talons ; et notre espoir pour la destruction de l'Église catholique se trouve dans le protestantisme. L'Espagne et le Mexique sont deux instruments en nos mains. De nombreux autres pays, y compris les États-Unis d'Amérique, sont déjà soumis à nos plans... La plus grande partie de la presse mondiale est sous notre contrôle ; faisons-en sorte qu'elle excite violemment la haine du monde contre l'Église catholique... »

Le 10 janvier 1937 le journal juif de New York, *"Freiheit"* écrivait : *"Selon la religion juive, le Pape est l'ennemi du peuple juif par le seul fait qu'il est le chef de l'Église Catholique. Le Judaïsme s'oppose au Christianisme en général et à l'Église catholique"* (P. Loyer, dans *Revue Internationale des sociétés secrètes*, Paris 13 avril 1930, p. 352 — tr. it. —).

En 1993, longtemps après le Concile, un article parut dans la revue de la Communauté Israélite de Rome *Shalom*. On y lisait :

« Jésus, sur qui les informations historiques sont extrêmement pauvres et les plus dignes de foi tirées du Talmud, naquit, vécut et prêcha en juif... rien de ce qu'il dit ou fit ne se détacha de l'orthodoxie juive... Les Évangiles... sont... du point de vue historique peu dignes de foi... Aujourd'hui il semble assez acquis que le Christianisme ait été pour ainsi dire préparé, quelques décennies après la mort de Jésus, par quatre évangélistes, et fondé, encore plus tard par Paul[63], le propagateur d'un Christianisme qui n'avait rien à faire avec Jésus... Jésus ne fut ni roi, ni prétendant messie, mais un juif rebelle à la domination romaine. Mais pourquoi... les évangélistes... et ensuite Paul enveloppèrent-ils le Christianisme dans un tel emballage antisémite ? La raison... est politique... Pour se soustraire aux conséquences de l'animosité romaine, d'abord les évangélistes, puis, de manière plus organisée, Paul... voulurent prendre leurs distances avec les juifs. Pour plaire aux romains ils dirent donc que Jésus avait été crucifié... sur investigation juive... C'est à l'occasion de la Pâque juive, que, selon la mythologie chrétienne eut lieu le déicide[64] » (L. F. *Quei sudditi troppo leali di Roma*, dans *"Shalom"*, n° 19, octobre 1993, pp. 18, 19).

Ces deux documents montrent que la position juive à l'égard de Jésus-Christ, Fils de Dieu, n'a pas changé après le Concile ! Pourtant la découverte, à douze kilomètres de Jéricho, des manuscrits de Qumran par

---

[63] "Les Juifs ourdirent un complot s'engageant sous peine d'anathème à ne manger ni boire avant d'avoir tué Paul. Ils étaient plus de quarante à avoir fait ce serment ensemble..." (*Actes des Apôtres* XXIII, 12-15).

[64] "Déjà les Juifs avaient conspiré que si quelqu'un reconnaissait Jésus pour le Messie, il serait exclu de la synagogue. (Jean IX, 22).

un jeune berger à la recherche d'une chèvre perdue prouve bien que les Évangiles sont, du point de vue historique, dignes de foi.

À partir de ces manuscrits divisés en trois parties et des textes originaux du Nouveau Testament, les scientifiques de toutes les religions, y compris les juifs, ont aujourd'hui la preuve que les Évangiles furent écrits par les évangélistes eux-mêmes. Les études effectuées montrent en effet que les rouleaux en papyrus du Nouveau Testament ont été écrits entre l'an 30 (c'est-à-dire le début de la prédication de Notre Seigneur) et l'an 50. Pourquoi alors les mauvais exégètes veulent-ils absolument faire croire que les Évangiles ont été écrits longtemps après la mort de Jésus-Christ ? Pour répandre le doute sur les paroles de Jésus-Christ lui-même et faire croire que l'Église n'est pas divine.

Lorsque Jean XXIII annonce que le Secrétariat pour l'unité des chrétiens sera dirigé par le cardinal Agostino Bea, *"le président du Congrès Mondial Juif envoyait un télégramme au Préposé Général de l'Ordre, souhaitant que la nomination de Bea contribuerait au renforcement de l'Église, dont la prospérité, en ces temps orageux, tenait à cœur à tous les hommes de bonne volonté !"* (S. Schmidt, op. cit., p. 331).

Le Secrétariat ne fut officiellement constitué que le 5 juin 1960, avec le Motu Proprio *"Superno Dei Nutu"*. Une semaine était à peine passée qu'arrivait au Vatican le délégué des B'naï B'rith, Jules Isaac. Le 15 juin il avait un entretien de plus d'une heure avec Bea. Isaac raconta ensuite à Toulat : *"... il s'est montré parfaitement au courant des problèmes affrontés. Il est en relation avec les catholiques allemands qui font le même travail que nos groupes de l'"Amitié judéo-chrétienne". J'ai trouvé en lui une aide providentielle »* (P. Schmidt, op. cit., p. 354).

« En sortant du Vatican, le "frère" Jules Marx Isaac était retourné à la loge avec *"plus qu'un espoir"*. Jean XXIII lui avait promis une révision de la doctrine chrétienne sur les rapports entre Église et judaïsme. Cet engagement solennel trouvera son aboutissement dans la déclaration conciliaire Nostra Ætate » (*Sodalitium*, n° 41 : *"Le Pape du Concile"*, XVIIème partie, p. 12).

Voici un texte, extrait du livre de Pinchas E. Lapide : *"Rome et les juifs"* (Éditions du Seuil, 1967, p. 385) :

« Ainsi pria le pape Jean XXIII, pauvre fils de paysans :

> *"Nous avons conscience aujourd'hui que des siècles et des siècles d'aveuglement ont fermé nos yeux et que nous ne pouvons plus voir la beauté de Ton peuple élu ni reconnaître sur son visage les traits de nos frères privilégiés.*
> *Nous nous rendons compte que le signe de Caïn est gravé sur nos fronts. Tout au long des siècles, notre frère Abel gisait dans le sang et nous lui faisions verser des larmes car nous avions oublié Ton amour.*
> *Pardonne-nous d'avoir faussement attaché une malédiction à leur nom de juifs. Pardonne de l'avoir crucifié une seconde fois dans leur chair. Car nous ne savions pas ce que nous faisions..."* » (Cité dans le *Catholic Herald*, du 14 mai 1995, note 1).

Dans sa revue *"Bonum Certamen"*, l'abbé Mouraux, après avoir fait une description de l'attaque de la Synagogue contre l'Église pendant l'Histoire, continue en disant que :

« Nubius écrivait le 3 avril 1855 : *"Nous devons arriver par des petits moyens bien gradués quoique mal définis à la Révolution par un Pape"*.

Dès lors, les juifs s'infiltrèrent dans l'Église. On vit (pour ne pas remonter plus haut dans l'Histoire) dans l'ombre du grand Pie XII, et y exerçant une très grande influence, un cardinal Bea, né juif sous le nom de Béhar, Mgr Braum, Œsterricher, tous deux juifs convertis. Leur influence fut grande lors de l'accession au souverain pontificat de Jean XXIII. Et plus tard, sous ce même pontificat. Dès qu'il eut coiffé la tiare ce pape reçut, sur l'insistance de Bea, le président du *"Mouvement juif Mondial"*, et lui affirma qu'il était décidé à faire admettre par le Concile un texte absolvant les juifs du déicide du Vendredi-Saint ; mais que pour cela il fallait que se produise un appel venu des juifs du monde entier. Ce fut fait[65] ; on fit litière du texte de saint Matthieu XXVII, 25, où les juifs eux-mêmes demandèrent que le sang de Jésus retombât sur eux et sur leurs enfants » (*"Bonum Certamen"*, n° 55).

Concernant les origines de Vatican II, il nous paraît opportun de rapporter, du livre du Grand Rabbin de Rome, le cabbaliste Elio Toaff, un passage d'un grand intérêt historique :

« Quand je me déplaçais de Venise à Rome (en 1951, n.d.a.) je

---

[65] « Le 12 novembre 1963, j'organisais une conférence de presse pour Monsieur Shuster, directeur pour l'Europe de l'American Jewish Committee... Pendant les trois années qu'avait demandées la préparation du projet, le Vatican, dit-il, avait sollicité les avis des savants et chefs religieux les plus compétents, tant chrétiens qu'israélites. "Sans crainte de se tromper, ajouta-t-il, on peut affirmer qu'il n'y a pas une seule communauté juive, une seule tendance juive, un seul penseur juif renommé, qui n'ait pu exposer son opinion aux autorités romaines, à qui en revenait l'initiative". Il était spécialement satisfait de ce que le document comportât "un rejet catégorique du mythe de la culpabilité des juifs dans la crucifixion" » (Ralph M. Wiltgen, *"Le Rhin se jette dans le Tibre"*, Ed. du Cèdre, 1982, pp. 165, 166).

commençai à fréquenter pour mes études la bibliothèque de l'Institut biblique pontifical dirigée par Mgr Agostino Bea, personne d'une gentillesse exquise. Notre connaissance se transforma bien vite en amitié, et un jour Mgr Bea me confia que, étant allemand de naissance, il sentait tout le poids du mal que son peuple avait fait aux juifs et voulait faire quelque chose pour réparer, même si c'était dans une part minime. Il lui vint ainsi l'idée de convoquer un Concile œcuménique dans lequel on devrait approuver un document sur les juifs. Lui-même voulait en être le promoteur et le rédacteur.

Pour s'acheminer sur cette route difficile, Mgr Bea, désormais cardinal, organisa et dirigea, en sa qualité de président du secrétariat pour l'Unité des Chrétiens (constitué en 1960, n.d.a.), une réunion fraternelle à l'université internationale d'études sociales Pro Dei à Rome qui eut pour thème *"Les préjugés raciaux, motif des incompréhensions religieuses, politiques, culturelles"*. Y prirent part les représentants des 18 religions. Pour la part juive italienne la délégation était composée de moi, du président et du vice-président de l'Union des Communautés israélites italiennes, tandis que les organismes juifs internationaux étaient représentés par l'American Jewish Committee.

Dans le discours d'ouverture le cardinal dit que la raison de cette rencontre était de chercher la collaboration de tous les croyants en Dieu, fondée sur la bonté et la charité et opérant en faveur des grands biens de l'humanité, particulièrement de la paix. Et citant le pape Jean XXIII il précisait que cette collaboration entre les divers peuples et les diverses religions et confessions était le moyen le plus efficace pour dépasser les barrières qui divisent l'humanité dans les diverses formes de vie individuelle et sociale"⁶⁶.

« Dans son livre intitulé *"Infiltrations ennemies dans l'Église"*, Léon de Poncins, spécialiste de la question maçonnique, rappelle que le 25 janvier 1966, dans la revue américaine à grand tirage *"Look"*, très proche des milieux juifs de ce pays, parut un article explosif intitulé de façon significative : *"Comment les juifs ont changé la pensée catholique"*.

Dans cet article, illustré de nombreuses photos, on affirmait que la déclaration conciliaire *"Nostra Ætate"*, dans laquelle est abordée la question juive, avait été négociée à New York par le cardinal Bea (qui évidemment, n'agissait pas à titre personnel, mais en vertu de quelque mandat très autorisé) avec les responsables de la maçonnerie des B'nai B'rith, organisation notoirement réservée à des personnes de souche juive.

A la suite de la réaction de nombreux évêques et des représentants diplomatiques des pays arabes, l'ébauche du document voulue par le B'nai B'rith n'avait pu être approuvée. Toutefois le texte promulgué était toujours, selon les paroles de M. Morlion, *"ce qu'on avait pu obtenir de mieux"* pour se conformer aux directives du B'nai B'rith. (*"Infiltrations ennemies dans l'Église"*, Documents et témoignages, Ed. Henri Coston, 1970).

Le fameux dominicain Yves Congar se rendit lui aussi *"ad audiendum verbum"*, toujours à la demande de Bea, à la synagogue de Strasbourg où il fut chapitré pendant plus de deux heures par les chefs de la communauté juive **sur ce que devait faire le Concile** » (Docteur Carlo Alberto Agnoli, op. cit.).

---

⁶⁶ Elio Toaff, "Perfidi giudei, Fratelli maggiori", Mondadori Ed. 1987, pp. 214, 215 (Cité par le Docteur Carlo Alberto Agnoli, op. cit.).

L'écrivain Lazare Landau le rapporta dans deux articles de *"Tribune juive"* (n° 903 des 17-20 janvier 1986 et n° 1001 des 25-31 décembre 1987) :

> « Par une soirée brumeuse et glaciale de l'hiver 1962-1963 — écrit Landau — je me suis rendu à une invitation extraordinaire du centre communautaire de la Paix à Strasbourg. Les dirigeants juifs recevaient en secret, au sous-sol, un envoyé du pape. À l'issue du shabbath, nous nous comptions une dizaine pour accueillir un dominicain de blanc vêtu, le R.P. Yves Congar[67], chargé par le cardinal Bea, au nom de Jean XXIII, de nous demander, au seuil du Concile, ce que nous attendions de l'Église catholique... Les juifs tenus depuis près de vingt siècles en marge de la société chrétienne, souvent traités en subalternes, ennemis et déicides, demandaient leur complète réhabilitation... Le blanc messager... s'en revint à Rome porteur d'innombrables (autres) requêtes qui confortaient les nôtres. Après de difficiles débats... le concile fit droit à nos vœux. La déclaration *Nostra Ætate* n° 4 constitua — le Père Congar et les trois rédacteurs du texte me le confirmèrent — une véritable révolution dans la doctrine de l'Église sur les juifs... » (*Itinéraires*, automne 1990, pp. 3 et 4).

« La part prise par la maçonnerie dans la rédaction de *"Nostra Ætate"* a trouvé une sanction et une reconnaissance officielle dans le fait que, en 1985, la célébration du vingtième anniversaire de cette déclaration

---

[67] « Œcuméniste représentant la "nouvelle théologie", il fut frappé par les mesures disciplinaires consécutives à l'encyclique de Pie XII, *"Humani generis"*. Jean XXIII par contre le nomma "expert" à Vatican II. Jean-Paul II l'a défini comme son maître à Franchir le seuil de l'espérance, et l'a créé "cardinal" en 1994. Il est mort le 22 juin 1995 » (*Sodalitium* : "Le pape du Concile", n° 41, p. 27 note 61).

conciliaire a été organisée par l'Université Pontificale saint Thomas d'Aquin en collaboration justement avec le B'nai B'rith dont la délégation était reçue officiellement par Jean-Paul II le 19 avril de cette année.

Donc *"Nostra Ætate"* est un produit du B'nai B'rith, même si ce n'en est pas un pur produit. C'est un des textes fondamentaux du Concile, qui énonce et répand le principe selon lequel toutes les religions sont des voies de salut, pendant logique de la doctrine de la liberté religieuse.[68]

Si toutes les religions sont bonnes, et donc, si chacun est libre de choisir celle qui lui plaît, l'unique erreur, et donc l'unique mal, l'unique et impardonnable délit contre la pax œcumenica cabaliste de Vatican II, sera de vouloir distinguer le bien du mal et le vrai du faux » (Docteur Carlo Alberto Agnoli, op. cit.).

4. Le coup de force des modernistes

Ainsi, tandis que les prélats nommés par le cardinal Ottaviani (mis en place par Pie XII) préfet du Saint Office, travaillaient dans les commissions préparatoires, du 5 juin 1960[69] à 1962 en vue de produire des schémas tout à fait traditionnels, se préparait — via le Secrétariat pour l'union des chrétiens — un autre Concile. Comme un intrus il

---

[68] Voici la doctrine catholique admirablement résumée par Pie XII : "En réalité, il ne faut compter comme membres de l'Église que ceux qui ont reçu le bain de la régénération et qui, professant la vraie foi, n'ont pas eu le malheur de se séparer d'eux-mêmes de l'ensemble de ce Corps et n'en ont pas davantage été séparés par l'autorité légitime en raison de fautes graves" (AAS, 35 (1943), 202 s. ; Denz. 2286, Denz. Sch. 3802).

[69] La Très Sainte Vierge Marie avait autorisé le Pape à briser, en 1960, le sceau scellé en 1917 sur le troisième secret de Fatima, parce qu'à cette date son contenu aurait été plus clair !

évincera celui qu'avait préparé Rome et en prendra la place.

Le 11 octobre 1962, 2381 évêques se réunissaient à Rome pour la cérémonie d'ouverture du Concile.

Dans son discours d'ouverture, Jean XXIII proclamait *"sa foi"* en l'avenir : *"Dans la situation actuelle de la Société, certains ne voient que ruines et calamités ; ils ont coutume de dire que notre époque a profondément empiré, par rapport aux siècles passés... Il nous semble nécessaire de dire notre complet désaccord avec ces prophètes de malheur qui annoncent toujours des catastrophes, comme si le monde était près de sa fin... Il faut que l'Église se tourne vers les temps présents qui entraînent de nouvelles voies à l'apostolat catholique".*

Ce discours fit grande impression et on le comprend. Il révélait une extraordinaire volonté de faire du nouveau en tout !

Les prélats progressistes français, hollandais et allemands — dont Ratzinger — s'en chargèrent. Ils conçurent un *"plan"* moyennant lequel ils mettraient au panier tous les textes élaborés par la commission théologique préparatoire, sous la présidence du cardinal Ottaviani.

Le cardinal Liénart, qui était franc-maçon, fut celui qui fit prendre ce grand tournant au Concile. Il aurait été initié à la maçonnerie à Cambrai en 1912, et en 1924 il aurait même été élevé au 30ème degré du rite écossais antique. Sur son lit de mort, selon la revue française *"Tradition-Information"* n° 7, p. 21, il se serait exclamé : *"Humainement parlant, l'Église est perdue".*[70]

---

[70] Ces renseignements, comme d'autres de cet ouvrage, sont tirés du livre publié aux edizioni "eiles" de Rome en 1996 : *"La Massoneria alla conquista della Chiesa"*. D'autres

Le 15 octobre 1962, lors de l'élection des 160 membres des commissions conciliaires, ce même cardinal se leva et demanda de surseoir au vote parce que *"nous ne sommes pas disposés à accepter des listes de candidats compilées avant que le Concile soit réuni ; nous n'avons pas eu le temps matériel de choisir nos candidats"*. Le cardinal Frinks, archevêque de Cologne, s'associa aussitôt au cardinal Liénart. Le quotidien romain *"Il Messaggero"* du 22 octobre 1962 relatait le fait dans un article intitulé : *"L'ora del demonio in Concilio"* (L'heure du diable au Concile).

Ces prélats progressistes imposèrent ainsi de nouveaux textes, précisément ceux qui furent préparés par les ennemis de l'Église (comme Dom Lambert Beauduin) depuis le début du siècle.

Voici un exemple caractéristique de ce qui s'est passé.

« Je dois raconter ici, dit Mgr Lefebvre, un petit incident arrivé en 1962, quand j'étais membre de la Commission centrale préparatoire du Concile. Nous tenions nos réunions au Vatican, mais la dernière fut dramatique. Dans les fascicules donnés à la Commission centrale il y en avait deux sur le même sujet : l'un venait du cardinal Bea, président de la Commission pour l'unité et l'autre du cardinal Ottaviani, président de la Commission théologique. Quand nous les avons lus, quand moi-même j'ai lu les deux schémas, j'ai dit : *"C'est très étrange, ce sont deux points de vue sur le même sujet complètement différents, c'est-à-dire la liberté religieuse ou l'attitude de l'Église face aux religions"*. Celui du cardinal Bea était intitulé *De libertate religiosa* ; celui du cardinal Ottaviani *De tolerantia religiosa*. Vous voyez la

---

preuves de son adhésion à la secte se trouvent dans *"L'Infaillibilité Pontificale"* du Marquis de la Franquerie, pp. 80-81.

différence, la profonde différence[71] ? Qu'arrivait-il ? Pour quel motif deux schémas complètement différents sur le même sujet ? Au moment de la réunion, le cardinal Ottaviani se leva et, le désignant du doigt, dit au cardinal Bea : *"Éminence, vous n'aviez pas le droit de faire ce schéma, vous n'aviez pas le droit de le faire parce que c'est un schéma théologique et donc du ressort de la Commission théologique"*. Et le cardinal Bea se levant dit : *"Excusez-moi, j'avais le droit de faire ce schéma en tant que président de la Commission pour l'unité : s'il y a une chose qui concerne l'unité c'est bien la liberté religieuse"*, et il ajouta tourné vers le cardinal Ottaviani : *"Je m'oppose radicalement à ce que vous dites dans votre schéma De tolerantia religiosa"*... Ce fut la dernière séance de la Commission centrale et clairement nous avons pu être avertis, à la veille du Concile, que s'annonçait devant nous toute la lutte qui se déroulerait durant le Concile. Cela veut dire que ces choses étaient préparées déjà avant le Concile. Le cardinal Bea n'a certes pas fait son schéma de *libertate religiosa* sans s'être entendu avec d'autres cardinaux »[72].

Durant Vatican II, quelques trois cents à quatre cents Pères conciliaires étaient attachés à la Tradition. D'autres prendront clairement parti pour le modernisme. La majorité, quant à elle, ouverte aux idées libérales, s'unira à la partie progressiste en se rendant compte que Jean XXIII d'abord et Paul VI ensuite étaient avec cette faction. Finalement la plupart des évêques contresignèrent les documents du Concile qui

---

[71] Suivant le schéma de Bea, les religions non-catholiques doivent jouir, en tout cas, de la liberté. Suivant celui d'Ottaviani qui reprend tout simplement la doctrine catholique elles n'ont pas droit à la liberté, mais peuvent, dans certaines circonstances — pour éviter un mal majeur — être tolérées par l'État.

[72] Mons. M. Lefebvre : *"Il colpo da mæstro di Satana"*, Il Falco, Milano, 1978, pp. 12-15. On ne trouve pas le même épisode dans l'édition française.

reprenaient la *"nouvelle théologie"*, condamnée par Pie XII dans *"Humani generis"* (1950).

Un exemple significatif parmi tant d'autres est extrait du journal du cardinal Siri et concerne un théologien, futur cardinal, qui était même assesseur au Saint-Office : *"Un fait saillant : l'assesseur du Saint-Office, Mgr Parente, l'un des plus fougueux adversaires de la collégialité l'an dernier, est passé à présent, sur cette question, du côté des transalpins. Beaucoup en sont demeurés vraiment stupéfaits, et même effrayés. Un bruit court : c'est le Pape en personne (Paul VI) qui l'aurait invité à agir ainsi. Voilà qui expliquerait tout. Et s'il en est ainsi, il est évident que le Pape a fait son choix, et qu'il a voulu un vote massif des Évêques"* (cfr. Benny Lai : *"Il Papa non eletto. Giuseppe Siri cardinale di Santa Romana Chiesa"*. Laterza Ed. Roma-Bari, 1993, p. 179).

5. Vatican II, véritable *"cinquième colonne"*

« En 1989, la revue des francs-maçons *"Humanisme"*, n° 186, raconte le tête-à-tête de Mgr Roncalli avec Alexandre Chevalier, qui avançait des propos au regard du droit canon. Ces entretiens secrets entre le futur Jean XXIII et celui qui devint grand-maître en 1965 (invité au Vatican lors de l'accession de Jean XXIII), dévoile *l'hypothèse* que la loge *L'Etoile Polaire* (l'Atelier), *"était à l'origine de Vatican II"* » (Jacques Ploncard d'Assac, *Présent*, 20 juillet 1989).

Maurice Pinay écrivait en 1962 : *"(avec le Concile Vatican II) a été accomplie la plus perverse conspiration contre la Sainte Église... Il semblera... incroyable à ceux qui ignorent cette conspiration que ces forces antichrétiennes continuent d'avoir, à l'intérieur des hiérarchies de l'Église, une vraie "cinquième colonne" d'agents contrôlés par la Maçonnerie, par le communisme et par le pouvoir occulte qui les gouverne. Ces agents se trouveraient parmi les cardinaux, archevêques et évêques qui forment une espèce d'aile progressiste au sein du Concile"* (M. Pinay : *"Complotto contro la Chiesa"*, Roma 1962, p. 1).

La tactique que la *"cinquième colonne"* devait suivre était de pousser le Concile à contredire ce que la Sainte Église a toujours enseigné et toujours condamné. Ainsi le pouvoir occulte *"prouverait"* aux fidèles que, en prêchant le contraire de ce qui a toujours été cru et toujours fait depuis deux mille ans, l'Église ne peut pas être divine !

« Mgr Antonio De Castro Mayer publia une intéressante Lettre pastorale sur la *"cinquième colonne"* reproduite dans le n° 10 de *Sodalitium* (Ed. italienne pp. 22-29), dans laquelle il soutenait que la Contre-Église ne veut pas placer tous ses adeptes dans les rangs ouvertement hétérodoxes, mais que, au contraire, elle a toujours cherché le moyen de disposer ses éléments en grand nombre à l'intérieur de l'Église catholique, dans le but de la ruiner de l'intérieur. Ces agents de la *"cinquième colonne"*, en effet, tendaient à faire à l'intérieur de l'Église le jeu de ses adversaires : ils avaient ainsi la charge de s'introduire aux postes-clés, surtout sur les Sièges épiscopaux. De cette manière l'hérésie tentait de s'infiltrer le plus profondément possible dans les viscères mêmes de l'Église, pour pouvoir un jour enseigner avec l'autorité apparente de l'Église les erreurs condamnées par elle. La *"cinquième colonne"*, cependant, une fois démasquée essaye de produire une *"troisième force"* qui ne se déclare pas ouvertement amie de la *"cinquième colonne"* désormais démasquée, mais qui lui fournit les conditions indispensables pour pouvoir survivre et ne pas être expulsée de l'Église. Leur principe doctrinal est le maintien de la paix à tout prix : la paix, au contraire, est pour eux la valeur suprême à laquelle on peut sacrifier toute chose, même la pureté de la Foi. Saint Pie X dans l'encyclique *"Pascendi"* expliquait comment le moderniste, à la différence de tous les autres hérétiques, ne voulait pas sortir de l'Église mais y rester pour la changer de l'intérieur.

C'est finalement la réalisation du plan dévoilé dans le roman *"Il Santo"* où est décrit en détail l'intention des modernistes de constituer une société secrète dans l'Église pour s'emparer des principaux postes de la hiérarchie et transformer l'Église en une sorte de société philanthropique. Le rêve de l'auteur, Fogazzaro, s'est réalisé dans le Concile Vatican II, véritable *"cinquième colonne"* à l'intérieur de l'Église romaine, et avec la fausse restauration de Jean-Paul II et Ratzinger, vraie *"troisième force"*, pour couvrir et faire accepter le Concile à la lumière de la tradition !

Il est surprenant de voir comment la *"cinquième colonne"* a réussi à s'infiltrer dans l'Église sous Jean XXIII (on pense aux de Lubac, Congar, Küng, condamnés par Pie XII et appelés par Roncalli comme *"experts"* au Concile), et à prendre solidement en main les rênes du Concile pour le diriger à leur gré, lui faisant proclamer le panthéisme, l'unité transcendante de toutes les religions et le droit, pour l'erreur, à la liberté » (*Sodalitium* n° 37, *"Le complot judéo-maçonnique contre l'Église romaine"*, pp. 29 à 32).

Les hommages de la Franc-Maçonnerie au *"bon pape Jean"*

N'est-il donc pas tout naturel qu'à la mort de Jean XXIII (dès le lendemain), on puisse lire ceci sur une affiche des francs-maçons mexicains : *"La Grande Loge occidentale mexicaine et ses confrères, à l'occasion de la mort du Pape Jean XXIII, annoncent officiellement leur peine pour la disparition de ce grand homme qui a révolutionné les idées, pensées et formes d'agir de la liturgie catholique romaine. Les encycliques "Mater et Magistra" et "Pacem in Terris" ont révolutionné les concepts en faveur des droits de l'homme et de sa liberté. L'humanité a perdu un grand homme et nous, francs-maçons, reconnaissons en lui ses principes élevés, son humanitarisme et ses qualités de grand libéral"* (Guadalajara 3.6.63 Lic. José Guadalupe Zuno Journal mexicain *"El Informador"*).

6. L'homme qui parachève le Concile : Paul VI

Mgr Montini devait réussir là où le cardinal Rampolla avait échoué !

Dès avant son élection, il avait déjà laissé entrevoir *"sa religion"*. Dans un discours prononcé à Turin le 27 mars 1960, il affirmait en effet : *"...l'homme moderne n'en viendra-t-il pas un jour au fur et à mesure que ses études scientifiques progresseront et découvriront des lois et réalités cachées derrière le visage muet de la matière, à tendre l'oreille vers la voix merveilleuse de l'esprit qui palpite en elle ?*[73] *Ne sera-ce pas là la* **religion de demain** *? Einstein, lui-même, entrevit la spontanéité de la* **religion de l'univers***. Ou ne sera-ce pas peut-être ma* **religion d'aujourd'hui** *?... Le travail n'est-il pas engagé dans la trajectoire directe qui aboutit à la religion ?"* (Doc. Cath. 19 juin 1960 n° 1330 col. 765, 765). Ceux qui ont quelques notions du panthéisme, surtout dans la forme donnée par Teilhard de Chardin, pourront aisément le reconnaître ici. Selon cette doctrine, Dieu est immanent à l'univers et il se manifeste dans celui-ci, surtout dans son expression la plus haute, l'homme.

---

[73] Le prêtre apostat Roca disait de même : "Aujourd'hui, l'on constate expérimentalement que l'esprit est au fond de toutes choses, et que la matière la plus opaque le sue elle-même par tous les pores" (*"La fin de l'ancien monde"*, p. 163).

« À ce sujet, Richard Cavendish, dans son traité de magie noire, (*"La magia nera"* Ed. Mediterranee, 1984, p. 29) reprenant les concepts fondamentaux cabalistique-talmudique de macrocosme et de microcosme écrit : *"L'univers et chaque chose qui est en lui constituent Dieu"*. L'univers est un gigantesque organisme humain (macrocosme) et l'homme en est la petite image, une réplique de Dieu en miniature (microcosme). Comme il est lui-même une représentation de l'univers (même si c'est à une échelle très réduite), moyennant un processus d'expansion spirituelle, l'homme peut mystiquement étendre son être jusqu'à comprendre le créé dans sa totalité, le soumettant à son vouloir. Étant donné que toutes les choses sont des aspects d'une chose unique, toutes les choses peuvent être du grain pour le moulin du mage, c'est-à-dire de l'homme complet qui a tout expérimenté et dominé, qui a soumis la nature et a escaladé au plus haut des cieux. Arriver à ceci constitue le Grand Œuvre. (Francesco Brunnelli *"Principi e metodi della massoneria operativa"*, Bastogi, Ed. 1982, p. 84).

« À savoir, se faire l'égal de Dieu, conformément au Conseil de l'Antique Serpent » (Docteur Carlo Alberto Agnoli, op. cit.).

Paul VI confirme également l'aggiornamento de l'Église au monde inauguré par Jean XXIII.

« L'Église cherche à s'adapter au langage, aux coutumes, aux tendances des hommes de notre temps, tout absorbés par la rapidité de l'évolution matérielle et tellement exigeants pour leurs particularités individuelles. — Il ajouta après — Cette ouverture est dans l'esprit de l'Église ».

« Nous aimerons les catholiques, les schismatiques, les protestants, les anglicans, les indifférents, les musulmans, les païens, les athées... nous aimerons notre époque : les formes et activités de notre civilisation, de notre art, de notre sport. Nous aimerons notre monde » (*"L'Église et le Concile"*, Ed. Saint Paul, Paris, 1965, pp. 44 et 45).

« Je ne me sentais pas porté vers la cléricature qui m'apparaissait souvent sous des formes statiques, renfermées,... impliquant aussi un retranchement de toutes les tendances mondaines, dans la mesure où le monde est condamné » (Jean Guitton : *"Dialogue avec Paul VI"*, Fayard, 1967, p. 298).

« Que le monde le sache, l'Église le regarde avec une profonde compréhension, avec une admiration vraie, sincèrement disposée non pas à le subjuguer mais à le servir » (29 septembre 1963, après la deuxième session du Concile).

« L'Église accepte, reconnaît et sert le monde tel qu'il se présente à elle aujourd'hui ».

« Nous avons certainement entendu parler de la sévérité des Saints pour les maux du monde. Beaucoup sont encore familiarisés avec les livres d'ascèse qui portent un jugement globalement négatif sur la corruption terrestre. Il est aussi certain que nous vivons dans un climat spirituel différent, étant invités, spécialement par le présent concile, à porter un regard optimiste sur le monde moderne, ses valeurs, ses conquêtes... La célèbre constitution Gaudium et Spes est tout entière un encouragement à cette attitude spirituelle nouvelle » (*Doc. Cath.* 21 juillet 1974, n° 1658, pp. 60 et 61).

« Notre témoignage est un signe de l'attitude de l'Église envers le monde moderne : une attitude faite d'attention, de compréhension, d'admiration et d'amitié » (8 juin 1964 — Actes Pontificaux, n° 139, p. 21).

« L'Église pourra-t-elle et pourrons-nous faire autre chose que de regarder le monde et l'aimer ? » (14 septembre 1965 — *Doc. conciliaire* n° 6).

« Un courant d'amour et d'admiration a débordé du Concile sur le monde humain moderne. Ses valeurs ont été non seulement respectées mais honorées » (7 décembre 1965).

Pour une analyse détaillée de ces textes, se reporter à la revue *"La Voie"*, n° 5 et suivants. Nous nous bornerons ici à souligner l'opposition évidente de ces discours avec l'enseignement de la Sainte Écriture : *"N'aimez pas le monde ni ce qui est dans le monde. Si quelqu'un aime le monde l'amour du Père n'est pas en lui. Puisque tout ce qui est dans le monde est concupiscence de la chair, concupiscence des yeux et orgueil de la vie. Cela n'est pas du Père mais du monde"* (I *Jean* II, 14-17). *"Ne vous conformez pas au siècle présent"* (*Rom.* XII, 2).

Ce même cardinal Montini exerçait déjà son influence bien avant le Concile.

"Montini lui-même est encore exclu des préparatifs (du Concile) à cette date (1960)". Mais *"le cardinal Jean-Baptiste Montini s'arrangera pour introduire son mentor (et futur cardinal), le Père oratorien Giulio Bevilacqua, dans la Commission Liturgique"* (P. *Hebblethwaite*, op. cit., p. 409). Relevons que le secrétaire de la Commission est le futur père de la *"nouvelle messe"*, Annibale Bugnini, dont l'adhésion à la Franc-Maçonnerie sera prouvée.

« En mars 1963, quelques mois avant sa mort, Jean XXIII confiait au bergamasque Mgr Pietro Sigismondi de la Propagande de la Foi : *"Mes valises sont prêtes et je suis tranquille : celui qui viendra après moi mènera à son terme le peu de bien que j'ai fait, le Concile surtout. Il y a Montini, Agagianian et Lercaro"* (Benny Lai : *"Il Papa non eletto"*, Laterza, Roma-Bari 1993, p. 83, n° 7). C'est ainsi que Montini rendit visite à Lercaro, le soir du 18 juin, dans la maison des Oblates régulières bénédictines de Priscilla, via Salaria à Rome, congrégation religieuse fondée par l'oncle d'Andreotti, don Belvederi, et là ils se mirent d'accord sur le nom de Montini, qui bien entendu déclara ensuite n'avoir *"jamais le moins du monde désiré, et encore moins favorisé son élection !"* (Paul VI, discours du 21 juin 1972, cité dans *"L'attività della Santa Sede"*, Tipografia Poligliotta Vaticana 1972, p. 221). Les réunions pour orienter le Concile et ensuite pour l'imminent Conclave se tinrent donc dans la maison d'un maçon en la personne d'Ortolani lequel jouait déjà un certain rôle au Vatican sous Jean XXIII. Que le rôle d'Ortolani et de la maçonnerie dans l'élection de Paul VI n'ait pas été secondaire, c'est ce qu'a confirmé le prêtre salésien don Pier Giorgio Garrino qui, jusqu'à sa mort tragique survenue en août 1995, remplissait d'importantes fonctions à la Curie de l'archevêché de Turin. Je le sais de source certaine, Garrino soutenait que l'élection de Paul VI fut favorisée par la Maçonnerie » (*Sodalitium*, n° 42 *"Le Pape du Concile"*, XIXème partie, p. 38).

Dans les dernières volontés exprimées par Pie XII, on trouve celle-ci : *"Que Montini et Tondi ne deviennent jamais cardinaux"*. Pie XII voulait éviter à l'Église de voir l'un de ces personnages élevé au pontificat suprême. Disons simplement que le Saint-Père savait que Mgr Montini avait eu des relations suivies avec les communistes.[74]

Paul VI bénéficiait en effet d'importants appuis occultes.

La revue *"Panorama"*, du 10 août 1970, déjà citée, commentant la liste des prélats francs-maçons qu'elle publia affirmait : *"...si la liste était authentique, l'Église serait dans les mains de francs-maçons. Paul VI en serait même entouré. Bien plus, ce serait eux qui lui auraient joué le rôle de grands électeurs et dans la suite l'auraient piloté dans les décisions les plus importantes pendant ses treize années de pontificat. Et, avant encore ce serait eux aussi qui auraient poussé le Concile Vatican II sur le chemin des réformes".*

Citons aussi le récit de M. Winckler, officier-interprète.

« Diverses circonstances, tenant à mon désir de rejoindre l'armée Leclerc, firent que je me retrouvais en Tunisie lors de son occupation par les troupes de l'Axe. Un certain journaliste que nous appelions *"Martin Longues-Oreilles"* jugea intelligent de me *"circoncire"* dans un article de journal, d'où maints ennuis avec les occupants (huit arrestations).

Enfin je pus m'engager, et après être passé à Tripoli, Casablanca et Alger, je débarquai à l'E.M.F. de Rome, comme officier-interprète... Vous savez qu'il est de tradition à Rome de confier les finances de saint Pierre à des catholiques d'origine juive. Avec la réputation faite par *"Martin"*, ceux-ci me reçurent avec tous les honneurs dus à un frère ayant souffert... Ils me présentèrent au grand frère Montini et je lui servis la messe qu'il disait le jeudi pour les diplômés de l'université. À l'ordre du jour : *'L'ouverture au*

---

[74] À propos des relations de Mgr Montini avec les communistes : voir *Itinéraires* n° 72 et 280.

monde", mais très habilement, et à mots très, très couverts.

Les participants se gênaient moins, mais je ne fus vraiment "mis au parfum" que par Mgr Serge Pignedoli... Il me confirma que la mère de Jean-Baptiste (Montini, futur Paul VI), Judith Alghisi, s'était convertie lors de son mariage avec Georges Montini, lui-même d'origine juive (voir *Livre d'or de la noblesse italienne*)... Encouragé par Gasparri, soutenu par de très hautes instances mondialistes, *"tenu"* par ses mœurs contre-nature[75], il était devenu le *"futur pape"* !

Ses meilleurs supporters se retrouvaient dans un groupe initiatique dont les grands ancêtres ont des noms qui ne disent rien aux gens qui tiennent à ignorer jusqu'à l'existence du *mysterium iniquitatis*, par exemple H.P. Blatvatsky, H.S. Olcoot, Théodore Reuss, etc. Pignedoli me conduisit, le 2 janvier 1945, chez le neveu du cardinal qui, sans le veto (motivé par son appartenance à l'O.T.O., loge de Zurich), nous aurait privé de saint Pie X, *"niente meno"* (rien de moins) !

Vendant la peau de l'ours avant de m'avoir... subjugué, Pignedoli me *"cassa le morceau"* : il reprit toute l'histoire du complot Rampolla et m'assura que cette fois, l'affaire était dans le sac avec Montini. Le vénérable de la loge (le prince E. de Naples Rampolla, neveu du défunt cardinal) en fut pour ses frais et je pris mes distances avec Don Sergio comme avec Mgr Montini.

Du coup, par l'entremise de **Maritain**, on me signifia que j'étais indésirable à Rome et l'on me rapatria. Le haineux philosophe s'était fait l'ami de l'évêque traître, menteur et sodomite. Je ne puis vous confirmer

---

[75] À ce propos plusieurs faits sont relatés dans le livre de F. Bellegrandi op. cit., pp. 85-86.

qu'il était B'naï B'rith (une maçonnerie mondiale réservée exclusivement aux juifs) ; je sais seulement que l'affaire se passait dans les sphères les plus hautes d'un certain projet juif mondialiste, dans un tout autre secteur que le sionisme » (Latour, Loubier et Alexandre : *Qui occupe le siège de Pierre ?*, pp. 61 et 62 ; *Cahiers de Cassiciacum* 1 Mai 1979, p. 101).

Dans sa revue *"Bonum Certamen"*, l'abbé Mouraux écrit :

> « **Paul VI** était d'ascendance juive par son grand-père maternel et sa mère, née juive et baptisée la veille de son mariage, d'où son prénom de Jean-Baptiste qu'elle choisit. Il porta lui-même plusieurs fois l'ephod[76], insigne du grand-prêtre au moment où il condamna Jésus. Durant le Conclave qui devait élire Paul VI, écrit-il, au mépris de toutes les règles (ce qui fait planer un doute sur la validité de l'élection), le cardinal Tisserant sortit. Un haut prélat de Rome m'a dit qu'il était allé consulter les B'naï-B'riths (Fils de l'Alliance), organisation maçonnique exclusivement réservée aux juifs. Ceci se serait passé après que le cardinal Siri eût été élu[77] à peu de voix de majorité et eût remis au vote son élection. Ce seraient les gardes nobles qui auraient révélé la chose et qui pour ce motif auraient été dissous.[78]

Une revue américaine qui se fit l'écho de ces rumeurs publia quelques

---

[76] La photo de Paul VI portant l'éphod fut publiée le 29 août 1970 dans *Paris-Match* et dans d'autres périodiques.

[77] Nous avons ici une confirmation complémentaire du témoignage du Père Malachi Martin.

[78] Le prince Scortesco, cousin du Prince Borghèse, fut trouvé mort dans des circonstances très suspectes, quelques jours après avoir dévoilé qu'il avait la preuve que Paul VI était franc-maçon.

mois après l'élection de Paul VI sa photographie en compagnie des dirigeants des *"Fils de l'Alliance"*. Le 25 janvier 1966 paraissait dans la revue *"Look"* (tirage 7 millions d'exemplaires) un article explosif révélant les négociations menées entre le cardinal Bea et la maçonnerie juive sous le titre : *"Comment les juifs ont changé la pensée catholique"*.

Un des agents efficaces de cette mutation fut le fameux Bugnini, créateur du Novus Ordo Missæ qui fut soumis avant publication aux instances juives, protestantes et musulmanes. Ainsi apparaît le but poursuivi : l'instauration de la religion monothéiste universelle sous l'égide de la Trilatérale, à direction juive » (*"Bonum Certamen"*, n° 55).

En se rendant à l'un des sièges majeurs de la Maçonnerie internationale, l'O.N.U., le 4 octobre 1965, Paul VI délivra ce message aux ennemis déclarés de la Sainte Église catholique, apostolique et romaine : *"En plus de notre hommage personnel, Nous vous apportons celui du second Concile œcuménique du Vatican... nous avons conscience de vivre l'instant privilégié où s'accomplit un vœu que nous portons dans le cœur depuis près de vingt siècles..."* (*Doc. Cath.* n° 1457 du 14 octobre 1965, pp. 1730 à 1738).

« À ce que raconte le père paulinien Rosario Esposito, l'embrassade "fraternelle" entre la hiérarchie catholique et la maçonnerie avait déjà été prédite et programmée par Montini, qui était à l'époque encore monseigneur, entre 1948 et 1950. En ce tempslà, en fait, parlant avec le Père Morlion — un dominicain — le futur Paul VI aurait dit : *"Une génération ne passera pas que la paix ne soit faite entre les deux sociétés"* (Église et maçonnerie). (Y.A. Ferrer Benimeli, G. Caprile *"Massoneria e Chiesa Cattolica"*, Ed. paoline, 1979, p. 91, note 70).

D'un autre côté on ne peut pas ignorer que Paul VI, comme l'atteste le Père Esposito, *"suivait et encourageait"* les rencontres, même publiques, entre ecclésiastiques et hauts dignitaires maçonniques, qui se déroulèrent entre 1968 et 1977, afin d'arriver à un accord public de modèle *"œcuménique"* entre l'Église et la maçonnerie » (Docteur Carlo Alberto Agnoli, op. cit.).

À sa mort, les francs-maçons déclaraient : *"Pour nous, c'est la mort de Celui qui a fait tomber la condamnation de Clément XII et de ses prédécesseurs. Pour la première fois dans l'histoire de la Maçonnerie moderne est mort le Chef de la plus grande religion occidentale qui ne fût pas en état d'hostilité contre les Maçons. Et pour la première fois dans l'histoire, les Maçons peuvent porter leur hommage à la tombe d'un Pape, sans ambiguïté ni contradiction"* (*Rivista Massonica* n° 5 Luglio 1978, article intitulé *"Ne ambiguità ne contraddizione"* Ref. LXIX — XIII della nuova serie).

Cet *"hommage"* des fils de la Veuve constitue en lui-même un tel témoignage qu'il se passe de tout commentaire.

Paul VI a été aussi un propagateur des idéaux de la Révolution dans l'Église. Ainsi le 1er septembre 1963 il déclare :

> « En même temps on constatait un ferment nouveau : des idées vivantes, des coïncidences parmi les grands principes de la Révolution, laquelle n'avait rien fait d'autre que de s'approprier certaines idées chrétiennes : fraternité, liberté, égalité, progrès, désir d'élever les classes humbles. Tout cela était chrétien, mais avait pris un revêtement antireligieux » (*Doc. Cath.* n° 1440, 20 octobre 1963, p. 1372).

Le très célèbre cabaliste Éliphas Lévi, (ex abbé Constant) auteur du fameux livre *"Dogme et rituel de la Haute Magie"*, dans son ouvrage *"Le Grand Arcane"*, publié en 1896, après avoir maudit les anathèmes de l'Église catholique comme *"des actes de la papauté de Satan"* (Éliphas Lévi, *"Il Grande Arcano"*, Atanor, 1989, p. 84) écrivait : *"un jour viendra où les derniers anathèmes d'un Concile œcuménique seront ceux-ci : maudite soit la malédiction, que les anathèmes soient anathèmes, et que tous les hommes soient bénis ! Alors on ne verra plus d'une part l'humanité et de l'autre l'Église. Parce que l'Église embrassera l'humanité et quiconque sera dans l'humanité ne pourra pas être en dehors de l'Église".*

« On se demande comment Paul VI a réussi là où tous les ennemis de l'Église ont échoué. L'explication est facile : ils ont attaqué l'Église du dehors, alors qu'avec Montini elle a été, peu à peu, grignotée, du dedans... Mais comment, devant un tel résultat (*"l'auto-démolition de l'Église"* comme Paul VI lui-même l'a définie), les yeux ne se sont pas dessillés ? Là aussi l'explication est facile : c'est le génial double jeu de Paul VI qui a aveuglé tout le monde. Aller, par exemple, à l'O.N.U. pour confesser sa foi dans la Charte des Droits de l'homme... et ensuite confesser sa foi en Dieu selon le Credo catholique... Aucun pape n'a eu l'audace de supprimer le Saint-Office... Aucun Pape n'a imposé, avec une telle autorité, une réforme du Conclave en excluant tous les cardinaux de plus de quatre-vingts ans ! Aucun pape n'a eu l'audace d'imposer une *"messe"* révolutionnaire. (voir note 1, page 107, n.d.r.).

Bref, nous nous trouvons en présence d'un plan littéralement démoniaque de subversion mondiale au sens profond du terme... Lors de Vatican II on est passé d'une religion chrétienne traditionnelle à une pseudo-religion humanitaire... toute pénétrée de conceptions maçonniques. À la suite de

Vatican II une nouvelle religion est en train de se substituer à l'ancienne. Saint Pie X avait prédit cette situation quand il écrivait dans *Pascendi* : *"Les artisans d'erreurs, il n'y a pas à les chercher aujourd'hui parmi les ennemis déclarés. Ils se cachent... dans le sein même et au cœur de l'Église : Nous parlons d'un grand nombre... de prêtres qui, sous couleur d'amour de l'Église... imprégnés jusqu'aux moelles d'un venin d'erreur puisé chez les adversaires de la Foi catholique, se posent... comme rénovateurs de l'Église"* » (Léon de Poncins : *"Christianisme et Franc-Maçonnerie"*, dpf Chiré en Montreuil, 1975, pp. 283-292).

7. La naissance de la nouvelle *"église conciliaire"*

Il résulte de tout cela que le Concile a réussi, par une mystérieuse permission divine, à opérer la Révolution : la *"liberté"* s'est introduite par la Liberté Religieuse ou Liberté des Religions ; l'*"égalité"* par la collégialité et le principe de l'égalitarisme démocratique dans l'Église ; enfin la *"fraternité"[79]* se réalise sous la forme de l'œcuménisme qui embrasse toutes les hérésies, les erreurs et tend la main à tous les ennemis de la Sainte Église Catholique.

Les francs-maçons eux-mêmes en sont conscients. Voici ce que dit à ce propos le baron Marsaudon : *"Nous pensons qu'un franc-maçon digne de ce nom ne peut que se féliciter, sans aucune restriction, des résultats irréversibles du Concile"* (p. 121). Dans la préface, du reste, il avait écrit ; *"ce sens d'universalisme qui apparaît à Rome est vraiment notre raison d'être. Par*

---

[79] « Weishaupt, en rédigeant son rituel, chargeait ses disciples de répandre cette persuasion que la liberté, l'égalité et la fraternité, entendues au sens maçonnique, ont eu pour inventer Notre Seigneur Jésus-Christ » (Abbé E. Barbier : *"Les infiltrations maçonniques dans l'Église"*, 1910, p. 6).

conséquent nous ne pouvons ignorer le Concile et ses conséquences" (Marsaudon : op. cit p. 25).

De la révolution dans le sein de l'Église est née une nouvelle *"église conciliaire"*, aux dires mêmes du cardinal Suenens, du cardinal Benelli, du cardinal Yves Congar O. P.[80], de Paul VI, de Jean-Paul II, etc. Nouvelle, bien évidemment, par rapport à l'Église catholique, apostolique et romaine. L'aveu est fait. Nouvelle *"église conciliaire"* qui n'a pas les mêmes principes que l'Église catholique et qui n'est donc plus *"L'Église"* !

« Cette hérésie déclarée, qui n'est encore qu'un schisme en gestation, nous conduit vers l'Apostasie générale... En attendant que la Nouvelle Religion, devenue Apostasie générale, se détruise elle-même en tant que Religion, devant nos yeux effarés et nos cœurs douloureux apparaissent en ce moment deux Religions : d'une part, la Sainte Religion Catholique Romaine, qui garde le dépôt sacré de la Révélation et les trésors de la doctrine, de la morale et de la piété ; d'autre part, la Nouvelle Religion qui, en de très nombreux domaines, occupe les places de l'ancienne et la corrompt sous prétexte de fidélité aux sources, d'œcuménisme et de charité. C'est le cancer de la trahison, c'est l'Église du mensonge, c'est le *"Christianisme de la Terre"*. Les fauteurs de cette Nouvelle Religion, qui n'est plus qu'un syncrétisme universel, ont pour dessein d'instaurer finalement une ère post-chrétienne » (abbé Coache : *"Évêques... restez catholiques"*, Conférence du 14 octobre 1969, pp. 15, 16).

D'ailleurs les libéraux eux-mêmes sont conscients de cet état des faits. M. Prelot, sénateur du Doubs, dans son ouvrage *"Le Catholicisme libéral"*,

---

[80] Au sujet des connivences du cardinal Suenens et du cardinal Alfrink avec la Franc-maçonnerie, voir *"Le Complot"* de Pierre Virion, pp. 40-41.

écrit en 1969 : « *Nous avons lutté pendant un siècle et demi pour faire prévaloir nos opinions à l'intérieur de l'Église et nous n'y avons pas réussi. Enfin est venu Vatican II et nous avons triomphé. Désormais les thèses et les principes du catholicisme libéral sont définitivement acceptés et officiellement par la "sainte Église"* ».

À l'issue du Concile, le grand rabbin Kaplan dira : *"L'Église se reconnaît dans la recherche d'un lien vivant avec la communauté juive qu'elle n'a plus à convertir".* Il soulignera avec satisfaction que *"les orientations de l'épiscopat français se rencontrent avec l'enseignement des plus grands théologiens juifs pour qui les religions issues du judaïsme ont pour mission de préparer l'humanité à l'avènement de l'ère messianique annoncé par la Bible"* (*Doc. Cath.* du 6 mai 1973, numéro 1631, pp. 419 à 422).

Le futur "cardinal" Congar dira : "L'Église a fait pacifiquement sa révolution d'octobre" (cité par Mgr Lefèbvre : *"Lettre ouverte aux catholiques perplexes"*, Paris, 1985, p. 133).

« À ce point, nous découvrons avec trouble que le principal *"père conciliaire"* de Vatican II, celui qui en a tracé les lignes fondamentales et lui a donné l'empreinte qui en fait un *"cas unique"* dans l'histoire de l'Église, a été la maçonnerie, et en particulier celle du B'nai B'rith.

Du reste, la maçonnerie a assumé volontiers cette paternité, y compris en termes explicites, à un tel point que Yves Marsaudon, 33ème grade le plus élevé du Rite Ecossais Ancien et Accepté, dans son livre *"L'œcuménisme vu par un Franc-Maçon de Tradition"*, avec préface de Charles Riandey[81],

---

[81] En 1946 le frère Riandey exprimait ses vues religieuses et "œcuméniques" dans *"Le Temple"* : "Le monde futur créera du neuf après avoir assimilé le christianisme et d'autres formes actuelles de spiritualité et donnera peut-être naissance par analogie avec le

Souverain Grand Commandeur du Conseil Suprême de France, à propos de la doctrine de Vatican II sur la liberté de religion, a pu écrire : *"On peut vraiment parler de révolution partie de nos loges maçonniques", révolution qui "s'est magnifiquement étendue sous le Dôme de saint Pierre"* (Yves Marsaudon : op. cit.) » (Cité par le Docteur Carlo Alberto Agnoli, op. cit.).

« Sur le plan politique, le Concile Vatican II embrasse complètement et fait sien l'objectif principal de la maçonnerie et du judaïsme : la république universelle et le gouvernement mondial.

L'option mondialiste, par exemple, est explicite au premier paragraphe de *"Nostra Ætate"*, où l'on parle d'un processus d'unification du genre humain qui est en cours et que l'Église doit promouvoir, et au paragraphe 79 de *"Gaudium et Spes"* dans lequel on souhaite *"la naissance d'une autorité internationale compétente munie de forces efficaces"*.

Vatican II a été ordonné précisément à la naissance de cette religion mondiale syncrétiste qui doit constituer la base spirituelle du Gouvernement mondial maçonnique, de ce gouvernement mondial dont l'ONU, société voulue, créée et pilotée par la Franc-maçonnerie, constitue l'ébauche. (La Société des nations, dont l'ONU prit la succession, fut décidée au *"Congrès des maçonneries alliées et neutres"* tenu à Paris du 28 au 30 juin 1917).

Et ce n'est certainement pas un hasard si *"Dignitatis humanæ"*, document

---

phénomène physique de collectivisation totale, à une sorte de Panthéisme dans lequel se trouveront fondues, amalgamées, toutes les pensées actuelles, redynamisées toutes ensemble, vers des objectifs encore inconcevables" (septembre-octobre 1946).

fondamental de la révolution conciliaire, porte presque le même titre que l'écrit qui ouvrit les portes de la chrétienté à la pénétration de la cabale : le discours *"De hominis dignitate"* de Pic de la Mirandole, texte très apprécié par la maçonnerie, écrit sous l'influence des maîtres juifs, Élie De Medigo et d'autres, qui entouraient le jeune et étourdi La Mirandole, assoiffé de gloire et de connaissances secrètes.

Et ce n'est non plus pas un hasard si Henri de Lubac, universellement considéré comme l'un des *"pères"* du Concile Vatican II et de son *"nouveau cours"*, et nommé à ce titre *"cardinal"* par Jean-Paul II, a consacré un de ses livres justement à Pic de la Mirandole. Dans cette œuvre il exalte ce vulgarisateur et diffuseur de la magie et du syncrétisme cabalistique, et en outre négateur de la logique et du principe de contradiction, comme un très grand penseur, pionnier d'une nouvelle ère de paix et de compréhension universelles. (Henri de Lubac *"Pic de la Mirandole"*, Jaca Book, 1977).

« En niant l'historicité des Évangiles, les hommes de Vatican II veulent les *"mythologiser"* en mettant le christianisme sur un pied d'égalité avec les religions païennes, pour ensuite le fondre et l'amalgamer avec elles — après l'avoir ainsi dénaturé et renié — dans le creuset de la fausse *"universalité"* du relativisme maçonnique. Voilà pourquoi aujourd'hui toutes les études qui démontrent l'historicité des Évangiles restent ignorées et sont soigneusement mises de côté et tues.

Ainsi s'explique l'attitude carrément hostile à l'égard des démonstrations d'O'Callaghan concernant les fragments du Nouveau testament de Qumram et l'ostracisme contre les études de Carmignac et de Thiede » (Docteur Carlo Alberto Agnoli, op. cit.). Ces attaques cherchent à défigurer l'origine divine de l'Église. En agissant de la sorte, la nouvelle *"église conciliaire"* montre qu'elle ne peut pas être la Sainte Église Catholique. En réalité cette nouvelle *"église conciliaire"* masque la véritable Église comme l'avait annoncé Notre-Dame, en 1846 à la Salette, aux deux enfants : « *L'Église sera éclipsée* ».

D'ailleurs, quand le 19 septembre 1996, le jour du cent-cinquantième anniversaire de l'apparition de Notre-Dame à la Salette, le représentant de cette nouvelle *"église conciliaire"*, Jean-Paul II, s'est rendu en France, il ne dira pas un mot de cette apparition. Un silence qui éclipse cet événement marial ! Nous ne voulons pas affirmer que cela ait été fait volontairement, mais la coïncidence n'est-elle pas frappante ?

Paul VI était d'ascendance juive par son grand-père maternel et sa mère, née juive et baptisée la veille de son mariage, d'où son prénom de Jean-Baptiste qu'elle choisit. Il porta lui-même plusieurs fois l'éphod, insigne du grand-prêtre au moment où il condamna Jésus. "Ils feront l'éphod, d'or, de bleu, et de pourpre, d'écarlate, et de fin coton retors, en ouvrage d'art, Il aura à ses deux bouts, deux épaulières pour l'assembler".

L'éphod était placé par-dessus la magnifique robe bleue. Il était formé de deux pièces de tissus reliées aux niveaux de l'épaule et de la ceinture par les épaulières. Le petit garçon avec la main du pape sur la tête en train de gratter un jeu : Lenculus petit.

PARTIE IV

LA NOUVELLE "ÉGLISE CONCILIAIRE" ET LA RELIGION MONDIALE

> « Francesco Brunnelli, Grand maître de l'Ordre Martiniste et du Rite de MemphisMisraïm, dans son livre *"Principes et méthodes de maçonnerie opérationnelle"* écrivait : *"L'initiation prêche et enseigne : mort à la raison. C'est seulement quand la raison sera morte, qu'alors naîtra l'homme nouveau de l'Être à venir, le véritable initié. C'est alors seulement que les murailles des temples pourront s'écrouler* (et donc toutes les religions s'unifier, n.d.r) *parce que l'aube d'une nouvelle humanité aura pointé à l'Orient"* (Francesco Brunnelli *"Principi e metodi di massoneria operativa"*, Bastogi, Ed. 1982, pp. 60-66).

De cette nouvelle religion magique mondiale, unifiée et unifiante, synthèse des diverses religions préexistantes, découlera — Brunnelli l'affirme — un nouvel ordre où, les disputes religieuses ayant cessé, tous les peuples pourront se fondre ensemble, sous un gouvernement mondial.

L'ère à venir ne serait pas du tout une ère de liberté, mais plutôt d'esclavage universel, parce que tout le pouvoir sur une masse asservie reviendra à ceux que Pike, dans l'« instruction » luciférienne du 14 juillet 1889 appelle « Rois Théurgistes Optimates », à savoir les mages. Ceux-ci, se considérant comme les véritables dieux et seigneurs des mystères (*"la maçonnerie* — écrit Pike — *s'identifie avec les anciens mystères"* A. Pike, op.

cit., vol. 1, p. 88), détenteurs du savoir ésotérique, transformeraient à leur gré le concept de bien et de mal, de juste et d'injuste et, puisque tout est permis aux dieux, ils agiraient en maîtres absolus d'une foule abrutie, étrangère aux *"grands mystères"*.

Ce nouvel âge tant attendu, le nouvel ordo sæculorum du Gouvernement mondial n'est autre, à la lumière de la kabbale, que l'époque messianique rêvée par les juifs, l'époque dans laquelle Israël *"héritera du monde d'un bout à l'autre"* (A. Cohen, *"Il Talmud"*, p. 420) et où les autres royaumes de la terre lui seront asservis.

Soulignons que les doctrines cabalistico-maçonniques, qui nient la logique et le principe de non-contradiction, sont exactement le contraire des doctrines chrétiennes. Jésus, en fait, déjà peu après sa naissance, fut présenté aux siècles à venir par le vieillard Siméon comme un *"signe de contradiction"* (*Lc* II, 34). Qui nie cette logique, nie Jésus. Ce n'est pas pour rien qu'Albert Pike écrit dans son commentaire fameux que les mystères maçonniques sont l'*"exact contraire du dogme catholique"* (Albert Pike, op. cit., vol. 6 p. 154).

La maçonnerie enseigne, en fait, que *"n'importe quel Dieu qui damne est un démon"* parce que *"l'idée de Dieu rémunérateur de l'ordre moral librement violé serait une croyance immorale ou, pour le dire plus logiquement, c'est l'immoralité même"*[82]. Nous nous trouvons, donc, en conformité avec l'enseignement panthéiste et maçonnique, au-delà du bien et du mal, et

---

[82] (*"L'Acacia massonica"*, 1969, pp. 182-184, qui reprend un numéro de 1947, p. 149, cité dans *"Civiltà Cattolica"* du 6 juillet 1957, p. 146).

donc avec la devise du satanisme militant *"Fais ce que tu veux"*.[83]

Et donc, de même qu'il n'y a pas de distinction entre le bien et le mal, ainsi il n'y a pas non plus de distinction entre le vrai et le faux ».

« Si tout est dieu, tout est vrai, il ne peut plus y avoir de distinction entre vrai et faux, et donc, par conséquent, puisque le bien est la pratique du vrai et le mal la pratique de l'erreur, entre le bien et le mal. C'est le principe fondamental magique de la *"coincidentia oppositorum"* ». On comprend dès lors, qu'une fois admis l'abandon de toute distinction entre le mal et le bien par le Concile, puis par le Vatican, « on ait abouti à la bénédiction des *"droits de l'homme"* » (Docteur Carlo Alberto Agnoli, op. cit.).

Montini avec Ratzinger qui joua un rôle important
lors du Conciabule Vatican II

---

[83] « Il n'y a d'autres lois que "fais ce que je veux" ». C'est ce qu'on lit dans le *"Liber Al vel legis sub figura* ccxx" dicté par le démon Aiwass au 33ème degré Aleister Crowley, publié par la maçonnerie de l'Ordo Templi Orientis le 10 avril 1990, année du vieux Éon.

CHAPITRE I

DE KAROL WOJTYLA À JEAN-PAUL II

Après que le Concile Œcuménique ait ramené *"l'Église à la simplicité de l'âge d'or"*, Roca annonçait : *"Prononçant sa propre déchéance, la papauté romaine déclarera urbi et orbi qu'ayant terminé sa mission et son rôle d'initiatrice, elle se dissout dans sa vieille forme, pour laisser le champ libre aux opérations supérieures du nouveau pontificat de la nouvelle église et du nouveau sacerdoce, qu'elle installera canoniquement elle-même avant d'exhaler le dernier souffle..."*

Roca désigne ces nouveaux prêtres sous le nom de *"progressistes"* (*Glorieux centenaire* — p. 447) et préconise aussi la *"suppression de la soutane"* (*Le Christ, le Pape et la démocratie*, pp. 105-107).

1. Mgr K. Wojtyla au Concile Vatican II

« Le débat sur le projet de déclaration sur la liberté religieuse a été très animé, on s'en doute, puisque cette question touche aux fondements mêmes de l'attitude religieuse. Des pères se sont violemment opposés à toute modification de la doctrine en cette matière. Ainsi, selon Mgr Abassolo Y Legue (Inde) : *"On ne peut en aucune façon maintenir que la conscience religieuse erronée aurait les mêmes droits que l'autre : seule la vérité a des droits, seule l'Église catholique a des droits absolus"*.

Cependant, d'autres pères, non moins nombreux, ont pris des positions constructives et nouvelles dans le cadre où elles ont été exprimées. Ils ne faisaient qu'appuyer le deuxième paragraphe de la déclaration qui dit : *"La liberté religieuse ne doit pas être observée seulement par les chrétiens et pour les chrétiens, mais par tous et pour tous les hommes et tous les groupes religieux de la société humaine"*.

Viennent enfin deux autres interventions qualifiées de positions constructives et nouvelles. Mgr Alter (Cincinnati) reproche aux catholiques de réclamer la liberté pour eux lorsqu'ils sont en minorité et de ne pas la reconnaître aux autres lorsqu'ils sont en majorité. Mgr Wojtyla (Cracovie) : "Il faut accepter le danger de l'erreur. Il faut donc parler du droit de chercher et d'errer. Je réclame la liberté pour conquérir la *vérité"* »[84] (*"Qui occupe le siège de Pierre ?"* Ed. Sainte Jeanne d'Arc, pp. 40 et 41).

Or, il est bien vrai qu'on a, non seulement le droit mais le devoir de chercher la vérité, cependant, même s'il peut arriver à tout le monde d'errer — et cela dans certains cas peut être toléré — il est tout aussi vrai qu'on n'a jamais le droit d'errer !

Le Grand-Orient qualifiait à l'époque le discours de Mgr Wojtyla de *"positions constructives et nouvelles"*. (*Bulletin du Grand-Orient* n° 48 novembre-décembre 1964 cité dans B.O.C. n° 77 — janvier 1983). Ce

---

[84] Dans son ouvrage *"Église catholique et Franc-Maçonnerie"* (op. cit.) Kurt Baresch, Grand-maître de la grande Loge d'Autriche, cite un extrait de lettre écrite en 1869 par l'homme d'état Jean Gaspard Bluntschli : "Le pape rejette la liberté de pensée alors que nous la vénérons comme l'une des plus saintes conquêtes de l'humanité. Le pape appelle folie la liberté de conscience et nous la considérons comme le préalable indispensable à tout commerce des âmes avec Dieu" (p. 28). Les papes ont constamment condamné la liberté de religion, notamment par l'encyclique *"Quanta cura"* de Pie IX.

Bulletin est très instructif. L'article s'intitule : *"Du côté des Églises"*. C'est un compte-rendu des débats du Concile Vatican II, dont la précision prouve la qualité des informations.

Voici ce qu'écrivait le Père Deschamps en 1881 :

> « En 1822, un juif, membre de la Haute-Vente romaine, écrivait à un de ses complices : *"...Les loges discourent sans fin sur les dangers du fanatisme, sur le bonheur de l'égalité sociale et sur les grands principes de liberté religieuse... Un homme imbu de ces belles choses n'est pas éloigné de nous ; il ne reste plus qu'à l'enrégimenter"* (cité par Crétineau-Joly : *"L'Église romaine en face de la Révolution"* t. 2, pp. 120 et 121) » (Père Deschamps, op. cit., p. LXXXVII).

Selon la doctrine maçonnique il ne doit pas y avoir de différence fondamentale entre la religion catholique et les fausses religions. Or, lors du Concile Vatican II, Mgr Karol Wojtyla dévoila son objectif en ces termes : *"Ce mouvement œcuménique se fonde sur les éléments de la véritable unité"*. *"Ces Églises et ces communautés séparées, bien que nous les croyions souffrir de déficiences, ne sont nullement dépourvues de significations et de mystère du salut. L'Esprit du Christ, en effet, ne refuse pas de se servir d'elles comme de moyens de salut, dont la force dérive de la plénitude de grâce et de vérité qui a été confiée à l'Église catholique"* (Malinski : *"Mon ami Karol Wojtyla"*, Le Centurion, 1980)[85].

Après son élection le 2 juin 1984 lorsque Jean-Paul II s'est rendu au

---

[85] Cela va pourtant à l'encontre de cet enseignement de Notre-Seigneur Jésus-Christ : *"Celui qui croira et sera baptisé, sera sauvé. Celui qui ne croira pas, sera condamné"* (*Marc* XVI, 16).

"Conseil Œcuménique (protestant) des Églises"[86] à Genève, il y déclarait : *"Avec les religions du monde nous partageons un profond respect de la conscience et de l'obéissance qui, à tous, nous apprend à chercher la vérité, à aimer et à servir toutes les personnes et tous les peuples... Oui, nous considérons tous la conscience et l'obéissance à la conscience comme un élément essentiel sur la route vers un monde meilleur et en paix".* C'est la glorification du gnosticisme maçonnique.

C'est l'objectif recherché par les Martinistes, les Congrès spiritualistes, de l'école symboliste d'Oswald Wirth (1865-1943, initié à la Maçonnerie en 1882, Grande Loge de France). L'ami de Roca dévoile en 1928 dans une conférence dont le compte-rendu sera donné dans *"Le Symbolisme"* de février 1959 : *"... Nous tendons d'ailleurs à l'individualisme religieux selon lequel chaque croyant se fait sa propre croyance. Ce qui est en baisse c'est le sacerdotalisme. Nous aspirons à nous passer d'intermédiaire entre nous et Dieu. Il est donc probable que la religion de l'avenir fera de chaque fidèle son propre prêtre et qu'elle s'adressera aux esprits ambitieux pour leur dire de chercher la Vérité par leurs propres moyens, à leurs risques et périls".*

Dans la déclaration de la Grande Loge Unie d'Angleterre de septembre 1985, on peut lire ces lignes : *"La Franc-Maçonnerie est loin d'être indifférente à la religion. Sans interférer dans leur pratique religieuse, elle attend de chacun de ses membres qu'il soit fidèle à sa propre foi et qu'il mette son devoir envers Dieu (sous quelque nom qu'il soit connu) au-dessus de tous les autres devoirs. Ainsi, la Franc-Maçonnerie peut-elle être considérée comme un soutien de la religion"* (Cité par M. Riquet, dans *Le Figaro* du 17.10.1985).

---

[86] Proposition condamnée par le Syllabus : "Le protestantisme n'est rien d'autre qu'une forme différente de la même vraie religion chrétienne, forme dans laquelle on peut être agréable à Dieu, aussi bien que dans l'Église catholique" (Proposition 18).

Roca dira : *"C'est pour le Christ ("Mon Christ n'est pas celui du Vatican" a-t-il dit) qu'ils travaillent sciemment ou non : ils maçonnent son corps ecclésial, le vrai temple de Dieu, l'humanité glorieuse de l'avenir"* (*"Glorieux Centenaire"*).

Dans le contexte de Vatican II, Mgr Wojtyla déclarait le 28 septembre 1965 : *"L'athéisme doit être étudié... non comme une négation de Dieu,*[87] *mais plutôt comme un état de la conscience humaine"* (*Doc. Cath.* 1965 p. 1888).

a) Son œcuménisme

Maritain relate ses entretiens avec le cardinal Wojtyla, à Rome, en 1963, dans le livre de Malinski (op. cit.). Il exprime ainsi l'état d'esprit du prélat sur la finalité du Concile : *"La convocation d'un Concile et ses préparations ont eu un résultat tout à fait inattendu... L'Esprit du Christ, en effet, ne refuse pas de se servir d'elles...* (les religions hérétiques, n.d.r.). *La nouvelle conception de l'idée du peuple divin a pris le relais de la vieille vérité* (la vérité n'est-elle pas éternelle ?, n.d.r.) *sur la possibilité de rédemption en dehors des frontières visibles de l'Église... L'Église veut entreprendre un dialogue avec les représentants de ces religions. Et ici, le judaïsme occupe une place tout à fait particulière"*.

Karol Wojtyla mettra en pratique ce qu'il disait. Sviderchoschi relate en effet qu'en 1965, alors évêque à Rome pour y suivre les travaux du Concile, il rencontra son vieil ami juif Jurek ; il l'embrassa, le regarda fixement dans les yeux et le surprit par ces mots : *"Un jour, Juifs et Chrétiens pourront se retrouver ainsi"* (Sviderchoschi, *"Lettera ad un amico ebreo"*, Ed. Mondadori, Milano, 1993, p. 26).

---

[87] Ici on touche véritablement l'absurde. L'athéisme, par définition, est la négation de Dieu. Comment peut-on donc l'étudier comme n'étant pas la négation de Dieu ?

C'est ce qui arrivera en 1986, quand *"l'ami catholique est le premier pape qui après deux mille ans entra dans une synagogue, la synagogue de Rome"* (Svidercoschi, *op. cit.*, p. 101).

On peut trouver, sans difficulté, d'autres discours et faits de Jean-Paul II en faveur de l'œcuménisme. Voici quelques exemples à l'égard des protestants.

Le 7 novembre 1980, pendant un voyage en Allemagne, il allait dans un temple luthérien et déclarait : *"Je viens à vous, vers l'héritage spirituel de Luther"*, exaltant la *"profonde spiritualité"* du dit hérésiarque.

Le 25 mai 1982, en Angleterre, il participait au culte anglican dans la cathédrale de Canterbury, et avec l'*"archevêque"* anglican, il bénissait la foule.

Le 11 décembre 1983 il prêchait dans le temple luthérien de Rome. Il disait qu'*"il faudra refaire le procès de Luther de façon plus objective"*, en donnant à entendre que la sentence de condamnation du Pape Léon X fut injuste et réformable.

Voici encore quelques extraits de discours de ce *"pape marial"* sur la Sainte Vierge : *"Quand les théologiens parlent de la virginité de Marie, ils doivent le faire en tenant compte des tendances et des orientations de la culture contemporaine..."* (*L'Osservatore Romano*, 25 mai 1992). Qu'est-ce que cela signifie ? La virginité est-elle différente aujourd'hui par rapport à hier ?

Dans une autre occasion, il dira : *"Attribuer le maximum à la Sainte Vierge ne peut pas se convertir à une norme de mariologie"* (Audience générale du 3 janvier 1996). Saint Bernard pourtant disait : *"De Maria numquam satis"*

("De Marie jamais assez"). Les théologiens affirment, en effet, que l'on peut attribuer à la Sainte Vierge toutes les vertus au degré maximum sauf, bien sûr, les attributs propres à Dieu... et encore. En effet, si Dieu est Tout Puissant par sa nature, on peut dire que la Sainte Vierge est toute puissante par la grâce, dans le sens que tout ce qu'Elle demande à Dieu lui est accordé.

Dans une autre circonstance, Jean-Paul II dira : *"Nous avons déjà eu l'occasion de rappeler précédemment que cette version ("Elle t'écrasera la tête") ne correspond pas au texte hébreu, dans lequel ce n'est pas la femme mais plutôt sa descendance, son descendant, qui doit écraser la tête du serpent. Ce texte attribue donc, non pas à Marie mais à son Fils la victoire sur Satan. Cependant, comme la conception biblique suppose une solidarité profonde et descendance, la représentation de l'Immaculée écrasant le serpent est cohérente avec le sens originel du passage, non pas par son propre pouvoir mais par la grâce du Fils"* (*L'Osservatore Romano*, 30 mai 1996). (Pour l'analyse de cet extrait, voir le *"Courrier de Rome Si Si No No"*. n° 181, juillet/août 1996).

Un catholique ne peut que frémir devant de tels propos ! C'est bien la Sainte Vierge qui piétine la tête du démon. Les théologiens expliquent que Notre-Seigneur a voulu que ce soit Elle qui écrase la tête du serpent infernal pour l'humilier davantage. Etre terrassé par Notre-Seigneur, qui est Dieu, est moins humiliant qu'être écrasé par une Femme, même s'il s'agit de la Mère de Dieu. Voici ce que dit saint Louis Marie de Grignion de Montfort à ce propos : "... En sorte que la plus terrible ennemie que Dieu est faite contre le diable est Marie, sa Sainte Mère. Il lui a même donné dès le paradis terrestre... tant de force pour vaincre, terrasser et écraser cet orgueilleux impie, qu'il l'appréhende plus, non seulement que tous les anges et les hommes, mais, en un sens, que Dieu même. Ce n'est pas que l'ire, la haine et la puissance de Dieu ne soient pas infiniment plus grandes que celles de la Sainte Vierge, puisque les perfections de Marie sont limitées ; mais c'est premièrement parce que Satan, étant orgueilleux souffre infiniment plus d'être vaincu et puni par une petite servante de Dieu, et son humilité l'humilie plus que le pouvoir divin" (*Traité de la Vraie Dévotion à la Sainte Vierge*, n° 52).

b) Le sophisme de l'œcuménisme

Du reste, cet œcuménisme, au nom duquel on n'épargne même pas la Mère de Dieu, ne pouvait qu'être un sophisme, comme le met en évidence l'abbé Paladino :

> « Lorsqu'on lit le discours que Jean-Paul II a tenu durant l'audience au Vatican qui s'est déroulée à l'occasion de la semaine de l'unité des chrétiens[88], le sophisme sur lequel s'appuie l'œcuménisme saute aux yeux. Expliquons, avant tout, le mot sophisme : c'est un faux raisonnement, un syllogisme erroné qui a l'apparence de la vérité mais en réalité ne l'exprime pas ; en d'autres termes, c'est une tromperie.

Ce sophisme se rencontre, non seulement dans les paroles de Jean-Paul II, mais encore dans les documents et dans l'enseignement post-conciliaire en général. Le voici exposé de manière concise. Les chrétiens, par la volonté du Christ, doivent être unis, comme ils l'étaient au début de l'Église ; or les catholiques, les orthodoxes et les protestants sont chrétiens : donc, ils doivent être unis.

---

[88] Audience générale du 19 janvier 1994, parue dans la *Doc. Cath.* 2088, 20 février.

Le raisonnement, apparemment, semble juste, mais la tromperie se trouve dans la deuxième partie du raisonnement, dans la mineure, comme diraient les philosophes, dans laquelle on dit que les catholiques, les orthodoxes et les protestants sont chrétiens. C'est là que se trouvent l'erreur, la tromperie, le sophisme. Seuls les catholiques sont chrétiens, et les non catholiques ne le sont pas.

C'est là la doctrine constante de l'Église ; à travers les innombrables témoignages de la Tradition, apportons à ce propos celui autorisé de saint Augustin :

> « Combien d'hérétiques, en effet, que nous voyons séduire les âmes au nom de Jésus-Christ (mot à mot : par le mot *chrétien, nomine christiano*) ont à supporter de semblables épreuves, et cependant ils n'auront aucune part à cette récompense, parce que Notre Seigneur n'a pas seulement dit : *"Bienheureux ceux qui souffrent persécution"*, mais qu'il ajoute : *"pour la justice"*. Or, en dehors de la vraie foi, il n'y a point, il ne peut y avoir de justice, parce que le juste vit de la foi (*Ha* 2, 4 ; *Rm* 1, 17). Que les schismatiques ne se flattent point d'avoir plus de droits à cette récompense, car, sans la charité encore, il ne peut y avoir de justice, et l'amour du prochain n'opère point le mal (*Rm* 13, 10). Or, s'ils avaient la charité, déchireraient-ils, comme ils le font, le corps de Jésus-Christ, qui est l'Église ? (*Col* i, 24). (...)

Quant au mot persécuter, il signifie faire violence à quelqu'un, ou lui tendre des embûches ; c'est ce qu'a fait celui qui a livré le Sauveur, et ceux qui l'ont crucifié. Notre Seigneur ne se contente pas de dire : *"Lorsqu'ils diront toute sorte de mal contre vous"*, mais il ajoute : *"faussement"*, et encore : *"à cause de moi"*. Or, je crois qu'il avait ici en vue ceux qui voudraient tirer gloire de leurs persécutions, et du déshonneur qui s'attache justement à leur réputation, et qui prétendent faire partie des disciples de Jésus-Christ, parce qu'ils sont en butte à mille discours injurieux, bien que ces discours ne soient que l'expression de la vérité, lorsqu'ils ont pour objet leurs erreurs. Et si parfois on les accuse à tort, ce qui, par la légèreté des hommes, peut arriver fréquemment, ce n'est cependant pas pour Jésus-Christ qu'ils souffrent ces calomnies. Car *on ne suit vraiment Jésus-Christ que lorsqu'on porte le nom de chrétien, en vivant selon la vraie foi et les règles de la doctrine catholique"* (*de sermone Domini in monte.* I, V, 13-14) ».

Les orthodoxes n'acceptent pas le primat de Pierre voulu par Notre Seigneur. *"Tu es Pierre (...)"* Les protestants, d'autre part, repoussent l'Église, le sacerdoce, la Sainte Messe, etc. Par conséquent, ni les uns ni les autres ne sont de vrais chrétiens. Comme d'ailleurs l'enseigne le Catéchisme de S. Pie X dans la réponse à la demande :

« Qu'est-ce que l'Église catholique ?
L'Église catholique est la société ou la réunion de tous les baptisés qui, vivant sur la terre, professent la même foi et la même loi de Jésus-Christ, participent aux mêmes sacrements et obéissent aux pasteurs légitimes, principalement au Pontife Romain ».

Ou encore à la demande :

« Comment peut-on distinguer l'Église de Jésus-Christ de tant de sociétés ou sectes fondées par les hommes et qui se disent chrétiennes ?

> On peut distinguer la véritable Église de Jésus-Christ de tant de sociétés ou sectes fondées par les hommes qui se disent chrétiennes, à quatre marques : elle est une, sainte, catholique et apostolique ».[89]

S'ils ne sont pas de vrais chrétiens, ils en sont de faux, et même s'ils se disent chrétiens, en réalité ils ne le sont pas. Mais alors, comment peut se réaliser cette unité voulue par Notre Seigneur ? C'est évident : que tous retournent au bercail du Christ, que tous adhèrent à la vérité, que tous acceptent l'enseignement de l'Église, l'unique vraie Épouse du Christ.

Que tous, en un mot, se convertissent au catholicisme (au véritable, évidemment, non pas au conciliaire). L'unité peut se faire seulement dans la vérité et la justice.

Eh bien ! de tout cela il n'y a pas trace dans l'enseignement de Jean-Paul II et, en général, dans l'enseignement actuel. On y parle de conversion, mais de conversion à la paix. Or une véritable paix en dehors de la vérité et de la justice n'est même pas concevable.

Mais il y a plus. Cette unité est recherchée avec tous les hommes. De fait Jean-Paul II s'est tourné vers tous les croyants et vers tous les hommes de bonne volonté (lire *volontés* au pluriel) comme il l'a fait à Assise en 1986 et dans d'autres occasions. Mais comment peut se justifier cette unité totale ? Évidemment en disant que tous les hommes sont, d'une certaine manière, chrétiens. Cela semble absurde, mais cela aussi a été dit.

Jean-Paul II l'a dit, avant même d'être élu :

---

[89] Catéchisme de St. Pie X, numéro spécial d'Itinéraires n° 116, p. 121, 122.

« La naissance de l'Église qui a eu lieu sur la Croix, au moment messianique de la mort rédemptrice du Christ, fut dans son essence la naissance de l'homme, de chaque homme et de tous les hommes, de l'homme qui — qu'*il le sache ou non, l'accepte ou non dans la foi* —, se trouve déjà dans la nouvelle dimension de son existence. Cette nouvelle dimension, saint Paul la définit tout simplement par l'expression *"In Christo"*, dans le Christ (*Rm* 6, 23 ; 8, 39 ; 9, 1 ; 12, 5, 17 ; 16, 7 à 10). (...) L'Année Sainte a été l'occasion d'une grande rencontre de toute l'Église post-conciliaire, d'un nouveau départ dans l'œuvre de rénovation et de réconciliation. Au milieu des nombreuses initiatives, telles que pèlerinages, audiences, rassemblements de prière et de pénitence, une voix semblait s'élever : *"Voici que l'Époux est avec nous !"* (cf. *Mt* 9, 15 ; 25, 6 à 10 ; *Lc* 5, 35). Cette voix, L'Église l'a entendue, et a compris que le Christ est avec nous, que l'Époux est avec nous ! Il est avec l'Église, et dans chaque homme, et avec toute la famille humaine" (Cardinal Wojtyla, *Le signe de contradiction*, *"communio"* Fayard, pp. 123-125).

Il dit explicitement : l'homme existe dans le Christ qu'il le sache ou non, qu'il l'accepte ou non. Par exemple, Caïphe et Pilate, qui ont fait crucifier Jésus, Néron et même l'Antéchrist, grands persécuteurs de son Église, eh bien ! eux aussi, ils sont chrétiens.

D'autre part déjà, dans la constitution *Gaudium et Spes*, § 22, il était dit, plus ou moins, la même chose :

« Image du Dieu invisible » (*Col* i, 15), il est l'Homme parfait qui a restauré dans la descendance d'Adam la ressemblance divine, altérée dès le premier péché. Parce qu'en lui la nature humaine a été assumée, non absorbée, *par le fait même, cette nature a été élevée en nous aussi à une dignité sans égale. Car, par son incarnation, le Fils de Dieu s'est, en quelque sorte, uni lui-même à tout homme.* Il a travaillé avec des mains d'homme, il a pensé avec une intelligence d'homme, il a agi avec une volonté d'homme, il a aimé avec un cœur d'homme. Né de la Vierge Marie, il est vraiment devenu l'un de nous, en tout semblable à nous, hormis le péché.

Cette idée d'ailleurs était déjà exprimée, en d'autres termes, par le jésuite Karl Rahner dans la théorie du soi-disant christianisme anonyme.

Après avoir été élu, Jean-Paul II, déjà dans la première encyclique, *"Redemptor Hominis"* du 4 mars 1979, § 13, reprend le même concept, en partant, clairement, des documents conciliaires.

« Lorsque, à travers l'expérience de la famille humaine qui augmente continuellement à un rythme accéléré, nous pénétrons le mystère de Jésus-Christ, nous comprenons avec plus de clarté que, au centre de toutes les routes par lesquelles l'Église de notre temps doit poursuivre sa marche, conformément aux sages orientations de Paul VI[90], il y a une route unique : la route expérimentée depuis des siècles et qui est en même temps la route de l'avenir. Le Christ Seigneur a indiqué cette route surtout lorsque, pour reprendre les termes du concile, *"par l'incarnation le Fils de Dieu s'est uni d'une certaine manière à tout homme "*... Il s'agit donc ici de l'homme dans toute sa vérité, dans sa pleine dimension. Il ne s'agit pas de l'homme *"abstrait"*, mais réel, de l'homme *"concret"*, *"historique"*. *Il s'agit de chaque homme, parce que chacun a été inclus dans le mystère de la rédemption, et Jésus-Christ s'est uni à chacun, pour toujours, à travers ce*

---

[90] *Ecclesiam suam* : aas (1964), 609-659.

mystère... C'est cela, l'homme dans toute la plénitude du mystère dont il est devenu participant en Jésus-Christ *et dont devient participant chacun des quatre milliards d'hommes vivant sur notre planète,* dès l'instant de sa conception près du cœur de sa mère ».

Cet homme est la route de l'Église, route qui se déploie, d'une certaine façon, à la base de toutes les routes que l'Église doit emprunter, *parce que l'homme — tout homme sans aucune exception — a été racheté par le Christ, parce que le Christ est en quelque sorte uni à l'homme, à chaque homme sans aucune exception, même si ce dernier n'en est pas conscient :* "Le Christ, mort et ressuscité pour tous, offre à l'homme" — à tout homme et à tous les hommes — lumière et force pour lui permettre de répondre à sa très haute vocation ».

Mais il ne s'arrête pas ici, il va encore plus loin en disant que tout homme fait partie de l'Église :

« Voici que l'Époux est avec nous ! (cf. *Mt* 9, 15 ; 25, 6 à 10 ; *Lc* 5, 35). Cette voix, l'Église l'a entendue, et a compris que le Christ est avec nous, que l'Époux est avec nous ! Il est avec l'Église, et dans chaque homme, et avec toute la famille humaine » (Cardinal Wojtyla, *"Le signe de contradiction"*, p. 125).

« Ce regard nécessairement sommaire sur la situation de l'homme dans le monde contemporain, nous amène à tourner davantage nos pensées et nos cœurs vers Jésus-Christ, vers le mystère de la rédemption, dans lequel le problème de l'homme est inscrit avec une force spéciale de vérité et d'amour. Si le Christ *"s'est en quelque sorte uni lui-même à tout homme"*, l'Église, en pénétrant dans l'intimité de ce mystère, dans son langage riche et universel, vit aussi plus profondément sa nature et sa mission. Ce n'est pas en vain que l'Apôtre parle du Corps du Christ qu'est l'Église. Si ce Corps mystique du Christ est le peuple de Dieu — comme le dira par la suite le concile Vatican II en se fondant sur toute la tradition biblique et patristique — , cela signifie que tout homme est dans ce Corps pénétré par le souffle de vie qui vient du Christ. En ce sens également se tourner vers l'homme, vers ses problèmes réels, vers ses espérances et ses souffrances, ses conquêtes et ses chutes, fait que l'Église elle-même comme corps, comme organisme, comme unité sociale, perçoit les impulsions divines, les lumières et les forces de l'Esprit Saint qui proviennent du Christ crucifié et ressuscité, et c'est là précisément la raison d'être de sa vie. L'Église n'a pas d'autre vie que celle que lui donne son Époux et Seigneur. *En effet, parce que le Christ s'est uni à elle dans son ministère de rédemption, l'Église doit être fortement unie à chaque homme* » (*Redemptor Hominis*, 4 mars 1979, § 18).

Évidemment, tous peuvent constater que beaucoup de personnes sont en dehors de l'Église ; comment donc justifier cela ?

« Peut-on dire que l'Église n'est pas seule dans cette supplication ? Oui, on peut le dire, parce que *"le besoin"* de ce qui est spirituel est exprimé également par des personnes qui se trouvent hors des frontières visibles de l'Église » (*Redemptor Hominis*, § 18).

Et encore, dans le livre *"Entrez dans l'espérance"*, (Paris, Plon-Mame, 1994) il répète la même doctrine. De fait, en certains passages, il affirme l'unité de l'Église, mais ensuite il poursuit :

« L'espace du salut peut déborder le cadre des apparences formelles.

D'autres lieux et modes d'*"ordination"* au Corps du Christ peuvent exister (p. 214).

Précisément parce qu'elle (l'Église) est un mystère, elle a une dimension invisible. Le concile nous l'a rappelé : le mystère de l'Église est plus grand que ne le manifeste sa seule structure visible. (...) En tant que Corps mystique du Christ, l'Église nous accueille tous et nous rassemble tous (p. 216).

Mais le concile n'a fait qu'ouvrir la voie vers l'unité. Il l'a ouverte avant tout du côté de l'Église catholique, et parcourir le chemin ainsi tracé suppose de progresser patiemment au milieu des obstacles non seulement doctrinaux, mais également culturels et sociaux, qui se sont accumulés au cours des siècles. C'est pourquoi il faut d'abord chercher à se libérer des stéréotypes, de la routine. Mais *il faut surtout faire ressortir l'unité qui existe déjà de facto* » (pp. 223-224).

Quels sont ces *"obstacles, ces stéréotypes, cette routine"*, sinon ceux qui sont propres à chaque "religion", qui les différencient et les divisent ?

Le cercle se ferme. Tout homme est chrétien et fait partie de l'Église ; or l'Église est une ; donc... tous les hommes sont en réalité unis. La tâche de l'Église semble être de rendre évidente cette unité qui, de fait, existe déjà.

Saint Pie X, dans l'encyclique *Pascendi*, disait que le moderniste ne nie pas explicitement les dogmes mais les vide de leur signification.

En voici un exemple visible : Jean-Paul II, d'une part, affirme l'unité de l'Église, et de l'autre, pour soutenir l'œcuménisme à tout prix, veut réunir l'humanité tout entière dans l'Église, vidant ainsi le dogme de l'unité de sa signification » » (abbé Paladino, *"Le sophisme de l'œcuménisme"* — *"Le Sel de la terre"* — n° 16. 49240 Avrillé).

2. Son élection soulève un flot de questions

a) Jean-Paul I a-t-il été assassiné par la Maçonnerie vaticane ?

Comme chacun le sait, on a souvent évoqué l'assassinat de Jean-Paul I. Une question se pose alors : pourquoi ? Mgr John Maggee, secrétaire particulier de Paul VI, Jean-Paul I et Jean-Paul II, fait des révélations importantes dans le livre écrit par le journaliste John Cornwell : *"Comme un voleur dans la nuit, enquête sur la mort de Jean-Paul I"* (R. Laffont, 1989, p. 12). Celles-ci sont d'ailleurs corroborées par celles de sœur Vincenza, la religieuse qui s'occupa de Mgr Luciani.

Le journaliste John Cornwell fut en fait mandaté par le Vatican lui-même pour tenter de présenter au public une thèse acceptable sur la mort suspecte de Jean-Paul I, visant surtout à étouffer l'affaire et à blanchir les autorités vaticanes[91]. Toutefois quelques pages de cette enquête sont très intéressantes.

Quelles sont donc ces révélations de Mgr Maggee ?

"Jean-Paul I était convaincu de l'erreur commise par le Conclave. Il (disait qu'il) *n'avait pas été choisi par l'Esprit-Saint. Il n'était qu'un usurpateur, un pauvre pape maudit..."* Or monsieur l'abbé des Graviers cite dans son bulletin d'octobre 1994 la confidence que fit le secrétaire de Jean-Paul I, Mgr John Maggee : « *Sitôt Luciani élu, le cardinal Wojtyla lui dira : "Vous*

---

[91] L'ouvrage du journaliste américain David Yallop : *"Au nom de Dieu"* est par contre différent. Son enquête confirme explicitement les dires de Mgr Maggee, autrement dit, les réponses formulées par Jean-Paul I.

m'avez volé ma place" ».

On apprend que Don Pattaro a trouvé Jean-Paul I complètement *"désorienté"* la dernière semaine de sa vie.

« Villot est arrivé... dans son bureau privé. À la moitié de sa visite, je me rappelle qu'il dit : *"Villot, encore !"* Mais nous n'avions pas le moyen de savoir quel était le sujet de la discussion... Il nous rappelait à tout propos que son pontificat ne durerait pas. Il disait toujours qu'il serait remplacé par l'étranger... Il ne cessait de dire : *"Pourquoi m'ont-ils choisi, moi ?..."* Il parlait aussi de l'étranger qui devait lui succéder. Ça revenait pendant les repas, systématiquement. *"Je vais bientôt m'en aller, disait-il, et l'étranger arrive".*

Un jour, je lui ai demandé qui était cet étranger, et il m'a répondu : *"Celui qui était assis en face de moi pendant le Conclave".*

Après avoir quitté mon poste de secrétaire de Jean-Paul II, dans les appartements pontificaux, j'ai été nommé maître des cérémonies du Vatican. J'ai pu voir le plan du Conclave, pour la première fois. Et le cardinal assis en face de Luciani était le cardinal Wojtyla ! »[92]

b) Le Conclave a-t-il été régulier ?

La déposition de Mgr Maggee se trouve absolument confortée par le

---

[92] Ces citations, extraites de l'ouvrage épuisé déjà cité, *"Comme un voleur dans la nuit"* de John Cornwell — Ed. Laffont, se trouvent dans les ouvrage de J. Delacroix : *"Complot contre l'Homme"* et *"Quand la Lumière jaillit des ténèbres"* qui développent la question du Complot. On peut également y trouver un résumé de l'enquête du journaliste David Yallop.

témoignage du Père Malachi Martin.

Ce témoin nous apprend que le Conclave avait régulièrement élu le cardinal Siri au pontificat, d'où la fameuse fumée blanche que spectateurs et téléspectateurs ont vue un long moment avant qu'elle ne soit éclipsée par une fumée grise. Que s'est-il passé ? Le Père Malachi Martin, présent au Conclave, révèle l'odieuse machination qui s'est opérée.

Des cardinaux de la Loge spéciale du Vatican (le Père Malachi Martin désigne entre autres le cardinal Villot) ont adressé une « enveloppe » au cardinal Siri, régulièrement élu au Souverain Pontificat ; enveloppe vue par le Père Malachi Martin lui-même. Elle contenait des menaces de mort sur des tierces personnes. Le cardinal Siri n'était pas l'homme désiré par les francs-maçons parce qu'il était catholique. Dans cette optique, il fallait impérativement le contraindre à démissionner pour laisser la place à l'homme dont la Haute Franc-Maçonnerie avait besoin. C'est ainsi que la Loge spéciale du Vatican réussit à faire passer son homme : le cardinal Wojtyla.

À l'issue du Conclave où le cardinal Wojtyla fut élu, le Grand-Orient de Belgique déclara Jean-Paul II *"leur troisième pape"*[93]. En effet, Jean-Paul II et son prédécesseur, ont affirmé, dès leur élection, et ils l'ont répété autant qu'ils l'ont pu, leur volonté d'être les continuateurs de Jean XXIII et de Paul VI. Il n'est pas jusqu'au double nom qu'ils ont choisi qui ne soit tout un programme.

Les francs-maçons espéraient en avoir un ; ils en ont eu trois, réalisant

---

[93] Cette information fut diffusée par *"Le petit Théo"*, journal de l'ulb à Bruxelles le 20 novembre 1995.

ainsi cette *"prophétie"* : *"Nous pénétrerons jusqu'au cœur même de cette Cour Pontificale d'où rien au monde ne pourra nous chasser, jusqu'à ce que nous ayons détruit la puissance du Pape"* (17ème Séance du Congrès Sioniste de Bâle — 1897).

c) Des prélats gravitent autour de l'éventuel assassinat de Jean-Paul I et de l'élection de K. Wojtyla

Nous savons que le cardinal Villot a été un élément important dans le complot engagé contre Jean-Paul I. En menant son enquête très fouillée, M. David Yallop est disert sur ce personnage.

« Si Luciani était mort naturellement, les actes de Villot et les instructions qu'il donna ensuite restent inexplicables. Son comportement ne devient compréhensible que si on le rapporte à une conclusion précise. Soit le cardinal Jean Villot faisait partie d'un complot pour assassiner le pape, soit il découvrit dans la chambre du pape des signes évidents indiquant que le pape avait été assassiné et décida très vite d'étouffer l'affaire avec les pièces à conviction. Pourquoi ?

Villot empocha le médicament, il prit des mains du pape mort les feuilles comprenant toutes les modifications de postes. Tout cela disparut ! Ainsi que les lunettes et les pantoufles du pape (les pantoufles ne furent enlevées que si elles étaient maculées de quelque chose, comme des vomissures, ce qui est le cas avec un empoisonnement). Il s'empara aussi du testament du pape posé sur un des tiroirs de son bureau... Aucun de ces objets n'a jamais été revu !

Pourquoi Villot s'est-il catégoriquement opposé à toute autopsie du pape ? Il fit prévenir les embaumeurs "un quart d'heure" après que sœur

Vincenza eut connaissance de la mort de Luciani !

Le sergent Raggin rencontra l'évêque Paul Marcinkus, dans la cour, proche de la Banque du Vatican. Il était sept heures moins le quart. Or le président de la banque habite à la Villa Stritch, via della Nocetta à Rome, à 20 minutes de voiture du Vatican. Il n'est pas réputé se lever tôt. Que faisait-il exceptionnellement au Vatican, de si bonne heure ? Lorsque l'on conspire pour camoufler quelque chose, c'est parce qu'il y a quelque chose à camoufler...

Dans le courant de la journée du 29 septembre, toutes les affaires appartenant à Albino Luciani furent déménagées. Les collègues de Villot à la secrétairerie d'État emportèrent tous les documents confidentiels. À 18 heures les appartements pontificaux furent scellés par le cardinal Villot »... « Quel que soit l'assassin de Luciani on pariait que le prochain Conclave et le prochain *"pape"* donneraient satisfaction aux assassins » (*"Au Nom de Dieu"*. 1984).

Or nous savons, grâce au Père Malachi Martin, que l'enveloppe adressée au cardinal Siri, régulièrement élu au pontificat, émanait du cardinal Villot.

Ce cardinal avait été démasqué depuis quelques années par le Bulletin flamand *"Mededalingsblad Maria van Nazareth"* qui avait reproduit dans son numéro de décembre 1975 une lettre écrite par un prélat proche de la Curie. Elle dévoile le rôle qu'il jouait au Vatican : *"Villot, ennemi juré de l'Église et franc-maçon de haut rang gouverne l'Église avec son propre appareil administratif qui consiste, d'une part en un groupe d'Évêques francs-maçons, également de hauts grades, et d'autre part, un personnel ecclésiastique répandu dans tous les rouages du Vatican. Cet appareil, et je pèse mes mots, est infiltré et payé par le communisme"*. Il n'est donc pas étonnant que le cardinal Villot ait été maintenu par le cardinal Wojtyla, devenu Jean-Paul II, au poste le plus important du Vatican, celui de secrétaire d'État.

Le cardinal Villot meurt six mois après sa nomination. Par qui Jean-Paul II décide-t-il de le remplacer ? Par le cardinal Agostino Casaroli, ministre des Affaires étrangères[94]. Au cours du Concile, le cardinal Agostino Casaroli[95] reçut pour mission de Jean XXIII d'ouvrir les portes de l'Église aux communistes par l'Ostpolitik, *"c'est-à-dire le sacrifice éhonté de l'Église du silence. Et quand Gorbatchev arriva au pouvoir, il lui transmit la liste complète des prêtres et évêques catholiques clandestins d'Ukraine, sous prétexte de réconciliation"* (*"Le Décalogue de Satan"*, p. 381).

Lors de l'élection au pontificat de Jean-Paul II, on pouvait lire dans le journal La Croix du 8 novembre 1978 : « *M. Lichten, délégué à Rome de l'organisation juive B'naï B'rith, a rendu hommage à Jean-Paul II : "L'abbé Wojtyla a beaucoup aidé les juifs de Cracovie"*, a-t-il dit, *"il faisait partie du réseau chrétien Unia"* ».

Il était donc normal que Jean-Paul II eut un geste de reconnaissance envers son vieil ami. Dans le numéro 225 de *La Contre-Réforme Catholique* d'août/septembre 1986, l'abbé Georges de Nantes écrivait :

---

[94] À remarquer que le cardinal Villot, Mgr Bugnini, et le cardinal Casaroli, sont tous les trois dans la liste des prélats francs-maçons donnée par "*l'Osservatore politico*" de Pecorelli !
[95] Ce même cardinal, le 20 octobre 1985, à l'occasion des célébrations du quarantième anniversaire de l'ONU, dans l'église de S. Patrick à New York, affirma : "que les concordances entre Église et maçonnerie peuvent être en fait considérées comme acquises" (P. Esposito : "*Le Grandi concordanze tra Chiesa e Massoneria*" Nardini, Firenze, 1987).

« J'apprends par le *Polish Diary* de Londres, du 17 juillet, que le Dr. Joseph Lichten (né Lichtenstuhl), juif d'origine polonaise, Américain, membre des B'naï B'rith et de l'Anti-Defamation League qu'il représente officiellement à Rome, chargé d'affaires officieux de l'État d'Israël auprès du Saint-Siège, vient de se voir conférer, le 1er juillet..., par le pape, la médaille de l'Ordre de saint Grégoire avec la dignité de commandeur. On croyait ces honneurs ecclésiastiques réservés aux seuls chrétiens ! Le diplôme lui fut remis par le cardinal Willebrands.

Comme on sait, celui-ci travaille de concert avec les juifs à *"préparer le monde à la venue du messie"*... »

Cette idée sera développée plus tard dans un document approuvé par Jean-Paul II. M$_{me}$ Davidoglou, directrice de la *"Voie"*, écrit à ce propos :

« ... il n'est pas étonnant de les voir (les juifs) persister dans leur aveuglement malgré la ratification romaine et la condamnation du Christ Dieu par le Sanhédrin, ratification qui fait l'objet d'un prétendu Acte du Saint-Siège, daté du 24 juin 1985, où la Rome apostate déclare (*"Notes pour une correcte présentation des juifs et du judaïsme dans la prédication et la catéchèse catholique"*, d.c. n° 1900, 21 juillet 1985, p. 733 sq.) : *"Nous, juifs et chrétiens* (Ibid. p. 735), *suspendus à la même parole, nous avons à témoigner d'une même mémoire et d'une commune espérance, en œuvrant ensemble à la venue du messie"*. Donc pour la Rome conciliaire comme pour la Synagogue avec laquelle cette Rome vit manifestement en symbiose depuis l'élection de Montini, Jésus n'est pas le Messie. Leur union rappelle l'alliance d'Hérode et de Ponce Pilate, qui

L'ÉGLISE ÉCLIPSÉE

"dans la cité (Jérusalem) s'étaient ligués avec les païens et les peuples d'Israël contre le Saint Fils de Dieu, Jésus, que le Seigneur avait consacré par son onction" (cf. Ac iv, 27)... Quoiqu'il en soit... une chose est certaine, c'est que la Rome judaïsante devait proclamer au grand jour sa croyance talmudique en un messie à venir et, par le fait même, renier officiellement le Messie Jésus, le Fils de Dieu, afin de le tuer une seconde fois, non plus dans son corps à lui, mais dans son corps mystique, l'Église, que ses ennemis veulent détruire, en étouffant, si cela était possible, le Christ lui-même qui vit dans les siens. Il est donc bien vrai que, selon la parole divine (*Ap.* XI, 8), le Seigneur a été crucifié à Rome » (*"La Voie"*, n°XXIII, XXIV, 1993, pp. 64 et 65).

« En 1945, après sa *"libération"*, la Pologne était sous une influence que l'ambassadeur américain Arthur Bliss Lane n'a pas pu ne pas remarquer.

Dans son livre *"J'ai vu la Pologne trahie"* (Sfelt, Paris, 1949), il écrit : *"Il était d'ailleurs connu que l'U.B. et le K.B.W. (Police de Sûreté Intérieure) comptaient un grand nombre de juifs d'origine russe"* (p. 278). *"Bien qu'il fût extrêmement difficile à un Polonais d'obtenir la permission de sortir du pays, à moins qu'il ne fût appelé par une affaire intéressante pour le gouvernement, les juifs polonais pouvaient passer la frontière sans passeport ni restrictions d'aucune sorte"* (p. 280).

Or ce n'est un mystère pour personne que l'abbé Wojtyla circulait, à ce moment-là, très facilement ; cela voudrait-il dire qu'il était appelé *"par une affaire intéressante pour le gouvernement"*, et pour un gouvernement *"sous influence"* ? » (boc n° 55).

Autre fait à relever, le cas de Tondi. Nous avons déjà parlé de lui sous le pontificat de Pie XII.

« J'étais à Rome quand un événement y faisait tourner les langues. On avait en effet vu sortir du Vatican un homme menottes aux mains qu'une voiture cellulaire avait emmené. Cet homme dépouillé de sa soutane violette par ordre du Pape Pie XII n'était autre que Mgr Tondi, jésuite secrétaire particulier de Mgr Montini, lui-même pro-secrétaire d'État de Pie XII.

Pie XII envoyait derrière le Rideau de Fer des prêtres déguisés en commis-voyageurs pour apporter les sacrements aux catholiques, et même des évêques pour y faire des Ordinations. Or, depuis deux ans, tous ces malheureux, dès leur arrivée en URSS, étaient arrêtés et fusillés. En vain, Pie XII cherchait-il à expliquer ce drame quand l'archevêque de Riga lui révéla qu'un espion vivait au Vatican même. Pie XII fit surveiller le Vatican par des agents de la police déguisés en prélats. Et Mgr Tondi fut pris *"la main dans le sac"*, occupé à photographier des documents secrets. Interrogé, il avoua être un agent du KGB, formé à Moscou, qui transmettait à ses chefs de l'URSS les documents qu'il pouvait voler à Pie XII. L'acheminement se faisait par l'entremise de Togliatti, ami d'enfance de Mgr Montini.

À la suite d'une telle révélation, Pie XII tomba malade, exila Montini à Milan et lui adjoignit un *"surveillant"*. Il ne nomma plus de cardinaux pour n'avoir pas à nommer Montini, qu'il savait ambitionner la tiare.

Quant à Tondi, condamné à deux ans de prison, il jeta le masque, épousa sa maîtresse, Carmen Zanti, militante chevronnée du parti communiste italien. À sa sortie de prison, Tondi et sa concubine gagnèrent l'Allemagne de l'Est. Il devint secrétaire de Walter Ulbricht et professeur d'Athéisme à l'Université Marxiste-Léniniste.

À l'avènement de Paul VI, Tondi et sa concubine revinrent à Rome, lui au titre d'employé civil du Vatican, elle, promue à de très hautes fonctions dans le parti communiste. Bientôt, au mépris du canon 1238, Paul VI, sans aucune rétractation ni réparation, alors que Tondi a avoué lui-même avoir encore à cette époque sa carte du parti communiste, légitima son mariage civil, par *"sanatio in radice"*, c'est-à-dire sans avoir besoin de se présenter devant un prêtre (voir *"Aurore"* du 12 mars 1965). Carmen Zanti mourut en 1979. Son enterrement fut l'occasion d'une manifestation monstre du parti communiste.

Un religieux de mes amis, bien au fait des affaires du Vatican, m'a affirmé que Tondi, placé par Paul VI dans un poste très secondaire, était en réalité son ambassadeur personnel dans ses contacts avec l'URSS.

Depuis l'avènement de Jean-Paul II on avait perdu la trace de ce personnage jusqu'à ce que la presse italienne nous apprenne que Tondi demanda au cardinal Seper en octobre 1980 à être réintégré dans le sacerdoce. Le 6 décembre 1980, sans être relevé de l'excommunication dont il avait été frappé, sans aucune des réparations prévues par le droit, Jean-Paul II donna son accord. Et l'on vit, à la stupeur des catholiques, Tondi dire la messe publiquement — et quelle messe —, celle de l'Ordo-Bugnini — » (Abbé Mouraux, *Bonum Certamen* n° 55).

Grâce à Jean-Paul II, Tondi aura droit au titre de Monsignore et se verra confier un poste important au Vatican sans rétracter son adhésion à la

Franc-Maçonnerie et au parti communiste.

3. Pourquoi K. Wojtyla a-t-il été choisi ?

Il n'existe qu'une seule explication : les ennemis de l'Église ont choisi Karol Wojtyla parce qu'il était *"le pape dont ils avaient besoin"*. Roca précisait : *"Non pas un Pontife de la foi ou de la pistis, mais un Pontife de la Gnosis et de la science ésotérique"* (Roca : *"Le socialisme chrétien"*, 5 juillet 1891).

À Rome, lors de l'ouverture du VIème Synode, le 29 septembre 1983, Jean-Paul II déclarait que nous devons aider *"l'homme à vaincre le mal par le bien"*, ce thème constituant selon lui *"une toile de fond sur laquelle il nous est donné d'entreprendre à la mesure de notre époque cette lutte éternelle du bien contre le mal"* (*Le Figaro*, 30 septembre 1983, p. 13). Nous trouvons là une expression du principe manichéen en vertu duquel on veut amener les hommes à croire à l'évangile gnostique de la Contre-Église, dont l'idée-maîtresse consiste dans l'admission de l'existence d'un Principe du Mal, égal en puissance, co-éternel et opposé au Principe du Bien.

« On sait que cette lutte prétendument éternelle entre le bien et le mal, respectivement personnifiés par un dieu bon et un dieu mauvais, est le dogme fondamental du mazdéisme auquel Manès, en fondant sa secte, l'a emprunté avant de le léguer, en Asie, aux hindous, aux tibétains et aux chinois, en Europe aux cathares et à d'autres sectes. D'après ce discours, Wojtyla ne considère pas le bon Dieu, notre Dieu, comme étant l'unique Principe, le Créateur de toutes choses, pas plus d'ailleurs qu'il ne le tient pour tout-puissant, la puissance du Dieu bon paraissant avoir à ses yeux pour limite éternelle une puissance égale à la sienne, celle du Principe ou dieu mauvais » (M$_{me}$ M. Davidoglou : "La *Voie*", n°XIII, XXIV pp. 20 et 21).

De nombreux documents et témoignages montrent que Karol Wojtyla a été pressenti depuis de nombreuses années pour devenir le *"Pontife de la Gnosis et de la science ésotérique"* dont parlait Roca. S'il est ici impossible de recenser les nombreuses informations qui existent, nous pouvons néanmoins effectuer une synthèse permettant de comprendre ce choix.

a) Karol Wojtyla "acteur"

Durant sa jeunesse, Karol Wojtyla a été remarqué pour son talent d'acteur ; aussi fit-il du théâtre.

« Un jour Karol étudiera avec passion la vie de sainte Thérèse d'Avila. Une étrange mystique l'orientait depuis longtemps vers ce domaine. Il sera en effet disciple de la Loge des Théosophes, fondée par M$_{me}$ Blatvatsky dans le but de *"créer une fraternité universelle sans distinction de religion et de rang social"*. À n'en pas douter, c'est là que son imagination prépara le *"Pandémonium d'Assise"* et l'œcuménisme destructeur du Catholicisme.

Un de mes abonnés, homme d'une grande culture qui vécut à Rome et que ses fonctions mirent en relations étroites avec Paul VI, m'écrit : *"Karol Wojtyla, sous le nom de "Lolek" pour les familiers, pratiquait le théâtre de "Goetheanum", qui n'était rien d'autre que le temple de la secte anthroposophe de Rudolf Steiner où "il essayait de se mettre en harmonie par des paroles et des gestes avec les puissances occultes du cosmos"*. À n'en pas douter, c'est là qu'il apprit ce qu'il enseigne dans son encyclique

L'ÉGLISE ÉCLIPSÉE

"Redemptor Hominis"[96], à savoir que le *"Christ est le centre du cosmos"* ; là aussi, songes te de baiser la terre, domaine de la *"déesse Cybèle"* »... (Abbé Mouraux, *Bonum Certamen*, n° 129, p. 3).

On peut également connaître certains aspects de la personnalité de Karol Wojtyla à travers le livre de G.F. Svidercoschi, où il écrit : *"Lolek (Karol Wojtyla) était l'acteur principal... et sa première "maîtresse" était Ginka Beer, une fille juive aux splendides yeux noirs et... une très bonne actrice"* (*Svidercoschi*, op. cit., 1993, p. 26).

Voici ce qu'écrit George Blazynski, rédacteur et commentateur de la BBC : « En 1940-41 Wojtyla fut l'un des premiers à s'unir au nouveau Théâtre Rhapsody souterrain comme acteur et co-producteur. La passion de toute sa vie pour le jeu actoral devenait finalement réalité. Ce fut environ en ce temps-là, d'après certains de ses amis, qu'il ressentit une attraction sentimentale pour une jeune femme. Le Théâtre Rhapsody fut organisé par Mieczslaw Kotlarczyk, que Wojtyla avait d'abord connu dans son temps d'écolier à Wadowice, lorsque Kotlarczyk avait coutume de l'aider dans la société dramatique de l'école[97]. Kotlarczyk avait dû sortir

---

[96] "L'Homme...". "L'Homme...". Chez K. Wojtyla, ce thème de "l'Homme", le nombre infini de textes de ses discours sur la "religion de l'Homme" et la déification de l'Humanité, sont aujourd'hui devenus un lieu commun. Dans son encyclique *"Redemptor Hominis"*, "l'Homme" apparaît 245 fois ! Lors de la parution de l'édition originale italienne de l'ouvrage de Rocco Buttiglione *"Il pensiero di Karol Wojtyla* (Jaca Book, Milano), en 1982, "*Sapienza*", la revue philosophique des dominicains de la province de Naples, écrivait ceci : « La pensée de Karol Wojtyla a surtout été, jusqu'à l'élection au pontificat, une "philosophie de l'homme", que Buttiglione retrouve non seulement dans le philosophe mais dans le théologien et le poète » (*Napoli*, avril-juin 1983, p. 252).

[97] Malinski, né à Cracovie en 1923 et compagnon d'enfance de Karol Wojtyla, écrit : « En son temps de collégien, il trouve son maître en Mieczslaw Kotlarczyk. Celui-ci n'est pas

de Wadowice (qui appartenait maintenant au IIIème Reich, grâce à l'habileté de Hitler en cartographie). Il s'en alla à Cracovie et sur la suggestion de Wojtyla il déménagea à la *"catacombe"* de la rue Tyniecke avec sa femme. Le groupe théâtral clandestin de trois actrices et deux acteurs (Wojtyla inclus) que Kotlarcyk avait réuni se faisait d'abord nommer *"Théâtre de la Parole Parlée"*. Le nom résumait ses activités. Ce petit groupe subversif était tout à fait éloigné de tous les moyens normaux de production dramatique, de tous les complexes recours de fond et scène qui caractérisent le théâtre conventionnel. Il ne leur restait que la parole vivante, parlée... » (*Juan Pablo II. El hombre de Cracovia*, Lasser Press Mexicana, S.A. Mexico, 1981, pp. 70-71).

seulement un organisateur des académies, des fêtes et des représentations, mais il est un artiste authentique, animé des idées les plus profondes. Il découvre à Karol, qui l'écoute ravi, la force de l'art, sa tâche de graver la société, de l'améliorer spirituellement et moralement ; lui découvre la signification de l'acteur comme prêtre de l'art, comme un porteur de responsabilité en face des destinées de la nation » (*Juan Pablo II. Historia de un hombre de Planeta*, Barcelona, 1981, pp. 14-15). « Dans l'entre-temps, les répétitions théâtrales continuent, dirigées par Mieczslaw Kotlarczyk. Avec l'aide d'anciens collègues des deux sexes on prépare les éventuelles représentations des grands classiques polonais : Mickiewicz, Zeromski, Wyspianski, Slowacki. Il ne s'agit pas d'une sorte de théâtre d'amateurs, d'un cercle d'enthousiastes. Tout le groupe est poussé par cette idée-là que Kotlarczyk avait déjà communiqué aux jeunes écoliers de Wadowice. Tous dans le groupe regardent l'artiste comme un prêtre. Le prêtre de l'art. Lequel est appelé à remodeler le monde environnant, à éliminer le mal avec la beauté, à participer dans l'éducation de l'homme nouveau, de l'homme bon, honnête, juste, qui aime la paix et est ouvert au monde et aux autres hommes. De cette sorte, Karol vit dans une tension de plus en plus forte. Tension entre le sacerdoce de l'art et le sacerdoce de l'Église. Entre Kotlarczyk et Tyranowski. Entre son jeu sur la scène et son jeu de pasteur » (Malinski, op. cit., p. 38). Ainsi voyons-nous combien le théosophe Kotlarczyk, maître chéri de Wojtyla, a su marquer son disciple de l'empreinte indélébile du "sacerdoce de l'art".

Sur cette question Rocco Buttiglione, un laïc de *"Comunione e Liberazione"* nous donne des renseignements intéressants. Précisons que cet auteur partage les idées de Jean-Paul II, d'où l'intérêt de ce travail. On apprend pour commencer que Maritain exerça une forte influence en Pologne, y compris sur Karol Wojtyla. Mais c'est la rencontre entre Mieszyslav Kotlarczyk (metteur en scène et théoricien de théâtre) et le jeune Karol Wojtyla qui retient notre attention. C'est à Wadowice qu'elle se fit et c'est là que le jeune garçon va être initié à une forme toute particulière de théâtre : « La fonction communicative, le poids de l'événement, la trame, même au sens habituel, sont naturellement et sévèrement limités dans un tel théâtre. Plus que l'événement, ce qui intéresse c'est ce qui se passe dans la conscience et de quelle manière la réalité objective se déploie en elle. Cet élément, sans doute, peut aider à comprendre de quelle manière particulière et très originale de nombreux thèmes de la phénoménologie seront repris et vécus par Wojtyla, et particulièrement, le thème de la conscience... Sa première initiation à la phénoménologie se fait par cette voie indirecte, et nullement orthodoxe, philosophiquement parlant...[98] et surtout par l'expérience vécue comme acteur sous la direction de Kotlarczyk » (*"La Pensée de Karol Wojtyla"*, p. 9).

L'auteur ajoute en note cette remarque importante qui établit un lien direct entre Kotlarczyk et la théosophie : *"Sur le rapport entre les paroles et les choses, Kotlarczyk lut et médita des textes de la tradition théosophique (d'Helena Petrovna Blatvatsky...) de phonétique et de linguistique (Otto*

---

[98] La philosophie étant le fondement naturel de la théologie, elle doit être orthodoxe, sous peine de rendre la théologie aussi hétérodoxe. N'oublions pas qu'à l'origine des erreurs modernistes, il y a la philosophie moderne.

L'ÉGLISE ÉCLIPSÉE

Jespersen), de la tradition hébraïque (Ismar Elbogen), fondant le tout en une synthèse tout à fait personnelle".

Le christianisme des théosophes, dont Rudolf Steiner, était un christianisme *"cosmique"*, adogmatique et, bien sûr, évolutionniste. Il comporte une initiation à une magie occultiste qui met ses adhérents en liaison avec des *"forces"*, qui permettent l'exercice de la *"pensée hors du corps"*. Les moyens de diffusion du théosophisme steinérien étaient et restent encore le théâtre, la danse, etc. Quelle fut exactement l'influence de Steiner sur Kotlarczyk ? Voici ce qu'en dit la Revue d'anthroposophie *"Triades"*[99] (automne 1983, n° 1 pp. 82 à 86) : *"Kotlarczyk... ne s'appuyait pas seulement sur le romantisme polonais, mais aussi sur les mystiques de l'Est et de l'Ouest et sur Rudolf Steiner et son Gœthéanum à Dornach*[100]. *Convaincu de sa puissance, il cultivait le mot, le Logos".*

---

[99] « Elle porte comme sous-titre "Revue de culture humaine inspirée de l'enseignement de Rudolf Steiner" et est reconnue d'utilité publique dans la République maçonnique française par un décret de Pompidou en 1972 » (*g.d.c., Bulletin de la Société Barruel*, n° 27, p. 29).

[100] « Kotlarczyk "lut, médita" et "s'appuya", c'est-à-dire, s'inspira dans la "tradition théosophique" (Buttiglione) et, principalement, dans Rudolf Steiner et son Gœthéanum de Dornach (village à 10 km de Bâle, Suisse, "Vatican" de l'Anthroposophie fondée par Rudolph Steiner en 1913, et dont le "centre spirituel" est le Gœthéanum : "Dès septembre 1913, Steiner entreprend, à Dornach près de Bâle en Suisse, la construction d'un Temple-théâtre auquel il donne le nom de Gœtheanum en l'honneur de Gœthe. Il y eut successivement deux Gœtheanum. Le premier qui était construit en bois, fut incendié, sans doute par des contestataires. Le second, édifié en béton, subsiste encore aujourd'hui et sert de siège social à la 'Société Anthroposophique Universelle' C'est également un centre très actif d'activité théâtrale, musicale et intellectuelle. Le Gœthéanum de Dornach porte officiellement le titre d'Université libre des Sciences de l'Esprit" (J. Vaquié, *"Rudolf Steiner, de la Théosophie à l'Anthroposophie"*, in : *Bulletin de la Société Barruel*, n° 14, 1985, p. 39) » (*g.d.c., Bulletin de la Société Barruel*, n° 27, p. 30).

Buttiglione met aussi en valeur l'importance de la puissance du mot, de la parole et du geste théâtral chez Kotlarczyk. Son théâtre : *"souligne le caractère liturgique du geste théâtral, le fait qu'à travers lui, revit la présence d'une valeur universelle qui renouvelle l'existence quotidienne".* Pour Karol Wojtyla *"l'influence de l'expérience vécue avec Kotlarczyk sera profonde et durable"* (p. 48).

Commentant son expérience des années précédentes, Karol Wojtyla, en 1958, dans ses entretiens avec le Père Malinski, décrit le cadre dans lequel travaillaient les acteurs :

> « C'était une mission, une vocation ; c'était le sacerdoce de l'Art, les acteurs, en tant que *"prêtres de l'Art"*, dotés d'une force illimitée pour renouveler le monde, pour refaire l'humanité entière, pour guérir la morale à travers la beauté prêchée, transmettaient les plus hautes valeurs métaphysiques. Telles étaient les idées chantées par l'archiprêtre *"Kotlarczyk"* » (Malinski op. cit., p. 33).

Et n'allons pas croire que les relations entre Karol Wojtyla et l'initié Kotlarczyk s'arrêtent là, puisque le cardinal Wojtyla de Cracovie rédigera l'introduction du livre de son ancien professeur de théâtre, *"L'art du mot vivant"* dans lequel celui-ci révélait ses pensées. C'est aussi le cardinal Wojtyla qui prêchera aux funérailles de son ami. Or le professeur de philosophie de Karol Wojtyla se trouve être un émule d'un grand maître de la pensée théosophique : Rudolf Steiner, successeur, avec Annie Besant, de madame Blatvatsky.

Jean-Paul II continua dans cette ligne après son élection. Il écrit dans son Encyclique *"Dominum et vivificantem"* du 18 mai 1986 : *"L'Incarnation du*

Fils de Dieu signifie l'élévation de la nature humaine à l'unité avec Dieu, et non seulement de la nature humaine, mais aussi, en elle, en un sens, de tout ce qui est chair, de toute l'humanité, de tout le monde visible et matériel. L'Incarnation a donc aussi un sens cosmique, une dimension cosmique. L'Engendré avant toute créature, en s'incarnant dans l'humanité individuelle du Christ, s'unit en quelque sorte avec toute la réalité de l'homme, qui est aussi chair, et en elle avec toute chair, avec toute la création".

« Voilà l'une des expressions les plus claires et les plus cohérentes du panthéisme, tel qu'on le retrouve en substance dans la doctrine des stoïciens, dans les religions idolâtriques de l'Inde, les sectes manichéennes, les écrits pseudo-philosophiques de Spinoza, Renan et Teilhard de Chardin, sans oublier les fictions à *"dimension cosmique"* des théosophes, anthroposophes et autres occultistes de notre temps. Pour tous, Dieu et le cosmos sont un ; la nature de Dieu et du cosmos est une ; Dieu est tout. Âme du monde, pour les stoïciens, esprit de la terre pour Teilhard, ou de la matière pour Montini, centre du cosmos pour Wojtyla, Dieu est aussi bien dans une pierre, dans un arbre, dans une vache que dans un homme.

Le panthéisme a été condamné, entre autres, par le Concile de Tolède (a.d. 400 et 447), dans son Symbole : *"Si quelqu'un dit et/ou croit que dans l'âme humaine est une portion de Dieu, ou de la substance de Dieu, qu'il soit anathème"* (dz 31) ; et par le Concile du Vatican, en 1870 : *"Si quelqu'un dit que la substance ou essence de Dieu et de toutes les choses est une et identique"* (dz 1803) ou *"que l'essence divine devient toutes choses en se manifestant ou en évoluant, qu'il soit anathème"* (dz 1804) »(*"La Voie"*, n° XXIII, XXIV, pp. 5-6).

L'ÉGLISE ÉCLIPSÉE

Puis survient la guerre. Là, plusieurs faits suscitent de nombreuses interrogations. De nombreux documents indiquent que, membre de la Résistance et dénoncé à la Gestapo, Karol Wojtyla fut contraint de gagner Moscou où il aurait fait connaissance avec Helder Camara, le futur évêque (ce prélat ne démentira pas avoir connu Karol Wojtyla à cette époque !). Durant cet exil Karol Wojtyla aurait appris le russe qu'il appela un jour — selon Malinski — *"sa chère langue, sa bien-aimée langue"*[101]... C'est après ce temps que Karol Wojtyla décide d'entrer au séminaire[102].

De l'ouvrage de Buttiglione nous apprenons encore que *"deux grandes figures ont eu une influence probablement décisive sur ce choix de vie : le*

---

[101] Informations extraites de *"Bonum Certamen"* n° 129.

[102] Quelques mois après sa mise à l'index, Fogazzaro, l'auteur du roman *"Il Santo"* dont nous avons déjà parlé, déclarait dans une conférence faite à Paris : « Giovanni Selva appartient au monde de la réalité aussi bien que vous et moi. Je lui ai forgé un faux nom. Son nom véritable est "Légion". Il vit, il pense et travaille en France, en Angleterre, en Allemagne, en Amérique comme en Italie. Il porte la soutane et l'uniforme comme la redingote. Il se montre aux universités, il se cache aux séminaires » (Abbé Barruel : *"Les Infiltrations maçonniques dans l'Église"*, Desclée, de Brouwer et Cie Éditeurs, 1910, pp. 10 et 11).

Jean-Paul II, dans *"Ma Vocation don et mystère"* lorsqu'il évoque sa vocation écrit : « autour de moi, beaucoup pensaient que je devais entrer au séminaire » (p. 17). Il précise ensuite que ce groupe de personnes tournait autour de « Mieczyslaw Kotlarczyk, professeur polonais, (il) m'avait initié au théâtre » (p. 18). « Au cours de cette période (la Seconde Guerre mondiale), je restais en relation avec le théâtre de la parole vivante que Mieczyslaw Kotlarczyk avait fondé et qu'il continuait à animer dans la clandestinité. Au début mon engagement dans le théâtre fut facilité du fait que j'avais comme hôtes chez moi Kotlarczyk et sa femme Sofia... Partageant la même maison, nous pouvions non seulement continuer nos conversations sur le théâtre mais aussi tenter des réalisations pratiques, qui prenaient précisément le caractère de théâtre de la parole... Les récitals avaient lieu devant un groupe de quelques connaissances et invités particulièrement intéressés... en quelque sorte des "initiés" » (Bayard, 1996, pp. 22 et 23).

cardinal Sapieha et un humble tailleur, Jan Tyranowski". Ce dernier, laïc, ignorait la théologie *"mais il vivait une profonde expérience mystique personnelle".*

S'il lit saint Jean de la Croix et sainte Thérèse d'Avila, Karol Wojtyla parcourt également, avec le révérend Kazimierz Klosoka, des ouvrages mariant le thomisme avec Kant ! Sa thèse de doctorat montrera, dit Buttiglione, une sensibilité *"ouverte à diverses interprétations du thomisme... et tendait à réaliser une certaine réconciliation entre le thomisme et la philosophie moderne, et en particulier avec Kant ou celle qu'élaborait en ces années-là, en France, Maritain... et qui donnait au thomisme une certaine dimension existentielle..."*

Kant veut faire croire que la liberté individuelle consiste à obéir à *"la loi morale qui parle au-dedans de nous"*. La personne humaine ne peut donc accepter des absolus et ainsi la religion révélée ! L'essence même de la Foi en Jésus-Christ ne tient pas avec une telle philosophie.

Devenu prêtre en 1946, puis évêque, il quittera la Pologne sans le moindre ennui tandis que les prêtres catholiques seront battus dans les geôles communistes. De quelles protections jouissait-il ?

Après la Seconde Guerre mondiale, l'abbé Wojtyla voyage beaucoup. Or nous avons vu qu'à cette époque, seuls les juifs ou les communistes avaient le droit de passer au-delà du rideau de fer. À partir des remarques faites par l'ambassadeur américain en Pologne en 1949, nous avons dû conclure que l'abbé Wojtyla s'occupait d'une *"affaire intéressante pour le gouvernement"*.

Un deuxième indice semble confirmer que l'abbé Wojtyla était au service de la dictature communiste. Le 13 janvier 1964, à 43 ans, il fut nommé archevêque de Cracovie. *"On présente trois candidats : deux prêtres appartenant à l'aristocratie et Karol Wojtyla. Les dirigeants polonais, qui n'ont jusqu'alors jamais usé de leur droit de veto pour ce qui concerne les nominations d'évêques, cette fois l'utilisent : contre les nobles, ils choisissent l'homme du peuple : Karol Wojtyla"* (*Pèlerin Magazine*, numéro hors-série : Jean-Paul II, album 1978-1988", p. 98).

Relevons enfin que Mgr Wojtyla a été élevé à la pourpre cardinalice par Paul VI pour contrebalancer le poids du cardinal Wyszynski, jugé trop traditionaliste.

Le *bulletin de la Société Barruel* relate à ce propos :

> « Déjà depuis 1983, c'est l'abbé de Nantes qui a le mieux analysé l'influence de Rudolf Steiner sur Karol Wojtyla, en dévoilant les racines et l'influence théosophiques et anthroposophiques de beaucoup de ses discours. Et en outre il a compté sur le témoignage de témoins directs : *"Je n'ai guère été éclairé par mes lectures, ce sont des témoins de votre vie qui m'ont tout éclairé"* (*Liber Accusationis Secundus*, Saint-Parreslès-Vaudes, France, 1983, p. 25).

Le *"Liber Accusationis Secundus"*, de 1983, dédié à dénoncer "l'humanisme maçonnique et le modernisme anti-catholique de Jean-Paul II, consacre plusieurs pages à l'analyse de l'influence théosophique sur Karol Wojtyla. Citons-en quelques textes :

> — Vous avez été le jouet, je dis bien : le jouet, de deux forces occultes dont d'ailleurs vous restez prisonnier. Volontaire. La première, la plus grave, vous capture parce que vous aimiez trop le

théâtre. Oui, les gens de théâtre aiment l'illusion, la vie dans l'irréel ; ils s'imaginent tour à tour séducteurs, dominateurs, mages créateurs de mondes invisibles, communiquant avec les forces telluriques, le cosmos, l'avenir... Et toujours passionnément aimés, idoles des foules. Justement, votre maître et ami Mieszyslav Kotlarczyk était de ces initiés et initiateurs maléfiques. Il était, dès cette époque, disciple du théosophe Rudolf Steiner.

On remarque que vous vous sentîtes la passion du théâtre dès Wadowice, si fort que la proposition d'être prêtre vous laisse indifférent. Et déjà Kotlarczyk était votre *'vieil ami'* (Citation de Malinski, op. cit. p. 16). À peine un an écoulé, celui-ci fonde son Théâtre rhapsodique, dont vous êtes le premier et principal acteur. Bientôt vous logerez dans votre propre maison celui qui se faisait appeler *'le maître de la parole'*, ou encore *'l'archiprêtre'*, dont les acteurs étaient les prêtres de cet étrange culte que vous expliquiez à Malinski, en termes qui lui parurent *'excessifs'*" (op. cit., p. 25).

"Malheureusement voici des faits, des écrits, des preuves que vous êtes initié, plus qu'ami intime, disciple. Sectateur du théosophe Rudolf Steiner". "Il semble impossible de contester que vous soyez devenu alors, il y a quarante ans ! et vous en aviez à peine plus de vingt ! steinérien. Cela crève les yeux et donne une tout autre portée à vos discours humanistes que des millions de fidèles, de prêtres et d'évêques entendent sans plus les écouter, attribuant leur style confus et leurs ténébreuses audaces à votre génie *'germano-slave'* auquel les Latins sont rebelles. Il s'agit de tout autre chose ! Votre imprudence, Karol Wojtyla, a été de consentir, déjà cardinal, cette préface au livre théosophique de votre maître et ami Kotlarczyk ! Cette préface qui ne figure pas dans les recensions de vos travaux.

Le christianisme de Steiner, pour lequel il rompit avec la Société théosophique allemande dont il était le président, est un christianisme cosmique, adogmatique et, bien sûr, évolutionniste. Il comporte une initiation à une magie occultiste qui met ses sectateurs en liaison avec des forces ténébreuses (...). Les moyens de diffusion du théosophisme steinérien étaient, et sont encore le théâtre, la poésie..." (A. de Nantes, op. cit., p. 27). "Ainsi avez-vous vécu vos années décisives, dans l'intimité d'un mystique laïc inquiétant, Ian Tyranowski, d'un mage théosophe steinérien, Mieczyslaw Kotlarczyk et d'un libéral ouvert aux idées et aux œuvres maçonniques, Jerzy Turowicz" (A. de Nantes, op. cit., p. 28). "Vous ne craignez pas de poser d'abord cette conception d'un humanisme antérieur, qui est d'ailleurs la '*Weltanschauung*' de l'anthroposophie de Rudolf Steiner" (A. de Nantes, op. cit., pp. 92-93). "À vous lire longuement, on entre dans votre Weltanschauung d'anthroposophe steinérien (mais, j'espère tout de même pas '*luciférien*' comme les autres steinériens le sont)" (A. de Nantes, op. cit., p. 93). "C'est votre anthroposophie basique, et c'est elle qui détermine votre comportement œcuménique vraiment illimité" (A. de Nantes, op. cit., p. 105).

En résumé :

— Le théosophisme steinérien enseigne un « christianisme » cosmique, adogmatique, évolutionniste et luciférien

— Kotlarczyk, le *"maître et ami"* de Karol Wojtyla, était un initié, un *"mage théosophe"*, disciple de Rudolf Steiner.

— Karol Wojtyla, déjà cardinal, écrit la préface d'un livre théosophique de son *"maître et ami"* Kotlarczyk : *"L'art du mot vivant"*.

— Il y a donc *"des faits, des écrits des preuves"*, de l'initiation de Karol Wojtyla dans le théosophisme de Rudolf Steiner.

— Le théosophisme c'est la clef pour expliquer les nébuleux discours *"humanistes"*, pleins de fatras, de Jean-Paul II.

— L'anthroposophisme détermine et explique l'œcuménisme wojtylien » (*Bulletin de la Société Barruel*, n° 27, pp. 30-31).

b) Le cardinal Wojtyla moderniste

S'il existe ainsi plusieurs raisons qui permettent de comprendre le choix des ennemis de l'Église pour le cardinal Wojtyla[103], la principale est sans doute que le cardinal Wojtyla était moderniste depuis longtemps.[104]

Après l'avoir démontré dans son livre *"Pierre m'aimes-tu ?"*, l'abbé Leroux conclut : *"Ces citations sont très importantes car elles montrent que, dès 1963 Mgr Wojtyla était acquis aux erreurs modernistes qui détruisent l'Église depuis vingt-cinq ans. Tout est déjà là"* (p. 8).

Comme l'on sait, l'encyclique *"Humani Generis"* (1950) de Pie XII condamnait la *"nouvelle théologie"* en définissant ses thèses comme *"des fausses opinions qui menacent de renverser de fond en comble la doctrine catholique"*. Le grand théologien dominicain, le Père Garrigou-Lagrange, en 1946, avait déjà écrit pour sa part : *"Où va la nouvelle théologie ? Elle retourne au modernisme par la voie de la fantaisie, de l'erreur, de l'hérésie"* (*La Nouvelle théologie, où va-t-elle ?* Appendice à *"la synthèse thomiste"*).

---

[103] Le lecteur relèvera que le cardinal Rampolla, comme le cardinal Wojtyla (*Bonum Certamen*, n° 129, p. 3) ont eu des contacts avec la Théosophie.

[104] Plusieurs renseignements ayant trait à la jeunesse de Karol Wojtyla sont extraits du livre de l'abbé Leroux : *"Pierre m'aimes-tu ?"* (Ed. Fidéliter, 1988).

Maritain, auteur de l'*"Humanisme intégral"* qui inspira le Concile, disait à la fin de sa vie : *"Le modernisme belle époque était un rhume par rapport à la pneumonie qu'est le modernisme conciliaire"*.

Après avoir cité certains traits de la vie de Mgr Wojtyla, le *"Courrier de Rome, Si Si No No"* conclut : *"On ne peut nier que, avec la "nouvelle théologie" du pape Wojtyla nous sommes revenus au modernisme, qui réduit la foi (et la révélation divine elle-même, ou au moins son principe) aux sentiments et à l'expérience religieuse"* (La *"nouvelle théologie"* Publications du *Courrier de Rome*, 1994, p. 117).

Le principal représentant de la *"nouvelle théologie"* est Henri de Lubac S.J. qui connaissait et estimait l'abbé Wojtyla depuis de nombreuses années. Pour cela, du vivant de Paul VI, il disait à ses amis : *"... Le jour où on aura besoin d'un (nouveau) pape, j'ai mon candidat : Wojtyla"* (Interview de de Lubac par Angelo Scola dans *"30 Jours"* de juillet 1985).

Une fois élu, Jean-Paul II ne manquera pas de lui témoigner sa gratitude. Lubac deviendra cardinal[105] le 2 février 1983.

« C'était une réhabilitation de fait, absolument injustifiée, et un désaveu tout autant injustifié de *"Humani Generis"* de Pie XII. C'était aussi un signal certain de la nouvelle orientation théologique du nouveau pape. *"On s'est souvent demandé pourquoi l'abbé Wojtyla, qui fit à Rome ses études théologiques sous Pie XII, ne s'est quasiment jamais, par la suite, référé aux exemples doctrinaux de ce grand pape. C'est qu'il avait théologiquement choisi Lubac contre Pie XII. On le comprend mieux aujourd'hui"* (écrivait à cette

---

[105] Chose que Jean-Paul II a faite pour d'autres "Pères" du Concile : Congar, Von Balthasar, Daniélou, etc.

occasion le quotidien parisien *Présent*. 7 janvier 1983). À l'occasion de sa mort, Jean-Paul II dira de lui dans un télégramme : *"... me rappelant le long et fidèle service accompli par ce théologien qui a su recueillir le meilleur de la tradition catholique dans sa méditation sur l'Église et le monde moderne..."* Dans un autre télégramme il dira : *"Au cours des ans, j'avais vivement apprécié la vaste culture, l'abnégation et la probité intellectuelle qui ont fait de ce religieux exemplaire un grand serviteur de l'Église, notamment à l'occasion du Concile Vatican II"* » (*"La nouvelle théologie"* op. cit., p. 121 et 122).

Le cardinal Suenens, autre protagoniste de la révolution du Concile Vatican II, appuiera efficacement l'élection de Jean-Paul II au pontificat. « Lors d'une visite à Bruxelles, le souverain pontife lui donna longuement l'accolade, en lui disant : *"Mon maître, mon maître"* (*"Le décalogue de Satan"*, p. 381).

Ces propos de Jean-Paul II à André Frossard confirment son modernisme :

> « C'est le concile qui m'a aidé à faire la synthèse de ma foi personnelle ». « La foi ne contraint pas l'intelligence, elle ne l'assujettit pas à un système de vérités toutes faites » (p. 63). « Je ne pense pas que ma foi puisse être dite traditionnelle... ma foi ou si vous voulez mon théisme est... d'un bout à l'autre le fruit de ma propre pensée et de mon choix personnel ». « Elle était née dans les profondeurs de mon moi, elle était aussi le fruit de mes efforts, de mon esprit, cherchant une réponse au mystère de l'homme et du monde » (p. 39) (*"N'ayez pas peur"*, Laffont, 1982).

N'oublions pas que l'abbé Karol Wojtyla, lors de son ordination en 1946

— comme tous les prêtres jusqu'à son abolition par Paul VI — a prêté le serment anti-moderniste où l'on jure, entre autres, devant l'autel :

> « Je tiens en toute certitude et je professe sincèrement que la foi n'est pas un sentiment religieux aveugle surgissant des profondeurs ténébreuses de la subconscience moralement informée sous la pression du cœur et l'intention de la volonté... Je réprouve toute erreur qui consiste à substituer au dépôt divin confié à l'Épouse du Christ et à sa garde vigilante... une création de la conscience humaine, laquelle s'est formée par l'effort des hommes ».

Nous rappelons que le modernisme est *"l'égoût collecteur de toutes les hérésies"*, que les modernistes *"sont les pires ennemis de l'Église"* comme le dit saint Pie X dans l'encyclique *"Pascendi"* et pour cela il les a excommuniés par le *Motu Proprio "Prestantia"* du 18 novembre 1907.

L'ÉGLISE ÉCLIPSÉE

Le groupe sculpté "*Le représentant de l'Humanité*" est une sculpture en bois réalisée par Rudolf Steiner et Edith Maryon pour la scène de la grande salle du premier Goetheanum. C'est une des rares pièces ayant échappé à l'incendie (du premier Goetheanum la nuit de la St. Sylvestre de 1922/23) du fait qu'elle se trouvait encore dans l'Atelier de menuiserie. Elle n'a jamais été terminée et est actuellement exposée dans une salle au sud tout en haut du Goetheanum. Ahriman, l'impulsion qui, en l'Homme, tend à l'enfermer dans son égoïté matérielle terrestre, l'isolant et le séparant des autres Hommes et du monde de l'esprit.

CHAPITRE II

"... NOUS DEVONS ARRIVER... AU TRIOMPHE DE LA RÉVOLUTION PAR UN PAPE" (Nubius)

1. La réponse de K. Wojtyla devenu Jean-Paul II

"*L'héritage que je désirerais recueillir maintenant, c'est celui de Jean XXIII*". Telles sont les paroles que Jean-Paul II adressait au rabbin Elio Toaff lors de sa visite mémorable à la Synagogue de Rome. (Rosario Esposito, S.S.P. : *"Le grandi concordanze tra Chiesa e Massoneria"*, Nardi Ed., Firenze, 1987, p. 397, qui cite *"La Civiltà Cattolica"*, 3-V-86, 371).

Le cardinal Wojtyla avait exactement le profil recherché par les francs-maçons, et le Conclave qui l'a élu a donné lieu à des manipulations montrant le choix de ces mêmes francs-maçons.

Dès son élection, Jean-Paul II a continué à avoir des contacts — même officiels — avec la Franc-Maçonnerie. En effet, le 1er juin 1979, il reçoit les membres du Rotary Club[106] (organisation notoirement para-

---

[106] « Le Père Esposito rappelle l'esprit maçonnique du Rotary (et on pourrait en dire autant des associations similaires) par ces paroles lumineuses : "Le rapport existant entre cette organisation et la Maçonnerie... est structural, non seulement à cause de sa fondation, le 23 février 1905, par l'avocat Paul P. Harris, de Chicago, et de trois de ses collègues maçons, mais aussi à cause de l'empreinte idéologique et juridique du Club, lequel prend le meilleur dans le message initiatique pour l'insérer dans la société en le

maçonnique) en leur adressant, entre autres, ces mots : *"Que Dieu soutienne le Rotary international dans la noble cause qui est la sienne : servir l'humanité... C'est à cet épanouissement nouveau et à cet humanisme transcendant que je voudrais rendre témoignage aujourd'hui".*

Du reste, Lamberto Mosci, gouverneur du 203ème district rotarien de Turin, dans une lettre publiée par la revue officielle du Rotary club italien du 9 septembre 1986, reproduite ensuite dans la revue de la maçonnerie italienne *"Hiram"* du mois de novembre-décembre de la même année, relate que désormais l'excommunication pour la Maçonnerie et les interdictions canoniques pour les rotariens sont tombées. Pour soutenir ses affirmations il dit, sans être démenti par la suite, que : *"... le même Pontife Jean-Paul II est un Paul Harris Fellow"*, c'est-à-dire un rotarien.

Le 18 avril 1983, Jean-Paul II recevait les membres de la Commission Trilatérale qui préconise le gouvernement mondial. Jean-Paul II leur dit : *"C'est avec plaisir que je rencontre les membres de la Commission Trilatérale..."*

S'adressant ensuite à la puissante maçonnerie juive du B'naï B'rith[107],

---

laïcisant, c'est-à-dire en excluant les aspects contraignants et initiatiques, lesquels — en excluant toujours nettement la confessionalité religieuse — ont un certain caractère sacré quoique laïque" (*Sodalitium*, n° 42 p. 41).

[107] L'abbé Mouraux dans *"Bonum Certamen"* n° 55, mai-juin 1981 écrit : « Jean-Paul II s'est déclaré le continuateur de Vatican II et de Paul VI ; en Pologne il s'est montré l'ami et le protecteur des juifs ; il est ami du secrétaire général de la Trilatérale, lui-même aussi d'origine polonaise. Le 12 mars il a reçu une délégation conduite par Ph. Klutznick, président du "Congrès juif Mondial". Le visiteur a déclaré à sa sortie du Vatican : "Le Pape veut accélérer avec nous le dialogue fraternel". Le fait qu'à Cracovie, il s'était rendu à la Synagogue un jour de Sabbat le faisait soupçonner d'avoir une ascendance juive. Fait troublant, à Rome, au Comité International judéo-chrétien, il se trouve que le délégué juif est un membre important du B'nai B'rith ».

Jean-Paul II leur dit le 17 avril 1984 : *"Mes chers amis...*[108] (expression qui sera reprise trois fois dans son discours, n.d.r.) *nous sommes appelés à nous unir... cette union n'est pas quelconque, mais celle de Frères"*. À ce propos, pour en souligner la religiosité et la profondeur, il cite le psaume 133 : *"Ah ! Qu'il est bon, qu'il est doux pour des frères d'habiter ensemble"*. *"Je suis heureux vraiment de vous accueillir... Je vous remercie... Je vous suis reconnaissant... Nous sommes appelés à nous unir dans un geste de reconnaissance envers Dieu"* (*"L'Osservatore Romano"*, 17 avril 1984).

Même si quelqu'un rétorque que Jean-Paul II s'adresse ici aux membres du B'naï B'rith en tant que juifs et non en tant que francs-maçons, peu importe, il demeure que cette organisation est tout à la fois juive et maçonnique.

Suite à cette attitude de Jean-Paul II[109], il n'est pas étonnant que le Père Esposito puisse écrire : *"Plusieurs fois j'ai clairement affirmé que j'ai l'intention de poursuivre ce dialogue* (entre l'Église et la Maçonnerie) *dans*

Pour connaître l'action et l'esprit profondément antichrétien de cette association, lire le livre d'Emmanuel Ratier *"Mystères et secrets du B'naï B'rith"*.

[108] Pie IX termine l'Allocution *"Multiplicesinter"* du 25 septembre 1865 par une sévère mise en garde des fidèles contre ces faux frères : "Les affiliés de ces sectes sont comme des loups que Notre-Seigneur Jésus-Christ a prédit devoir venir, couverts de peaux de brebis, pour dévorer le troupeau : qu'ils sachent qu'il faut les mettre au nombre de ceux dont l'Apôtre nous a tellement interdit la société et l'accès qu'il a expressément défendu de leur dire même : *ave* (salut)".

[109] Profitons-en pour répondre à une critique faite après la première édition : selon certains, nous avancerions que Jean XXIII, Paul VI et Jean-Paul II étaient francs-maçons sans en avoir les preuves. Nous ne l'avons jamais affirmé explicitement mais il est vrai que les documents et les faits que nous reproduisons vont tous dans cette direction. En tout cas, personne ne pourra nier que ces pontifes conciliaires ne réalisent pas le plan de la Franc-Maçonnerie et qu'ils ont eu des contacts directs avec les francs-maçons.

L'ÉGLISE ÉCLIPSÉE

l'esprit de l'Église... Chaque fois que l'occasion s'est présentée, j'ai dit que je suis et que je veux rester humble fils dévot de l'Église, adhérant, de manière inconditionnée, à sa doctrine sur ce sujet, sans exceptions ni restrictions. Je le répète encore maintenant. C'est dans cet esprit que, suivant l'enseignement des Souverains Pontifes (évidemment des conciliaires, n.d.r), *du Concile et de beaucoup de compagnons de voyage, je poursuis le dialogue avec la maçonnerie"* (*"Le grandi concordanze tra Chiesa e Massoneria"* p. 197).

2. Suppression de l'excommunication des francs-maçons

Nous rappelons brièvement quelle doit être l'attitude des catholiques à l'égard de la Franc-Maçonnerie selon le Magistère de la Sainte Église Catholique, à savoir qu'il est interdit *"d'entrer dans les dites sociétés de francs-maçons ou autrement appelées, de les propager, les entretenir, les recevoir chez soi... et cela sous peine d'excommunication"* (Bulle *"In Eminenti"* du Pape Clément XII de 1738).

Dans son Nouveau Code de Droit Canon, en 1983, Jean-Paul II supprime l'excommunication des francs-maçons[110] !

Le Canon 2335 du Code de Droit Canon de 1917 disait : *"Ceux qui*

---

[110] La revue maçonnique *"Acacia"*, en 1903, exposait le portrait d'un pape idéal : "Un pape qui desserrerait les liens du dogmatisme tendus à l'excès, qui ne prêterait pas l'oreille aux théologiens fanatiques et dénonciateurs d'hérésies, qui laisserait les exégètes travailler à leur guise, se bornant à maintenir une unité qui serait plutôt une solidarité entre les diverses branches de l'Église, qui n'entrerait pas en lutte avec les gouvernements, qui pratiquerait et recommanderait la tolérance entre les autres religions, même envers la libre-pensée, qui ne renouvellerait pas l'excommunication de la Franc-Maçonnerie" (*"Acacia"*, septembre 1903, cité par *"Lecture et Tradition"*, n° 94, p. 25). N'est-ce pas le portrait de Jean-Paul II ?

donnent leur nom à la secte maçonnique ou à d'autres associations du même ordre, qui intriguent contre l'Église ou contre les pouvoirs civils légitimes, encourent de ce fait l'excommunication "simpliciter" réservée au Saint-Siège".

Citons cette *"prophétie"* de l'initié Éliphas Lévi[111] du 21 janvier 1862 : « *Un jour viendra où un Pape inspiré du Saint-Esprit déclarera que toutes les excommunications sont levées, que tous les anathèmes sont rétractés...* » (*"Initiation et Science"* n° 58, juillet-septembre 1963, p. 43).

Il faut bien comprendre que l'abandon de l'excommunication de la Franc-maçonnerie dans le Nouveau Code de Droit Canon de 1983 s'inscrit comme la finalité d'un plan soigneusement amorcé par Jean XXIII, poursuivi avec Paul VI et terminé par Jean-Paul II. Un court développement permettra de mieux saisir tout à la fois l'importance et les conséquences de cette décision de Jean-Paul II.

Kurt Baresch, docteur en philosophie, Grand-maître de la grande Loge d'Autriche, a écrit un ouvrage intitulé *"Église catholique et franc-maçonnerie"*. Ce livre constitue une source d'informations que l'on ne peut négliger lorsqu'on s'intéresse aux affaires maçonniques et à leurs derniers développements. L'ouvrage, dont le sous-titre est *"dialogue fraternel"*, cite plusieurs documents, lettres, et recense les résultats obtenus au cours de **quinze ans de négociations**, de 1968 à 1983. *"L'auteur tient absolument à faire savoir que, par ce dialogue, les maçons n'ont voulu demander à l'Église catholique aucune faveur (et c'est toujours leur volonté), mais simplement faire rectifier ses jugements et comportements aberrants face à la maçonnerie, comme*

---

[111] Le fondateur de l'Ordre Cabbalistique des Rose-Croix, Stanislas de Guaïta, considérait le célèbre mage cabbaliste Éliphas Lévi (pseudonyme de l'ex-abbé Alphonse-Louis Constant), comme le "Maître des Maîtres".

le dit notre thèse" (p. 20).

Dans son avant-propos (p. 7), le grand maître autrichien Alexandre Giese note en ce qui concerne le but atteint : *"Si en novembre de l'année 1983 la maçonnerie n'est plus décrite et présentée comme ennemie de l'Église, selon le nouveau Droit canon dont le Code entrera en vigueur, ceci doit être la démonstration des relations positives que l'Église catholique guidée par ses plus hautes instances, pleine d'humanité et de tolérance[112], a su nouer avec l'alliance mondiale des francs-maçons".*

"À Rome il y eut en dernier ressort le cardinal Bea, puis plus tard le cardinal Seper ainsi que les papes Jean XXIII et Paul VI qui voulurent engager, d'abord hésitants, mais ensuite de plus en plus résolument, le réexamen de la rectification de la position de l'Église[113]. Le cardinal König et d'autres firent

---

[112] De cette "tolérance" si souvent prêchée et donnée en exemple, par les prélats de la nouvelle "église conciliaire", voici ce qu'écrit Kurt Baresch : "Les maçons ont apporté une contribution déterminante à la philosophie des lumières qui a éclairé les esprits. Ce sont eux qui, pour une large part, sinon exclusivement, ont lancé de manière décisive l'idée de tolérance, dont le monde civilisé rêvait avec nostalgie, et qui progressivement a émergé du XVIIIème siècle" (p. 20 op. cit.).

[113] "Le propre de tous les intégrismes religieux c'est de substituer au Dieu dont ils se réclament une institution codifiant la révélation, pouvant condamner, la conscience parfaitement tranquille, au nom de Dieu, quiconque contrevient à ses règles. Il y a plus d'un siècle, l'Église catholique romaine n'était pas loin de ressembler à cela. Son autoritarisme dogmatique ne nous avait pas ménagés. Mais fort heureusement, sous l'impulsion d'hommes généreux comme le furent les papes Jean XXIII et Paul VI, un concile éveilla de grands espoirs et donna à cette Église un autre visage. La liberté de conscience commençait à y être prise en compte en même temps que s'amorçait un dialogue avec la Franc-Maçonnerie" (Émission sur France-Culture : "La Grande Loge de France vous parle" du 17 mars 1985 ; texte reproduit dans le n° 57 de *Points de vue initiatiques*).

savoir sans ambiguïté qu'un accord entre l'Église et la franc-maçonnerie était l'une des exigences de l'heure" (p. 32).

Le cardinal König fit savoir ensuite qu'une lettre du cardinal Seper l'habilitait à rechercher le contact avec K. Baresch. Il ajoutait : *"Je tiens de lui (le cardinal Seper) personnellement qu'il a le ferme propos d'arriver éventuellement à soumettre à révision la position de l'Église catholique à ce sujet"* (p. 37).

Quelle impression Baresch garda-t-il de cette première entrevue ? *"Je ne pourrai jamais oublier qu'après seulement quelques minutes de cette conversation, j'eus la conviction que l'Église catholique devait réexaminer sa position, réviser de fond en comble sa doctrine à notre encontre et qu'à l'avenir il fallait que les initiatives vinssent exclusivement de sa part. Cette impression me marqua durablement"* (p. 36).

Le cardinal Dœpfner écrivit : *"La conférence allemande est d'avis que la levée de l'excommunication, selon la procédure régulière, est l'objectif à viser"* (p. 60). Résultat que Baresch commente en ces termes : *"Pendant ce temps la Curie était allée fort loin dans la rencontre de la maçonnerie. Les cardinaux et évêques avaient pesé de tout leur poids lors de l'élaboration d'une nouvelle doctrine plus objective, favorable à la franc-maçonnerie. Sur ce point l'influence et l'action des cardinaux König et Seper furent déterminantes. Ils firent jouer leur prépondérance légale afin que fussent abrogés tous les canons concernant les francs-maçons. Dès 1969 les francs-maçons étaient clairement informés que leur excommunication allait tomber. Grand fut l'étonnement des francs-maçons d'apprendre que, dès le départ, la différence entre francs-maçons réguliers et irréguliers allait être déclarée secondaire. Les irréguliers, tel que le Grand-Orient de France, ont été considérés comme les plus dangereux ennemis de* l'Église ; pour Rome, cela devint accessoire. Cette attitude de Rome a causé un grand étonnement..." (pp. 91 et 129) (Baresch, *Katholische Kirche und Freimaurerei. Ein bruederlicher Dialog*. 19681983, Vienne 1983, 2ème édition).

Le 5 juillet 1970 une commission élargie produisit la *"déclaration de Lichtenau"* qui, en principe, devait rester secrète. Tous les commissaires la signèrent. Après sa mise en forme le cardinal König l'approuva. Or cette déclaration commence par cette phrase : *"En hommage au Grand Architecte de l'Univers que nous vénérons, nous déclarons..."* Cette vénération, les participants *"catholiques"* l'ont prise à leur compte par leur co-signature. On trouve encore ceci : *"Nous estimons que les bulles papales qui traitent de la franc-maçonnerie ont un intérêt historique, mais sont dénuées de portée à notre époque. D'après ce qui a été écrit ci-dessus nous pensons aussi que les condamnations de la franc-maçonnerie contenues dans les canons ecclésiastiques ne peuvent trouver justification dans une Église qui enseigne, d'ordre divin, qu'il faut aimer son frère"* (p. 73). Le cardinal König voulait présenter la déclaration de Lichtenau à Paul VI, ce qu'il a certainement dû faire pour accélérer le cours des choses.

Le 25 janvier 1983, le Nouveau Code de Droit Canon reçut la contre-signature de Jean-Paul II. Le but auquel les francs-maçons et les modernistes aspiraient depuis longtemps était atteint. Le cardinal König écrivit : *"Le Nouveau Code de Droit Canon que le pape a signé le 25 janvier aura force de loi à partir du 27 novembre prochain (1983). Du fait qu'il ne contient plus l'excommunication des membres de la franc-maçonnerie, qui était jusqu'ici en vigueur, il apparaît qu'elle est désormais sans effet. Je me réjouis de pouvoir vous le faire savoir, sachant que cette heureuse conclusion est pour vous aussi l'aboutissement d'un travail mené avec persévérance pendant des années"*

(p. 145).

Certains rétorqueront que l'ex-Saint-Office a affirmé que *"le jugement négatif de l'Église sur les associations maçonniques demeure inchangé..."* (16 novembre 1983). Soit, mais malgré ce rappel, le mot d'excommunication n'a pas été utilisé ; il s'agit d'une juste peine assez vague, et le mot de franc-maçonnerie n'apparaît plus dans le *Nouveau Code de Droit Canon*. Cela n'est pas sans importance.

Profitons de cette remarque pour souligner que cette manière d'agir, mélanger ou alterner l'erreur avec la vérité, est typiquement moderniste, comme nous le dit saint Pie X dans son encyclique *"Pascendi"* : *"À les entendre, à les lire, on serait tenté de croire qu'ils tombent en contradiction avec eux-mêmes, qu'ils sont oscillants et incertains. Loin de là : tout est pesé, tout est voulu chez eux, mais à la lumière de ce principe, que la foi et la science sont, l'une à l'autre étrangères. Telle page de leurs ouvrages pourrait être signée par un catholique ; tournez la page, vous croyez lire un rationaliste"*.

Ou encore Pie VII pour les hérésiarques en général : *"Ils affectent un singulier respect et un zèle merveilleux pour la doctrine et la personne du Sauveur Jésus-Christ, mais ces discours ne sont que des traits dont se servent ces hommes perfides pour blesser plus sûrement ceux qui ne sont pas sur leurs gardes"*. Des hommes coupables *"qui se sont ligués dans les derniers temps contre l'Église, répandant une fausse et vaine philosophie. La plupart d'entre eux ont formé des sociétés occultes, des sectes clandestines"* (Encyclique *"Ecclesiam a Jesu Christo"*, du 13 septembre 1821).

3. Jean-Paul II et L'Opus Dei, *"Maçonnerie blanche"*

L'ÉGLISE ÉCLIPSÉE

Jean-Paul II a eu la même attitude conciliante à l'égard de l'Opus Dei[114]. Dans un article du journal *"Le Monde Diplomatique"*, François Normand écrit :

« Derrière la fiction d'une association purement spirituelle, *"famille pauvre, riche seulement de ses enfants"*, gravite une nébuleuse de sociétés, de banques et de fondations, dirigées anonymement par des membres de l'Opus. Milice religieuse au comportement de secte, puissance à la fois économique et politique, *l'Œuvre* exerce une influence multiforme sur l'Église, mais aussi sur les pouvoirs temporels, qu'elle cherche à infiltrer. On retrouve ses proches dans le gouvernement de M. Alain Juppé.

Dans les années 70, les amis d'Escriva (fondateur de l'Opus Dei) mettaient en place le réseau financier qui allait permettre à *l'Œuvre* de jongler avec des millions de dollars. La plus importante de ces institutions est la fondation de Limmat, créée à Zurich en 1972... Cette garde blanche du Vatican, très liée au pape Jean-Paul II dont elle a permis l'élection, suscite aussi des résistances. Une série de scandales financiers touchant des membres de l'Opus a révélé au grand public les activités de la *"sainte mafia"* ou *"la Franc-Maçonnerie blanche"*, comme l'appelleraient ses détracteurs.

---

[114] D'après certain auteurs l'Opus Dei serait un "instrument de l'infiltration crypto-maranne dans l'Église". À ce sujet, consulter un ouvrage remarquable paru en Colombie et abondamment diffusé en Espagne, mais difficile à se procurer : *Opus Judei* écrit par José Maria Escriba (Alfonso Carlos de Borbon) et publié par Ediciones Orion, Apartado Aéro 37797, Santafé de Bogota, D.C. Colombia. Pour ceux qui lisent l'allemand, une traduction de ce livre important vient de paraître chez : "pfc Verlag", Posfach 22, D-874647 Durach, Allemagne, sous le titre : *"Die Ganze Wahrheit über das opu dei"* (*"Toute la Vérité sur l'opus dei"*). Texte intégral et bibliographie choisie très "intéressante"...

Aujourd'hui l'Opus Dei est tout-puissant à Rome. Son ascension a été couronnée par la Béatification de Mgr Escriva de Balaguer par Jean-Paul II — un ami de longue date de l'*Œuvre* — en 1992, dix-sept ans seulement après sa mort, à l'issue d'un procès expéditif, où seuls les témoignages positifs ont été retenus.[115] Déjà évêque de Cracovie, Mgr Karol Wojtyla venait à Rome à l'invitation de l'Opus, qui l'hébergeait au 73, viale Bruno-Bozzi, dans une belle résidence de la banlieue cossue de Rome. L'Opus a continué à se montrer généreux envers le pape polonais en participant, par exemple, au financement de Solidarnosc.

Le cardinal Wojtyla était le candidat de l'Opus à la papauté. C'est le cardinal König, archevêque de Vienne et proche de l'*Œuvre*, qui a joué un rôle déterminant dans son élection.[116] Outre le changement de statut et la Béatification d'Escriva — deux décisions qui ont soulevé une vague de critiques à travers le monde —, le pape s'est entouré de membres de l'Opus Dei... » (*"Le Monde Diplomatique"* n° 498, septembre 1995).

« Parmi les premiers actes qu'il accomplit sitôt élu, Jean-Paul II est allé sur la tombe du fondateur de cette secte. L'un de ses plus généreux donateurs est Joe Mateos, connu comme l'homme le plus riche d'Espagne. Les millions qu'il versa à l'Opus Dei proviennent en grande majorité d'affaires illégales que Calvi perpétrait à la fois en Espagne et en Argentine. Le trésorier de la Loge P2 fut donc le trésorier de l'Opus Dei.

---

[115] « La Rome de Jean-Paul II avait un urgent besoin d'un saint Escriva pour auréoler sa doctrine. Grand déploiement médiatique nécessaire comme le fut celui concernant Jean XXIII, "le bon pape Jean", indispensable pour asseoir dans l'euphorie le bon concile » (Nicolas Dehan, *Le Sel de la Terre* n° 13 p. 210).

[116] Nous renvoyons le lecteur à la page 94, note 1, l'affiliation du cardinal König à la Franc-maçonnerie est un fait démontré.

Karol Wojtyla signifiait par ce geste à l'égard de l'Opus Dei qu'il ne ferait rien qui puisse ennuyer le gestionnaire des familles mafieuses. D'ailleurs sitôt Wojtyla élu, Roberto Calvi, Umberto Ortolani rentrèrent en Italie...

De plus on sait-grâce aux déclarations faites sous serment par des membres de sa famille — qu'avant sa mort en 1982, Calvi négociait avec l'Opus Dei. L'Opus Dei acceptait de racheter la participation du Vatican dans la Banco Ambrosiano, soit 16% des actions » (David Yallop : *"Au nom de Dieu"*).

4. Jean-Paul II et les cultes païens

Rappelons que la Sainte Écriture enseigne que les dieux des religions païennes sont des démons (*Psaume* 95, 5). Ou encore que : *"Ce n'est pas toi qu'ils ont rejeté, c'est Moi, afin que je ne règne point sur eux... De même qu'ils m'ont abandonné, et ont servi des dieux étrangers, ainsi font-ils aussi avec toi"* (I *Rois* 8,7-8).

"Quelle entente y a-t-il entre le temple de Dieu et les idoles ?" (2 *Co* vi, 14-16). Dans le *"Traité du Saint-Esprit"*, Mgr Gaume rappelle l'enseignement de saint

Augustin : il existe deux Cités, la Cité du bien et la Cité du mal. Les hommes sont citoyens de l'une ou de l'autre cité. Il n'y a donc pas d'autre alternative que de choisir entre celle du Christ-Roi et celle de Satan.

Mélanie, bergère de la Salette, écrit dans une lettre du 7 janvier 1893, adressée au chanoine de Brandt : *"Jérusalem se préoccupe un peu trop à l'avance de son Messie. Il est vrai que, comme il singera notre divin Sauveur, il aura aussi ses Jean, qui prépareront les voies".*

Jean-Paul II, un de *"ses Jean"*, ne cesse de prôner la religion mondiale qu'appelaient de leurs vœux tous les initiés du siècle dernier, tels Saint-Yves d'Alveydre, Roca, Renan, Stanislas de Guaïta[117], etc.

Religion qu'il prêchait déjà avant son élection. Ainsi devant Paul VI, au Vatican, en 1975, dans une envolée oratoire d'allure prophétique, il affirma : *"Nous sommes entrés dans le dernier quart des deux millénaires de l'ère chrétienne, comme dans un nouvel avent de l'Église et de l'Humanité"* (*"Le Signe de Contradiction"*, Ed. Fayard, p. 256). Dans ce *"nouvel avent"* il faut dialoguer avec les autres religions pour *"préparer les voies"*.

a) Jean-Paul II et l'Hindouisme

De l'apostasie est inséparable *"le culte d'innommables idoles"* dont l'Écriture dit qu'il *"est le commencement, la cause et la fin de tout mal"* (Sap. XIV, 27).

Au cours de son voyage en Inde, du 1ᵉʳ au 10 février 1986, Jean-Paul II a volontairement reçu des mains d'une *"prêtresse"* civaïte la pastille de poudre rouge appelée *"Tilak"*, *"le signe de reconnaissance des Adorateurs de Shiva"*. (*"La Croix – L'Événement"*, 6 février 1986).

C'est un rite initiatique en souvenir du grand propagateur de la grande religion de l'Inde.

Il faut savoir que la divinité appelée Shiva est liée au tantrisme qui est une

---

[117] Stanislas de Guaïta (1861-1897), de l'Ordre Cabbalistique des Rose-Croix (dont Luther était membre), occultiste, morphinomane, fut l'auteur des ouvrages suivants : *"Le Temple de Satan"*, *"La clé de la magie noire"* et *"Essai de sciences maudites"*. Guaïta était aussi très ami avec l'homme de lettres Maurice Barrès, avec lequel il fonda aussi un ordre martiniste.

L'ÉGLISE ÉCLIPSÉE

véritable abomination de *"débauche sacrée"*.

"L'adoration de Shiva se développa bien vite en l'abominable culte du Phallus, que nous retrouverons cru et nu, avec la doctrine indo-perso-kabbalistique, dans la Franc-maçonnerie, et surtout dans ses loges d'adoption (loges féminines)" (Mgr Léon Meurin S.J. : *"La Franc-Maçonnerie, Synagogue de Satan"*, p. 21).

Sur le sens de la *"grande initiation shivaïte"* reçue des mains d'une *"prêtresse"* ou *"prostituée sacrée"* hindoue par Karol Wojtyla, revêtu des ornements pontificaux et de la mitre épiscopale, devant des milliers de spectateurs, nous avons également trouvé ce commentaire du R.P. Fillion, auteur d'une célèbre traduction annotée de la Bible (Éditions Letouzey et Ané, Paris, 1905).

Le passage biblique que le célèbre commentateur développe est celui de l'*Apoc.* XIII, 15-18 : *"...Elle fera encore que tous, petits et grands, riches et pauvres, libres et esclaves, reçoivent une marque sur leur main droite ou sur leur front..."* Il ajoute en note : *"Les païens se faisaient parfois marquer ainsi du signe de leur dieu favori, pour indiquer qu'ils lui appartenaient corps et âme... Selon cette marque idolâtrique portée au front, les chrétiens seront ainsi mis en demeure d'apostasier ou de se révéler eux-mêmes"* (p. 846). Donc, pour les Hindous, ce geste est le symbole de l'apostasie de sa religion !

S'agissant de ce *"rite initiatique"*, le maçon spiritualiste bien connu René Guénon (1886-1951) écrit : *"Il est toujours efficace ; peu importe que son effet soit immédiat ou différé. Il vaut toujours et ne se renouvelle jamais"* (René Guénon : *"Une super-religion pour initiés"*, cité par *Permanences*, novembre 1966).

La Franc-Maçonnerie, telle qu'elle est devenue sous la puissante influence de la Kabbale juive, sait l'importance d'une marque diabolique sur le front. Dès le troisième grade, celui de Maître, le récipiendaire est frappé au front afin que soit exprimée rituellement la domination de Satan sur sa pensée ; il est ainsi devenu la chose de Lucifer auquel il ne doit plus obéir que *"comme un cadavre"*. On ne peut également s'empêcher de penser à la marque de la Bête de l'Apocalypse sur le front. Certains qui ont peine à voir la vérité en face rétorqueront que peut-être Jean-Paul II ignorait ce qu'il faisait.

D'une part nous savons qu'une chanteuse française a refusé de pratiquer ce rite parce qu'elle voulait demeurer catholique. Une chanteuse (Mireille Mathieu)... alors Jean Paul II !

D'autre part, dans un livre de Charles Nicoullaud, intitulé *"L'initiation dans les Sociétés Secrètes — L'initiation maçonnique"* et préfacé par l'abbé Jouin, le futur Mgr Jouin, fondateur de la *Revue Internationale des Sociétés Secrètes*, écrit : *"Les sacrements du Mauvais, tout comme ceux de la Sainte Église, agissent dans un certain sens "ex opere operato" (c'est-à-dire par eux-mêmes), même dans l'ignorance de l'adepte, qui se trouve avoir fait, souvent à son insu un véritable pacte avec Satan. Les conséquences de ce pacte influeront sur toute sa vie, à moins cependant qu'un retour sincère à l'Église ne vienne en annuler les effets ; mais cela au prix quelquefois des plus pénibles sacrifices, mortifications et prières expiatoires. Même si la matière des sacrements de Satan est ridicule (de la poudre par exemple), ils n'en sont pas moins les signes d'un pacte, plus ou moins tacite, entre lui et l'homme raisonnable qui les reçoit volontairement et librement. Les maléfices agissent, bien que la victime soit inconsciente"* (p. 223).

L'ÉGLISE ÉCLIPSÉE

Ces rites, qui relèvent de la magie, ne sont que la contrefaçon diabolique des sacrements divins. Là comme toujours, Satan se révèle le singe de Dieu.

Le 5 février 1986, à l'occasion du même voyage, Jean-Paul II reçut à Madras les cendres initiatiques d'excréments de *"vache sacrée"* !

Bien sûr, jamais de tels faits ne se sont produits dans toute l'histoire de la sainte Église catholique !

b) Jean-Paul II et les Vaudous

« Nous lisons dans *"l'Osservatore Romano"* (6 février 1993 p. 4) : "Jean-Paul II a rencontré des représentants du Vaudou. Dans son discours il leur a déclaré : *"... D'où notre attitude de respect pour les vraies valeurs, où qu'elles soient, respect surtout pour l'homme qui cherche à vivre de ces valeurs, l'aidant à bannir la crainte. Vous êtes fortement attachés aux traditions que vous ont léguées vos ancêtres. Il est légitime d'être reconnaissants envers des aînés qui ont transmis le sens du sacré, la croyance en un Dieu unique et bon, le goût de la célébration, l'estime pour la vie morale et l'harmonie dans la société"*.

La religion du Vaudou prêche-t-elle la foi en Dieu Trine et Un, comme le dit Jean-Paul II ?

"Le Vaudou du Dahomey (ou Bénin) semble identifier "dieu" avec les pythons. Les adeptes du Vaudou adorent "le Dieu unique et bon" dans le Temple du Python, où trône "une statue en pierre grise représentant une femme indigène opulente au torse nu avec un gros python en guise de collier... Les pythons hébergés dans le temple errent tranquillement à travers la ville la nuit et retournent ensuite aux premières lueurs de l'aube dans leur enclos". (Marco

Tosatti. *Il Santoni del Vudù in udienza dal Papa*, *"La Stampa"*, 5 février 1993). Il suffit de lire le Livre de la Genèse pour comprendre quelle divinité est représentée par le serpent.

Mais Jean-Paul II respecte aussi leurs célébrations. Voyons ce qu'il en est :

> *"Sacrifices sanglants, vénération de reptiles, rites à base de sodabi (liqueur extraite des palmiers) et de gin, dirigés par des maîtres de cérémonies masculins (houngan) et féminins (mambo)"* (Marco Tosatti). À Haïti, du moins, existent *"des variantes de magie noire comme "l'envoi de morts", dans lequel un vivant devient la proie d'un ou plusieurs défunts, ou comme la transformation de l'âme d'un défunt en zombi, c'est-à-dire, en un mort vivant"* (Enc. Garzanti).

Une émission télévisée du 16 février 1993 (*"Geo"* sur Rai 3 italien) a présenté un document sur le Vaudou dans l'île d'Haïti. On y voit à propos du *"goût de la célébration"*, une danse rituelle d'hommes et de femmes nus, qui se roulent dans la fange. Quant au *"sens du sacré"*, on pouvait admirer quel respectable sentiment religieux pousse un prêtre du Vaudou à droguer une fille jusqu'à la faire paraître morte, l'enterrer, la faire *"ressusciter"* et la soumettre à ses ordres (il s'agit d'une *"zombi"*) avant de l'abandonner dans un hôpital psychiatrique de Port-au-Prince.

C'est un trait singulier de la *"considération pour la vie morale et l'harmonie de la société"* que K. Wojtyla attribue au Vaudou. Enfin, un dernier détail : *"Une bonne partie des adeptes de Vaudou sont chrétiens catholiques. Même leurs prêtres le sont"*, nous dit avec une moue désapprobatrice le Père Raymond Domas, recteur de la basilique de l'Immaculée, juste en face du temple du

Python" (Marco Tosatti).

Jean-Paul II donc, a non seulement reçu des sorciers mais ce qui est pire, des apostats de la religion chrétienne » (*Sodalitium*, n° 32, mai 1993 p. 44).

Sur le culte du serpent Mgr Gaume écrit :

> « Relevons que le choix de Satan pour se transformer en serpent avant de tenter Eve se trouve justifié. Serpent par la ruse, serpent par le venin, serpent par la force, serpent par la puissance de fascination. Telle est cette puissance qui séduit. Le culte du démon sous la forme du serpent n'a-t-il pas fait le tour du globe et des civilisations ? » (pp. 186 à 206).

« Les plus anciennes traditions nous apprennent que, dans l'Orient, en Perse, en Phénicie, en Égypte, dans tous les lieux voisins du paradis terrestre, le démon sous la forme du serpent, se faisait adorer non seulement comme le Dieu suprême, mais comme le Prince des législateurs, la source du droit et de la justice.

Déjà au temps de Daniel, son culte s'était conservé dans toute sa splendeur. Le célèbre temple de Bel, bâti au milieu de Babylone, servait de sanctuaire à un énorme serpent, que les Babyloniens entouraient de leurs adorations. Au sommet de ce temple de proportions colossales, apparaissait la statue de Rhéa. Assise sur un char d'or, la déesse avait à ses genoux deux lions, et à côté d'elle deux énormes serpents d'argent. Ces monstrueuses figures annonçaient au loin, la présence du serpent vivant et la gigantesque idolâtrie dont il était l'objet.

Comme il est constant que le paganisme occidental est venu du paganisme oriental, nous ne devrons pas être surpris de trouver le culte solennel du serpent dans la Grèce, en Italie et même chez les peuples du Nord. L'objet particulier des cultes bachiques est un serpent consacré par des rites secrets.

Quoi qu'il en soit de ces infâmies, indiquées ici pour rappeler au monde l'indicible dégradation à laquelle Satan avait conduit l'humanité païenne, la reconnaissance infinie que nous devons au Verbe rédempteur, et la profonde sagesse de l'Église dans ses prescriptions antidémoniaques, telle était la vénération dont l'odieux reptile jouissait parmi les Grecs qu'Alexandre se faisait gloire de l'avoir eu pour père ! De là vient que ses médailles le représentent sous la forme d'un enfant, sortant de la gueule d'un serpent.

Aucun animal n'a obtenu en Grèce les honneurs divins, à la seule exception du serpent.

Les Vaudous, dont l'immoralité égale, si elle ne surpasse, celle des Mormons, inspirent une grande frayeur. On les croit possesseurs de secrets importants pour fabriquer des sacrilèges terribles, dont les effets sont très divers. Les uns tuent comme la foudre, les autres altèrent la raison ou la détruisent complètement.

Les Vaudous s'assemblent toujours la nuit, dans les habitations isolées ou dans les montagnes, au milieu d'épaisses forêts et le serpent y reçoit leurs adorations.

En ce qui concerne le culte du serpent, l'expérience montre que chez presque tous les peuples, son infaillible corollaire a été le sacrifice humain.

N'est-ce pas la preuve évidente que le culte du serpent n'est autre chose que le culte du grand Homicide ? » (Mgr Gaume : *"Traité du Saint-Esprit"*, Vol. 1, pp. 358 à 462).

5. Le scandale d'Assise

"Ils se sont assemblés pour ne faire qu'un contre le Seigneur et contre son Christ" (*Ps.* 2) Jean-Paul II a participé aussi une douzaine de fois à des rites d'autres religions païennes et idolâtriques, notamment en Amérique et en Afrique, mais on ne peut pas tous les traiter dans cette étude. L'apothéose de ces rencontres sera réalisée à Assise en octobre 1986. Jean-Paul II a rassemblé dans ce lieu, jadis béni, tous les infidèles, schismatiques, hérétiques et apostats que la terre puisse porter afin que chacun, dans sa propre religion, prie la *"divinité"* pour la paix. (voir note 1, Page 171).

Pie XI avait déjà condamné ce genre de réunions :

> « Persuadés [les œcuménistes] que l'on trouve très rarement des hommes privés de tout sentiment religieux, ils semblent en tirer argument pour espérer que les peuples, n'étant pas d'accord les uns avec les autres en matière de religion, en conviennent également sans difficulté dans la profession de plusieurs doctrines, comme sur un fondement commun de vie spirituelle. Par conséquent ils ont l'habitude d'organiser des congrès, des réunions, des conférences, avec une grande participation de personnes, et d'y inviter à discuter tous ensemble infidèles de tout degré, et chrétiens, et jusqu'à ceux qui apostasièrent misérablement le Christ ou qui avec une pertinacité obstinée nient la divinité de sa Personne et sa mission. De telles tentatives ne peuvent certainement pas obtenir

l'approbation des catholiques, fondées comme elles le sont sur la fausse théorie qui suppose bonnes et louables toutes les religions ; parce que toutes, bien que de différentes manières, manifestèrent cependant et signifient également ce sentiment congénital à tous par lequel nous nous sentons portés vers Dieu et à la reconnaissance obséquente de son domaine. Or, les adeptes d'une telle théorie non seulement sont trompés et sont dans l'erreur, mais ils répudient la vraie religion en dépravant le concept et inclinent petit à petit au naturalisme et à l'athéisme ; d'où il s'ensuit clairement que ceux qui adhèrent aux fauteurs de telles théories et tentatives s'éloignent tout à fait (omnino) de la religion révélée par Dieu ».

Plus loin il continue ainsi : « Il s'en trouve même qui ont jusqu'au pieux désir de voir à la tête de ces congrès, disons-le ainsi, multicolores, le Pape même ! » (*"Mortalium animos'*, 1928).

Pie XI considérait évidemment une telle chose comme absurde, impensable, et en effet il est inconcevable qu'un vrai Pape puisse participer à de telles réunions ou même en être le promoteur. C'est malheureusement ce que Jean-Paul II a fait et continue de faire.

À remarquer aussi que les réunions comme celle d'Assise, répétées maintes fois par Jean-Paul II et les conciliaires, sont des actes bien plus graves que ceux condamnés par Pie XI[118]. Ce pape, en effet, blâmait

---

[118] Que disait également Léon XIII ? « Le 15 septembre 1895, Léon XIII condamnait le principe même de la *"Foire aux religions"* et écrivait au cardinal Gibbons : "Nous avons appris qu'en Amérique il se tenait des assemblées dans lesquelles, indistinctement, de catholiques s'unissent à ceux qui sont séparés de l'Église pour traiter des question

L'ÉGLISE ÉCLIPSÉE

"seulement" — à l'époque de Pie XI un fait comme celui d'Assise n'était même pas concevable — *"... des congrès, des réunions, des conférences, avec une grande participation de personnes, et d'y inviter à discuter tous ensemble infidèles de tout degré, et chrétiens..."* tandis qu'aujourd'hui les conciliaires sont allés bien plus loin, jusqu'à placer Bouddha sur un tabernacle. Or, si *"ceux qui adhèrent aux fauteurs de telles théories et tentatives s'éloignent totalement (omnino) de la religion révélée par Dieu"*, qu'en sera-t-il pour Jean-Paul II et ses adeptes ? La Franc-Maçonnerie, elle, comprendra le sens d'une telle rencontre. Le grand maître du Grand-Orient d'Italie contemplant le panthéon des religions à Assise, s'écria avec satisfaction : *"La sagesse maçonnique a établi que personne ne peut être initié s'il ne croit pas*

---

religieuses ou de questions morales. Il ne faut pas croire qu'il n'y ait aucun péché dans le fait de ce silence dans lequel on omet de parti-pris et on relègue dans l'oubli certains principes de la doctrine catholique. Car toutes ces vérités, quelles qu'elles soient, n'ont qu'un seul et même auteur et docteur, le Fils unique qui est dans le sein du Père".
N'empêche que pendant dix-sept jours on avait vu le cardinal Gibbons dans sa robe écarlate, un brahmane vêtu de rouge et la tête coiffée d'un turban vert, un bouddhiste enveloppé dans une toge blanche, des mandarins chinois et des bonzes japonais couverts de soie, exposer ce que faisaient leurs cultes pour le bonheur spirituel et temporel de l'homme. Cette *"foire aux religions"*, haute en couleur et bien dans le style des parades américaines, ne choquait peut-être pas à Chicago, mais lorsque l'abbé Klein et l'abbé Charbonnel émirent l'idée d'organiser un Congrès universel des religions à Paris, à l'occasion de l'Exposition Universelle, le scandale fut tel qu'ils durent renoncer, Léon XIII ayant fait dire qu'il était "plus sage que les catholiques tiennent leur congrès à part". Mais l'affaire fut chaude. L'abbé Charbonnel avait lancé une *"Union morale des religions"*. "Il se fera, écrivait-il dans la Revue de Paris du 1er septembre 1895, un pacte du silence sur toutes les particularités dogmatiques qui divisent les esprits, et un pacte d'action commune par ce qui unit les cœurs, par la vertu moralisatrice qui est en toute foi. Ce serait l'abandon des vieux fanatismes, ce serait la rupture de cette longue tradition de chicanes qui tint les hommes acharnés à de subtils dissentiments de doctrine et l'annonce de temps nouveaux (...) l'heure est venue, concluait l'abbé Charbonnel pour cette union suprême des religions" » (L. Ploncard d'Assac, *"L'Église occupée"*, dpf, 1983, p. 191).

au G.A.D.L.U (Grand Architecte de l'Univers), mais que personne ne peut être exclu de notre famille à cause du Dieu auquel il croit et à cause de la manière dont il l'honore. Notre interconfessionalisme nous a valu l'excommunication en 1738 de la part de Clément XII. Mais l'Église était certainement dans l'erreur, s'il est vrai que le 27 octobre 1986 l'actuel pontife a réuni à Assise des hommes de toutes les confessions religieuses pour prier ensemble pour la paix. Et que cherchaient d'autre nos frères, quand ils se réunissaient dans les temples, sinon l'amour entre les hommes, la tolérance, la solidarité, la défense de la dignité de la personne humaine, se considérant égaux, au-dessus des credo politiques, des credo religieux et des couleurs de la peau ?" (Discours final prononcé par le grand maître Armando Corona à la grande loge de *"L'Équinoxe de Printemps"*, publié dans Hiram, l'organe du Grand-Orient d'Italie, avril 1987, cité par Le *Courrier de Rome Si Si No No*, janvier 1988).

« Deux textes clef de hautes personnalités théosophiques jettent une lumière méridienne, en raison des antécédents théosophiques de Karol Wojtyla, sur la véritable racine et la motivation de *"l'œcuménisme"* de Jean-Paul II, œcuménisme qui a son apogée d'Apostasie à Assise 1986.

➢ **Blech**, président de la Société Théosophique de France, dans son discours au *"Congrès Spiritualiste et Maçonnique"* (1908) :

"Quelle est donc la religion future de l'humanité ? Ce n'est plus une foi exclusive et séparatiste, mais une reconnaissance des mêmes vérités se trouvant dans toutes les religions. Il n'existe qu'une seule vraie religion, la Divine Sagesse, et chaque religion, prise à part, n'est vraie que dans la mesure où elle incorpore les principaux enseignements de cette Divine Sagesse... (...). La grande impulsion spirituelle (...) n'eut point mission de fonder une nouvelle religion (...) mais de vivifier, d'éclairer les religions existantes, de les amener peu à peu à s'unir en

L'ÉGLISE ÉCLIPSÉE

une grande fraternité des Religions" (Barbier : *"Les infiltrations maçonniques dans l'Église").*

➢ **Rudolf Steiner** (1861-1925) : Parmi les conférences du Cycle dédié à l'Évangile de Marc, nous trouvons ce texte clef pour Assise : "Qu'est-ce qui adviendra quand les fidèles individuels des différents systèmes religieux se comprendront ainsi, quand le chrétien dira au bouddhiste : je crois en ton Bouddha, et quand le bouddhiste dira au chrétien : je peux comprendre le mystère du Golgotha comme toi-même le comprends ? Qu'est-ce qu'adviendra sur l'humanité quand quelque chose de semblable deviendra commun ? La paix arrivera parmi les hommes, une reconnaissance réciproque des religions. Et celle-ci doit arriver. Et **le mouvement anthroposophique** doit constituer une telle authentique compréhension réciproque des religions" (R. Steiner : Markus, Dornach, 1960, pp. 70-71).

Les faits sont des tyrans et parlent clair : l'inspiration théosophique de Karol Wojtyla explique Assise[119]. Contra facta non sunt argumenta »

---

[119] "La théosophie, en matière théologique, est panthéiste : Dieu est tout, et tout est Dieu" (Annie Besant : *"Why I became a Theosophist"*, London, 1981, p. 18). « Pour le théosophe, c'est à chacun de découvrir, par sa propre recherche métaphysique, le vrai visage de Dieu. Car Dieu est le nom secret de la vérité. C'est ce que proclame, de façon lapidaire, la devise de la Société Théosophique : "il n'y a pas de religion plus élevée que la vérité", qui est aussi l'antique devise des Maharajahs de Bénarès » (J. Lantier : *"La Théosophie"*, c.a.l., Grasset, Paris, 1970, p. 254). (*L'anthroposophie* de R. Steiner est) "un occultisme à prétentions scientifiques, à couleur chrétienne, complété par une initiation secrète dont les détails sont empruntés aux légendes rosicruciennes" (Léonce de Grandmaison, in : Grandmaison-Tonquédec : *"La théosophie et l'anthroposophie"*, Beauchesne, Paris, 1939, p. 130). "C'est l'individu qui monte, par ses efforts personnels vers un état de développement supérieur, contribuant ainsi à l'évolution et à la délivrance de l'humanité et du Cosmos : vraie fin dernière de tout dans le système steinérien" (J. de Tonquédec, in. Grandmaison-

(*Bulletin de la Société Barruel*, n° 27, pp. 31-32).

6. Jean-Paul II en France

Dans la continuité de ce qu'il avait affirmé lors de sa première venue en France, Jean-Paul II déclara dans sa dernière allocution du 22 septembre 1996[120], en réponse au discours de M. Alain Juppé : *"Que votre nation demeure accueillante, qu'elle continue à faire partager sa culture, qu'elle contribue à faire progresser sans cesse les idéaux de liberté, d'égalité et de fraternité[121] qu'elle a su présenter au monde !"*

Qu'annonçait l'initié Roca au siècle dernier, sinon : *"La conversion d'un Pape à l'esprit nouveau. Il consacrera la civilisation moderne* (fruit de la Révolution antichrétienne, n.d.r.) ; *il la proclamera fille de l'Église, héritière des promesses dominicales et du véritable esprit des paraboles"* (Roca, *"Fin de l'ancien monde"*, p. 373). Et alors *"il en ressortira une chose qui fera la stupéfaction du monde et qui jettera le monde à genoux devant son Rédempteur* (Pour Roca, le Christ, la rédemption c'est Lucifer, n.d.r.). *Cette chose sera la démonstration de l'accord parfait entre l'idéalité du Christ et de son Évangile. Ce sera la consécration du nouvel ordre social et le baptême solennel*

Tonquédec : op. cit., p. 172) ».

[120] À la lecture du texte de conférence de Jean Vaquié : *"Les origines et les Finalités surnaturelles de la Monarchie Française"*, le lecteur comprendra l'importance du choix de cette date du 22 septembre.

[121] « Un haut maçon italien, dont Mgr Gerbet a publié les notes en 1832, écrivait : "L'égalité et la liberté, prérogatives précieuses ! C'est par elles qu'il faut tarir les sources empoisonnées d'où découlent tous les maux des humains ; c'est par elles que nous devons faire disparaître toute idée importune et humiliante de supérieur et faire rentrer l'homme dans ses premiers droits, ne connaître plus ni rang, ni dignité, dont la vue blesse ses regards ou choque son amour-propre" » (Barbier, op. cit., pp. 6 et 7).

de la civilisation moderne" (p. 282). Nous sommes loin du baptême catholique de Clovis par saint Rémi ! Roca ajoute : *"Le converti du Vatican n'aura pas, d'après le Christ, à révéler à ses frères un enseignement nouveau. Il n'aura pas à pousser la Chrétienté ni le monde en plein vers des voies autres que les voies suivies par les peuples sous l'inspiration secrète de l'esprit, mais simplement à les confirmer dans cette civilisation moderne. Le Pontife se contentera de confirmer et de glorifier le travail de l'Esprit du Christ ou du Christ-Esprit dans l'esprit public et,* **grâce au privilège de son infaillibilité personnelle**[122], *il déclarera canoniquement urbi et orbi que la civilisation présente est fille légitime du saint évangile de la rédemption sociale"* (Roca, *"Glorieux Centenaire"*, p. 111). C'est dans ce même esprit que le 29 juin 1970, l'abbé Rayssignier déclarait au Vatican : *"Le rapport des fidèles avec le Christ a en Pierre son ministre, son interprète, son garant. Tous doivent lui obéir quoi qu'il ordonne* (voir note précédente), *s'ils veulent être associés à la nouvelle économie de l'évangile"* (*"Lettre ouverte au Pape"*, 30 juin 1970). Ce *"Baptême solennel de la civilisation moderne"* se trouve également confirmé par la déclaration suivante du cardinal Ratzinger, Préfet de la Congrégation de la Foi : « L'Église coopère avec le *"monde"* pour construire le *"monde"*... Le rapport entre l'Église et le monde est donc vu comme un colloque, comme un *"parler ensemble"*... Si l'on cherche un diagnostic global du texte (de la Constit. *Gaudium et Spes*[123]), on pourrait

---

[122] C'est pour cela que tous devront reconnaître ce pontife décrit par Roca. En effet, ce qui lui donnera le pouvoir de confirmer "cette civilisation moderne" ce sera bien évidemment le fait d'être tenu pour pape par tous !

[123] Monsieur Savary, ancien ministre de l'Éducation nationale écrit : « En proclamant la "juste autonomie des réalités terrestres" (*"Gaudium et Spes"*), on peut estimer que le concile a justifié le principe de la laïcité, c'est-à-dire de la distinction de deux ordres du savoir : celui de la foi et celui de la raison. Le domaine de la culture et des sciences est régi par ses lois propres qui sont indépendantes de la foi et de la théologie. Les conséquences pour

dire (compte tenu des textes sur la liberté religieuse et sur les religions du monde) qu'il est une révision du syllabus de Pie IX[124], une sorte de contre-syllabus... Le texte joue le rôle d'un contre-syllabus dans la mesure où il représente une tentative pour une réconciliation officielle de l'Église avec le monde tel qu'il était devenu depuis 1789... par *"monde"* on entend, au fond, l'esprit des temps modernes, en face duquel la conscience de groupe dans l'Église se ressentait comme un sujet séparé qui, après une guerre tantôt chaude et tantôt froide, recherchait le dialogue et la coopération » (r. p. p. 426-427).

« *Nous nous sentons une responsabilité dans ce monde et désirons lui apporter notre contribution de catholiques. Nous ne souhaitons pas imposer le catholicisme à l'Occident, mais nous voulons que les valeurs fondamentales du christianisme et les valeurs libérales*[125] *dominantes dans le monde d'aujourd'hui puissent se rencontrer et se féconder mutuellement* » (Cardinal Ratzinger, interview au journal *"Le Monde"*, 17 janvier 1992).

7. Jean-Paul II et l'anniversaire d'Assise

Ensuite, et toujours dans *"l'esprit d'Assise"*, une réunion s'est tenue à Rome entre le 7 et le 11 octobre 1996, où les rangées bigarrées des représentants de toutes les religions : imams, muftis, bonzes, rabbins, pasteurs, popes et prêtres, voisinaient avec le parterre rouge et violet des cardinaux et

---

l'enseignement sont évidentes : formation de l'intelligence et recherche de la "vérité" des sciences et des disciplines profanes n'ont ni lumière à demander, ni compte à rendre au magistère ecclésiastique » (*"En toute liberté"*, Ed. Hachette, 1985, p. 71).

[124] *Le Syllabus*, du 8 décembre 1864, est le recueil de 80 propositions condamnant les erreurs modernes.

[125] Proposition 80 condamnée par le *Syllabus* : "Le pontife romain peut et doit se réconcilier et composer avec le progrès, avec le libéralisme et avec la civilisation moderne".

évêques de tous les continents. La cérémonie de clôture s'est déroulée sur la place Santa-Maria-in-Trastevere. *"Arrivés en procession de divers lieux de prière dans Rome, deux cents leaders d'une douzaine de religions (chrétiens, juifs, musulmans, bouddhistes, shintoïstes, hindous, etc.) ont signé l'appel pour la paix et allumé ensemble deux grands chandeliers, après avoir écouté le message de Jean-Paul II"* (*"La Croix"* du 12 octobre 1996).

Étant hospitalisé, ce dernier avait chargé le secrétaire d'État, le cardinal Sodano[126] de lire son message : *"C'est pour moi un profond réconfort de constater que la graine, semée il y a dix ans à Assise, continue à germer… Avec un grand respect pour les personnes et les traditions religieuses que chacun représente, je prie pour que, grâce à l'apport de toute personne de bonne volonté, l'humanité entière soit toujours plus consciente de la vocation commune à construire la paix. Tel est le dessein de Dieu"*.

Le 15 octobre 1996, Jean-Paul II reprenait et confirmait le programme d'Assise :

> « Les religions sont appelées de façon particulière à coopérer à l'engagement de tous les hommes de bonne volonté pour la consolidation de la paix dans le monde, et les initiatives de prières constituent un instrument privilégié sur ce chemin difficile vers la réconciliation entre les peuples et les nations.

En effet, **les religions**, précisément en raison de la relation avec **la**

---

[126] C'est ce même cardinal Sodano qui, à Fatima, lançait un appel pour que l'on "… voit dans le Christ la voie vers un nouvel ordre international. Cet ordre mondial devrait empêcher de nouvelles guerres et inclure l'aide désintéressée ainsi que la solidarité en tant que valeur suprême" (13 mai 1992).

Divinité[127] qu'elles promeuvent et cultivent, peuvent et doivent faciliter la rencontre entre les hommes, même s'ils sont de cultures et de traditions différentes. Loin de justifier les haines et les divisions, elles doivent pousser leurs propres fidèles à surmonter les difficultés et les barrières de l'incompréhension et des préjugés, en favorisant l'ouverture aux autres dans un respect réciproque. À l'occasion de la journée mondiale de prière pour la paix en 1986, j'ai formulé le vœu que l'esprit d'Assise ne s'éteigne pas, mais continue *"à gagner"* les hommes et les femmes en éveillant dans leur âme le désir de se rencontrer et de se connaître selon l'exemple de fraternité universelle[128] offert à tous par saint François et sainte Claire » (*"L'Osservatore Romano"* du 16 octobre 1996).

Comment ne pas voir ici une réalisation de ce que le Congrès Spiritualiste

---

[127] Quelle est cette "Divinité" évoquée par Jean-Paul II ? Si cette parole relevait de saint Pie X ou de Pie XII nous ne douterions pas qu'il s'agisse du véritable Dieu Trinitaire ; mais la "Divinité" étant dans ce contexte celle de toutes les religions, comment ne pas y voir l'Adversaire du seul vrai Dieu ? *"Omnes dii gentium, demonia"* "Tous les dieux des païens sont des démons" *Ps.* 95-5. On ne peut pas reconnaître cette "divinité" de toutes les religions sans admettre qu'elles nous relient réellement, comme le prétend Jean-Paul II, au véritable Dieu, ce qui est manifestement faux. À ce propos, saint Augustin, dans la *"Cité de Dieu"*, explique bien que c'est le diable qui a inventé les fausses religions, afin d'éloigner les hommes de la seule véritable. D'où il suit que les fausses religions sont un obstacle et non une aide pour arriver à la véritable Divinité. On voit ici combien la pensée de Jean-Paul II est éloignée de la doctrine catholique.

[128] L'initié Saint-Yves d'Alveydre écrit dans *"Mission des Souverains"* : "Est-ce que la chute du pouvoir clérical des Papes n'est pas un indice certain du triomphe possible de l'Universelle Église, par la solennelle reconnaissance de l'égalité et de la fraternité de toutes les Églises nationales rendues à leur mission vivante" (p. 403). Tout ce qu'"on peut espérer, c'est que la majesté de la tiare viendra un jour dans ce gouvernement général de la chrétienté, couronnant au sommet de l'Église universelle, ayant pour piliers toutes les Églises nationales, cet édifice catholique et orthodoxe une fois bâti" (pp. 433-434).

Mondial déclarait en 1946 à Bruxelles ? *"Il existe au-dessus des diverses religions une église universelle composée de tous les croyants dogmatiquement libres qui unissent leurs convictions relatives à l'existence d'un Être Suprême, à une vie future, à l'immortalité de l'âme ainsi que le devoir d'amour humain proclamé comme le premier de tous par les églises et les religions".* C'est la religion spirite.

Les lignes suivantes, extraites d'un document cité par Mgr Gaume dans son *"Traité du Saint-Esprit"* (tome II), fournissent des indices sur l'identité de cet *"Être Suprême"* :

« Le mot d'ordre de la nouvelle religion, qui est aussi celui des Spirites, est : *Hors la charité point de salut*. Grâce à ce slogan mensonger[129], toutes les barrières morales sont en train de tomber au nom de la *"tolérance"* maçonnique. *"Grâce à ce slogan perfide*[130] *l'antagonisme religieux doit disparaître : juifs, catholiques, protestants, musulmans, se tendront la main en adorant, chacun à sa manière, l'unique Dieu de miséricorde et de paix qui est le même pour tous"* (Discours du président de la Société spirite de Marennes, dans la *Revue Spirite*, janvier 1864, p. 23) ».

Citons encore : *"Ne laissez pas dire, mes frères, que la Franc-Maçonnerie est l'Anti-Église, cela n'a été qu'une phrase de circonstance : fondamentalement la Franc-maçonnerie se veut super église, l'Église qui les réunira toutes"* (Politique et Franc-maçonnerie, cité par le *Bulletin du Grand-Orient*, n° 37).

---

[129] Ce slogan doit être dénoncé comme mensonger parce qu'il est impossible d'avoir la charité sans avoir la foi. La raison en est que l'Esprit-Saint qui est la charité de Dieu, n'est donné qu'aux âmes justifiées par la foi au Christ Jésus.

[130] Quel aveu de la part des ennemis ! Eux-mêmes reconnaissent la perfidie de ce slogan.

8. Remerciements de la Franc-Maçonnerie

Dans le même ordre d'idées, il importe de noter quelques commentaires de la maçonnerie sur les pontifes issus de Vatican II. Le frère Volpicelli, par exemple, déclare que *"deux Pontifes récents sont également appréciés par les communautés (de l'Église et de la Maçonnerie), le Pape Jean (XXIII) et le Pape Wojtyla"* (Débat catholico-maçonnique de Lecce, du 24 février 1979, p. 114).

Le Père Esposito, lui, assure qu'*"en ce qui concerne la communauté ecclésiale, il n'est même pas à démontrer qu'à partir du Pape Jean et du Concile, elle s'est transformée en un chantier de travail où les tailleurs de pierre, les sculpteurs et les artistes de toutes les spécialités, architectes et chapelains, se consacrent à une activité ingrate et méticuleuse dans le but d'édifier la nouvelle cathédrale du futur"* (Débat catholico-maçonnique de Lecce, du 24 février 1979, p. 122).

Dans la revue *"Faits et Documents"* (n° 19, 15 janvier 1997) d'Emmanuel Ratier, nous lisons, entre autres : « Après Clinton, Arafat, Rabin et le Dalaï Lama, Virgilio Gaito, Grand Maître du Grand-Orient d'Italie (14000 membres, affilié à la Grande Loge d'Angleterre, sans relation avec le G.O.D.F.), a décerné le 20 décembre sa plus haute distinction, la médaille de Galilée (qui représente le savant au centre d'un triangle entouré d'une chaîne), au pape Jean-Paul II, afin de récompenser *"une œuvre continue et méritoire réalisée en faveur de la compréhension entre les peuples afin que la paix se renforce, réalisant ainsi les valeurs de la Maçonnerie universelle : Fraternité et Tolérance"*. Le porte-parole adjoint du Saint-Siège, le père Ciro Benedetti, a indiqué qu'il était peu probable que le pape accepte cette distinction ».

Peu importe que Jean-Paul II accepte ou refuse cette *"médaille"* ; nous retenons que les francs-maçons eux-mêmes savent très bien qu'il réalise leur plan et l'en remercient.

CHAPITRE III

Vers la religion luciférienne

Rappelons qu'une fois vaincu dans le Ciel et précipité en Enfer, Satan a œuvré à la chute de l'homme. Son empire terrestre est devenu la société païenne. Puis vint le temps de la réalisation des prophéties qui annonçaient un Sauveur. L'incarnation du Verbe, la fondation de l'Église et l'action du Saint-Esprit réduisent à néant le paganisme. La civilisation chrétienne naît, s'épanouit, et résiste à de nombreuses attaques jusqu'à l'humanisme néo-païen et à la Renaissance. Satan qui hait le Verbe Incarné complote alors avec ses valets pour détruire la Sainte Église Catholique, son Corps Mystique. Après plusieurs tentatives, la tiédeur des gouvernants et des peuples, la faiblesse et la lâcheté des bons lui permettent d'infiltrer son armée *"aux entrailles mêmes et aux veines de l'Église"*. Ce projet est rapidement connu des Pontifes qui le dévoilent publiquement. Même des affidés de la Secte annoncent le plan qu'ils poursuivent sous l'œil du *"Grand Architecte de l'Univers"*, qui n'est autre que Lucifer lui-même, soucieux d'installer sa religion.

1. En quoi consiste la religion luciférienne ?

Albert Pike, grand prêtre luciférien, fondateur du rite palladique luciférien, Grand Pontife de la Franc-Maçonnerie universelle, 33ème degré, le révèle dans sa déclaration du 14 juillet 1889 aux 23 Suprêmes Conseils du monde (les chefs de la Franc-Maçonnerie universelle) :

« Ce que nous devons dire au vulgaire c'est ceci : *"Nous adorons un Dieu, mais c'est le Dieu qu'on adore sans superstition"*.

À vous, Souverains Grands Instructeurs Généraux, nous disons ceci pour que vous le répétiez (seulement, n.d.r.) aux Frères des 32ème, 31ème, et 30ème degrés :

"La religion maçonnique devrait être maintenue, par tous les initiés aux plus hauts degrés, dans la pureté de la doctrine luciférienne... La magie créatrice du démon... n'est pas la nôtre ; cette erreur, cette démence, n'est pas la nôtre : cette erreur, cette démence, avec son cortège de turpitudes et de cauchemars, c'est l'affaire de la Rome papale et elle doit en répondre. Elle a été engendrée par Adonaï (le Dieu biblique, le Dieu des chrétiens), calomniateur de Lucifer. Dans sa rage contre son éternel et magnanime antagoniste, le Dieu Méchant a bouleversé chez les hommes superstitieux la notion des choses saintes. Il a nié la divinité du Père du bien et l'a appelé mal... Si Lucifer n'était pas Dieu, Adonaï (le Dieu des chrétiens) dont toutes les œuvres attestent la cruauté, la perfidie, la haine de l'homme, la barbarie et la répulsion pour la Science, si Lucifer n'était pas Dieu, Adonaï et ses prêtres s'occuperaient-ils de le calomnier ?

Oui, Lucifer est Dieu, et malheureusement Adonaï aussi est Dieu. Parce que la loi éternelle est qu'il n'existe pas de lumière sans ombre, pas de beauté sans laideur, pas de blanc sans noir, parce que l'Absolu ne peut exister que comme deux Dieux ; parce que les ténèbres sont nécessaires à la lumière pour lui servir d'ombre ; comme le piédestal est nécessaire à la statue et le frein à la locomotive... Ainsi la doctrine du satanisme (comprenons : *"la doctrine qui représente Satan comme un être malfaisant"*, n.d.r.) est une hérésie, et la véritable et pure religion philosophique est la croyance en Lucifer, l'égal d'Adonaï ; mais Lucifer, le Dieu de la Lumière et Dieu du Bien, lutte pour l'Humanité contre Adonaï (le Dieu des chrétiens, n.d.r.), le Dieu des ténèbres et du mal" »[131] (*La Civiltà Cattolica* du 24 septembre 1894 série 15 vol. 12 fascicule 1063 ; repris par la revue *"The Freemason"* du 19 janvier 1935, cité par Pierre Virion : *"Bientôt un gouvernement mondial, une super et contre Église ?"* Téqui, Ed. 1967, p. 231).

Le frère Albert Pike ajoute : *"La Gnose est l'essence et la mœlle de la maçonnerie"*. Cette définition est partagée par R. Guénon, considéré généralement comme le penseur maçonnique le plus autorisé du XXème siècle, 33ème et plus haut degré du R.S.A.A. (Conseil Suprême du Rite Écossais Ancien et Accepté) et 90ème du rite de Misraïm.

« La maçonnerie ayant donc été identifiée à la gnose, il importe de préciser qu'il s'agit de la gnose juive dans sa forme actuelle, c'est-à-dire du judaïsme postérieur à la venue du Christ » (Pike). Pour le prouver, il suffira de citer ici les paroles prononcées par Israël Meir Lau, grand rabbin de Jérusalem ; celui-là même qui fut reçu officiellement le 21 septembre 1993 à Castelgandolfo par Jean-Paul II. Lors de son intervention, quelques semaines après cette rencontre à la cérémonie de célébration du 40ème anniversaire de la Fondation de la Grande Loge d'Israël, il déclara : *"les principes de la maçonnerie sont tous contenus dans le livre des livres du peuple juif"*, à savoir le Talmud.

---

[131] Walt Disney, qui était luciférien, utilisait le dessin animé comme propagande pour cet enseignement de la Contre-Église. Dans ce même état d'esprit, les promoteurs du dessin animé "Le Roi Lion" ont lancé un message extrêmement riche d'enseignements une fois décodé. Le lecteur intéressé trouvera une explication dans notre fascicule *"Le sens de l'Histoire à partir de la Sainte Écriture"*.

Sachant que le judaïsme, en grande partie du moins, coïncide avec le judaïsme ésotérique et gnostique, c'est-à-dire avec la kabbale[132], on ne sera pas étonné du fait qu'Albert Memmi, dans son livre *"Portrait d'un juif"*, ait écrit, en s'adressant aux chrétiens : *"Votre religion est, aux yeux des juifs, un blasphème et une subversion.* **Votre Dieu est pour nous le diable,** *c'est-à-dire le condensé du mal sur la terre"* (A. Memmi *"Portrait d'un juif"*, Ed. Gallimard, Paris, 1962, cité dans Yann Moncomble *"Les professionnels de l'antiracisme"*, 1987, p. 267) » (Docteur Carlo Alberto Agnoli, op.cit.). Nous voilà au cœur de l'inversion satanique. D'ailleurs le Fils de Dieu Lui-même l'avait affirmé :

"Je sais que vous êtes la postérité d'Abraham, mais vous cherchez à me faire mourir parce que ma parole ne pénètre pas en vous. Je dis ce que j'ai vu auprès de mon Père. Vous aussi, vous faites ce que vous avez appris auprès de votre père". Ils lui répondirent : *"Notre père c'est Abraham".*

Jésus leur dit : *"Si vous étiez enfants d'Abraham, vous feriez les œuvres d'Abraham. Or, maintenant, vous cherchez à me faire mourir, moi qui vous ai dit la vérité que j'ai apprise de Dieu. Cela, Abraham ne l'eût point fait".*

Ils lui dirent : *"Nous ne sommes pas nés de l'adultère, nous n'avons qu'un seul père qui est Dieu".*

Jésus leur répondit : *"Si Dieu était votre Père, vous m'aimeriez car c'est de Dieu que je suis sorti et que je suis venu. Non, je ne suis pas venu de moi-même, mais c'est Lui qui m'a envoyé. Pourquoi ne comprenez-vous pas mon*

---

[132] Afin de montrer le lien entre la kabbale et la Franc-Maçonnerie, nous citons Élie Benamozegh *"Israël et l'Humanité"*, Ed. Albin Michel 1980 : "La théologie franc-maçonnique correspond assez bien à celle de la kabbale" (p. 73).

*langage ? C'est parce que vous ne pouvez entendre ma parole. Vous avez pour Père le Diable (*vos estis ex patre Diabolo*) et vous voulez réaliser les désirs de votre père. Celui-ci était homicide dès le commencement et ne se tenait pas dans la vérité, parce qu'il n'y a pas de vérité en lui... Celui qui est de Dieu écoute les paroles de Dieu. Et voici pourquoi vous ne m'écoutez pas : parce que vous n'êtes pas de Dieu"* (Jean. VIII, 37).

2. La religion luciférienne coïncide avec la religion maçonnique

« La religion maçonnique devrait être maintenue, par tous les initiés aux plus hauts degrés, dans la pureté de la doctrine luciférienne... » (Albert Pike).

Voici l'extrait d'une plaquette distribuée par la Maçonnerie au cours d'une conférence de présentation aux non-initiés :

> « Il n'est jamais aisé d'éclairer sans trahir, ou de tenter d'expliquer ce qu'est la Franc-maçonnerie et, plus particulièrement, la Grande Loge de France, propos de ce livret. Sa meilleure définition sera peut-être la citation de l'Article I de la Constitution de la Grande Loge de France qui nous dit : *"La Franc-Maçonnerie est un ordre initiatique traditionnel et universel, fondé sur la fraternité. Elle constitue une alliance d'hommes libres et de bonnes mœurs, de toutes races, de toutes nationalités et de toutes croyances"*.

Ceci mérite-t-il une explication ? Certes non, à qui s'attache à comprendre le sens des mots, à peser leur enchaînement pour apprécier le sens du message.

L'ÉGLISE ÉCLIPSÉE

Est-ce une religion universelle[133] ? Certes oui, si l'on veut bien donner au mot religion son sens étymologique, soit en partant du latin religare (relier) ou de relegere (recueillir, rassembler).

C'est le Chevalier de Ramsay[134] qui déclarait :

> "La Franc-Maçonnerie est bien la résurrection de la religion noachique[135], *celle du Patriarche Noé, cette religion antérieure à tout dogme et qui permet de dépasser les différences et les oppositions de confessions*".

---

[133] Voici ce que dit Jacques Mitterrand, frère de l'ex-président socialiste et Grand Maître du Grand-Orient de France en commentant cette phrase d'Anderson ("la religion de la maçonnerie est la religion dans laquelle tous les hommes s'accordent", Constitution de la Maçonnerie en 1723) : « Quelle est donc cette religion sous laquelle tous se mettent d'accord ? Poser cette question, c'est déjà reconnaître le caractère révolutionnaire du texte d'Anderson... D'abord, elle refuse la religion d'État... mais cela ne lui est pas suffisant... il laisse à chacun ses propres opinions... ainsi toutes les opinions, et les opinions religieuses en particulier, ont les mêmes droits... Ces religions constituent une religion universelle » (*"La politique des francs-maçons"*). On comprend alors pourquoi Jésus-Christ peut être placé au même rang que Mahomet ou Bouddha et, dans la mesure où Jean-Paul II fait cela, il est normal que la Franc-Maçonnerie l'en remercie !
Jacques Ploncard d'Assac confirme : « Les constitutions maçonniques de 1717 qui fondent la maçonnerie, ont pour premier objet de briser la société chrétienne en écartant le dogme catholique. Les maçons, disent-elles, ne sont obligés "qu'à cette religion sur laquelle tous les hommes sont d'accord, en leur laissant le choix de leurs opinions individuelles... par là, la maçonnerie deviendra le centre et le moyen de créer une fraternité véritable entre des gens qui, sans cela seraient restés divisés pour toujours" » (*"Les francs-maçons"*, p. 13).
[134] Le "Chevalier de Ramsay" est un personnage-clé de la Franc-Maçonnerie au XVIIème siècle. Consulter le *Dictionnaire de la Franc-Maçonnerie* du "frère" Ligou.
[135] La véritable religion noachide, c'est la religion qui existait entre le déluge et Abraham. En soi, elle est bonne, mais une fois qu'elle a été remplacée, d'abord par la religion juive, puis par le christianisme, elle n'a plus de raison d'exister.

L'ÉGLISE ÉCLIPSÉE

Ainsi aura-t-on trouvé de tout temps, dans les Loges maçonniques, des hommes qui s'appellent *"mon frère"*, souvent dissemblables par leur origine, leur confession, leur croyance, leurs habitudes, mais convaincus du principe fondamental de la Franc-maçonnerie, cette loi d'amour des fils de la lumière.

Citons encore Anderson, dans ses Constitutions qui demeurent, pour la Grande Loge de France, le texte de référence historique. Il y est dit : *"la Franc-Maçonnerie doit être le centre de l'union et le moyen de nouer une véritable amitié parmi les personnes qui eussent dû demeurer éloignées ou étrangères"*.

Ordre traditionnel et universel, fondé sur la Fraternité, la Grande Loge de France est fondamentalement un ordre initiatique. C'est l'initiation qui permet au *"vieil homme"* de se débarrasser de sa gangue ancienne et de renaître, tel le phénix, en homme nouveau[136], lui permettant d'accéder à la

---

[136] À ce titre il est intéressant de lire le sens d'une initiation en loge maçonnique exposé par Mgr Delassus : « ... Le sens social de l'initiation est donc la mise au tombeau du monde chrétien et la résurrection du monde hébreu. Et comme moyen d'atteindre ce but, comme unique moyen, révélé par l'initiation même comme son enseignement le plus immédiat, le plus transparent : la destruction de tout l'ordre de choses établi sur les principes du christianisme. Le sens personnel est que l'initié mis au cercueil y est bien mort en tant que chrétien, en tant que citoyen du monde où le Christ est connu et adoré. Pas un atome de chair qui tienne encore à la vie selon l'ordre de Dieu, du Dieu des chrétiens, ne reste en lui. Nous savons de Dieu qu'il est la voie, la vérité et la vie. C'est en ce sens que l'initié est déclaré avoir perdu la vie, aussi réellement que la vie animale a quitté un cadavre dont la chair se dissout. Le nom hébreu qu'on lui donne en le relevant, en fêtant sa résurrection, révèle le monde nouveau dont il est devenu citoyen, la civilisation nouvelle au triomphe de laquelle il doit se dévouer.

Celui qui comprend ces choses est marqué pour les arrière-loges, dont le nombre, la composition, et la mission assignée à chacune varient selon les circonstances, la marche de

L'ÉGLISE ÉCLIPSÉE

dimension de sa vie intérieure, à ce qui en lui est esprit et liberté, connaissance et amour » (extrait de la plaquette distribuée par la secte lors d'une audience publique tenue à Lyon fin février 1996 par le Grand Maître J. Cl. Bousquet).

3. La religion mondiale, maçonnique : le noachisme

a) Le "prophète" Élie Benamozegh (1823-1900)

Le grand *"prophète"* de cette *religion universelle* ou *noachide*, annoncée par les initiés pour la fin de ce XXème siècle, est Élie Benamozegh, un des maîtres de la pensée juive contemporaine, grand rabbin de Livourne, en Toscane. Cet auteur est en effet d'une importance fondamentale pour comprendre ce qui se passe sous nos yeux.

Josué Jéhouda, auteur de l'ouvrage *"Les cinq étapes du judaïsme émancipé"* (Editions Synthésis, Genève, 2ème édition, 1942), le présente ainsi :

« Parmi les maîtres incontestés de la pensée juive moderne, qui attendent encore la pleine audience du monde juif et non-juif, figure au premier plan Élie Benamozegh, rabbin de Livourne, mort en 1900 et sauvé de l'oubli par le fidèle apostolat d'Aimé Pallière. Son œuvre demeure en grande partie inédite. Pourtant, ce qui a été déjà publié fait entrevoir l'apport considérable de ce *"Rabbin génial"*, comme l'a appelé Guglielmo Ferrero dans la Revue Juive de juillet 1934 : *"Aucun livre ne m'a fait comprendre et presque sentir — serais-je tenté de dire — la communauté des racines lointaines et les*

---

la Révolution, les progrès accomplis dans la construction du Temple » (Mgr Delassus, op. cit., p. 152).

affinités spirituelles profondes du judaïsme et du christianisme en face de tout ce qui, dans notre civilisation, vient de la culture gréco-latine. Si la théologie chrétienne a subi fortement l'influence de la métaphysique grecque, la morale chrétienne est l'aboutissement d'un long travail de l'esprit juif seul : voilà la conclusion qui se dégage, irrésistible, de ces pages lumineuses. Et combien d'énigmes de l'histoire du christianisme s'éclairent, à la lueur de cette idée !"

... On connaît moins la source de cette éclosion du génie sémite, ce courant ésotérique de l'hébraïsme : la Kabbale[137]. Benamozegh est un commentateur avisé de la doctrine kabbalistique, transmise de génération en génération jusqu'à l'époque contemporaine. Formé par son oncle, le rabbin Coriat, le jeune Benamozegh s'initia très tôt à la science hébraïque. Par la suite, en s'instruisant tout seul, il s'assimila la culture européenne. À mesure qu'il avançait dans ses études tant sacrées que profanes, des problèmes successifs se soulevaient qu'il tentait de résoudre en toute indépendance d'esprit. Sa prodigieuse érudition, il la met au service d'une intelligence vigoureuse. Sa documentation s'accumule à tel point que ses textes finissent par être submergés de citations, toutes de première source. Ses écrits renferment une foule de précisions qui tiennent notre attention en constante haleine. Ne recherchant aucun intérêt particulier, il ne désire que contribuer au rétablissement de la vérité transmise par la tradition pour le bien de l'humanité.

Pour l'instant, la présente édition, épurée et révisée, du volume *"Morale juive et Morale chrétienne"*, paru d'abord en 1867, puis en 1925, mais passé pour ainsi dire inaperçu, bien que cet ouvrage ait été couronné par

---

[137] "Benamozegh était nourri et un interprète très qualifié de la kabbale" (Préface de *"Israël et l'Humanité"*, p. 8).

l'"*Alliance israélite universelle*", va enfin permettre à Benamozegh d'affronter le grand public... Car l'œuvre de Benamozegh, s'abreuvant aux sources vives du judaïsme, tirée aussi bien du mosaïsme que de la tradition, du Talmud que de la Kabbale, **contient la clef du problème religieux moderne** dont la solution s'impose impérieusement. Le monde pourra enfin apprendre comment ce modeste rabbin, effacé et retiré, a élaboré, dans un coin perdu d'Italie, une réponse valable à la crise religieuse de l'humanité de notre temps. **Quarante ans après sa mort, le monde occidental, à la suite de son bouleversement spirituel, sera sans doute en état de comprendre notre rabbin, s'il obtient une audience à sa mesure, qui est universelle.**

Le principal mérite de Benamozegh, c'est d'avoir situé Israël par rapport à la chrétienté et le christianisme par rapport au judaïsme. Ce double éclairage historico-philosophique, aucun penseur juif avant Benamozegh n'a osé le tenter avec autant de vigueur intellectuelle et de franchise morale. Pour des raisons plausibles, la littérature juive est pour ainsi dire muette quant à la position d'Israël à l'égard du schisme chrétien, c'est un sujet *"tabou"* que les auteurs juifs n'osent aborder de gaieté de cœur. Et pourtant, pour comprendre le sens de l'histoire universelle, comme les luttes spirituelles de toutes les époques qui, de nos jours, se poursuivent sous des étiquettes sans cesse changeantes, il est indispensable de procéder à une mise au point du conflit idéologique qui sépare Israël de la chrétienté, puisque leur interdépendance, souvent involontaire, est scellée par une même origine et confirmée par l'histoire.

Or, cette prise de position d'Israël, c'est seulement à la fin du XIXème siècle qu'elle a pu être parachevée par la vivante construction qui se dégage des lumineux points de repère, disséminés dans l'œuvre de Benamozegh. Et voici que l'heure sonne où son magistral apport devient accessible à la génération éprouvée, mais épurée aussi par la tribulation universelle...

Car rien que par de judicieuses comparaisons successives entre les textes de source juive et les Évangiles, il ressort clairement de cet ouvrage que les origines de notre crise actuelle remontent **à la naissance du christianisme**. Avec une rare sagacité, Benamozegh élucide ainsi la cause primordiale du conflit religieux qui divise depuis bientôt deux mille ans juifs et chrétiens ! Le terrain, si encombré par le fatras inextricable de disputes dogmatiques sans issue, est déblayé. La cause du déséquilibre politique du monde, infligeant aux peuples même civilisés des révolutions et des guerres, apparaît d'emblée. Le bilan sur les origines du christianisme nous permet de prendre position à l'égard du conflit entre Israël et la chrétienté. Il devient enfin possible de construire, sur la base de la doctrine monothéiste épurée, un pont solide entre juifs et chrétiens. Dédaignant toute apologétique, Benamozegh recherche avant tout, malgré son ton qui semble parfois polémique, un terrain d'entente entre la chrétienté et Israël. Il nous apporte les matériaux nécessaires à la réconciliation entre la religion mère et ses deux filles récalcitrantes : le christianisme et l'islamisme. Et c'est de leur entente spirituelle que dépend la paix internationale de demain...

Successeur de Salvador, Benamozegh aspire à rétablir la base perdue de la religion universelle. Et cette base, il la trouve, comme de juste, dans l'ésotérisme juif appelé la Kabbale. Savant d'une vision centrale, il projette une pleine lumière sur la face universaliste de la doctrine d'Israël, totalement éclipsée[138] durant près de deux millénaires par le christianisme,

---

[138] Aujourd'hui c'est exactement le contraire, comme nous cherchons à le démontrer dans ce livre : c'est la religion universelle qui éclipse la véritable religion.

mais que la tradition juive conserve sous le nom de noachisme. Benamozegh rétablit donc quelques normes authentiques du monde spirituel sans lesquelles aucune expansion harmonieuse de la vie individuelle, sociale et politique, n'est possible. Il nous apporte au surplus les éléments indispensables à l'élaboration de la réponse finale à l'obsédante énigme que présente le fait d'Israël. Sa réponse est d'autant plus plausible et objective qu'elle met en accord la foi et la raison. C'est dans leur rupture que réside la cause primaire de l'impuissance spirituelle de l'humanité civilisée. De là provient aussi la méconnaissance par la chrétienté du véritable esprit du messianisme juif qu'elle a pourtant assumé la responsabilité de répandre à travers le monde païen...

Benamozegh procure, à tout esprit non prévenu, une lumière vraiment nouvelle sur les origines et la formation du christianisme et dissipe du même coup le prétendu *"mystère"* d'Israël. Son énigme millénaire commence à se dévoiler... Voilà pourquoi la réponse finale à l'énigme d'Israël, à laquelle seront consacrés également les volumes suivants de cette collection, contient ipso-facto la solution de la crise religieuse de l'humanité civilisée. Elle aboutira à l'indispensable accord entre la foi et la raison qui mettra fin au matérialisme athée conduisant à l'impérialisme politique[139] comme au scepticisme railleur. **La foi** éthérée, mythifiée et isolée de la vie, doit être assise sur une base inébranlable bien que **rationnelle**, d'où le surnaturel comme la révélation ne sont aucunement exclus. La foi renouvelée, fondée sur la raison, apportera l'indispensable entente entre Israël et le monde, gage certain de la paix entre les peuples. De leur accord mutuel, tout d'abord sur le plan spirituel, et non du mouvant équilibre des forces économiques jamais atteint, naîtra la

---

[139] N'est-ce pas le mondialisme d'aujourd'hui ?

civilisation nouvelle, attendue par tous les hommes de bonne volonté ayant conscience de leurs responsabilités et du devenir historique des peuples... » (Préface de l'ouvrage d'Élie Benamozegh *"Morale juive et morale chrétienne"* — *La Presse Française et Étrangère*, Oreste Zeluck, Editeur, Paris, 1946 — par Josué Jehouda).

b) Le noachisme, selon Élie Benamozegh

L'importance du Talmud pour le noachisme

Le rabbin de Livourne établit immédiatement un lien direct entre le judaïsme et la religion mondiale, le noachisme. Ainsi écrit-il : *"La constitution d'une religion universelle est le but final du judaïsme". "Le culte spécial d'Israël est la sauvegarde, le moyen de réalisation de la vraie religion universelle ou noachisme, pour employer le mot des Rabbins"* (Élie Benamozegh, *"Israël et l'Humanité"*, pp. 28-29, Réed. par Albin Michel 1980)[140].

Encore faut-il identifier la forme de ce judaïsme. Pour cela, il convient de se référer à un ouvrage écrit par Aimé **Pallière** : « *Le sanctuaire inconnu, ma "conversion au judaïsme"* » (Ed, F. Rieder et Cie, Editeurs, 1926). Disciple du rabbin Benamozegh, il expose l'itinéraire de son apostasie du catholicisme et de son adhésion au judaïsme. Ce livre est essentiel pour connaître les conditions d'adhésion du chrétien au judaïsme et à la fin, au noachisme. L'auteur cite, à plusieurs reprises des lettres que le rabbin Benamozegh lui a écrites. Pour identifier l'auteur de chaque citation nous

---

[140] Le sous-titre de cet ouvrage est : "Étude sur le problème de la religion universelle, et sa solution". La théologie morale juive, proposée dans ce livre, est une "mystique" sans aucun souci de sanctification ; seule la connaissance (gnosis) en est le moteur.

le mentionnerons à chaque fois.

Benamozegh : « Avant toutes choses, je voudrais que vous vous persuadiez bien que cette religion noachide dont vous me dites entendre parler pour la première fois, n'est pas une trouvaille que j'ai personnellement faite, encore moins une invention de ma façon. Non, c'est un fait étudié, discuté à chaque page de notre Talmud. Ajoutez à cela que ce fait est le nœud même du sujet qui nous occupe » (A. Pallière, op. cit., p. 137).

Ainsi, pour restaurer le noachisme, le Talmud apparaît-il comme un élément essentiel. Aimé Pallière rapporte ces paroles, riches d'enseignements, de l'abbé Augustin Lémann, juif converti au catholicisme : *"Sans le Talmud, répétait-il — et cette réflexion contient un aveu implicite qui mérite d'être retenu — sans le Talmud, il y a longtemps que tous les Juifs seraient convertis"* (A. Pallière, op. cit., p. 53). Un autre auteur juif converti, disait : *"Le Talmud contient un grand nombre de rêveries, d'extravagances bien ridicules, d'indécences très révoltantes, surtout des blasphèmes horribles contre tout ce que la religion chrétienne a de plus sacré et de plus cher"* (Drach, *"De l'harmonie entre l'Église et la Synagogue"*, 1844, t. i, pp. 163-164). Ceci correspond à cette citation déjà citée d'Israël Meir Lau, grand rabbin de Jérusalem : *"les principes de la maçonnerie sont tous contenus dans le livre des livres du peuple juif"*, à savoir le Talmud (extrait de son discours à la cérémonie de célébration du 40ème anniversaire de la Fondation de la Grande Loge d'Israël).

Benamozegh : « ... Non seulement le Talmud commente et développe autant qu'ils en sont susceptibles les textes mosaïques et prophétiques à ce sujet, mais encore il ouvre toutes grandes les sources de la Tradition, bien autrement riches quant aux données de cette religion universelle » (A. Pallière, op. cit., p. 141).

Le rôle du judaïsme vis-à-vis du noachisme

« Élie Benamozegh, dans le titre de son grand ouvrage, a résumé toute l'histoire universelle envisagée au point de vue divin : L'Humanité ne peut remonter aux principes essentiels sur lesquels doit reposer la société humaine sans rencontrer Israël. Israël, de son côté, ne peut approfondir sa propre tradition nationale et religieuse sans rencontrer l'Humanité » (A. Pallière, op. cit., pp. 221-222).

Benamozegh : « Le judaïsme opère une distinction entre les Juifs et les Gentils. D'après ses enseignements, les premiers se trouvent soumis comme prêtres de l'humanité à la règle hiératique mosaïque ; les seconds, les laïques dans l'humanité ne sont soumis qu'à la seule ancienne et perpétuelle religion universelle au service de laquelle les Juifs et le judaïsme tout entier ont été placés. Le christianisme au contraire opéra la plus fâcheuse confusion, soit en imposant la Loi aux Gentils avec Pierre et Jacques et les judaïsants avec eux, soit en abolissant avec Paul cette même Loi pour les Israélites eux-mêmes. Considérez bien tous ces faits en eux-mêmes et dans leurs rapports entre eux et vous verrez que ce *noachisme* qui vous étonne n'est pas autre chose que le *messianisme*, cette forme authentique de christianisme dont Israël fut le gardien et l'organe » (A. Pallière, op. cit., p. 139).

Benamozegh : « Adonaï, Dieu d'Israël, s'est révélé à eux comme le Dieu unique, père de tous les hommes... En raisonnant ainsi, je ne sépare point d'ailleurs le judaïsme de ses deux grands rameaux, le christianisme et l'islamisme, qui se sont répandus sur le monde apportant partout la connaissance du Dieu unique, du Dieu de Moïse et des Prophètes, et dans lesquels les théologiens de la Synagogue nous montrent deux puissants moyens dont la Providence divine s'est servie pour porter aux nations païennes les bienfaits de la révélation hébraïque et pour préparer l'avènement des temps messianiques » (A. Pallière, op. cit., pp. 214-215).

Benamozegh : « J'en viens aux questions que vous me posez au sujet du code du noachisme. Sachez que la forme primitive de la Révélation tout entière, qui s'est maintenue d'ailleurs même après l'introduction de la Loi mosaïque et qui subsiste encore de nos jours au sein du peuple juif, la forme que les enseignements bibliques ont conservée longtemps, c'est celle d'une *tradition orale*... Le maître concluait en disant que la véritable Tradition hébraïque concernant la religion est à chercher, non pas dans l'Église chrétienne actuelle, ni dans les documents évangéliques, mais uniquement dans les monuments conservés par Israël en vue de la propagation de cette religion, non moins que pour le maintien de son statut particulier » (A. Pallière, op. cit., pp. 151-152).

Benamozegh : « Je vous le demande : est-il admissible de supposer un seul instant qu'après s'être occupé avec tant de soin de la descendance de Noé, c'est-à-dire de l'humanité entière, ainsi que l'établit la Genèse, Dieu, au moment de donner après de longs siècles d'attente un statut particulier aux Israélites constitués les prêtres de l'humanité, ne se soit plus occupé en aucune façon du reste du genre humain, le rejetant, jusqu'à l'apparition du christianisme, dans un état d'abandon total, en dehors de toute révélation et de toute loi ? Est-il raisonnable de concevoir qu'en abolissant l'alliance *noachide* de la Genèse, Dieu, pendant tout ce long intervalle n'ait laissé à l'homme d'autre ressource que le secours de sa pauvre raison ?

Non, non, tout cela est impossible et par conséquent non seulement la loi *noachide* n'a jamais cessé d'être en vigueur, mais encore Israël avec son statut particulier, le mosaïsme, n'a été créé que pour elle, c'est-à-dire pour la conserver, pour l'enseigner, la propager, les Juifs exerçant ainsi, je le répète, la fonction de prêtres de l'humanité et se trouvant soumis à cet effet aux règles sacerdotales qui les concernent exclusivement : la loi de Moïse.

Mais où se trouve donc, me demandez-vous, le code de cette loi noachide, de cette religion universelle qui est le vrai catholicisme ? Convenez d'abord que si ce code n'existait pas, ce serait Dieu lui-même qui aurait eu le tort de ne point l'établir ou de n'en pas assurer la perpétuité. Ne voyez-vous pas que la Genèse elle-même contient des préceptes donnés à Noé pour toute sa descendance ? Cette alliance solennelle de Dieu avec Noé et sa descendance est rappelée par Isaïe (LIV, 9) ; c'est une alliance sanctionnée par le serment divin avec l'arc-en-ciel[141] comme gage de perpétuité... » (A. Pallière, op. cit., pp. 140-141).

Le noachisme, religion de l'"église universelle"

Le rabbin Benamozegh aboutit à la conclusion que *le noachisme, cette religion universelle, est le vrai catholicisme*. Laissons-le développer cette question à partir de laquelle il pose comme condition : l'apostasie des chrétiens.

Benamozegh : « Cette difficulté que vous éprouvez n'empêche pas que ce

---

[141] Relevons que "l'arc-en-ciel" fut repris par les mouvements New Age qui s'inscrivent bien évidemment dans la religion universelle du "Nouvel Age" (New Age), la prétendue "civilisation de l'amour".

noachide fasse partie de l'Église universelle ; bien au contraire, ce sont les *noachides* eux-mêmes qui constituent les fidèles, le peuple de cette véritable Église catholique dont Israël est le prêtre. Israël n'aurait aucune raison d'exister, si ce peuple de Dieu n'existait pas aussi. Qu'est-ce que des prêtres, je vous le demande, sans des laïques ? Que serais-je donc, moi juif, si vous, qui n'êtes pas juif, vous n'étiez pas là comme fidèle de la grande Église de Dieu au service de laquelle je me trouve placé ? (...) Le *noachide* est bel et bien dans le giron de la seule Église vraiment universelle, *fidèle* de cette religion comme le Juif en est le *prêtre*, chargé, ne l'oubliez pas, d'enseigner à l'humanité la religion de ses laïques, comme il est tenu, en ce qui le concerne personnellement, de pratiquer celle des prêtres. Sans doute tout laïque a le droit de se faire prêtre, c'est-à-dire libre à vous de vous faire juif, si vous l'exigez absolument, pourvu que vous sachiez bien que vous n'y êtes aucunement tenu en conscience et que cela n'est nullement nécessaire, ni même désirable.

Voilà l'expression exacte de la doctrine du judaïsme. Voilà un côté du judaïsme et, à mon avis, c'est le plus grand, bien qu'il ait échappé, j'en conviens, et qu'il échappe encore trop généralement à l'attention. Mais ce n'en est pas moins une vérité incontestable ; c'est la *clef* suprême de toutes les difficultés que l'on rencontre dans l'histoire religieuse de l'humanité et notamment dans les rapports des religions bibliques entre elles » (A. Pallière, op. cit., pp. 144-145).

Pallière : « Permettez-moi maître, de préciser encore la pensée que je vous ai déjà exprimée. La position respective des religions me paraît aujourd'hui bien tranchée. Je vois autour de moi des juifs, des catholiques, des protestants et non pas à proprement parler des *noachides*. Ce *noachisme*, qui me fait l'effet d'un compromis entre le judaïsme et le christianisme, ne sera-t-il pas jugé de la même façon par les chrétiens et par les juifs ? »

Benamozegh : « Le *noachisme*, un *compromis* entre le christianisme et le judaïsme ? Mais si vous vous rappelez ce que j'ai dit dans mon Introduction à *Israël et l'Humanité*, vous verrez que le *noachisme* est la vraie, l'unique, l'éternelle religion des Gentils et qu'elle a avec celle d'Israël un même fond commun. Ce n'est pas autre chose que le vrai christianisme, c'est-à-dire ce que le christianisme aurait dû être, *ce qu'il sera un jour*. C'est, selon les Juifs, la vraie religion des temps messianiques » (A. Pallière, op. cit., p. 164).

À partir de l'enseignement du rabbin Benamozegh sur une solution à la *"crise religieuse"*, Aimé Pallière écrit une série d'articles intitulés : *"Élie Benamozegh et la solution de la crise chrétienne"* contenus dans son ouvrage.

Pallière : « ... à l'époque où l'Église catholique et tout le christianisme avec elle se trouvaient secoués par le mouvement de rénovation moderniste. (...) Les différentes Églises, disais-je dans cette étude, traversent une période critique ; il n'est pas un dogme qui ne chancelle, pas une croyance qui ne soit mise en doute[142]... Toutes les réformes poursuivies actuellement au sein de la chrétienté s'opèrent dans un **sens strictement juif**. Les dogmes qui s'écroulent définitivement, après avoir été considérés pendant des siècles comme d'inexpugnables forteresses,

---

[142] Or, que disait Roca en dévoilant le projet de la Contre-Église ? "L'humanité, longtemps sous l'influence exclusive des partis religieux et qui, ayant perdu toute confiance dans ces partis, cherche une religion nouvelle en dehors des dogmes, des postulats et des infaillibilités, religion adaptée à une optique saine et réaliste du devenir spirituel de l'humanité" (*"L'Initiation"*, 4ème trimestre 1964, p. 218).

sans lesquelles il n'y avait pas de foi chrétienne possible, sont précisément ceux qu'Israël a niés opiniâtrement durant dix-neuf cents ans. L'idéal qui, peu à peu, se dégage des brumes de la dogmatique et dans lequel certains esprits, qui ne croient pas si bien dire, voient une preuve de la judaïsation des peuples chrétiens, c'est l'idéal des Prophètes et le christianisme tend de plus en plus à se transformer en *messianisme* conforme à la conception juive. Or, qu'on le remarque bien, les deux mots ont exactement le même sens, avec cette seule différence que le premier trahit toute l'influence hellénique subie par les disciples de Jésus, tandis que le second les ramène à la pure pensée hébraïque » (A. Pallière, op. cit., pp. 171-172).

Pallière : « Je possédais la clé du problème des religions dans ses phases successives et les conflits de l'heure présente n'avaient plus rien de mystérieux pour moi, parce que j'en découvrais la cause première à l'origine même du christianisme séparé du tronc vénérable sur lequel il aurait dû harmonieusement grandir » (A. Pallière, op. cit., p. 173).

Pallière : « Puissent les israélites relever la tête et reprendre conscience de leur sainte mission ! Ils ont leur mot à dire dans la situation présente, le mot libérateur. Aidons nos frères, selon la parole de Mazzini, *"à dérouler la nouvelle page divine"*. D'autres doivent venir après Benamozegh, qui puiseront dans les œuvres de ce vaillant champion de l'hébraïsme l'idée de nouveaux et importants travaux.

Puissent les chrétiens comprendre enfin en quoi doit consister cette nouvelle révélation de la Révélation que tous pressentent et appellent et dont on peut déjà discerner les signes précurseurs dans la plupart de leurs Églises, même de celles qu'on disait vouées, par leur constitution même, à une irrémédiable cristallisation ! Puissent-ils reconnaître que le retour à l'hébraïsme est la clef de la question religieuse dans le présent et dans l'avenir.

À ceux qui, d'un côté comme de l'autre, pourraient s'effrayer à la pensée des réformes à accomplir... je leur répondrai par ce mot du moine Colomban au pape Grégoire-le-Grand, qui résume si bien toute la pensée de **Benamozegh** : *"Il est certain que l'erreur est ancienne, mais la vérité par laquelle l'erreur est condamnée est toujours plus ancienne qu'elle"* » (A. Pallière, op. cit., pp. 174-175).

Pallière : « En ce qui me concerne, je considérais que les chrétiens des diverses Églises ne peuvent se rapprocher qu'en se plaçant, à leur insu, précisément sur le terrain juif, en acceptant les données du noachisme de Benamozegh dont les pures et simples doctrines sont seules en état d'offrir une base commune » (A. Pallière, op. cit., p. 188).

« Dans une de ses conférences (il s'agit du Père Hyacinthe, n.d.r.) du Cirque d'Hiver en 1878, il avait prononcé ces paroles qui indiquent dans quel sens s'orientaient ses tendances religieuses : *"Si je voulais être théiste dans un sens positif et vivant, je ne le serais pas avec les philosophes spiritualistes, encore moins avec les déistes chrétiens, je le serais avec les juifs et les musulmans, deux religions sorties non pas du cerveau abstrait d'un rêveur, mais des flancs robustes du patriarche sémite, l'une avec Israël, l'autre avec Ismaël, ou plutôt, parce que la première est au-dessus de la seconde comme la femme libre est au-dessus de l'esclave, j'irais m'asseoir à l'ombre de la Synagogue, français de nation, juif de religion, je m'attacherais au théisme de la révélation et du miracle, j'adorerais avec Israël ce Dieu de Moïse plus grand que*

L'ÉGLISE ÉCLIPSÉE

le Dieu de Platon[143] ".

Plus récemment, dans une brochure dédiée à Max Nordau, *"Qui est le Christ ?"* il s'était formellement exprimé au sujet de la divinisation de Jésus : *"Une telle substitution de l'homme à Dieu, écrivait-il, est le grand péché de la chrétienté, et c'est avec une juste indignation que les vrais monothéistes nous le reprochent. L'erreur dans laquelle est tombée l'Église romaine en proclamant l'infaillibilité du pape est peu de chose à côté de celle-là. Hâtons-nous de rompre avec ces deux idolâtries, mais commençons par la plus ancienne et la plus coupable"* » (A. Pallière, op. cit., p. 194).

Les conditions posées pour adhérer au noachisme

Le rabbin Benamozegh précise, en effet, les conditions à partir desquelles un catholique pourra adhérer au noachisme. Ces lignes sont d'une très grande importance.

« Retenez bien ceci : vous seriez dans l'erreur si vous vous convertissiez au judaïsme dans l'idée d'embrasser l'unique religion véritable destinée à l'humanité tout entière. Une telle conversion pour vous ne serait possible, je ne dis pas souhaitable, que si vous preniez le judaïsme pour ce qu'il est, c'est-à-dire en le considérant comme un sacerdoce qui suppose tout naturellement un autre aspect de la même religion, une autre loi, si vous voulez, appelez-la christianisme ou noachisme à votre gré. Vous y pouvez demeurer dans ce christianisme, à la condition bien entendu **qu'il soit revu et corrigé** par le sacerdoce israélite » (A. Pallière, op. cit., p. 146).

---

[143] Il dira : "Cela, c'est une religion nouvelle, et en même temps une religion hybride" (A. Pallière op. cit., p. 194).

« Je ne voudrais pas abandonner l'exposé de ce point si important, de cette doctrine vitale du véritable judaïsme : la coexistence possible et paisible, disons même la dépendance nécessaire de ces deux aspects, de ces deux éléments de l'*Église de Dieu : la prêtrise* israélite et le *statut laïque* ou noachide qui est celui des non juifs, sans vous montrer quelle importance lui attache notre Talmud... Pour vous, pour tous ceux qui veulent appartenir à la vraie religion sans entrer dans le sacerdoce israélite — et vraiment quelle utilité y aurait-il à y entrer ? encore une fois, seul le Juif, comme prêtre, y est astreint — l'unique voie à suivre est toute tracée : c'est le *noachisme* ou prosélytisme de la porte, sans les obligations de la Loi mosaïque quoique sous sa direction, religion dont le statut est tout prêt, dès l'époque de Jésus, que dis-je ? dès la plus haute antiquité, sous la garde du judaïsme, et consigné dans ses Livres sacrés et sa Tradition constante. Le suprême devoir pour vous comme pour moi, c'est de rappeler ces vérités, c'est de les mettre en lumière, c'est de dire au christianisme, à l'islamisme, à toute l'humanité : voilà le véritable messianisme de Jésus que Paul et Pierre ont déchiré, chacun à sa façon » (A. Pallière, op. cit., pp. 147-148).

Benamozegh : « Si vous adoptez la position religieuse où je vous voudrais voir, vous appartiendrez véritablement au judaïsme en même temps qu'au christianisme, **celuici étant toutefois corrigé par le judaïsme** sur trois points essentiels : la question de l'Incarnation, la manière de comprendre la Trinité et l'abolition de la Loi mosaïque pour les Israélites eux-mêmes.

J'ai dit que vous êtes libre de vous faire prêtre — c'est-à-dire juif — ou de rester noachide — c'est-à-dire laïque —. Mais sachez que restant laïque, vous seriez, comme noachide, libre — et l'Israélite, lui, ne l'est pas — de prendre dans la loi juive, dans le mosaïsme, tout ce qui convient en fait de préceptes à votre piété personnelle, mais cela comme une dévotion volontaire, comme œuvre surérogatoire, et non pas comme une obligation, tandis que le juif, lui n'a point la liberté de faire un choix ; il est soumis à toute la Loi » (A. Pallière, op. cit., pp. 144-145).

Pallière : « Les lettres du grand rabbin me traçaient un véritable programme de vie religieuse. Aucun devoir de conscience ne m'obligeait à sortir de l'Église de ma naissance, bien au contraire, avec les réserves que le maître indiquait, je pouvais même concilier la profession extérieure du catholicisme avec la foi d'Abraham, de Moïse et des Prophètes[144].

Le *noachisme* dont me parlait Benamozegh n'avait pas de cadres définis, il

---

[144] Jean-Paul II n'a-t-il pas exprimé la même pensée lorsqu'il a dit : « Les Musulmans ont comme nous la foi d'Abraham dans le Dieu unique, tout-puissant et miséricordieux... La foi en Dieu que professent les descendants spirituels d'Abraham, Chrétiens, Musulmans et Juifs, quand elle est sincèrement vécue, qu'elle pénètre la vie, est un fondement assuré de la dignité, de la fraternité et de la liberté des hommes et un principe de rectitude morale de la vie en société. Et il y a plus ; par suite de cette foi en Dieu Créateur et transcendant, l'homme se retrouve au sommet de la création... Le principe d'une collaboration en vue d'un progrès de l'homme, de l'émulation dans le bien, de l'extension de la paix et de la fraternité dans la libre profession de la foi propre à chaque homme » (Extrait du discours prononcé lors du voyage à Ankara devant le tombeau d'Ataturk, responsable du massacre impitoyable de plusieurs milliers de chrétiens).
Juifs et Musulmans ne sont pas les descendants spirituels d'Abraham car Abraham est le père des croyants en Jésus-Christ. La postérité qui lui a été promise c'est celle de tous les croyants, non pas de n'importe quelle religion mais seulement de celle que Jésus a fondée ; la religion catholique. Voici ce qu'écrit saint Paul : "Ce n'est pas que la parole de Dieu soit devenue caduque. En effet, ce ne sont pas tous les descendants d'Israël qui sont d'Israël ; pour être la postérité d'Abraham, tous n'en sont pas non plus les enfants ; mais c'est en Isaac que tu auras une postérité à ton nom (Gen. XXI, 12). C'est-à-dire, ce ne sont pas les enfants de la chair qui sont enfants de Dieu, mais ce sont les enfants de la promesse qui comptent comme postérité" (Saint Paul IX, 6-8).

ne possédait aucune organisation extérieure et **rien ne s'opposait même à ce que le nom de christianisme lui fût donné**, à plus forte raison celui de catholicisme qui s'accorde mieux encore avec l'universalisme prophétique » (A. Pallière, op. cit., p. 157).

Benamozegh : « Ce mouvement religieux fera faire au christianisme **sa dernière** évolution... Par cette nouvelle attitude que vous prendrez, **vous pourrez être beaucoup plus utile au judaïsme que si vous entriez dans son sein**, oui, beaucoup plus utile du dehors que du dedans. Mais quand je dis du dehors, c'est une façon de parler ; en réalité le laïque, le *noachide* n'est point *hors* de l'Église, il est *dans* l'Église, il constitue lui-même la véritable Église » (A. Pallière, op. cit., p. 166).

4. Jean-Paul II, artisan du noachisme

La *"théologie"* d'Élie Benamozegh a non seulement *"triomphé"* au Concile Vatican II, mais son *"programme"* fut aussi réalisé par Paul VI et surtout par Jean-Paul II[145]. Celui-ci ayant nécessairement suivi un cheminement spirituel semblable à celui d'Aimé Pallière.

a) "Conversion" d'Aimé Pallière au noachisme

Le juif Edmond Fleg, responsable de la collection Judaïsme, qui a préfacé « *Le sanctuaire inconnu, ma "conversion au judaïsme"* » indique que l'auteur *'*destiné au séminaire et à l'Église *est aujourd'hui un des maîtres les plus écoutés du judaïsme. Non seulement il accomplit ce prodige de concilier en lui les aspects les plus opposés d'Israël, mais il réalise cet autre miracle d'avoir pu*

---

[145] Curieusement, le jour même où Jean-Paul II était à Reims (22 septembre 1996), les médias (France 2) ont consacré une émission religieuse sur l'œuvre d'Élie Benamozegh !

adopter une religion nouvelle sans rompre avec celle qu'il a quittée" (A. Pallière, op. cit., p. 7).

Quel fut alors le cheminement d'Aimé Pallière ?

« Je fus irrésistiblement poussé à analyser mes pensées, mes sentiments. Tout un travail s'était opéré en moi durant les années précédentes. Je n'avais pas saisi les fils impalpables de ce voile que me cachait mon propre état d'âme. Et voici que tout à coup ce voile se déchira. Crois-tu à la présence réelle dans le sacrement, telle que l'Église te l'enseigne ? me demandai-je. Et avec une implacable lucidité je dus répondre : Non, je n'y crois pas. Crois-tu à l'incarnation, à la divinité du Christ ? Non, je n'y crois pas davantage. J'éprouvai à cette minute là une impression de vide absolu. Je sentis avec une soudaine et étonnante acuité que rien ne restait debout de ma foi chrétienne. Je demeurai atterré comme un homme qui se penche sur un gouffre béant » (A. Pallière, op. cit., pp. 112-113).

« J'avais la sensation bien nette que j'étais parvenu au point culminant d'une lente évolution et toutes choses me semblaient désormais nouvelles... Loin de moi la pensée d'amener qui que ce soit à une forme religieuse nouvelle en le détournant, au préalable, de telle autre forme qu'il aurait, comme condition première, le devoir d'abandonner ! Je répète que mon but est uniquement d'attester par **ma propre histoire la divine réalité de l'expérience religieuse**, convaincu que je suis de sa possibilité pour toutes les enveloppes que la foi sincère est capable de revêtir »[146] (A.

---

[146] Que l'on nous dise où se situe la différence avec ces propos de Mgr Karol Wojtyla : "Ce mouvement œcuménique se fonde sur les éléments de la véritable unité". "Ces Églises et ces communautés séparées, bien que nous les croyions souffrir de déficiences, ne sont nullement dépourvues de significations et de mystère du salut. L'Esprit du Christ, en

Pallière, op. cit., p. 117).

« Je dois reconnaître que tout ce développement s'est en réalité effectué contre les dogmes ou plutôt contre le grand dogme central du christianisme historique. L'Incarnation de Dieu dans un Messie et de ce Messie dans une forme sensible et désormais invariable, voilà ce que repoussait mon esprit sous l'influence inconsciente de la pensée prophétique d'Israël » (A. Pallière, op. cit., pp. 118-119).

« Certaines **forces** (quelles sont-elles ? n.d.r) avaient agi en moi dans un sens déterminé et sapé lentement les fondements de mes croyances théologiques dont les débris gisaient épars devant moi et maintenant le résultat de ce travail obscur de ma pensée éclatait à mes yeux sans qu'il me fût possible de me leurrer davantage... Au moment même où je me rendis compte que je n'étais plus chrétien au sens théologique du mot, je sentis d'inoubliable façon que tout me restait encore[147] » (A. Pallière, op. cit., p.

---

effet, ne refuse pas de se servir d'elles comme de moyens de salut, dont la force dérive de la plénitude de grâce et de vérité qui a été confiée à l'Église catholique" (Malinski : "*Mon ami Karol Wojtyla*", Le Centurion, 1980).

[147] On reconnaît là le moderniste par excellence qui cherche à se rassurer, conscient de son apostasie ! Le moderniste Pallière d'avant Vatican II est exactement comme le moderniste conciliaire. L'un et l'autre rejettent la doctrine catholique immuable et la Tradition pour suivre des nouveautés bien évidemment contraires au catholicisme (nouveaux sacrements, nouvelle "messe", nouveau catéchisme, nouveau Droit canon, nouvel autel, etc.) ; ils construisent leur religion, toute sentimentale, sensuelle, vide de dogmes, tout en se croyant catholiques. C'est ainsi que vous trouvez aujourd'hui autant de "messes" modernistes différentes que d'églises occupées par des prêtres schismatiques. Ces modernistes réalisent le péché d'orgueil par excellence de se prendre pour "Dieu" en adorant, non pas ce que l'Église a toujours enseigné — puisqu'ils croient aux nouveautés —, mais la religion produite par leur raison. Le moderniste conciliaire devient ainsi un noachide, attendant le messie des « temps messianiques ». À la lecture de la prose d'Aimé

113).

Dans son livre si important, trois fois Pallière parle de forces invisibles. Les deux autres passages sont les suivants : « J'ai longtemps hésité à écrire les pages qui vont suivre, car j'ai conscience de toute mon impuissance à exposer des faits d'ordre aussi interne d'une façon assez claire cependant pour que les vérités précieuses qui s'en dégagent à mes yeux apparaissent également aux lecteurs de cette histoire. Il est des régions de l'âme où de mystérieuses forces entrent en jeu et rien n'est plus difficile que d'en faire comprendre les effets à ceux qui n'ont jamais rien éprouvé de semblable » (p. 109). Et encore : « ... et maintenant je vais dire une chose qui n'aura toute sa plénitude de sens que pour un très petit nombre de mes lecteurs, pour ceux-là seulement qui croient à l'existence des forces invisibles, à l'exaucement de la prière, aux influences mystérieuses, profanes et décisives, qui nous viennent du monde dans lequel sont entrés ceux que nous appelons les morts, mais qui sont infiniment plus vivants que nous : c'est à partir de ce moment-là que j'ai compris Élie Benamozegh et la doctrine qu'il avait exposée. C'est à dater de cette heure que je me suis vraiment senti son disciple » (p. 169)[148].

« Parvenu à ce point de mon évolution religieuse, je me trouvais à la fois très éloigné des développements historiques du christianisme, mais très proche de sa pensée primitive et **en plein accord en tout cas** avec la doctrine fondamentale du judaïsme dont il est issu. C'est ce que je sentis

---

Pallière, le Père Calmel n'avait-il pas raison de dire de ce moderniste qu'il était un apostat doublé d'un traître ?

[148] La haine du catholicisme qui transpire à travers les propos de Pallière nous fait entrevoir la nature des forces étranges et mystérieuses qui le poussent à accepter le noachisme de Benamozegh.

aussitôt très vivement. Je me dis que **je n'étais plus chrétien** au sens propre du mot, **mais juif**, probablement comme Jésus l'avait été. L'idée me vint alors plus nettement qu'auparavant d'opérer une conversion complète au judaïsme avec lequel mon âme se trouvait désormais en plein accord » (A. Pallière, op. cit., pp. 120-121).

Dans sa préface, Fleg écrit : « C'est que, découvrant en Israël le porteur d'une idée qui intéresse toute l'humanité, M. Pallière, disciple de l'illustre rabbin italien Élie Benamozegh, a conçu le judaïsme comme un véritable catholicisme, qui, sans exclure l'autre, le dépasse, car il groupe autour de lui, en une vivante synthèse, toutes les familles religieuses de la terre » (A. Pallière, op. cit., p. 8). Et il ajoute : "Ne peut-on dire en ce sens que l'antique messianisme d'Israël, qui est devenu la religion de M. Aimé Pallière, tend à devenir celle de l'humanité ?" (A. Pallière, op. cit., p. 9).

« Il s'agit cependant en la circonstance de quelque chose de plus qu'une conversion individuelle. C'est vraiment un sanctuaire inconnu que celui dans lequel j'ai pénétré et je ne crois pas qu'il y ait moins d'utilité pour l'israélite que pour le non juif à soulever le voile épais qui le cache à tous les regards. L'édifice qui apparaît alors est incomparablement plus beau que tous ceux qui ont été construits par la main des hommes. Il est assez élevé pour accueillir les plus hautes aspirations, assez vaste pour **contenir tous les adorateurs du vrai Dieu**[149] **et les faire fraterniser** » (A. Pallière, op. cit., p. 14).

« Et le couronnement d'Israël tend à faire intégrer dans la réalité politique de tous les peuples la notion de l'existence réelle — et non pas verbale — de la loi morale, comme un credo immuable... Car l'émancipation du

---

[149] Est-il nécessaire de préciser que ce "Dieu" est Satan, l'ange déchu ?

Judaïsme ne signifie rien d'autre que la lente prise en considération, par le devenir historique, des valeurs spirituelles d'Israël[150], **sans lesquelles un équilibre politique d'ordre universel est impossible**, comme nous l'enseigne la leçon de l'histoire. Aussi, *nolens volens*, sommes-nous bien obligés de nous occuper de la crise religieuse de la chrétienté, issue du dualisme stérilisant de la philosophie grecque. C'est elle qui masque encore la vue sur la doctrine du monothéisme d'Israël, gage de la paix entre les peuples... Nous ne pourrons nous sauver sans, en même temps, tirer la civilisation occidentale de sa stagnation spirituelle. C'est en proclamant ce qui est notre vérité que nous devenons aptes à nous sortir de l'impasse à laquelle le monde civilisé est acculé. Pour nous délivrer, nous et la conscience occidentale, il ne nous reste qu'une seule voie : commencer à croire à notre vocation historique et à notre signification quasi surnaturelle... » (J. Jéhouda, op. cit., pp. 17-18).

Aimé Pallière aura la franchise d'avouer : « Le catholicisme auquel je devais finalement aboutir, **n'était pas à proprement parler celui de Rome** ; c'était celui que son cœur (de sa mère) d'admirable chrétienne pressentait par-delà les barrières ecclésiastiques séparant les croyants » (A. Pallière, op. cit., p. 72).

b) "Conversion" de Jean-Paul II au noachisme

Lorsqu'il évoque sa vocation, Jean-Paul II écrit : « *autour de moi, beaucoup*

---

[150] "Mais il est au surplus évident que le changement de destin et d'orientation du monde civilisé aura pour conséquence inéluctable l'élaboration d'une nouvelle attitude à l'égard d'Israël et de son problème, indissolublement lié au devenir spirituel de la civilisation occidentale" (Josué Jéhouda, auteur de l'ouvrage "*Les cinq étapes du judaïsme émancipé*" p. 14, Editions Synthésis, Genève, 2ème édition, 1942).

pensaient que je devais **entrer au séminaire** » (Jean-Paul II, "Ma *Vocation don et mystère*", Bayard, 1996, p. 17).

Dans ces propos à André Frossard, déjà cités, Jean-Paul II affiche son modernisme : « C'est le concile qui m'a aidé à faire la synthèse de ma foi personnelle ». « La foi ne contraint pas l'intelligence, elle ne l'assujettit pas à un système de vérités toutes faites » (p. 63). « Je ne pense pas que ma foi puisse être dite traditionnelle... ma foi ou si vous voulez mon théisme est... d'un bout à l'autre le fruit de ma propre pensée et de mon choix personnel ». « Elle était née dans les profondeurs de mon moi, elle était aussi le fruit de mes efforts, de mon esprit, cherchant une réponse au mystère de l'homme et du monde » (p. 39) (*"N'ayez pas peur"*, Laffont, 1982).

Le 22 septembre 1996, à Reims, l'exorde de l'homélie prononcée par Jean-Paul II fut : *"J'adresse un salut fraternel aux représentants des autres confessions chrétiennes, dont la présence témoigne de liens amicaux avec les catholiques de France. Je voudrais offrir mes vœux fervents à la communauté juive, qui entre ce soir dans le jeûne et la prière du Kippour"*.

Ou encore, dans son document *"Tertio millennio adveniente"*, il écrit que le Jubilé sera préparé par le « ...dialogue inter-religieux, selon les indications claires données par le Concile Vatican II dans la déclaration *"Nostra Ætate"* sur les relations de l'Église avec les religions non chrétiennes. Dans ce dialogue, les juifs et les musulmans devront avoir une place de choix » sans exclure « les représentants des autres grandes religions du monde » (n° 53).

Quelle est donc la différence substantielle entre le disciple de

L'ÉGLISE ÉCLIPSÉE

Benamozegh, Aimé Pallière et Jean-Paul II ?

Ceux qui suivent la nouvelle *"église conciliaire"* et par son biais, adhèrent à la religion de l'humanité, au noachisme, doivent nécessairement, qu'ils le veuillent ou non, apostasier comme l'a fait Aimé Pallière.

« Et comme cette religion dont nos Prophètes ont annoncé le triomphe pour les temps messianiques comme religion de l'humanité convertie au culte du vrai Dieu n'est autre que le noachisme, on peut continuer à l'appeler le christianisme, débarrassé toutefois de la Trinité et de l'Incarnation... » (A. Pallière, op. cit., pp. 132-133).

« Quant à la personne de Jésus dont vous ne me parlez pas, je vous dirai cependant, parce que cela a son importance et que peut-être la question est très légitimement au fond de votre pensée, que pourvu qu'on ne lui attribue point la divinité, il n'y aurait aucun mal à faire de lui un prophète, à le considérer comme un homme chargé par Dieu d'une auguste mission religieuse. (...) l'avenir du genre humain est dans cette formule. Si vous arrivez à vous en convaincre, vous serez bien plus précieux à Israël que si vous vous soumettiez à la Loi israélite. Vous serez l'instrument de la Providence de Dieu envers l'humanité » (A. Pallière, op. cit., p. 134).

On objectera que Jean-Paul II ne rejette pas la divinité du Christ, ni la Sainte Trinité. Bien sûr, il ne le fait pas explicitement. Mais en affirmant, comme il l'a fait à plusieurs reprises, que nous adorons le même *"Dieu"*, le même Père, que les juifs et les musulmans, il doit nécessairement nier, soit la divinité de Jésus-Christ, soit la Sainte Trinité. En effet, pour les musulmans et les juifs, *"Dieu"* n'a pas de Fils ; en plus, pour eux, dire que

Jésus-Christ est le Fils de Dieu est un blasphème. Si donc Dieu le Père n'a pas de Fils, il ne peut pas y avoir non plus le Saint-Esprit qui est la *"relation subsistant entre le Père et le Fils"*, comme le dit saint Thomas, et par conséquent la Sainte Trinité. Donc, si on a le même *"Dieu"* que les musulmans et que les juifs on a un *"Dieu"* sans Fils.

Jean-Paul II est ainsi obligé de nier implicitement le Fils parce que, comme le dit l'apôtre bien-aimé :

> « Toute *"personne"* qui nie le Fils ne tient pas non plus le Père ; « Qui est le menteur, sinon celui qui nie que Jésus est le Christ ? Celui-là est l'Antichrist, celui qui nie le Père et le Fils » (1 *Jn* II, 22-23).

c) D'où vient la "théologie" de Jean-Paul II ?

Le 31 janvier 1996, Jean-Paul II faisait l'exégèse de la reine des prophéties messianiques : *"Voici que la Vierge concevra et enfantera un fils qu'elle appellera Emmanuel"* (Isaïe VII, 14).

Que disait-il ? « Cette prophétie n'annonce pas explicitement, dans le texte hébreu, la naissance virginale de l'Emmanuel : le vocable utilisé (almah), en fait, signifie simplement [sic] *"une jeune femme"*, et non nécessairement une vierge. En outre, on sait que la tradition judaïque ne proposait pas l'idéal de la virginité perpétuelle, ni n'avait jamais exprimé l'idée d'une maternité virginale ». « La traduction avec le terme *"vierge"* — continue Jean-Paul II — s'explique sur la base du fait que le texte d'Isaïe prépare avec une grande solennité l'annonce de la conception et la présente comme un signe divin (Is. VII, 10-14), en suscitant l'attente d'une conception extraordinaire. Or qu'une jeune femme conçoive un fils après s'être unie à son mari ne constitue pas un fait extraordinaire. D'autre part, l'oracle ne fait aucune allusion au mari. Une telle formulation suggérait donc l'interprétation qui a été ensuite donnée dans la version grecque ». Pour l'explication des erreurs contenues dans cette interprétation de Jean-Paul II, voir *"Le Courrier de Rome Si Si No No"* (n° 187, février 1997) qui termine en disant : « Jean-Paul II n'est pas un exégète et on doit donc présumer que derrière cette *"catéchèse papale"* il y a un expert ».

Qui est cet *"expert"* ? Voici maintenant ce qu'écrivait l'apostat A. Pallière sur le même sujet :

« Cependant le professeur (l'abbé Lémann) interrompit une fois cette étude, peut-être tout spécialement à mon intention. Ce fut pour traduire le VIIème chapitre d'Isaïe. On sait que ce chapitre contient un verset sur lequel s'édifie le dogme catholique de l'enfantement virginal du Messie : "C'est pourquoi le Seigneur lui-même vous donnera un signe. Voici : la 'alma concevra et enfantera un fils et elle l'appellera 'Immanou-El', Dieu avec nous". Les chrétiens voient dans ce passage une prophétie relative à la Vierge Marie et pour qu'il ait toute sa force, on comprend qu'ils s'appliquent à démontrer que le mot 'alma signifie vierge et pas autre chose... » (A. Pallière, op. cit., pp. 55-56).

Après la lecture de ces lignes, nous avons identifié l'un des *"experts"*, inspirant Jean-Paul II : A. Pallière, lequel suivait un autre *"expert"*, le grand rabbin de Livourne. Comme Jean-Paul II dit les mêmes choses que l'apostat Pallière, disciple de Benamozegh, devons-nous être surpris qu'il veuille réaliser l'objectif du grand rabbin, la nouvelle religion au Sinaï ?

d) Jean-Paul II réalise le grand projet noachide au Sinaï "prophétisé" par le grand rabbin Benamozegh

Dans *"Israël et l'Humanité"*, Élie Benamozegh "prophétise" :

« La crise une fois constatée, on se demande quelle en sera l'issue. La rupture depuis longtemps commencée entre le ciel et la terre, l'idéal religieux et la réalité historique sera-t-elle consommée pour jamais ? Sommes-nous à la veille de voir le monothéisme juif convaincu d'impuissance sous ses trois formes, hébraïque, chrétienne et musulmane, et balayé de la face de la terre comme le polythéisme l'a été il y a dix-neuf siècles ? Et cette hypothèse se vérifiant, que mettra-t-on à sa place ? Sera-ce le rationalisme ? » (p. 23). (L'auteur continue en démontrant que le rationalisme est insuffisant et poursuit).

« Aurons-nous donc un nouveau Sinaï[151] ? Une loi nouvelle nous viendra-telle du ciel ?... Quel sera l'avenir religieux de l'humanité ? Assurément, tout le monde n'aperçoit pas immédiatement le résultat final d'un principe posé. Il faut toujours plus ou moins de temps pour que les transformations opérées par les idées apparaissent enfin dans toute leur étendue, mais la logique tire toujours à la longue les conséquences des prémisses » (p. 25). « On se demande donc vers qui se tournera l'humanité quand elle aura rejeté comme surannés tous les cultes traditionnels et que, néanmoins, le besoin de religion se fera de plus en plus impérieusement sentir » (p. 26). « Nous devrions nous demander plutôt : le judaïsme est-il (sic) une religion universelle ? C'est dans

---

[151] Écrit il y a plus de cent ans !

cette manière de formuler le problème que se trouve l'explication du plus grand phénomène religieux de l'antiquité, la clef des disputes aux premiers siècles de l'ère chrétienne, la solution de la crise que traversent actuellement les différentes églises, et, pour tout dire, la dernière espérance religieuse de l'humanité. Et c'est parce que nous l'entendions ainsi que nous avons répondu sans hésitation que **le judaïsme est une religion universelle... qui contient dans son sein, de même que la fleur cache le fruit, la religion réservée au genre humain tout entier...** C'est pour la conservation et l'établissement de cette religion que le judaïsme a vécu, qu'il a lutté et souffert, c'est avec elle et par elle qu'il est invité à triompher » (p. 27).

« Il faut croire que la voix du Sinaï ne pouvait manquer de retentir d'âge en âge. **Si Jésus n'était qu'un homme, les deux religions hébraïque et chrétienne doivent se réunir**[152]. Le christianisme sera toujours ce qu'il prétend être : le messianisme ; seulement, dans toutes ses parties défectueuses, il sera réformé. C'est la religion la plus ancienne qui va devenir la plus nouvelle. Pour remplacer une autorité qui se déclare infaillible[153] on doit chercher une autre

---

[152] Jean-Paul II, en voulant réunir ces religions, doit donc faire nécessairement sienne cette conclusion de Roca : "mon christ n'est pas celui du Vatican" (Papus : *"Le voile d'Isis"* n° 130 — 1893). "Déjà les Juifs avaient conspiré que si quelqu'un reconnaissait Jésus pour le Messie, il serait exclu de la synagogue" (Jean ix, 22). Jean-Paul II put ainsi être invité à pénétrer dans la Synagogue de Rome. « L'ami catholique est le premier pape qui après deux mille ans entra dans une synagogue, la synagogue de Rome. Là, face à l'ami juif présent dans le temple, il répéta la condamnation du Concile contre toute forme d'antisémitisme et déclara les juifs "frères aînés dans la foi d'Abraham" » (*Svidercoschi*, op. cit., p. 101).

[153] Toutes les confessions dissidentes s'accordent sur un point, le seul sur lequel il y ait

infaillibilité bien plus sérieuse qui, commencée avec l'histoire de l'homme sur la terre, ne finira qu'avec lui » (pp. 34-35).

« Pour le judaïsme, l'unité n'est point seulement en Dieu, elle est encore dans le monde et dans tout le genre humain. L'image de la Divinité sur la terre, le coopérateur de l'esprit créateur, ce n'est pas l'israélite, c'est l'Homme »[154] (p. 383).

« Le mosaïsme apparaît lui-même comme une période de cette Révélation. Il en marque néanmoins l'étape la plus importante, parce que dans le statut particulier qu'il apportait à Israël pour l'accomplissement de sa mission, il consacrait **la loi noachide, vraie loi catholique ou religion universelle** » (p. 384).

« Comment l'israélite parvenait-il à concilier l'existence simultanée de deux lois, l'une propre aux Gentils, l'autre réservée aux juifs ? Le judaïsme se bornait à leur prêcher cette religion universelle dont l'établissement sur la terre était comme sa raison d'être et son but » (pp. 384-385).

---

unanimité entre elles, c'est la condamnation de la Sainte Église Romaine comme constituant un développement du christianisme contraire à sa pure essence. Ce n'est pas par hasard si Jean-Paul II a demandé "pardon" à plusieurs reprises pour les "erreurs passées" de l'Église !

[154] Dans ce même esprit nous pouvons lire ces lignes de Jean-Paul II : "Le sens fondamental de l'État comme communauté politique consiste en ce que la société qui le compose, le peuple, est maître de son destin". "Il n'y a qu'un seul pouvoir qui vaille : celui qui permet à l'homme de se relever lui-même dans sa royauté" (*"Redemptor Hominis"* XVII. 6). Et Oswald Wirth, porte-parole des différentes obédiences maçonniques écrit : "On affirme, et c'est la clé de voûte maçonnique, que le Grand Secret en quelque sorte est l'éminente Royauté de l'Homme. C'est l'affirmation de la primauté de l'Homme devant la Révélation" (Léon de Poncins : *"La Franc-Maçonnerie d'après ses documents secrets"* p. 16-19).

« La règle sacerdotale des juifs et la religion universelle, la loi du Sinaï et la révélation commune à tous les hommes se concilient admirablement dans une synthèse supérieure. L'avenir justifiera ces espérances » (pp. 387 à 390).

e) Le Memorandum secret

"L'avenir justifie ces espérances". Ces espérances étaient bien fondées puisque Jean-Paul II, en juin 1994, conformément aux souhaits des architectes du plan occulte, au cours d'un consistoire secret, annonça ses projets pour le grand jubilé de l'an 2000 au mont Sinaï[155].

Toutes les informations et les commentaires qui suivent sont tirés d'une interview de Marc Dem sur Radio-Courtoisie en 1994.

Jean-Paul II adressa confidentiellement à tous les cardinaux, un document de travail qui devait rester secret, mais l'un d'eux, le cardinal Oddi, connu pour son franc-parler, a trouvé l'information si importante qu'il a dévoilé ce qu'il ne pouvait pas divulguer sur les ondes. Il choisit l'Agence de presse A.D.N. CRONOS, très connue en Italie, qui, dès réception, informa certaines personnes sur le contenu du document qui se révèle être un *"Memorandum"*. Le public put alors en prendre connaissance.

Ce Memorandum a trois parties et vise deux objectifs. Il y est dit que *"l'an 2000 devient comme une clé herméneutique de toute l'action du siège*

---

[155] Léon XIII écrivait en 1884 dans l'encyclique *"Humanum genus"* : "La secte des francs-maçons repose essentiellement et fondamentalement sur le vice et l'infamie. C'est pourquoi il n'est pas permis d'adhérer aux francs-maçons ou de promouvoir de quelque manière que ce soit leurs objectifs".

apostolique au cours des 20 années qui précèdent cette date historique". Jean-Paul II précise que ce Memorandum même est une clé de son pontificat.

Les trois parties du Memorandum secret.

1. Un vaste *mea culpa* de l'Église qui demandera pardon pour ses *"crimes"* passés : inquisition, croisades, etc. ![156] En fait, ceci est un prétexte pour liquider l'Église d'avant le Concile et se tourner résolument vers l'an 2000. Il y a donc une volonté de rupture avec toute l'histoire ancienne de l'Église pour se tourner vers l'avenir, celui présenté à Assise.

2. Un projet de martyrologe œcuménique. Le martyrologe est une liste des martyrs qui ont donné leur vie pour la foi catholique. L'idée présentée aux cardinaux est de faire entrer des *"martyrs"* d'autres religions dans le martyrologe romain. Aucun nom n'est cité mais on sait que parmi les nouveaux noms il y aura des protestants comme Luther ! Les protestants n'ayant pas de saints[157] on va leur en fabriquer ; quant aux orthodoxes, ils ont tous les martyrs du bolchevisme.

---

[156] Voici l'extrait d'un article publié le 1er octobre 1997 par *Le Dauphiné* et intitulé « Le *"mea culpa"* des évêques de France » : « L'épiscopat souhaitait également que ce texte soit le résultat d'une longue maturation. L'Église de France s'interroge maintenant. Elle y est conviée, comme les autres Églises, par le pape, à l'approche du troisième millénaire et dans la perspective du Jubilé de l'an 2000. Jean-Paul II, dans la lettre apostolique *"Tertio millennio adveniente"* publié en 1994 invitait l'Église catholique à se réconcilier avec les communautés ayant souffert de l'intolérance de Rome ».

[157] « Il savait à l'occasion, remettre les gens à leur place. Un jour, du milieu de la foule, un homme se permit de l'interpeller de façon fort peu civile. "Qui êtes-vous mon ami ?" lui demanda le saint. L'autre répondit qu'il était protestant. "O mon pauvre ami ! répliqua M. Vianney en pesant sur les mots... Oui, vous êtes pauvre, bien pauvre : vous, protestants, vous n'avez pas un saint dont vous puissiez donner le nom à vos enfants. Vous êtes obligés d'emprunter vos prénoms à l'Église catholique" » (Mgr Trochu, *"Le Curé d'Ars"*, Résiac, p. 473).

L'ÉGLISE ÉCLIPSÉE

3. Le troisième aspect du secret vise l'Œcuménisme élargi. Il concerne cette fois le mont Sinaï. Lors de l'inauguration des nouveaux locaux de Radio Vatican, Jean-Paul II laissait entendre qu'il rêvait de parcourir les terres foulées par Abraham au cours du grand anniversaire de l'an 2000.

On retrouve dans ce Memorandum le même schéma dévoilé par Jean-Paul II aux journalistes italiens à propos de ce *"rêve"*. Donc ce projet fut mûri dans son esprit.

Quels sont donc maintenant les deux objectifs de ce Memorandum ?

1. Un concile œcuménique[158]. On retrouve un aspect de l'œcuménisme qui va vers un super-Assise à Jérusalem. Plus qu'Assise, ce sera le concile œcuménique où participeront tous les *"frères séparés"*, lisons les hérétiques et les schismatiques ! Cette réunion aura lieu à Jérusalem.

2. Une grande réunion au mont Sinaï afin de construire une religion *"du Livre"*. Or la religion catholique n'est pas une religion *"du Livre"* ; elle est la religion de l'Église.

Pour ce faire le document pontifical proposait deux orientations :

1. Le retour sur les traces d'Abraham.

Les juifs sont fils d'Abraham ; les musulmans reconnaissent Abraham. Donc catholiques, musulmans et juifs reconnaissent ce *"père commun"*.

---

[158] "Les fondements sur lesquels le mouvement œcuménique s'appuie est tel qu'il bouleverse, de fond en comble, la constitution divine de l'Église" (Pie IX, *"Apostolicæ Sedis..."*)

Relevons que l'utilisation du personnage du patriarche Abraham est faite d'une manière abusive puisque l'objectif de Jean-Paul II apparaît comme suit : rehausser les droits de l'homme au sein des trois confessions et rejeter toute la Tradition qui enferme les Dogmes de l'unique religion révélée, l'Église catholique. Au travers de cette union dans la recherche d'une réunion mondiale on a ainsi trouvé un point commun : Abraham.

L'apostasie de Jean-Paul II (textuel dans l'interview de Marc Dem), son reniement de l'enseignement de Jésus-Christ Fils de Dieu et du dogme de la Très Sainte Trinité vont plus loin.

2. Une nouvelle orientation sur la base du Décalogue.

"Un seul Dieu tu adoreras" ; *"Tes père et mère honoreras"* ; *"Tu ne tueras point"*... les trois religions sont d'accord.

L'idée est de permettre la réunion des trois religions *"mondiales"* sur la base du Décalogue. Un dénominateur commun mais qui efface tous les dogmes de la foi catholique ! Parce que le Dieu du Décalogue est un Dieu Trinitaire et en ce sens, rejeté tant par les juifs que par les musulmans. Et que penser de l'Incarnation ?

On le voit là encore : abandon des Dogmes et donc de la Tradition pour une religion mondiale, la religion noachide, religion de la maçonnerie. Religion universelle, porte-voix du Gouvernement Mondial construit par la judéo-maçonnerie qui a ses portes ouvertes à Rome depuis 1983.

C'est donc en juin 1994 que ce Memorandum est devenu public. Le 17 juin, les journaux à gros tirages dévoilaient l'aboutissement de deux journées de travail des cardinaux avec Jean-Paul II — les 13 et 14 juin —

à propos de la préparation du passage de l'Église à son troisième millénaire. Sont confirmés les points évoqués précédemment. Il y a deux lieux-phares pour le jubilé : **Jérusalem, entre chrétiens ; le Sinaï, entre héritiers d'Abraham.**

En vue de ce plan sont prévus cinq synodes continentaux.

Dans le discours d'inauguration de ces travaux, le lundi 13 juin, Jean-Paul II évoquait : *"Nous ne pouvons pas nous présenter devant le Christ aussi divisés que nous l'avons été au cours du second millénaire".* Aussi a-t-il fustigé toute l'histoire de l'Église : *"... Face à ce grand jubilé, l'Église a besoin de se repentir : c'est-à-dire qu'il lui faut discerner les manquements historiques et les négligences de ses enfants par rapport aux exigences de l'Évangile"*[159].

Au même moment mais en des lieux différents, alors que Jean-Paul II envisageait avec les cardinaux de la nouvelle *"église conciliaire"* une grande rencontre monothéiste au Sinaï pour l'an 2000, un colloque rassemblait à Paris des croyants des trois religions sous le slogan : *"Ne plus jamais séparer les enfants d'Abraham".* Il fut décidé de créer un *"forum international permanent de rencontres inter-religieuses pour les trois religions monothéistes... dans l'esprit d'Assise".* Évoquant la rencontre de 1986 dans la cité de saint François, le cardinal Kœnig (franc-maçon), ancien archevêque de Vienne, a recueilli l'assentiment du colloque en déclarant notamment : *"Assise est synonyme d'une nouvelle voie. Le défi de la paix dépasse toutes les religions. Il y va de la survie de l'humanité".*

Comme pour Vatican II, que Jean-Paul II considère comme le *"point culminant"* de la préparation du jubilé, on évoque de nouveau la

---

[159] Ce vaste mea culpa de l'Église, Jean-Paul II l'a évoqué à de nombreuses reprises.

participation active des orthodoxes, ainsi que le dialogue avec les autres religions, l'ouverture de l'Église au monde. Dans la foulée, le mercredi 18 juin, on annonçait l'établissement de relations diplomatiques entre le Vatican et Israël, préparé par Mgr Silvestrini.

Les juifs ne se trompent pas sur la signification de cet accord. Le journal *"Shalom"*, mensuel juif d'information de Rome, écrit à ce propos, dans un article que nous traduisons de l'italien et que nous reproduisons intégralement : « Après *"l'Accord fondamental"* conclut entre Israël et l'État du Vatican, le 30 décembre passé, mercredi 15 juin, a été annoncé à la fois à Jérusalem et dans la Cité du Vatican l'instauration des relations diplomatiques entre les deux États. La signature a été accompagnée de l'affirmation : *"Le Saint-Siège et l'État d'Israël, désireux de développer leurs rapports mutuels et amicaux, ont décidé d'un commun accord, d'établir entre eux des relations diplomatiques..."* Cela a été vraiment un moment historique et pour lequel l'émotion était à peine mitigée du fait que la signature était désormais largement prévue. Qu'il s'agissait d'un moment historique ne fait aucun doute. Qui aurait pu imaginer, au mois de janvier 1965, lors de la promulgation de l'Encyclique *"Nostra Ætate"*, signal du commencement d'une nouvelle approche de l'Église de Rome à son problème juif, que moins de trente ans après on serait arrivé à l'échange des ambassadeurs dans les personnes de l'archevêque Andrea Cordero Lanza di Montezemolo pour le Vatican et de Shmuel Hadas, né en Argentine de parents polonais, pour Israël ? Une marche *"vraiment longue"* vers la démolition du dernier mur érigé par l'Église catholique vis-à-vis du monde juif, quatre-vingt-dix ans à peine après qu'en 1904, le pape Pie X opposait à Théodor Herzl ses *"non"* : non au sionisme, non au retour des juifs dans leurs terres, et non à la reconnaissance d'un peuple juif, étant donné, disait-il, que *"les juifs n'ont pas reconnu Notre-Seigneur"*.

Cette longue marche dont les étapes fondamentales portent le nom de deux pontifes, Jean XXIII et Jean-Paul II, s'est donc achevée avec une normalisation des relations pour laquelle la satisfaction ne concerne pas seulement l'État d'Israël ou le Vatican, mais tout le peuple juif : la signature du 15 juin représente le reniement des paroles de Pie X puisque, non seulement le peuple juif est reconnu, mais aussi la pleine légitimité du retour à un État propre. Tombent ainsi les préjudices et les erreurs théologiques de l'Église romaine. Erreurs et fautes (des croisades à l'inquisition jusqu'à la responsabilité historique pour le Génocide) que l'actuel pontife aurait voulu voir pleinement reconnues de ses cardinaux, mais dont la récente assemblée n'a pas reçu l'appel. C'est comme dire que la *"longue marche"* n'a pas été encore achevée, même si la route faite a été bien avancée » (Shalom, anno XXVIII, 30 Giugno 1994, Tamuz 5754, n° 6).

La voie se trouve ainsi ouverte vers le Sinaï, porte du Nouvel Age ou *"nouvelle civilisation de l'amour"*.

Dans le même temps, Jean-Paul II laissait également clairement entendre son espérance d'une normalisation des relations du Vatican avec le Vietnam et la Chine ! Voilà qui conforte ses amitiés avec les communistes au cours de Vatican II, son ton mielleux à l'égard du communisme[160], habilement maquillé pour l'heure, du drapeau démocratique, ses amitiés avec le haut initié Gorbatchev, disciple d'Andropov (architecte de la

---

[160] Voici ce qu'enseignait Pie XI : "Le communisme est intrinsèquement pervers et ceux qui veulent sauver la civilisation chrétienne ne peuvent pas en aucun champ collaborer avec lui" (d.r. 58).

L'ÉGLISE ÉCLIPSÉE

"libération des pays de l'Est" et de l'éclatement *"provisoire"* de la Russie[161]).

La Lettre *"Tertio millennio adveniente"*

Malgré les protestations, on le comprend, de certains cardinaux, Jean-Paul II développa son projet dans la Lettre *"Tertio millennio adveniente"*

---

[161] Pour bien comprendre la géopolitique mondialiste est-européenne, il existe un ouvrage de référence peu médiatisé et qui permet une bonne compréhension du sujet : "Du nouveau à l'Est, niet !", par Hubert Bassot, chargé de mission à l'Élysée de 1974 à 1981. Disposant de documents publiés en anglais par un transfuge des services secrets russes, il nous offre une analyse qui permet de comprendre la "logique du système didactique", de la glasnost à la perestroïka, qui débouche sur l'organisation du nouvel espace européen. Résumé de l'étape finale du complot capitalo-marxiste. C'est, à notre connaissance, le meilleur ouvrage sorti sur la question et que nous diffusons sur commande.

Évoquant cette situation, le Père M. Martin écrit : « Et tandis qu'il attend le jésuite, son ancien confesseur et son confident de toujours, Pacelli repasse continuellement en revue les petits détails. Bea sait tant de choses ; il sait ce qui a occupé les heures d'insomnie de Pacelli durant les trente années écoulées : la menace soviétique. Pas seulement la Russie soviétique, mais la soviétisation, c'est-à-dire la possibilité d'une Europe occidentale entièrement soviétisée. Non pas une prise du pouvoir par les armes des soviets, mais une corrosion lente et pacifique de l'Occident chrétien par le marxisme. (...) Pacelli avait acquis la conviction que derrière le marxisme et sa version soviétique se trouvait une forme moderne de satanisme. Dans quarante des quarante-quatre discours qu'il fit en tant que nonce apostolique, le futur Pie XII se livra à des invectives contre l'Antéchrist et avertit son auditoire de la lutte gigantesque qui était sur le point d'éclater entre Satan et Jésus pour le contrôle des âmes en Europe et dans le monde. (...) Le mythe d'une Europe forte était mort. Les Anglo-Saxons avaient permis au marxisme soviétique de l'emporter. L'avenir n'était fait que de sourdes menaces. Pacelli était atterré. S'il s'en tenait aux secrets de Fatima, ses idées directrices concernant l'Europe et le monde avaient été erronées. Il y avait, semblait-il, très peu de chances qu'une guerre généralisée éclate dans un proche avenir. Le danger, c'était en fait le compromis fatidique : l'acceptation du marxisme et sa pénétration dans la culture, la pensée, et la vie politique et économique de l'Europe » (*"Le déclin et la chute de l'Église Romaine"*, Ed. Exergue, 1997, pp. 267-270-271).

du 10 novembre 1994 avec laquelle il accélère considérablement le dénouement de cette *"longue marche"*.

En faisant abstraction du verbiage et des vérités dites pour soutenir et faire passer les erreurs, dans un langage typiquement moderniste où le vrai et le faux sont intimement mêlés, on peut résumer cette Lettre, qui reprend, bien évidemment, les thèmes du Memorandum. Ainsi, pour Jean-Paul II, nous sommes dans un *"nouvel Avent"* qui prépare une *"ère nouvelle"*. Dans ce *"nouvel Avent"* il faut *"se repentir*[162] *des méthodes d'intolérance et même de violence au service de la vérité"*, pratiquer *"une nouvelle évangélisation"*, utilisant un *"nouveau ton, inconnu auparavant"*, basée sur *"l'œcuménisme, les rencontres panchrétiennes, le dialogue inter-religieux"* qui conduiront au *"Sinaï"*, le tout pour construire une *"nouvelle civilisation de l'amour fondée sur les valeurs universelles* (maçonniques, n.d.r.) *de paix, de solidarité, de justice et de liberté"*.

"Le Sel de la terre" n° 15, cite une revue théosophique de 1963, *"Le Lotus Bleu"*, qui — pratiquement — dit la même chose que la Lettre *"Tertio millennio adveniente"*. La ressemblance est tellement évidente que les auteurs ont procédé à une juxtaposition des deux documents.

L'abbé Pivert demande également dans *"Le Combat de la foi"* (n° 109), après avoir commenté cette Lettre Apostolique : *"... Qu'on nous dise où est*

---

[162] Saint Pie X affirme exactement le contraire : « Qu'ils soient persuadés (les Sillonistes)... que l'Église, qui n'a jamais trahi le bonheur du peuple par des alliances compromettantes, n'a pas à se dégager du passé et qu'il suffit de reprendre, avec le concours des vrais ouvriers de la restauration sociale, les organismes brisés par la révolution et de les adapter, dans le même esprit chrétien qui les a inspirés, au nouveau milieu contemporain, car les vrais amis du peuple ne sont ni révolutionnaires, ni novateurs, mais traditionalistes » (Saint Pie X, *Lettre sur le Sillon*, 25 août 1910).

la différence d'avec le programme des francs-maçons ?[x163].

La réunion au mont Sinaï pour la fin du siècle, qui doit regrouper les *"fidèles"* de l'Islam, les membres de la Synagogue, et les modernistes de la nouvelle *"église conciliaire"*, constitue pour les Initiés un *"signe"* important adressé au Grand Architecte de l'Univers. Le Dieu qu'ils adoreront n'est pas le Dieu Trinitaire, dès lors que les sourates du Coran refusent la Très Sainte Trinité ; que les juifs de la Synagogue rejettent le véritable Messie, Jésus-Christ, Fils de Dieu[164] ; et que la nouvelle *"église conciliaire"* enseigne le Christ cosmique de Teilhard de Chardin et célèbre le Dieu du cosmos dans l'offertoire de sa *"nouvelle messe"*.

Jean-Paul II ne réalise-t-il pas cette *"prophétie"* d'Éliphas Lévi du 21 janvier 1862 ?

« Un jour viendra où un Pape inspiré du Saint-Esprit déclarera que toutes les excommunications sont levées, que tous les anathèmes sont rétractés, que tous les chrétiens sont unis à l'Église, que les juifs et les musulmans sont bénis et rappelés par elle. Que tout en conservant l'unité et

---

[163] "Nous, francs-maçons de tradition, nous nous permettons de paraphraser et de transposer ce mot d'un homme d'État célèbre, en l'adaptant aux circonstances ; catholiques, orthodoxes, protestants, israélites, musulmans, hindouistes, bouddhistes, penseurs libres, libres croyants, ne sont chez nous que des prénoms : c'est Francs-Maçons le nom de famille" (Yves Marsaudon : *"L'œcuménisme vu par un franc-maçon de tradition"*, 1964).

[164] Tous ceux qui refusent Jésus-Christ le refusent parce qu'ils n'ont pas Dieu comme Père, et en refusant Notre Seigneur, ils ne peuvent arriver à Dieu le Père. Ce n'est pas nous qui le disons — nous n'en aurions pas l'audace — mais le Fils de Dieu Lui-même : "Celui qui me hait, hait aussi mon Père" (*Jean* ; xv, 23). "Je suis le Chemin, la Vérité et la Vie ; nul ne vient au Père que par Moi" (*Jean* ; xiv, 6). "Mon Père et Moi nous sommes Un" (*Jean* x, 30).

l'inviolabilité de son dogme, elle permet à tous les cultes de s'en rapprocher par degrés en embrassant tous les hommes dans la communion de son amour et de ses prières. Alors il ne pourra plus exister de protestants. Contre quoi protesteraient-ils ? Le Souverain Pontife sera alors véritablement le roi du monde religieux et il fera ce qu'il voudra de tous les domaines de la terre.

Il faut, en répandant l'esprit de charité universelle, préparer l'avènement de ce grand jubilé » (*"Initiation et Science"* n° 58, juillet-septembre 1963, p. 43).

"Ce grand jubilé" se tiendra au Sinaï. Ce Mont représente l'Ancienne Alliance, dans laquelle le Dieu Trinitaire ne S'était pas encore explicitement révélé, alors que Jésus-Christ, dans la Nouvelle Alliance, Le révèle. Or juifs et musulmans rejettent aussi bien Notre-Seigneur Jésus-Christ, seconde Personne de la Sainte Trinité faite homme, que la Nouvelle Alliance. Aucun lieu n'était donc plus indiqué que le Sinaï[165].

La révolution commencée par *"l'aggiornamento"* de Jean XXIII, poursuivie par Paul VI, atteint donc une étape cruciale avec Jean-Paul II. C'est bien ce dernier qui exécute le *"programme"* du grand rabbin Élie Benamozegh en prêchant sur tous les lieux du globe la nouvelle religion[166], la religion

---

[165] Au Sinaï, il y a 3500 ans, Dieu donne à Moïse le Décalogue ; au Sinaï de l'an 2000 on imposera le décalogue de Satan.

[166] L'initié Roca exprime les mêmes idées : "Il y aura une religion nouvelle ; il y aura un dogme nouveau ; un rituel nouveau, un sacerdoce nouveau dont le rapport avec l'Église qui tombe sera exactement ce que fut le rapport de l'Église catholique avec l'Église Mosaïque sa défunte mère" (*"Fin de l'Ancien Monde"* p. 373). "Dès qu'il sera visible aux yeux de tous que l'ordre nouveau ressort logiquement de l'ordre ancien... la vieille papauté et le vieux sacerdoce abdiqueront volontiers devant le pontificat et les prêtres de l'avenir qui seront

noachide ou de l'humanité, qui sera celle de la *"nouvelle civilisation de l'amour"* dont le grand jubilé du Sinaï doit marquer le début[167]...

« *Dieu permettra-t-il que ce projet démentiel se réalise ? Projet en vue duquel Jean-Paul II désire prosterner la sainte Église en pénitente aux pieds des hérétiques, mettre des hérésiarques sur les autels et réaliser en l'an 2000 le "Nouvel Age" au pied du Sinaï, dans la collusion des religions monothéistes* » (Mgr de Castro Mayer, *Bonum Certamen*, n° 132, p. 4).

Ainsi s'édifie, sous la houlette de Jean-Paul II, la *"base commune"* pour l'instauration de la religion noachide que le rabbin Élie Benamozegh définit comme suit : « *C'est que le Dieu unique est actuellement adoré sous des formes multiples, au sein de cultes bien différents, mais à l'époque messianique, le monde spirituel verra se réaliser l'unité d'adoration* » (A. Pallière, op. cit., p. 217).

Voici ce qu'en dit saint Pie X : « Étranges, effrayantes et attristantes à la fois sont l'audace et la légèreté d'esprit d'hommes qui se disent catholiques, qui rêvent de refondre la société dans de pareilles conditions et d'établir sur la terre, par-dessus l'Église Catholique, *"le règne de la justice et de l'amour"* avec des ouvriers venus de toutes parts, de toutes religions

---

ceux du passé convertis et transfigurés en vue de l'organisation de la Planète dans la lumière de l'Évangile" (*"Glorieux Centenaire"* p. 447).

[167] N'est-ce pas la réalisation de cette ligne de conduite dictée le 13 janvier 1489 par le Grand Sanhédrin siégeant à Constantinople, à Chamor Grand rabbin d'Arles : "Faites-vous chrétiens ; mais gardez la Loi de Moïse dans vos cœurs ; faites de vos enfants des chanoines, des évêques qui détruiront l'Église. Ainsi, abaissés que vous êtes aujourd'hui, demain vous arriverez au faîte de la puissance" ? Ligne de conduite dont personne ne peut douter, car son texte a été publié en 1810 par les *"Études Juives"*, du financier James de Rothschild (Information de *Bonum Certamen*, n° 132, p. 3).

L'ÉGLISE ÉCLIPSÉE

ou sans religion, avec ou sans croyance pourvu qu'ils oublient ce qui les divise : leur conviction religieuse et philosophique, et qu'ils mettent en commun ce qui les unis : un généreux idéalisme et des forces morales prises *"où ils peuvent"*. On est effrayé... Le résultat de cette promiscuité au travail, le bénéficiaire de cette action sociale cosmopolite ne peut être qu'une démocratie qui ne sera ni catholique, ni juive, ni protestante ; une religion plus universelle que l'Église Catholique, réunissant tous les hommes devenus enfin frères et camarades dans « le règne de Dieu ». On ne travaille pas pour l'Église, on travaille pour l'humanité... C'est **l'apostasie organisée** » (*"Lettre sur le Sillon"*, pp. 38-40).

Ainsi Jean-Paul II apparaît-il comme un artisan majeur de la religion noachide et donc de l'apostasie[168]. Religion noachide qui, aujourd'hui, n'est rien d'autre que la religion maçonnique[169] :

---

[168] L'ennemi travaille depuis longtemps à ce projet puisque Paul VI prononçait dans un discours du 9 août 1970 au sujet du Moyen Orient : « Le conflit engage trois expressions ethnico-religieuses qui reconnaissent toutes un unique et vrai Dieu ; le peuple Hébraïque, le peuple Islamique et, au milieu d'eux, répandu dans le monde entier, le peuple Chrétien. Il s'agit de trois expressions qui professent un identique monothéisme, par ces trois voies les plus authentiques, les plus anciennes, les plus historiques et même les plus tenaces et les plus convaincues. Ne serait-il pas possible que le nom même de Dieu, au lieu d'irréductibles oppositions, engendre un sentiment de respect mutuel, d'entente possible, de coexistence pacifique ? La référence au même Dieu, au même Père, sans préjuger des discussions théologiques, ne pourrait-elle un jour servir à la découverte si évidente, mais si difficile et si indispensable, que nous sommes fils du même Père et que nous sommes donc tous frères » (d.c. 1970, p. 759). Jean-Paul II multiplie les démarches en ce sens : « ... le quotidien *"La Croix"* écrivait dans un article intitulé *"Allah est grand, aussi au Vatican"* : "Pour la première fois, au cœur même du Vatican, une prière à Allah retentissait, en présence du pape et de représentants de toutes les religions" » (*Fideliter* n° 103, p. 64).

[169] Rappelons que le chevalier de Ramsay, haut initié, déclarait : "La Franc-Maçonnerie

L'ÉGLISE ÉCLIPSÉE

"La Maçonnerie, dit un de ses organes au Brésil, est un grand temple, comme autrefois celui de Rome, qui donne l'hospitalité à tous les dieux, puisqu'ils ne font tous ensemble qu'un seul Dieu"[170].

"Ce n'est que dans une société théocratique ayant le caractère de la Franc-Maçonnerie qu'on pourra réunir un jour l'Islam et la Chrétienté, les juifs et les Bouddhistes, l'Europe et l'Asie dans un même idéal et un intense espoir. C'est en un mot à la franc-maçonnerie de former l'universelle église" (Pignatelle : *"Batailles Maçonniques"* p. 29).

Religion maçonnique qui ne peut triompher que sur les ruines du catholicisme. C'est l'annonce précise du programme luciférien que la Rome actuelle *"veut"* réaliser, en passant par Assise, au mont Sinaï pour l'an 2000[171].

"Ce que veut bâtir la chrétienté, n'est pas une pagode, c'est un culte universel où tous les cultes seront englobés".

"Un christianisme nouveau, sublime, large, profond, vraiment universaliste, absolument encyclopédique... Un culte universel où tous les cultes seront englobés, où le Dieu sera l'humanité qui, à mes yeux, se confond avec le Christ qui est donc aussi l'univers tout entier (Le Christ cosmique de Teilhard de

---

est bien la résurrection de la religion noachique, celle du Patriarche Noé, cette religion antérieure à tout dogme et qui permet de dépasser les différences et les oppositions de confessions".

[170] *Le Pélican*, organe de la Maçonnerie, au Para, cité par Mgr Antoine de Macedo Costa, évêque de Grand Para, Instructions sur la Maçonnerie, considérée au point de vue moral, religieux et social, 1871 — extrait de l'ouvrage du Père Deschamps : *"Les sociétés secrètes"*, Tome2, 1881, p. 22.

[171] C'est ce qu'avait bien vu Mgr Delassus. En sous-titre de son maître livre *"La Conjuration Antichrétienne"* il mettait : "Le Temple maçonnique voulant s'élever sur les ruines de l'Église Catholique".

Chardin, n.d.r.)" (Roca : *"Glorieux Centenaire"*, pp. 77, 528, 525).

Le grand rabbin de Livourne ne dit pas autre chose :

> « Le monothéisme ne peut devenir universel qu'à cette condition : unité dans la diversité, et diversité dans l'unité. Cette variété de formes d'ailleurs, indépendamment de l'unité suprême à laquelle elle est subordonnée, constitue elle-même la religion universelle dans son ensemble » (Élie Benamozegh op. cit., p. 369). « Nous ne saurions mieux résumer ce que nous disons de l'emploi des noms païens qu'en rappelant ici un principe des kabbalistes d'après lequel tous les dieux étrangers dont il est question dans l'Écriture renferment en eux une étincelle de sainteté » (Benamozegh, op. cit., pp. 119-120).

Le *"symbole"* des Journées Mondiales de la Jeunesse[172] !

Au début du siècle, Robert-Hugh Benson (converti au catholicisme et dont le père était chef de l'église anglicane), non ignorant du complot engagé contre l'Église, écrivit ces lignes : « ... il ne faut pas oublier que l'humanitarisme, contrairement à l'attente générale de naguère, est en train de devenir lui-même une religion organisée, malgré sa négation du surnaturel. Il s'est associé au panthéisme : sous la direction de la franc-maçonnerie il s'est créé des rites qu'il ne cesse point de développer ; et il possède, lui aussi, un *Credo* : *"L'homme est dieu"*, etc. Il a donc désormais un aliment effectif et réel pouvant être offert aux aspirations des âmes religieuses : il comporte, lui aussi, une part d'idéal, tout en ne demandant

---

[172] Voici ce que disait le franc-maçon Franklin Roosevelt : "Si une chose arrive, tenez pour assuré qu'elle a fait l'objet d'un plan".

rien aux facultés spirituelles. Et puis, ces gens-là ont à leur disposition toutes les églises, — sauf les quelques chapelles qu'ils ont daigné nous laisser — ... ; et dans tous les pays ils commencent enfin **à encourager les élans du cœur** (que voyons-nous aujourd'hui ?, n.d.r.), mais sans amour de Dieu. (...) Et puis ils sont libres, eux, **de déployer abondamment leurs symboles,** tandis que cela nous est interdit ! Je suis d'avis que, avant dix ans, leur doctrine sera légalement établie comme religion officielle, dans l'Europe entière » (Robert-Hugh Benson, *"Le Maître de la Terre"*, 24ème édition, Perrin et Cie, 1916, p. 10)[173].

Si un certain nombre de points soulignés sont d'une actualité saisissante, qu'en est-il précisément du symbole du noachisme ?

Voici ce que rapporte l'apostat Aimé Pallière :

> « Mais où se trouve donc, me demandez-vous, le code de cette loi noachide, de cette religion universelle qui est le vrai catholicisme ? Convenez d'abord que si ce code n'existait pas, ce serait Dieu lui-même qui aurait eu le tort de ne point l'établir(...) Cette alliance solennelle de Dieu avec Noé et sa descendance(...), c'est une alliance sanctionnée par le serment divin avec **l'arc-en-ciel** comme gage de perpétuité » (A.Pallière,op.cit.,pp. 140-141).

L'arc-en-ciel apparaît donc comme le symbole de la religion noachide. Or, au cours de l'émission *"Zone interdite"* du 29 juin 1997, un reportage sur les JMJ a été présenté sous le titre *"Les habits neufs de l'Église"*. Dans la perspective de la visite de Jean-Paul II en France, pour la mi-août, il fut

---

[173] *"Le Maître de la terre"* ou la crise des derniers temps (R. H. Benson), qui est diffusé sur http://livres-mystiques.com/partieTEXTES/HughBenson/livre.html.

annoncé que le célèbre couturier Castel Bajac, ancien maoïste, dessinerait les aubes des ecclésiastiques de la secte conciliaire.

Les faits ont confirmé ce qui fut présenté : les aubes dessinées pour les JMJ, présentaient en leur centre une croix noire sur un fond aux couleurs de l'arc-en-ciel[174] ! De même, la patène qui devait servir pour la *"messe conciliaire"*, sortie des ateliers *"Christofle"*, présentait un croissant sur une étoile surmontée d'une petite croix. Là encore, étaient présents les symboles des religions monothéistes qui se retrouveront au Sinaï pour adorer le Grand Architecte de l'Univers, celui que Jean-Paul II appelle *"la Divinité"*. Dans cette même frénésie œcuménique, les évêques apostats ont eu recours à des *"rappers"* musulmans pour diffuser sur les ondes le message de l'Évangile ! Quant au publiciste du congrès mondial de la jeunesse, ce fut Monsieur Lévy, PDG de Publicis, heureux de contribuer à la réussite de ces journées.

5. La *"civilisation de l'amour"* de Jean-Paul II et la *"civilisation globale"* des francs-maçons

La religion noachide mise en œuvre par Jean-Paul II sera la religion du gouvernement mondial.

Le 23 juillet 1963, *"Le Figaro"* rapportait ces propos de Sakharov, alors très bien vu à Moscou : *"Plus les convergences entre les États-Unis et l'URSS augmenteront, plus il est évident qu'elles devraient conduire, d'ici l'an 2000, à la fondation d'un gouvernement mondial".*

---

[174] Des drapeaux, des aubes, etc., aux couleurs de l'arc-en-ciel ont été déjà utilisés par la secte conciliaire à plusieurs reprises. Par exemple, lors de la réunion inter-religieuses de Milan des 19-22 septembre 1993.

L'ÉGLISE ÉCLIPSÉE

Le bulletin américain *The McAlvany Intelligence Advisor* de février 1996 révèle une étrange réunion :

> « Du 27 septembre au 1er octobre 1995, Mikhaïl Gorbatchev organisa à San Francisco, États-Unis, un forum sur *"l'état du monde"*. La conférence avait pour but de lancer la *"transition"* vers un Nouvel Ordre mondial, et elle réunit une impressionnante élite d'invités que Gorbatchev lui-même qualifia de *"citoyens du monde"* ».

En effet, on pouvait relever la présence de 141 chefs d'État en fonction et plus de 59 anciens chefs d'État ou de gouvernement. Gorbatchev annonça aux éminents participants que *"cette réunion historique donnera le coup d'envoi à un processus de plusieurs années* **culminant en l'an 2000**, *lequel se propose d'articuler les priorités fondamentales, les valeurs et les actions nécessaires pour modeler d'une façon constructive notre futur commun"*. Il affirma ensuite que la *"convergence"* entre les pays de marché libre et les pays socialistes allait produire une *"nouvelle civilisation"*, un *"Nouvel Ordre mondial"*. *"La quête d'un nouveau modèle pour le monde doit être une synthèse des choses qui unissent les peuples, les pays et les nations, plutôt que des choses qui les divisent"*. La déclaration finale adoptée par la conférence se termine ainsi : *"nous sommes en train d'assister à la naissance de la première civilisation globale"*.

Dans cet état d'esprit les personnalités qui se sont exprimées et qui sont appelées *"le conseil des sages"* ont fait deux propositions majeures : qu'une religion mondiale immanente remplace le christianisme, et que les souverainetés nationales soient abolies[175]. S'agissant de cette religion

---

[175] Mr Virion, dans son livre *"Mystère d'iniquité"*, écrit : « Roca, tout proche des "Mages"

mondiale, les élites qui se sont exprimées exigent un nouveau modèle de valeurs universelles immanentes.

John Stormer, dans *Understanding the times*, cité par *The McAlvany Intelligence Advisor* écrit : « Gorbatchev et les socialistes globalisants — qui ont été par le passé des athées et des matérialistes convaincus — ont reconnu d'une façon pragmatique qu'un athéisme pur ne pourrait jamais être vendu à la plupart des Américains, lesquels gardent toujours une certaine foi en Dieu. Leur nouvel effort consiste donc à fondre leur matérialisme (fondamental dans le communisme) avec les religions orientales (lesquelles, de par leur *"humanisme cosmique"*, mettent l'homme à la place de Dieu, ce qui leur permet de s'adapter ou d'assimiler à peu près toutes les autres croyances ou religions) ».

Dans la foulée, Gorbatchev expliquait à un journaliste italien ses motivations personnelles en vue d'une réunion à Milan de tous les prix Nobel de la paix[176], de Kissinger à Walesa[177].

« À vrai dire, l'idée n'est pas de moi mais elle vient de mes amis italiens, en particulier de nombreux milieux catholiques. J'y ai adhéré avec

---

faisait allusion aux redoutables secrets détenus par Stanislas de Gaïta et Saint-Yves d'Alveydre sur un futur assaut dirigé contre l'Église romaine en même temps que la prise en main des nations par les hautes sociétés secrètes pour l'instauration du "Nouvel Ordre du Monde" » (p. 34). « Il y a un complot. Il se développe sous les apparences d'un œcuménisme... Ce complot, l'apostat Roca en voyait exactement le sens dans la dictature de la Synarchie sur les intelligences comparée à la victoire soudaine des trois cents soldats de Gédéon (*"Glorieux Centenaire"*, p. 370) ».

[176] Vingt-cinq fois le prix Nobel est échu à un maçon.
[177] Walesa était et est toujours un agent communiste. Pierre de Villemarest, de *Monde et Vie*, a pu même donner le numéro de sa carte d'adhésion au parti communiste.

L'ÉGLISE ÉCLIPSÉE

enthousiasme et je crois qu'après la rencontre mondiale de toutes les confessions religieuses qui s'est tenue à Milan en 1993, cette ville est la plus adaptée pour accueillir le meeting sur *"Paix et Solidarité"* des prix Nobel » (Quotidien de la conférence épiscopale italienne *"L'Avvenire"* du 15 novembre 1995).

Le lendemain même de ces déclarations à *"L'Avvenire"*, une rencontre privée avait lieu au Vatican. Nul doute que les deux hommes, qui se connaissent très bien et depuis longtemps (selon un discours de Jean-Paul II lui-même)[178], sont préoccupés par la course à l'an 2000.

« La main dans la main, le Saint-Siège et la Fondation Gorbatchev poursuivent leur chimère de paix mondiale : les rencontres œcuméniques répondent aux forums mondialistes, l'esprit d'Assise recoupe la Religion globale, les étapes annuelles du Jubilé inspirent le *"plan pluriannuel"* approuvé à San Francisco, et la *"civilisation de l'amour"* coïncide avec la *"nouvelle civilisation globale"* annoncée par Gorbatchev.

Comme l'affirme Jean-Paul II dans sa lettre apostolique *"Tertio millenio adveniente"* (n° 52), à l'aube de l'an 2000 *"il conviendra d'aborder le vaste thème de la crise de civilisation, telle qu'elle s'est manifestée surtout dans l'Occident, plus développé sur le plan technologique, mais intérieurement appauvri par l'oubli ou la marginalisation de Dieu. À la crise de civilisation, il faudra répondre par la civilisation de l'amour*[179]*, fondée sur les valeurs*

---

[178] Cette "vieille connaissance" est rapportée dans la revue de l'abbé Mouraux *"Bonum Certamen"*, n° 129, p. 3.

[179] La "civilisation de l'amour" de Jean-Paul II est précisément cette "Cité future" à laquelle faisait allusion le pape Léon XIII : "L'âge nouveau, la Cité future vers laquelle on nous entraîne, c'est celle-là même que, s'inspirant de saint Augustin, Léon XIII dans l'encyclique *"Humanum genus"* appelait la Cité de Satan. C'est une nouvelle Église, une

universelles de paix, de solidarité, de justice et de liberté[180] *qui trouvent dans le Christ leur plein accomplissement".* Un christianisme qui ne sera autre chose que l'Animation Spirituelle de la Démocratie Universelle : "masdu" ! » (extraits de la *Lettre de la CRC* n° 328, décembre 1996).

Comment ne pas voir là une preuve supplémentaire des accointances entre Jean-Paul II et les instruments d'exécution du *"plan"* de la secte maçonnique pour construire un monde nouveau en opposition avec le vieux monde chrétien ?

D'ailleurs cette opposition avait été déjà signalée par les ennemis de l'Église : « Les historiens juifs datent l'émancipation — l'ère nouvelle — de 1783, année au cours de laquelle Mosès Mendelssohn publia son livre *Jérusalem*. L'œuvre de Mendelssohn marque le début d'un Judaïsme libéré de la tutelle despotique du rabbinisme. Mendelssohn fait entrevoir aux Juifs plongés dans l'obscurantisme fanatique, apeurés et rendus craintifs par l'abaissement et la souffrance, une Europe nouvelle qui semble

---

Contre-Église en gestation, mais présentée comme étant celle du vrai Christianisme, l'Église romaine, au contraire, étant considérée comme l'antre de l'Antéchrist promis à la destruction. C'est l'essence même de la Subversion" (P. Virion, *"Le Nouvel Ordre du Monde"*, p. 104).

[180] Kurt Baresch, Grand-maître de la Grande Loge d'Autriche, écrit dans *"Église catholique et franc-maçonnerie"* (op. cit.) : "ses objectifs (de la Franc-Maçonnerie) sont tolérance, humanité et amour humain (fraternel) ; ses conceptions conduisent à la justice et à la dignité humaine. Ce sont d'après Lessing, les exigences de l'humanité pure" (p. 11). "La Franc-maçonnerie postule que les hommes doivent se respecter, se comprendre et s'aimer, en passant outre aux barrières de nationalité, de classe, de race et de religion, et réclame pour tous la liberté de pensée et l'égalité des droits" (p. 20).

Nous avons ici la preuve que le communisme est un pur produit de la maçonnerie et que les menées de Gorbatchev sont nécessairement en corrélation avec celles de Jean-Paul II. L'an 2000 (le Jubilé, le Sinaï) est en ligne de mire !

s'affranchir pour toujours de la barbarie moyenâgeuse » (J. Jéhouda, op. cit., p. 27).

Jean-Paul II dira la même chose : « Voilà pourquoi, justement à la lecture des *"signes des temps"*, à la lumière des valeurs de la solidarité humaine et chrétienne, il me paraît important et urgent de poursuivre courageusement l'effort d'édification de la nouvelle Europe, adhérant avec conviction aux idéaux qui, dans un passé récent, ont inspiré et guidé des hommes d'État de haut niveau, tel Alcide de Gasperi en Italie, Konrad Adenauer en Allemagne, Maurice Schumann en France, en faisant d'eux les pères de l'Europe contemporaine... » (*Osservatore Romano*, 13 janvier 1994, aux évêques italiens).

Ou encore : « *"Je suis avec vous"*... Il (Jésus-Christ) vous exhorte à ne pas avoir peur : Il vous exhorte à faire du Vieux Continent une réalité nouvelle, où diversité ne signifie pas opposition et affrontement, mais enrichissement réciproque dans la complémentarité et dans l'échange. Il vous exhorte à ne pas construire la certitude de la sécurité sur la force des armes destructrices de la vie et de toute cohabitation civile fraternelle ; à ne jamais ensevelir avec l'égoïsme, avec la convoitise des biens matériels toujours plus grands les nobles projets de développement et de paix ; à chercher, plutôt, la liberté, la vérité et l'amour qui rendent réellement libres, et qui permettent de construire ensemble un monde nouveau. Il vous exhorte à devenir des créatures nouvelles **pour une nouvelle humanité** » (Jean-Paul II, Extrait du discours prononcé lors de la bénédiction *"Urbi et Orbi"* de Pâques 1992).

De la construction d'un monde nouveau, nous avons déjà longuement parlé. Dans cette dernière citation, le point le plus grave à remarquer, est que Jean-Paul II attribue à Notre-Seigneur la volonté de nous exhorter à construire un monde selon les principes maçonniques, donc antichristiques ! Il se sert de Notre-Seigneur pour semer les jalons de ce nouveau monde qui doit nécessairement exclure son règne social, donc temporel. Il l'a d'ailleurs exprimé : « ... Nous sommes convoqués, pour ainsi dire, devant le Christ, Roi de l'univers. Il n'est pas Roi au sens temporel du mot (sic !), mais il règne souverain par la vérité à laquelle il a rendu témoignage » (*Osservatore Romano*, 21 novembre 1994). Comment Jean-Paul II aurait-il pu concilier ses propos avec ces versets du bréviaire : « Une foule de scélérats vocifère : *"Nous ne voulons pas que le Christ règne"*, mais c'est vous que nos ovations proclament Souverain Roi de tous »

« À Vous, qui présidez aux nations, que ces nations Vous donnent un honneur public, que les maîtres, les juges Vous vénèrent, que les lois et les arts Vous expriment ; que les étendards des rois Vous soient soumis ; que les insignes des rois Vous soient dédiés ; que les rois se soumettent à Votre sceptre doux et que les maisons des hommes Vous soient soumises » (*Hymne du Christ-Roi*). Paul VI, son prédécesseur, lui a ôté l'obstacle ; dans la réforme du bréviaire qu'il a faite, ces versets ont été tout simplement supprimés.

L'ÉGLISE ÉCLIPSÉE

— Ne tire pas trop sur la corde!... Si malheureusement il avait l'idée de regarder un peu en bas, nous ne pèserions pas lourd!

CHAPITRE IV

"QUE LE CLERGÉ MARCHE SOUS VOTRE ÉTENDARD EN CROYANT TOUJOURS MARCHER SOUS LA BANNIÈRE DES CLEFS APOSTOLIQUES" (Nubius)

"Mettre les droits de l'homme à la place de la loi divine, établir le règne de l'humanité à la place de celui du Créateur, c'est là, nous le verrons (Liv. I, chap. I), *le but suprême des sociétés secrètes, celui qu'elles poursuivent dans toutes les situations et sous toutes les formes politiques. Pour y arriver, elles ont besoin de renverser le principe de la légitimité dans tous les gouvernements et avec lui toutes les bonnes coutumes nationales, de pervertir les bases mêmes de l'ordre social, et jusqu'au langage des peuples. Or, comme les vérités de l'ordre religieux et de l'ordre social ne sont pas de pures idées, mais qu'elles s'incarnent sur cette terre dans des institutions positives, les sectes, pour réaliser leur but suprême, s'acharnent contre l'Église catholique, qui est non seulement l'instrument essentiel du règne de Dieu sur la terre, mais encore la gardienne de l'ordre même purement naturel. Ce qu'elles veulent surtout frapper, c'est le Siège romain* (car c'est lui) *qui fait que l'Église catholique ne pourra jamais descendre aux abaissements d'une Église russe ou d'une Église anglicane... Si de pareils desseins pouvaient se réaliser, la Révolution serait vraiment maîtresse du monde et le règne de Satan remplacerait celui de Jésus-Christ"* (Père Deschamps, op. cit., pp.CI et CVII).

*L*eur but n'était pas seulement de *"frapper"*, mais de conquérir le Siège romain. Cet extrait des *"Instructions secrètes de la Haute-Vente"*, déjà partiellement citées, nous le confirme : *"Alexandre VI ne conviendrait pas, car il n'a jamais erré dans les matières religieuses. Un Clément XIV, au contraire, serait notre fait, des pieds à la tête. Borgia a été anathématisé par tous les vices de la philosophie et de l'incrédulité, et il doit cet anathème à la vigueur avec laquelle il défendit l'Église. Ganganelli se livra pieds et poings liés aux ministres des Bourbons qui lui faisaient peur, aux incrédules qui célébraient sa tolérance, et Ganganelli est devenu un très grand pape (aux yeux des philosophes). C'est à peu près dans ces conditions qu'il en faudra un, si c'est encore possible. Ainsi nous marcherons plus sûrement à l'assaut de l'Église qu'avec les pamphlets de nos frères de France et l'or même de l'Angleterre. Voulez-vous en savoir la raison ? C'est qu'avec cela, pour briser le roc sur lequel Dieu a bâti son Église, nous n'avons plus besoin de vinaigre annibalien, plus besoin de la poudre à canon, plus besoin de nos bras. Nous avons le petit doigt du successeur de Pierre engagé dans le complot et ce petit doigt vaut pour cette croisade tous les Urbain II et tous les saint Bernard de la chrétienté"* (Mgr Delassus, op. cit., p. 197).

Qu'en est-il, alors qu'ils ont, non seulement son *"petit doigt"*, mais aussi la personne tout entière ?

1. La révolution conciliaire et les forces en présence

L'Histoire enseigne que toute révolution s'articule à partir de la lutte entre deux groupes opposés. En interprétant (mal) les données de l'Histoire, Hegel a élaboré la théorie de la dialectique révolutionnaire, développée ultérieurement par Marx et mise en œuvre par Lénine.

L'ÉGLISE ÉCLIPSÉE

Cette dialectique impose aux révolutionnaires, entre autres, de contrôler l'opposition et même de la susciter, pour attirer les réactionnaires, et donc, de fait, d'étouffer la réaction tant redoutée. Ainsi cette résistance téléguidée, qui se met en place, empêche la réalisation des conditions nécessaires posées par Dieu pour l'instauration du règne social de Notre-Seigneur.

Une telle tactique permet, malheureusement, que d'honnêtes gens soient engagés dans un faux combat, ce qui engendre des divisions dans le sein même du camp auquel ils prétendent appartenir, empêchant la défense de la vérité. Du fait de ces divisions et selon le principe bien connu, *"la vérité rassemble et l'erreur divise"*, nous pouvons entrevoir le véritable auteur de la dialectique susmentionnée : le diable, Lucifer, le grand diviseur de tous les temps, Satan ! Du reste *"diable"* signifie bien *"celui qui divise"*.

C'est ainsi que le système révolutionnaire fonctionne et les catholiques libéraux l'ont malheureusement toujours cautionné, ce qui les rend plus dangereux que les ennemis déclarés[181]. D'ailleurs saint Pie X n'appelle-t-il pas les modernistes *"fils"* des libéraux, les pires ennemis de l'Église ?

a) Les deux "anneaux"

---

[181] Lorsque, par exemple, le mouvement politique MRP, c'est-à-dire les chrétiens démocrates, fut créé, ses fondateurs se sont inscrits dans la lignée des Lammenais, Lacordaire, Montalembert, etc. Pie XII dénonce ces démocrates chrétiens avec ceux qui "se forment une double conscience dans la mesure où, tandis qu'ils prétendent demeurer membres de la communauté chrétienne, (...) ils militent en même temps comme troupes auxiliaires dans les rangs des négateurs de Dieu", car "cette duplicité ou ce dédoublement menace de faire d'eux, tôt ou tard, une tumeur dans le sein même de la chrétienté" (2/6/1948).

L'ÉGLISE ÉCLIPSÉE

Rappelons le mot du cardinal Suenens : *"Vatican II, c'est 1789 dans l'Église"*. Cette révolution conciliaire, qui a intégré les principes révolutionnaires dans la structure ecclésiale traditionnelle, a ainsi pu aboutir à la naissance d'une nouvelle église[182], que les modernistes, eux-

---

[182] Dans un tract du 12/10/1997, intitulé *"La mission demeure et change"*, les ecclésiastiques "d'Annecy regards" publiaient un document dont voici quelques extraits : « Il nous faut d'abord prendre en considération le chemin parcouru par l'Église catholique depuis quelques décennies, surtout depuis les années 60. Depuis qu'en 1964, le Pape Paul VI, dans une encyclique fameuse, *"Ecclesiam Suam"*, et aujourd'hui peut-être trop oubliée, définissait l'Église catholique comme dialogue : dialogue à l'intérieur d'elle-même, dialogue entre les catholiques eux-mêmes, dialogue avec les croyants des autres confessions chrétiennes (les protestants, les orthodoxes ...), l'œcuménisme, dialogue avec les croyants des autres religions (juifs, musulmans, bouddhistes), dialogue inter-religieux, dialogue avec le monde moderne (tous les hommes : indifférents, non-croyants ...). Nous ne sommes peut-être pas assez conscients de cette formidable évolution : passer d'une Église qui avait plutôt tendance à s'imposer et à dominer à une Église qui regarde les autres avec bienveillance et dialogue avec eux, avec eux tous.

Si sa "mission" n'a pas changé de contenu-il s'agit toujours d'annoncer la Bonne Nouvelle (l'Évangile), annoncer la Bonne Nouvelle plus que s'annoncer elle-même — les moyens missionnaires, les attitudes missionnaires ont beaucoup changé. D'une Église, centre de tout, on est passé, sans renoncer à son identité, à une Église parmi les autres et avec les autres (œcuménisme et dialogue inter-religieux). L'évolution d'Annecy-regards, me semble-t-il, s'inscrit dans cette évolution globale, non pas pour "être dans le vent" au sens péjoratif de l'expression, mais pour être dans la réalité de notre monde contemporain. Et cela concerne bien évidemment sa distribution, et plus encore sa conception. C'est d'ailleurs pour toutes ces raisons qu'il a fallu passer d'Annecy Catholique à Annecy-Regards.

Cette évolution globale de l'Église a été accélérée par l'évolution de nos sociétés et des mentalités d'une part, et d'autre part une longue série de prise de position et de documents (notamment les documents de Vatican II ; l'encyclique de Jean-Paul II *"la mission du Rédempteur"*, le texte romain *"Dialogue et Annonce"*), jusqu'à ce qu'il est convenu d'appeler le *"Rapport Dagens"*, un document de l'épiscopat français dont voici quelques extraits : "Nous acceptons sans hésiter de nous situer, comme catholiques, dans le contexte culturel

mêmes, appellent *"église conciliaire"*.

Dirigée aujourd'hui par Jean-Paul II, cette nouvelle *"église conciliaire"* réalise, de fait, le programme des ennemis de l'Église. En l'occurrence, l'instauration de la religion de l'Humanité, la religion noachide, dont le triomphe est *"prophétisé"* au Sinaï pour la fin du siècle, comme nous l'avons vu.

L'édition anglaise du livre de Robert-Hugh Benson, *"Le Maître de la Terre"* (édition de 1916, la première est de 1903), est précédée d'une *"note de l'éditeur"* très intéressante. La note nous avertit que « le Maître de la Terre est une parabole, illustrant la crise religieuse qui, suivant toute vraisemblance, se produira dans un siècle, ou même plus tôt encore, si les lignes de nos controverses d'aujourd'hui se trouvent prolongées indéfiniment ; ... car celles-ci ne peuvent manquer d'aboutir à la formation de **deux camps opposés**, le camp du **Catholicisme** et le camp de **l'Humanitarisme**, et l'opposition de ces deux camps, à son tour, ne peut manquer de prendre la forme d'une lutte légale, avec menace

---

et institutionnel d'aujourd'hui, marqué notamment par l'émergence de l'individualisme et par le principe de la laïcité. Nous refusons toute nostalgie pour des époques passées où le principe d'autorité semblait s'imposer de façon indiscutable. Nous ne rêvons pas d'un impossible retour à ce que l'on appelait la chrétienté. C'est dans ce contexte de la société actuelle que nous entendons mettre en œuvre la force de proposition et d'interpellation de l'Évangile, sans oublier que l'Évangile est susceptible de contester l'ordre du monde et de la société, quand cet ordre tend à devenir inhumain. Bref nous pensons que les temps actuels ne sont pas plus défavorables à l'annonce de l'Évangile que les temps passés de notre histoire. La situation critique qui est la nôtre nous pousse au contraire à aller aux sources de notre foi et à devenir disciples et témoins du Dieu de Jésus-Christ d'une façon plus radicale... Soyons chrétiens là où nous sommes, dans cette société qui est la nôtre, et vérifions ainsi la force de l'Évangile et la jeunesse de l'Église du Christ, de notre Église et de notre foi !" Signé : Hyacinthe Vulliez ».

d'effusion de sang pour le parti vaincu » (p. 5).

Les lucifériens aussi avaient prévu que la révolution dans l'Église engendrerait l'opposition entre deux camps : celui de la tradition apostolique — qu'ils appellent les *"rétrogrades"*, ou *"ultramontains"*, ou *"intégristes"*[183], ou *"traditionalistes"*[184], qui sont, tout simplement, les catholiques — et le camp des *"progressistes"* qui sont les Humanitaristes. À ce sujet, l'initié Roca, après avoir annoncé ce que serait Vatican II, définissait ces camps. Il *"prophétisait"* il y a plus de cent ans : *"... Ils* (les catholiques) *forment en ce moment un anneau qui se rompra par le milieu et chacune de ces deux moitiés formera un autre anneau. Cette scission va se faire ; il y aura l'anneau des rétrogrades et l'anneau des modernistes (ou progressistes)"* (*"Le Glorieux Centenaire"*, p. 452).

Selon lui, donc selon la Contre-Église, dont il est ici le porte-parole, la révolution conciliaire devait nécessairement provoquer une réaction et, en effet, celle-ci n'a pas manqué de surgir après le Concile Vatican II et ses réformes.

Cette nouvelle *"église conciliaire"* doit, selon la logique révolutionnaire, non seulement construire la nouvelle religion de l'Humanité mais aussi détruire ou, au moins, orienter la réaction. Bref, *"l'anneau des modernistes"*

---

[183] Voyons le sens du terme intégriste dans le langage des francs-maçons : « Quant aux catholiques qui, fidèles par l'adhésion de l'intelligence et de la volonté, à l'enseignement de Jésus et de tous les papes, ce sont des "intégristes" !... » ennemis irréductibles de toute liberté, de toutes les libérations humaines, ils font corps, ajoute le franc-maçon, avec tout un passé d'injustices et de deuils » (Jacques Mitterrand, *"La politique des francs-maçons"*, cité par M. Clément dans *"L'Homme Nouveau"* du 16.9.1973).

[184] C'est saint Pie X qui a "consacré" ce mot : "Les vrais amis du peuple ne sont ni révolutionnaires ni novateurs, mais traditionalistes" (*Lettre sur le Sillon*, 1910).

doit contrôler, neutraliser et détruire *"l'anneau des rétrogrades"*. À ce propos, voici le témoignage d'un prêtre de la Fraternité Saint-Pie X, l'abbé Bouchacourt qui s'est rendu au diocèse de Paris pour demander *"une église ou une chapelle, rive droite"* :

> « ... Puis, Monseigneur Vingt-Trois m'a entretenu des facilités que le cardinal Lustiger accordait pour l'utilisation du missel tridentin dans le diocèse, suivant ainsi les recommandations du pape au lendemain des sacres épiscopaux conférés en 1988 par Mgr Lefebvre à quatre membres de la Fraternité. Il m'a précisé que toutes ces autorisations étaient temporaires ; que le but que s'était fixé le Saint-Père et qui est aussi celui du cardinal était d'amener tous les catholiques de *"sensibilité traditionnelle"* à l'ecclésiologie de Vatican II et à accepter le nouveau missel... Je lui ai demandé : *"Jusqu'à quand dureront ces permissions ?"*, il m'a répondu : *"Jusqu'à l'extinction (sic) des catholiques attachés à ce rite"*. Voilà qui est encourageant ! Ainsi sont mises en lumière les intentions des autorités romaines et diocésaines... nous n'avions (donc) rien à attendre des autorités ecclésiastiques. Elles veulent la mort de la Tradition, elles veulent son extinction » (*Bulletin de Sainte-Germaine*, Paris 17ème, février 1997, n° 82).

Ce témoignage confirme bien ce que nous venons de dire.

L'intégration d'une partie de *"l'anneau des rétrogrades"*

Comme l'explique aussi Lénine, les révolutionnaires, s'ils veulent totalement triompher, doivent contrôler la réaction suscitée par leur subversion. Dans cette optique, on comprend, comme on vient de le voir, pourquoi en 1984 et en 1988 Jean-Paul II, en concédant l'indult pour célébrer la messe tridentine, pose plusieurs conditions dont la principale est l'acceptation de la légitimité du Concile et de ses réformes, et une autre *"de n'avoir aucun rapport" (non habere ullam partem)* avec ceux qui refusent Vatican II et la *"nouvelle messe"*[185], c'est-à-dire avec les *"rétrogrades"* qui croient encore à *"la vieille vérité"*. De la sorte, le prix à payer pour conserver la véritable Messe est la reconnaissance de la légitimité de la révolution conciliaire. N'est-ce pas le même procédé qui fut employé lors de la Révolution française où seulement les prêtres jureurs pouvaient célébrer la Sainte Messe ? D'ailleurs, comme nous l'avons vu, le cardinal Suenens disait bien : *"Vatican II a été 1789 dans l'Église"*.

Certains ont accepté ces conditions et ont constitué, avec l'approbation de la nouvelle *"église conciliaire"*, la Fraternité Saint-Pierre, l'Œuvre du Christ-Roi de Gricigliano en Italie, le monastère du Barroux, le monastère Saint-Vincent Ferrier, L'Opus Mariæ, etc. De cette manière, une partie de *"l'anneau des rétrogrades"* est absorbée.

a) Réaction de l'autre partie de *"l'anneau des rétrogrades"*

D'autres, cependant, refusent toujours de se soumettre à ces conditions. Le *"rétrograde"* Mgr Lefebvre a été le chef de file de ces derniers et, non seulement, il a refusé ces conditions mais il en est arrivé au point de douter, même publiquement, de la légitimité de l'autorité conciliaire.

---

[185] Inversement, pour demeurer "rétrograde", la conclusion qui s'impose alors est qu'il ne faut avoir aucun rapport (*non habere ullam partem*) avec ceux qui acceptent Vatican II et la "nouvelle messe". Les deux anneaux doivent nécessairement "s'excommunier", l'un pour demeurer progressiste, l'autre pour rester "rétrograde", c'est-à-dire catholique.

L'ÉGLISE ÉCLIPSÉE

Dans son sermon de Pâques 1986 à Écône, il affirmait en effet : *"... Nous nous trouvons vraiment devant un dilemme grave, et excessivement grave qui, je crois, n'a jamais existé dans l'Église : que celui qui est assis sur le Siège de Pierre participe à des cultes de faux dieux. Je ne pense pas que ce soit jamais arrivé dans l'Église. Quelle conclusion devrons-nous tirer peut-être dans quelques mois, devant ces actes répétés de communications à de faux cultes ? Je ne sais pas... Je me le demande. Mais il est possible que nous soyons dans l'obligation de croire que ce pape n'est pas pape. Car il semble à première vue, je ne voudrais pas encore le dire d'une manière solennelle et formelle, mais il semble à première vue qu'il soit impossible qu'un Pape soit hérétique publiquement et formellement. Notre Seigneur lui a promis d'être avec lui, de garder sa Foi, de le garder dans la Foi. Comment celui auquel Notre-Seigneur a promis de le garder dans la Foi définitivement, sans qu'il puisse errer dans la Foi, peut-il en même temps être hérétique publiquement, et quasi apostasier*[186]*... ? Voilà le problème qui nous concerne tous, qui ne concerne pas

---

[186] Mgr Lefebvre n'a pas répondu, mais poser la question c'est déjà y répondre. En effet, aurait-il pu répondre : oui, il est possible "qu'un Pape soit hérétique publiquement et formellement," etc ? Avec cette affirmative ne serait-on pas en présence du cas mentionné dans le Canon 188, qui édicte : "Par tacite renonciation admise par le même droit, n'importe quel office est vacant *ipso facto* et sans aucune déclaration si un clerc : s'éloigne publiquement de la foi catholique ? (§ 4, a *fide catholica publice defecerit*)." Saint Robert Bellarmin affirmait déjà : « Il existe un cinquième avis qui est le véritable : "un pape hérétique notoire cesse automatiquement d'être pape et chef de l'Église comme il cesse automatiquement d'être chrétien et membre du corps de l'Église". C'est pourquoi il peut être jugé et puni par l'Église ». "Ajoutons — disait-il encore — que la situation de l'Église serait très malheureuse si elle était contrainte de reconnaître pour pasteur le loup s'avançant ouvertement contre elle" (*"De Romano Pontifice"*, CHXXX), en parlant de ce pape tombé dans l'hérésie.

moi seulement[187]".

Après cela, le fondateur d'Écône subit de nombreuses pressions, tant de l'intérieur que de l'extérieur de la Fraternité Saint-Pie X, pour le dissuader de déclarer *"d'une manière solennelle et formelle" "que ce pape n'est pas pape"*.

Quoi qu'il en soit de l'intention de ceux qui ont exercé ces pressions, il est, de fait, que ce qui donne à Jean-Paul II le pouvoir d'asseoir les fondements de la nouvelle *"église conciliaire"*, c'est bien évidemment le fait d'occuper le Siège de Pierre et d'être considéré comme son successeur légitime par tout le monde. Il importe donc que tous acceptent cette nouvelle religion **et surtout l'autorité qui l'impose**. On ne voit pas comment il pourrait en être autrement.

Ce point est capital ! Tant qu'il y avait un vrai pape comme Pie XII, les ennemis pouvaient bien s'infiltrer dans la bergerie du Christ, mais non

---

[187] Mgr de Castro Mayer également, à la veille de la consécration épiscopale des quatre évêques d'Écône, le 3 juin 1988, avait dit : « Laissez le monde dire que ces consécrations sont faites en désaccord avec la Tête visible de l'Église. Mais laissez-moi poser cette question : Où est la Tête visible de l'Église ? Pouvons-nous accepter comme Tête visible de l'Église un Évêque qui place des divinités païennes sur l'autel à côté de Notre Seigneur Jésus-Christ ? Si tous les hommes de l'Église, tous les catholiques, en viennent à accepter les enseignements d'Assise, cette erreur de mettre des divinités païennes sur le même niveau que Notre Seigneur Jésus-Christ, quelle en sera la conséquence ? Ce sera l'apostasie générale. Comme le dit Dom Guéranger, une autorité qui enseigne l'erreur, de bonne foi ou de mauvaise foi, manque entièrement d'autorité et nous avons le droit de résister. En fait, nous avons le devoir de résister... » (Extrait cité par la *"Simple Lettre"* n° 81 du P. Vinson de juillet-août 1993). Mgr de Castro Mayer considérait Jean-Paul II comme un "pape putatif". Et le jour des consécrations, le même prélat traversait la foule des fidèles en s'écriant : "Nous n'avons pas de pape, nous n'avons pas de pape !" (rapporté par plusieurs témoins directs).

"triompher" parce que l'Église est fondée sur Pierre. Ils pouvaient, à la limite, obtenir qu'un véritable pape prenne quelques décisions moins opportunes, imprudentes, quelque peu équivoques comme dans le cas du pape Ganganelli (Clément XIV) qui a supprimé la Compagnie de Jésus. Ce triomphe, ils ne pouvaient l'obtenir qu'avec quelqu'un qui n'est pas un *"vrai successeur de Pierre"*. Ses ennemis le savent bien ; ils connaissent, sans aucun doute, la doctrine de l'Église définie par le Concile de Vatican I :

> « Nous enseignons et déclarons que l'Église romaine possède sur toutes les autres, par disposition du Seigneur, une primauté de pouvoir ordinaire... non seulement dans les questions qui concernent la foi et les mœurs, mais aussi dans celles qui touchent à la discipline et au gouvernement de l'Église... » « Si quelqu'un dit que le pontife romain n'a que la charge d'inspection et de direction, et non le plein et suprême pouvoir de juridiction sur l'Église universelle, non seulement dans les choses qui concernent la foi et les mœurs, mais aussi dans celles qui appartiennent à la discipline et au gouvernement de l'Église répandue dans tout l'univers ; ou bien seulement qu'il a la principale part, simplement, et non toute la plénitude de ce pouvoir suprême ; ou bien que ce pouvoir qui lui appartient n'est pas ordinaire et immédiat soit sur toutes les églises et sur chacune d'elles, soit sur tous les pasteurs et sur tous les fidèles et sur chacun d'eux : qu'il soit anathème ». « Si donc quelqu'un dit que le bienheureux Apôtre Pierre n'a pas été constitué par le Christ Notre Seigneur, le Prince des Apôtres et le chef visible de toute l'Église militante ; ou que le même Pierre n'a reçu directement et immédiatement du Christ Notre Seigneur qu'une primauté d'honneur, et non de véritable et propre juridiction : qu'il soit anathème » (*"Pastor Æternus"*, 18/07/1870, Denzinger 1827-1831).

Cette doctrine traditionnelle était déjà définie par Boniface VIII en 1300 : *"Nous définissons qu'il est nécessaire au salut d'être soumis au Pontife romain"* (*"Unam Sanctam"*, Denz. 875).

Sachant tout cela, les ennemis de l'Église étaient conscients, et ils le sont encore, que jamais ils n'auraient réussi à faire triompher la Révolution sans *"conquérir"* la Chaire de Pierre à laquelle tous les catholiques doivent être soumis sous peine d'excommunication. Et ils l'avaient même dit[188]. N'oublions pas en effet le complot ourdi par les initiés contre la papauté (cf. supra pp. 66-69), notamment ce qu'écrivait Nubius : *"... nous devons arriver... au triomphe de la révolution par un pape"*. *"...Que le clergé marche sous votre étendard, en croyant toujours marcher sous la bannière des clefs apostoliques"*.

L'habileté suprême de la Secte a consisté donc, et consiste encore en ce que l'ensemble des catholiques la suive *"en croyant marcher sous la bannière des clefs apostoliques"*. En effet *"... Le pape étant la règle vivante de la Foi"*, comme le dit le cardinal Billot, sa Foi est nécessairement celle des fidèles. Si donc les pontifes conciliaires professent une *"foi"* qui n'est pas la vraie Foi, presque inévitablement cette *"foi"* deviendra celle des baptisés qui les

---

[188] Bien avant les documents connus de la "Haute-Vente" existaient d'autres preuves de ce complot. Voici, par exemple, ce qu'écrivait, le 2 mai 1809, le "frère" Pyron, très probablement au fondateur de la société secrète des "Illuminés" : "Nous venons d'établir à Naples un Suprême Conseil du 33ème degré et un Grand Consistoire. Ils doivent s'installer au moment où je vous en parle, et le Rite Ancien accepté va se promener dans les États. Vous voyez qu'il prospère. Je ne désespère pas de faire maçon le Saint-Père, car j'ai envoyé des instructions dogmatiques à Rome, et un 33ème degré qui y est dans le mouvement, en espère beaucoup" » (Benjamin Fabre : « Un initié des Sociétés Secrètes supérieures "Franciscus, *Eques a Capite Galeato*" », 1753-1814, Paris, Librairie Astro-Esotérique, 1913, p. 370).

suivent. Nous l'avons abondamment montré : suivre la doctrine de ces pontifes équivaut à suivre la doctrine de la Secte. *"... Qu'on nous dise où est la différence d'avec le programme des francs-maçons"*, disait l'abbé Pivert après avoir commenté la Lettre Apostolique *"Tertio millennio adveniente"* de Jean-Paul II. On comprend dès lors l'importance que représente pour l'ennemi le fait d'obtenir que tous, absolument tous, même les catholiques qui ne sont pas d'accord avec ces autorités conciliaires et les combattent, reconnaissent au moins leur légitimité. Car, si les modernistes réussissent à imposer les hérésies combattues par les *"rétrogrades"*, c'est précisément grâce à leur apparente autorité. C'est donc la reconnaissance de l'autorité conciliaire qui constitue le minimum à obtenir.

b) Que penser de cette autorité conciliaire ?

Mgr Lefebvre pose la question : *"Alors quel est ce pape ? Que faut-il en dire ? En tout cas, il n'est pas inspiré par l'Esprit-Saint pour son congrès d'Assise, il est inspiré par le diable et il est au service de la maçonnerie"* (*Fideliter*, mars-avril 1986, n° 50, p. 15).

Et encore : « Un pape digne de ce nom et vrai successeur de Pierre ne peut pas déclarer qu'il se donnera à l'application du Concile et de ses réformes[189]. Il se met, par le fait même, en rupture avec tous ses prédécesseurs et avec le Concile de Trente en particulier » (Lettre de Mgr Lefebvre à plusieurs cardinaux, 6 octobre 1978).

---

[189] Rappelons que Jean-Paul II a confirmé son adhésion à Vatican II à plusieurs reprises, par exemple en 1982 en citant Paul VI : "Nous aussi, s'écriait Paul VI (le 7 décembre 1965) au nom de tous les Pères du Concile œcuménique dont j'étais membre moi-même, nous plus que quiconque nous avons le culte de l'homme !" (Lettre de Jean-Paul II au cardinal Casaroli du 20 septembre 1982).

Dans une déclaration publiée dans *Le Figaro* du 4 août 1976, Mgr Lefebvre disait encore : « ...Dans la mesure où le pape s'éloignerait de cette tradition, il deviendrait schismatique, il romprait avec l'Église. Les théologiens comme saint Robert Bellarmin, le cardinal Journet et bien d'autres ont étudié cette éventualité. Ce n'est donc pas une chose inconcevable... Ce concile représente, tant aux yeux des autorités romaines qu'aux nôtres, une nouvelle église qu'ils appellent d'ailleurs l'église conciliaire... Le concile... tournant le dos à la tradition et rompant avec l'Église du passé est un concile schismatique... et est en train de ruiner l'Église catholique. (Vatican II ayant admis le nouveau principe de la liberté religieuse, n.d.r.) toute la doctrine de l'Église doit changer, son culte, son sacerdoce, ses institutions... C'est donc un renversement total de la tradition... Ceux qui... adhèrent à cette nouvelle église conciliaire... entrent dans le schisme... L'Église catholique... (est) envahie par des ennemis couverts de pourpre. Comment pourrions-nous... faire le jeu de ces schismatiques qui nous demandent de collaborer à leur entreprise de destruction de l'Église ? ».

Une fois, à propos de cette nouvelle église, il dira : « Alors doit-on croire que l'Église a commencé à partir de 1960 et que l'Église d'avant n'existe plus ? Lors du voyage du pape au Canada, il a été distribué une brochure dont un ami m'a fait parvenir un exemplaire. Elle est signée par cinq évêques. Dans les discours prononcés par le pape et qui y sont reproduits, il est clair qu'il y a bien deux Églises, celle qui existait avant Vatican II et qui n'existe plus, à laquelle on ne fait plus référence, l'Église qui est en train de disparaître. Et puis il y a l'Église qui a commencé en 1960. C'est un fait » (Paris, 17 mars 1985, *Fideliter*, mai-juin 1985, n° 45).

Et, à une autre occasion : « ... De cette Église conciliaire nous ne voulons

L'ÉGLISE ÉCLIPSÉE

pas faire partie... Cette Église conciliaire n'est pas catholique. Dans la mesure où le Pape, les Évêques, prêtres ou fidèles adhèrent à cette nouvelle église, ils se séparent de l'Église catholique et entrent dans le schisme » (*Réflexion* du 29 juin 1976).

Dans le sermon d'ordination qui précéda *"l'été chaud"*, Mgr Lefebvre déclara :

« L'Église qui affirme de pareilles erreurs (liberté de conscience...) est à la fois schismatique et hérétique. Cette Église conciliaire n'est donc pas catholique. Dans la mesure où le Pape, les évêques, prêtres, fidèles adhèrent à cette nouvelle Église ils se séparent, de l'Église Catholique[190] » (Écône, 29 juin 1976).

Or, il est bien évident que comme *"le Pape, les évêques, les prêtres, les fidèles* (presque tous) *adhèrent à cette nouvelle Église, ils se séparent* (donc) *de*

---

[190] Mgr de Castro Mayer disait la même chose. Dans un journal brésilien, après avoir expliqué ce qu'est un schisme en général, il affirmait : « Dans le cas de Vatican II, celui-ci doit être signalé comme schismatique, pour la raison qu'il contient dans ce texte authentique des enseignements opposés avec la Foi traditionnelle de l'Église. Or, cette dissonance a été remarquée lors même des travaux conciliaires. La question de la liberté religieuse revendiquée par Vatican II comme droit naturel, même pour ceux qui n'accomplissent pas le devoir de rechercher quelle est la véritable religion, est désormais connue de tous. Autrement dit, Vatican II admet l'athéisme comme un droit naturel et secondement, il souhaite qu'un pareil droit soit reconnu par tous les États. Un tel enseignement est diamétralement opposé à la doctrine traditionnelle renouvelée par Pie ix dans l'Encyclique *"Quanta Cura"*. Voilà un exemple parmi beaucoup d'autres. Pour le bien des âmes cette position schismatique de Vatican II doit être absolument résolue avant tout autre chose. Bref, Vatican II ne peut pas être présenté comme un concile de l'Église catholique » (*"Monitor Campista"* du 23 février 1986, article intitulé, "O Cisma do Vaticano II").

l'Église Catholique".

Et nous *"Nous ne sommes pas membres de l'Église du Concile Vatican II"*, disait Mgr Lefebvre à Rimini, le 12 juillet 1987.

Le 2 décembre 1986, avec Mgr Castro-Mayer, Mgr Lefebvre signait une déclaration faisant suite aux événements de la visite de Jean-Paul II à la Synagogue et au Congrès des religions à Assise : « ... Tout ce qui a été mis en œuvre pour défendre la foi par l'Église dans les siècles passés, et tout ce qui a été accompli pour la diffuser par les missionnaires, jusqu'au martyre inclusivement, est désormais considéré comme une faute dont l'Église devrait s'accuser et se faire pardonner. (...) Les autorités romaines tournent le dos à leurs prédécesseurs et rompent avec l'Église Catholique, et elles se mettent au service des destructeurs de la Chrétienté et du Règne universel de Notre-Seigneur Jésus-Christ. Les actes actuels de Jean-Paul II et des épiscopats nationaux illustrent d'année en année ce changement radical de conception de la foi, de l'Église, du sacerdoce, du monde, du salut par la grâce. Le comble de cette rupture avec le magistère antérieur de l'Église s'est accompli à Assise, après la visite à la Synagogue. Le péché public contre l'unicité de Dieu, contre le Verbe Incarné et Son Église fait frémir d'horreur : Jean-Paul II encourageant les fausses religions à prier leurs faux dieux : scandale sans mesure et sans précédent. (...) Nous sommes obligés de constater que cette Religion moderniste et libérale de la Rome moderne et conciliaire s'éloigne toujours davantage de nous, qui professons la foi catholique des papes qui ont condamné cette fausse religion. Nous considérons donc comme nul tout ce qui a été inspiré par cet esprit de reniement : toutes les réformes post-conciliaires, et tous les actes de Rome qui sont accomplis dans cette impiété ».

Le 22 mai 1987, Mgr Lefebvre présentait des *"Dubia* (doutes) *sur la liberté religieuse"* à la Sacrée Congrégation Romaine pour la Doctrine de la Foi. Voici quelques citations extraites de cet ouvrage :

> « Affirmer que tout homme honnête peut, par la libre recherche, parvenir à la connaissance de la vérité religieuse, c'est contredire implicitement l'Écriture Sainte et le Magistère, c'est donc proférer implicitement une hérésie qui relève du naturalisme » (p. 37).

Répondant à la question : « Toute religion peut-elle être une voie pour parvenir au vrai Dieu et à la vérité religieuse ? (Mgr Lefebvre conclut) : S'il faut qualifier la formule que nous critiquons, nous lui donnerions sans hésiter la censure théologique de *"sententia sapiens hæresim"* (sentence qui sent l'hérésie), sinon de franchement *"hæretica"* » (pp. 38-39).

Dans *"les conclusions sur l'indifférentisme"*, Mgr Lefebvre précise que « l'indifférence religieuse est bien l'hérésie la plus constamment condamnée par les Papes (et qu') à la base de cette hérésie se trouve l'erreur philosophique du relativisme de la vérité (qu') on ne peut concevoir un poison si (aussi) mortel pour l'Église ; (qu') Actuellement l'hérésie indifférentiste est une véritable apostasie (et que) l'apostasie indifférentiste est le fondement même du faux œcuménisme et de la fausse liberté religieuse » (pp. 40-41).

En concluant le chapitre sur l'*"objet du droit fondamental de la personne à la liberté du culte de Dieu"*, Mgr Lefebvre conclut que cette liberté « est une erreur, une absurdité, une imposture, une hérésie, puisqu'elle attribue à l'Église la capacité de se contredire, une impiété enfin, puisqu'elle condamne l'Église à nous mentir sans vergogne en disant : *"rassurez-vous il y a continuité* (de doctrine)" alors qu'il y a au contraire rupture évidente » (p. 44).

Mgr Lefebvre lors de la collation des ordres mineurs et de la prise de soutane à Écône, le 2 février 1986, dira entre autres : *"Nous constatons que la situation évolue et Rome confirme les erreurs de Vatican II. La pertinacité dans l'erreur, c'est évidemment très grave"* (*Fideliter*, mars/avril 1986, n° 50, p. 8).

En commentant l'homélie tenue à la basilique Saint-Paul-hors-les-murs concernant la préparation de la réunion œcuménique d'Assise, Mgr Lefebvre termine en disant : « De quelle extravagante et discordante symphonie œcuménique Jean-Paul II veut-il devenir le chef d'orchestre ? Ou bien c'est cela, l'Église, ou bien Jean-Paul II n'est plus catholique ! » (*Fideliter*, mars-avril 1986, n° 50, p. 3). Il est évident que l'église (et son chef) qui a fait le pandemonium d'Assise est *"à la fois hérétique et schismatique"*, donc nécessairement *"Jean-Paul II n'est plus catholique"*.

Dans le même numéro, le prélat précise : « On a lu dans les journaux sous de gros titres que le pape convoque toutes les religions à Assise. Cette annonce a été faite par Jean-Paul II à Saint-Pierre-hors-les-murs (sans doute voulait-il dire Saint-Paul-hors-les-murs, n.d.r.), et elle nous a bouleversés. Le pape, chef de l'Église catholique convoque un congrès de religions ! Mais, y a-t-il des religions ? Moi, je ne connais qu'une religion : une vraie, et des fausses religions. À mon avis il s'agit d'un acte diabolique » (p. 11).

Tout cela se résume en une formule souvent répétée par Mgr Lefebvre : *"*(Jean-Paul II) *il n'est pas catholique"* (Conférence du 15 juin 1988).

Ce n'est donc pas nous qui définissons la nouvelle *"église conciliaire"*, et l'autorité qui la dirige, comme hérétique et schismatique, etc. C'est Mgr Lefebvre lui-même, le chef reconnu des *"rétrogrades"*.

Si Mgr Lefebvre est arrivé jusqu'au point de dire que Jean-Paul II, est un *"antichrist"* plusieurs personnes nous ont objecté qu'il a également tenu des propos en un sens opposé. Cette constatation s'impose. Voici quelques exemples : *"De Rome nous avons reçu des indults qui permettent de conclure que, dans les faits, la Fraternité a le droit d'incardiner... De plus, nous avons reçu par un intermédiaire de haut niveau l'assurance que le Saint-Père Paul VI bénit notre apostolat"* (Lettre de Mgr Lefebvre aux Amis et Bienfaiteurs, 3 octobre 1973).

« Je souhaite la co-existence paisible des rites pré et post-conciliaires. Qu'on laisse alors les prêtres et les fidèles choisir à quelles *"familles de rites"* ils préfèrent adhérer » (*Lettre au président d'Una Voce*, 17 juillet 1976).

« Pour le Concile, certainement il y a des choses qui sont assez difficiles à admettre dans le concile, et cependant je serais prêt à signer une phrase comme celle-ci : *"J'accepte les actes du concile interprétés dans le sens de la tradition. J'estime que ce serait une phrase que je pourrai éventuellement accepter, et signer si vous voulez"* » (Conférence à Écône, 21 novembre 1978).

"Il faut espérer que les choses s'arrangeront avec le pape Jean-Paul II, je ne désespère pas du tout que les choses ne s'arrangent avec lui... Nous demandons simplement de ne pas trop discuter les problèmes théoriques, de laisser les questions qui nous divisent, comme celle de la liberté religieuse !" (Angers, 23

novembre 1980).

"Demain, si Dieu le veut, il (Jean-Paul II) *nous intégrera dans l'Église officielle"* (27 juin 1980).

1987 est l'année de la réouverture du dialogue apparemment interrompu. Les manœuvres secrètes et diplomatiques, qui ont repris avec une intensité croissante, sont dévoilées par la revue mensuelle *"30 Jours"* qui dédie quatre numéros successifs au *"cas Lefebvre"*. Dans le numéro de février nous lisons la question suivante posée à Mgr Lefebvre : « Est-ce que vous voyez le Pape se montrer place Saint-Pierre, et annoncer aux fidèles que, après plus de vingt ans, on s'est aperçu que le concile s'est trompé et qu'il faut abolir aux moins deux décrets, votés par la majorité des Pères et approuvés par le Pape ? » Réponse de Mgr Lefebvre : « Allons ! À Rome on saurait trouver une modalité plus discrète... Le Pape pourrait affirmer avec autorité que certains textes de Vatican II ont besoin d'être mieux interprétés à la lumière de la Tradition, ainsi qu'il est nécessaire de chercher certaines phrases pour les rendre plus conformes au Magistère des Papes précédents ».

Dans la même période, le 29 juin 1987, Mgr Lefebvre agite l'épouvantail des consécrations épiscopales et du schisme pour inciter Rome à lui concéder ce qu'il désire. Le 12 juillet, dans le Prieuré de la Fraternité à Spadarolo, près de Rimini, il improvise une conférence de presse dans laquelle il annonce qu'il ira, le 14, chez le cardinal Ratzinger pour lui annoncer qu'il consacrera ses évêques dans 6 mois si Rome ne change pas. À cette occasion, Mgr Lefebvre ajoute qu'*"être excommunié par un Pape qui n'est pas vraiment Pape n'est pas un péché"*.

Le summum de ce contraste se situe avant la consécration des évêques, lorsque le 5 mai 1988, après avoir signé l'accord avec Rome il l'a cassé le lendemain. D'ailleurs, Mgr Lefebvre a bien dit qu'il faut accepter de Jean-Paul II ce qui est conforme à la Tradition et rejeter ce qui lui est contraire : *"Mon attitude a toujours été très respectueuse et déférente, très soumise lorsque le pape confirme la tradition, mais fermement opposée lorsque le pape oriente l'Église dans une voie contraire au magistère de ses prédécesseurs"*.

Nous sommes obligés, en lisant ces citations, de constater leurs contradictions. M. Arnaud de Lassus, directeur de l'Action Familiale et Scolaire, opposé aux sacres, a eu beau jeu de constituer à ce moment-là, un petit dossier où, citant plusieurs textes de Mgr Lefebvre, il en montre les contradictions. Il est même impossible d'invoquer une évolution de la pensée de Mgr Lefebvre, puisque ses dires contraires alternent depuis le début. Il faut, tout de même, remarquer que, dans les moments les plus importants, Mgr Lefebvre a utilisé les propos les plus fermes. Là est très probablement sa véritable pensée.

C'est précisément à partir de ces différences que des libéraux justifient leurs positions en s'appuyant sur les déclarations de Mgr Lefebvre allant dans leur sens. De même, les anti-libéraux peuvent aussi se référer à lui avec d'autres textes.

Nous aussi, nous le faisons ; en effet, c'est bien Mgr Lefebvre qui a affirmé, par exemple, que Jean-Paul II *"n'est pas inspiré par l'Esprit-Saint pour son congrès d'Assise, il est inspiré par le diable et il est au service de la maçonnerie"*[191], qu'il fait des *"actes diaboliques"*, qu'il *"n'est plus catholique"*.

---

[191] Dans l'ouvrage du début du siècle *"Précieux recueil de spiritualité"*, de A. Ponthaud, ayant eu plusieurs imprimatur, nous pouvons lire dans le récit d'un exorcisme : « Moi

L'ÉGLISE ÉCLIPSÉE

Mgr Lefebvre va jusqu'à écrire : *"La chaire de Pierre et les postes d'autorité de Rome étant occupés par des antichrists... C'est ce qui nous a valu la persécution de* la Rome antichristique, cette Rome moderniste *et libérale"* (lettre du 29 août 1987, adressée aux quatre[192] futurs évêques). Qui pourra nier que, dans cette phrase, Mgr Lefebvre, si les mots ont encore un sens, ne constate pas que Jean-Paul II est un *"antichrist"* ? *"La chaire de Pierre"* est bien occupée par Jean-Paul II ! Que peut-on dire de pire de quelqu'un sinon qu'il est l'Antéchrist lui-même ? Nous-mêmes n'aurions pas osé employer une expression aussi forte. Par *"antichrists"* les Évangélistes et les Pères ont toujours entendu, soit des préfigurateurs, soit des précurseurs de

---

Lucifer, je suis tombé, je suis devenu Satan, je tiens les cordes de tout le mal qui se prépare dans tous les peuples, tous les gouvernements, toutes les lois. Et je ne fais rien qui ne soit contre cet homme, ce vieillard : le pape ! Ah ! si je pouvais damner un pape ! Un pape qui se damnerait !... Mais si je puis tenter l'homme qui est pape, je ne puis pas faire dire une erreur à ce pape... Si tu comprenais !... Le Saint-Esprit est là qui l'empêche de dire une hérésie, de proférer une doctrine, même douteuse, quand il parle en pape » (Réédition intégrale, mai 1996, d.f.t., p. 229).

[192] À cette même époque, deux d'entre eux pensaient à peu près, la même chose : « Merci Saint-Père, de nous découvrir si ouvertement "le sens et la valeur des religions non-chrétiennes", c'est-à-dire l'apostasie conciliaire, qui est tout à la fois la falsification de la Rédemption et le reniement de l'esprit missionnaire. Quant à la réunion d'Assise, elle nous semble être le pas décisif vers la fraternité universelle des religions naturalistes et d'inspiration maçonnique, dont vous êtes, que vous le vouliez ou non, l'animateur le plus efficace » (Abbé Bernard Tissier de Mallerais, *Fideliter*, mars-avril 1987, n° 56, p. 30). L'abbé Fellay, en analysant une allocution prononcée le 22 décembre 1986 devant la curie romaine à propos de "l'événement extraordinaire qui s'est déroulé à Assise le 27 octobre", termine en disant que ce fait (et la doctrine qui s'y rapporte) "... amènent qu'on le veuille ou non, même en essayant de nuancer l'une ou l'autre affirmation par le contexte, la question : qu'est-ce que cela a encore à voir avec la foi catholique ? C'est la conclusion inéluctable que nos lecteurs tireront de l'article suivant" (voir cet article intitulé "Le bazar d'Assise" qui n'est rien d'autre qu'un compte-rendu de la journée d'Assise par le journaliste G. Legrand). (*Fideliter*, Janvier-Février 1987, n° 55, page 22 et suiv.).

l'Antéchrist. Saint Grégoire le Grand avertissait que *"Pour l'Antéchrist se préparera une armée de prêtres apostats"* (L.XXXIV *"Sur Job"*, Ch.1, Ep. L.V, L.XVIII).

Voici le témoignage de l'abbé Sanborn, un des premiers prêtres ordonnés par Mgr Lefebvre. Très proche de l'évêque, directeur du séminaire de la Fraternité Saint-Pie X aux États-Unis. Il explique en partie ce comportement de Mgr Lefebvre.

« Le désir de collaborer avec le *Novus Ordo* (la nouvelle "église conciliaire) allait finalement entrer en conflit avec la résolution de maintenir la Messe traditionnelle et la Foi catholique en général. L'Archevêque, et avec lui la Fraternité, allait passer vingt-cinq ans d'agonie à essayer de marier ces deux éléments contradictoires : le *Novus Ordo* et la Foi Catholique. Et parce que le *Novus Ordo* est publié par le *"pape"*, l'Archevêque et la Fraternité chercheront une voie moyenne impossible entre reconnaître en lui l'autorité du Christ et résister en lui à l'autorité du Christ.

Ces deux tendances contradictoires de Monseigneur Lefebvre, travailler avec le *Novus Ordo* d'un côté et de l'autre préserver la Foi Catholique, seront à l'origine des deux factions qui prendront naissance à Écône : *la ligne des mous*, les libéraux qui préféreront le compromis avec la Foi Catholique dans le but d'obtenir l'approbation du *Novus Ordo*, et *la ligne des durs* qui préféreront abandonner tout espoir d'approbation de la part du *Novus Ordo* plutôt que de compromettre la Foi.

Comme je le disais il y a dix ans dans un article intitulé *The Crux of the Matter*, Monseigneur donna aux deux factions des motifs d'espérance. Certaines déclarations et certains actes se rangeaient du côté des *mous*, d'autres du côté des *durs*. Le résultat fut que chaque parti pouvait se vanter d'être l'interprète des idées et des tendances de Monseigneur.

En fait celui-ci suivait une voie qui n'était ni celle de l'un ni celle de l'autre partie. La méthode qu'il préconisait pour résoudre la crise de l'Église consistait à mettre sur pied une grande armée de prêtres traditionalistes qui seraient envoyés partout dire la Messe ; par leur Messe et leur apostolat ils auraient attiré les catholiques. Le *Novus Ordo* périra faute de vocations, pensait-il, et rapidement le Vatican et les évêques devront capituler devant le fait que les seuls prêtres à demeurer seront traditionalistes. Bon gré mal gré ils devront retourner à la Tradition.

De ce double propos naquit la seule solution possible : *"le filtrage"*. Reconnaître l'autorité du *Novus Ordo* comme l'autorité catholique, mais passer au filtre[193] ses doctrines, ses lois et sa liturgie pour retenir ce qui est catholique et rejeter ce qui ne l'est pas. C'est ainsi que prit naissance le *"culte de Monseigneur"*[194] » (*Sodalitium*, Abbé Sanborn : *"La montagne de Gelboé"*, p. 5).

Que se passe-t-il lorsqu'un pape *"n'est pas catholique"* ?

---

[193] « ... Vous voyez combien sont éloignés de la route ces catholiques qui, ... s'arrogent le droit de juger les actes de l'autorité... opposant le jugement erroné de quelques personnes sans compétence sérieuse, ou de leur conscience privée... au jugement et au commandement de celui qui, par mandat divin, est juge, maître et pasteur légitime » (St Pie x, *Con vera soddisfazione*, 10 mai 1909.

[194] Il semble que Mgr Lefebvre n'avait pas une pleine perception de la perfidie du complot suivi par la Contre-Église. Nous savons en effet qu'après avoir achevé la lecture de l'ouvrage *"Le problème de l'heure présente"* de Mgr Delassus, entre 1988 et sa mort en 1991, il a avoué : "Si j'avais lu cela avant, j'aurai mené mon combat différemment. Mon œuvre est fichue !".

Saint Alphonse de Liguori, avec beaucoup de théologiens, affirme : « ...si jamais le pape, comme personne privée, tombait dans l'hérésie, il serait à l'instant déchu du pontificat car, comme il serait alors hors de l'Église, l'Église devrait donc, non pas le déposer, puisque personne n'a autorité sur le pape, mais le déclarer déchu du pontificat » (*Œuvres complètes* t. IX p. 232). Saint Robert Bellarmin, de même, précise qu'« un pape qui tombe dans l'hérésie déchoit par le fait même sans aucune déclaration *(ipso facto sine ulla declaratione)* » parce que « celui qui est en dehors de l'Église ne peut en être le Chef » (*"De Romano Pontifice"*, Ch XXX).

L'*"Enchiridion Iuris Canonici"*, rédigé par Stefano Sipos (Galos, Pecs, 1940, p. 186), résume admirablement les différents cas dans lesquels le Saint-Siège devient vacant :

« 1) Per mortem *(par la mort)*, 2) per resignationem *(par renoncement)*, 3) per amentiam certam et perpetuam *(par folie certaine et inguérissable)*, 4) per hæresim privatam notoriam et palam divulgatam *(par hérésie privée, notoire et divulguée ouvertement)* ».

Qui pourrait nier, après tout ce que nous avons vu, que nous ne nous trouvons pas dans ce quatrième cas ?

Le même *"Enchiridion"* précise que *"N'importe quel homme, ayant l'usage de raison, membre de l'Église, peut être élu. Sont donc élus invalidement (au Pontificat Suprême, en tant que matière non apte, n.d.r) les femmes, les enfants, les fous permanents, les non-baptisés, les hérétiques et les schismatiques"* (Sipos, op. cit., p. 187).

L'auteur n'a rien fait d'autre que reprendre un document de grande importance juridique : la Constitution Apostolique *"Cum ex Apostolatus officio"* de Paul IV, du 15 février 1559, laquelle revêt tous les caractères propres d'un acte infaillible. Le pape engage dans ce document la totalité de ses pouvoirs : *"Avec cette Constitution qui est Nôtre, valide à perpétuité, en haine à un si grand crime (l'hérésie), en rapport duquel aucun autre ne peut être plus grave et pernicieux dans l'Église de Dieu, dans la plénitude du pouvoir Apostolique, nous établissons, décrétons et définissons..."*

Cette Constitution déclare explicitement que, en ce qui concerne *"Le même Pontife Romain qui, avant sa promotion à l'état de cardinal ou à son élévation à l'état de pontife romain, aurait dévié de la foi catholique ou serait tombé dans quelque hérésie ou serait coupable de schisme ou l'aurait suscité, la promotion ou élévation serait nulle, non valide, et sans aucune valeur, même si elle a été faite avec l'accord et le consentement unanime de tous les cardinaux"*. Les mêmes arguments furent repris et confirmés par *saint Pie V* dans la Bulle *"Inter multiplices"*.

Rappelons ce que l'abbé Leroux affirme : *"Ces citations* (du futur Jean-Paul II) *sont très importantes car elles montrent que, dès 1963, Mgr Wojtyla était acquis aux erreurs modernistes qui détruisent l'Église depuis vingt-cinq ans. Tout est déjà là"* (op. cit., p. 8). Or, le modernisme est l'*"égoût collecteur de toutes les hérésies"*, donc, comment ne pas penser que Jean-Paul II ne soit pas concerné par l'hypothèse envisagée par Paul IV ?

Dans tous les cas, qu'il s'agisse de l'hérésie précédant l'élévation au pontificat ou de l'hérésie postérieure, il résulte des sentences des théologiens et du Magistère qu'il existe une incompatibilité entre la juridiction, même papale, et l'hérésie.

Certains objectent qu'on ne peut pas déclarer quelqu'un hérétique formel sans que, préalablement, il y ait eu des monitions canoniques et une déclaration de l'Église le qualifiant comme tel. Le développement de ce point serait trop long et sera réalisé dans le prochain ouvrage sur la question du Pape. Faisons seulement remarquer que, s'il fallait une monition canonique et une déclaration de l'Église pour dire de quelqu'un qu'il est hérétique formel, comment Paul IV aurait-il pu dire que l'élection d'un hérétique au pontificat soit invalide ? Comment saint Alphonse de Liguori, saint Robert Bellarmin et d'autres théologiens auraient-ils pu dire qu'*"un pape qui tombe dans l'hérésie déchoit ipso facto sine ulla declaratione (sans aucune déclaration)"* ? De plus, qui est supérieur au pape pour faire cette monition canonique[195] ?

---

[195] L'abbé Louis Prunel, résume cette doctrine ainsi : « Reste une question plutôt théorique que pratique soulevée par les théologiens. Que devrait-on faire si le Pape devenait apostat, schismatique ou hérétique ? Les deux premiers cas paraissent tout-à-fait chimériques (malheureusement, on peut constater que ce n'est pas tellement chimérique, n.d.r.) ; aussi ne considère-t-on d'ordinaire que le troisième, celui d'un Pape hérétique, non comme pape, mais comme docteur privé, non officiellement, mais en particulier. À vrai dire cette hypothèse parait tout aussi chimérique que les deux premières. Bien que le Pape ne soit infaillible que lorsqu'il enseigne à toute l'Église une doctrine concernant la foi ou les mœurs, il semble difficile que les paroles de Jésus-Christ à Pierre : "J'ai prié pour toi, afin que ta foi ne défaille pas ; lorsque tu seras confirmé, confirme tes frères" (*Luc* XXII, 32), ne s'appliquent pas à la personne privée du Pontife, aussi bien qu'à la personne publique. On conçoit difficilement en effet que celui qui ne peut errer en déterminant ce que les autres doivent croire, puisse personnellement faire naufrage dans la foi (C'est pour cela qu'il est plus probable que Jean-Paul II n'a jamais été pape, n.d.r.). Jésus-Christ est avec son Vicaire. Le cas ne s'étant jamais produit, on raisonne dans le vide. Voici comment les théologiens envisagent cette hypothèse. Les uns disent que dans ce seul cas, et par exception à la règle générale, le Pape pourrait être déposé par l'Église ; mais cela ne paraît pas sérieux ; le Pape ne peut être déposé par ses inférieurs. Les autres déclarent que par le fait même qu'un Pape deviendrait hérétique, il ne serait plus Pape, et que, dès lors, une sentence de déposition serait inutile, et qu'il suffirait de déclarer le siège vacant. Ceci

En outre, qu'il soit *déchu ipso facto, sans aucune déclaration*, nous pouvons le constater d'une autre manière : à posteriori. Car *"Le Pontife* (et l'Église, n.d.r.) *sont infaillibles dans l'élaboration des lois universelles concernant la discipline ecclésiastique (liturgie et droit), de manière qu'ils ne puissent jamais établir quelque chose qui puisse en quelque façon être contraire à la foi et aux mœurs"* (Wernz-Vidal, *Jus canonicum*, vol. II, p. 410) ; sinon *"l'Église —* comme le dit, entre autres, le théologien Hervé — *cesserait d'être Sainte et donc cesserait d'être la véritable Église du Christ"* (*Theologia dogmatica* vol. I p. 508). Cette doctrine n'est pas nouvelle. En condamnant la proposition LXXVIII du Synode de Pistoie, Pie VI avait affirmé : *"Pour autant qu'en raison des termes généraux utilisés, elle* (cette proposition) *inclut et soumet à l'examen, prescrit même la discipline établie et approuvée par l'Église — comme si l'Église, qui est régie par l'Esprit de Dieu, pouvait établir une discipline, non seulement inutile et trop lourde à porter pour la liberté chrétienne, mais encore dangereuse, nuisible, et conduisant à la superstition et au matérialisme"*, cette proposition est condamnée comme *"fausse, téméraire, scandaleuse, pernicieuse, offensante aux oreilles pies, injurieuse à l'Église et à l'Esprit de Dieu qui la conduit, pour le moins erronée"* (*"Auctorem fidei"*, 28 août 1794, Denz. 1578).

Or, Jean-Paul II a publié des lois dans lesquelles se trouvent des erreurs, comme dans le Nouveau Droit Canon. Même Mgr Lefebvre et Mgr de Castro Mayer dénonçaient ces *"erreurs pour ne pas dire des hérésies du Nouveau Droit Canon"* (Manifeste épiscopal du 21 novembre 1983).

---

est plus exact théologiquement ; du coup un Pape hérétique perdrait la puissance de diriger l'Église, puisque volontairement il sortirait de l'Église, il se retrancherait du corps de l'Église, et deviendrait infidèle » (*Cours Supérieur de religion*, L'Église t.2, 10ème édition, Beauchesne, 1920, pp. 215-216).

À ce propos le théologien Sisto Cartechini explique que *"dans le Code du Droit Canon, il ne peut y avoir quelque chose qui s'oppose* (en étant une loi de l'Église, n.d.r.) *en quelque manière aux règles de la foi et à la sainteté de l'Évangile... Pour cela, chaque fois que le Code propose quelque doctrine qui concerne la foi et la morale comme fondement de ses prescriptions, cette doctrine doit être tenue comme enseignée infailliblement par le Magistère ordinaire"* (*"Dall'opinione al Dogma"*, p. 48). Or, si Jean-Paul II a promulgué un Nouveau Droit Canon qui contient des *"erreurs pour ne pas dire des hérésies"*, c'est qu'il a perdu préalablement ou qu'il n'a jamais eu l'autorité, puisque s'il l'avait eue, il ne l'aurait pas fait.

2. Neutralisation de *"l'anneau des rétrogrades"*

Après cette longue parenthèse, indispensable pour mieux cerner le problème de l'Autorité, rappelons que *"l'anneau des rétrogrades"*, pour être neutralisé, doit, au moins reconnaître l'autorité conciliaire.

Et donc, s'il est tellement important pour les conciliaires que tous, surtout ceux qui ne sont pas de leurs rangs, reconnaissent l'autorité de Jean-Paul II, il faut bien que quelqu'un travaille à la réalisation de cet objectif.

Rappelons ce que disait le cardinal Pie, l'un des plus grands apôtres du Christ-Roi, dans une conférence tenue à Nantes le 8 novembre 1859, à propos des conséquences du triomphe de la Révolution : « On ne trouvera quasi plus la foi sur la terre, c'est-à-dire qu'elle aura presque complètement disparu **de toutes les institutions terrestres**... L'Église, société sans doute toujours visible, sera de plus en plus ramenée à des **proportions simplement individuelles et domestiques** » (Card. Pie, *Œuvres*, Ed. Oudin, 1873, 4è édition, t.3, p. 522).

À partir de ce que dit l'éminent cardinal, nous pouvons déduire qu'une véritable résistance ne pourra être faite que par des individus, des petites associations, des petits groupes. Et si l'un d'entre eux commence à avoir une certaine influence, il fera immédiatement l'objet d'une infiltration. C'est pourquoi le Révérend Père Calmel, au tout début de la crise post-conciliaire, avait dit qu'il fallait créer ces petites associations particulières un peu partout dans le monde, mais éviter une centralisation. On peut constater qu'un de ces groupes, la Fraternité Saint-Pie-X a, non seulement, fait exactement le contraire mais a aussi noyauté presque tous les *"groupuscules"* pour prendre la direction et surtout le monopole du mouvement traditionaliste. Pourquoi cela ?

Dans la première édition, nous avions affirmé : « ...À ce point on peut estimer que l'autorité conciliaire sera satisfaite si *"les rétrogrades"* reconnaissent sa légitimité » (p. 197), « Car, si les modernistes peuvent faire passer les erreurs que *"les rétrogrades"* combattent, c'est justement grâce à cette autorité » (p. 199). Plusieurs personnes nous ont alors fait remarquer que nous avions omis de préciser que, c'est justement la Fraternité Saint-Pie X qui combat l'autorité conciliaire tout en la reconnaissant.

Il est peut-être regrettable d'écrire ce qui va suivre à propos de la Fraternité Saint-Pie X, mais dans le cadre de cet ouvrage, cette question est très importante pour comprendre l'action des ennemis de l'Église. Ce que nous n'avions donc pas précisé dans la première édition, même si ce point était présent à notre esprit, nous le faisons maintenant d'une manière explicite.

La Fraternité Saint-Pie X conforte l'autorité moderniste, *"schismatique et hérétique"* qui, depuis Rome, prétend gouverner l'Église.

Il est malheureux, mais impossible de ne pas remarquer que, nonobstant les diverses déclarations claires et précises de Mgr Lefebvre, même si il en a dit d'autres de sens contraire, la Fraternité Saint-Pie X s'emploie aujourd'hui à faire reconnaître par tous ceux qui la suivent la légitimité des autorités conciliaires.

Nous ignorons si elle fait ce jeu volontairement ; et, nous n'affirmons pas que tous ses membres et ceux qui la suivent en sont conscients, mais néanmoins, nous sommes obligés de constater, sans vouloir s'ériger en juge, qu'elle fait le jeu des adversaires.

Innombrables sont les paroles et les faits susceptibles d'être cités à l'appui de ce que nous venons de dire. En voici quelques-uns récents :

Jean Madiran écrit : « ... Par-delà tout l'anecdotique, souvent chaleureux et réconfortant au cours de ces Journées (des JMJ, n.d.r.), par-delà tout le secondaire, souvent important, il y a eu l'essentiel, comme le dit l'abbé Christian Bouchacourt (remplaçant de l'abbé Laguérie à Saint-Nicolas-du-Chardonnet, n.d.r.) : *"Le Pape est le successeur de Pierre, le vicaire du Christ. Une grâce de Dieu passe par sa visite"*. Une intense grâce de conversion, qui après ce coup d'éclat va cheminer dans les cœurs qui y seront librement fidèles » (*"Présent"* du 26 août 1997).

Dans la même ligne, l'abbé de Tanoüarn, directeur de la revue *Certitudes*, vicaire à Saint-Nicolas-du-Chardonnet à Paris, dans la lettre publique qu'il *"Adresse au pape Jean-Paul II"*, écrit :

« Je me lève donc pour vous dire que je participe à ma place à cette nouvelle évangélisation de l'Europe[196] à laquelle vous appelez malgré les Cassandres, les éternels collaborateurs de la victoire et les défaitistes de tout pelage ». « Vous reprenez ainsi le grand combat de l'intransigeance catholique que votre prédécesseur saint Pie X avait mené avec éclat, en particulier pour nous Français, dans sa fameuse lettre sur le Sillon » (Sans commentaire, n.d.r.). « Aujourd'hui, tel le Janus des vieux Romains, vous montrez deux visages de l'Église, alternativement, tantôt vous prêchez une austère vérité, tantôt vous appelez à l'union à tout prix, vous déclarant prêt à redéfinir votre propre fonction pontificale, si cela était nécessaire au grand dessein réformateur ».

En lisant ces lignes, on se demande si l'abbé en question a déjà lu l'Encyclique *"Pascendi"* où saint Pie X affirme que c'est une tactique des modernistes d'alterner la vérité et l'erreur.

L'abbé de Tanoüarn n'a pas besoin de chercher loin. Il lui suffit de lire l'un des best-seller des Éditions *Fideliter*, auxquelles il a collaboré : *"Pierre m'aimes-tu ?"*. Son auteur, l'abbé Leroux, affirme, redisons-le : *"Ces citations sont très importantes car elles montrent que, dès 1963, Mgr Wojtyla était acquis aux erreurs modernistes qui détruisent l'Église depuis vingt-cinq ans. Tout est déjà là"* (p. 8).

En outre, comment peut-il dire à Jean-Paul II que : *"vous montrez deux visages de l'Église"*, l'un de la vérité et l'autre de l'erreur ? C'est énorme ! L'Église, en tant que telle, n'a pas un visage obscur étant l'épouse sans tache de Notre Seigneur[197]. À ce point, la conclusion de l'abbé de

---

[196] Voir ce qu'entend Jean-Paul II sur la "nouvelle évangélisation de l'Europe"
[197] À ce propos Pie XII, dans l'encyclique *"Mystici corporis"*, observe : "...Oui,

Tanoüarn n'étonne plus : « Permettez-leurs (aux jeunes du JMJ), permettez-nous d'aimer l'Église et de la découvrir non pas dans les musées ou dans les cours d'histoire mais justement dans la rue, sur la place publique, là où, avec audace, vous voulez être aujourd'hui et là où vous ne pouvez nous empêcher d'être, Très Saint-Père, anonymes mais **avec vous** » (*"Pacte"*, n° 15, août 1997).

Avec quel *"visage"* du *"Très Saint-Père"* cet abbé se trouve-t-il ? En effet, si en prêchant *"une austère vérité"*, le *"Très Saint-Père"* est un successeur de saint Pie X, de qui est-il le successeur lorsqu'il est *"prêt à redéfinir sa propre fonction pontificale"* ?

Après avoir achevé ces lignes, nous avons reçu la *"Simple Lettre"* du R. P. Vinson qui confirmait nos dires. Voici ce qu'on peut y lire :

« Que pensez-vous au sujet de *Pacte* et de *Certitudes* ? *Pacte*, tel est le titre d'une feuille mensuelle de l'Association 496. Feuille et Association fondées par M. l'abbé Guillaume de Tanoüarn, de la Fraternité St Pie X. Nous ne doutons pas de la bonne intention de ce prêtre, déjà fondateur et rédacteur de la Revue *Certitudes*, fondée il y a plus de deux ans. Mais ces deux imprimés : *Certitudes* et *Le Pacte* ne sont pas vraiment traditionalistes ». « Vous me demandez mon avis sur les pages écrites par l'Abbé de Tanoüarn dans *Certitudes* n° 25 d'août 1997... Je vais essayer de dérouler un peu l'écheveau d'arabesques littéraires où, visiblement, cet abbé se complaît. Heureusement qu'il termine son Éditorial par le mot

---

certainement, la pieuse Mère resplendit sans aucune tache dans les sacrements, avec lesquels elle engendre et nourrit ses fils, dans la foi qu'elle conserve toujours non contaminée, dans les très saintes lois par lesquelles elle commande... "

"simplement" ! Ce n'est pas évident... Certaines images sont bien obscures, d'autres de mauvais goût pour un prêtre : *"Jeter le bébé avec l'eau du bain"*. Il me semble que ce style léger et amusé ne convient pas à la question de religion dont il veut traiter. C'est seulement à la fin de l'article que cela devient plus sérieux : *"Là où est Pierre, là est l'Église"*. Je suis bien d'accord avec lui, seulement j'arrive à d'autres conclusions. Car le vieil adage ne dit pas : *"Là où est Simon, là est l'Église"*, mais là où est Pierre, Pierre qui a passé l'épreuve et répondu à l'attente du Seigneur : *"M'aimes-tu plus que ceux-ci ?"* Comme l'amour se juge aux œuvres bien plus qu'aux paroles, et que nous voyons que les œuvres de Jean-Paul II ne sont pas dans la continuité de celles de Pierre, on peut peut-être dire qu'il est Simon, mais pas Pierre. Et donc on n'a pas à le reconnaître comme le successeur de Pierre.

Mais passons à l'article :

"Jean Paul II : le Pape symbole" (...), son talent de comédien est reconnu de partout et attire tous ceux qui ne sont frappés que par l'apparence extérieure... Je ne sais pas si l'Abbé se rend bien compte de ce qu'il dit : *"Le pape existe comme signe à l'aube du XXIème siècle"*. Mais s'il n'est qu'un signe, il n'est plus rien en lui-même, il représente seulement quelque chose. Et nous ne savons pas quoi ! » (septembre-octobre 1997, n° 106).

De la même manière, Mgr Tissier de Mallerais, après avoir analysé l'Encyclique *"Evangelium Vitæ"* en disant qu'il y a des parties bonnes et des parties mauvaises, affirme : « Souhaitons que les fidèles ne retiennent de *"Evangelium Vitæ"* comme de *"Veritatis Splendor"* que la doctrine du

droit naturel, fondement nécessaire de la morale et de tout droit civil »
(*Fideliter*, mai/juin 1995, n° 105, p. 67).

Même Georges Bourcier, après avoir fait une description de la crise actuelle, dans un article intitulé *"Une synthèse antischisme"*, écrit : *"A l'heure donc où l'Église toute entière est en état de schisme, nous devons combattre pour l'Épouse du Christ..."* (*Fideliter*, n° 115, p. 68). La contradiction est tellement évidente qu'elle semblerait presque être un lapsus, mais est-ce vraiment le cas ? Dans cette phrase, l'absurde c'est de dire que l'Église est en état de schisme, car comme chacun le sait, *"être schismatique"* c'est justement *"être séparé de l'Église"*. Dire donc que *"l'Église toute entière est en état de schisme"* signifie, si les mots ont encore un sens, que l'Église est séparée d'elle-même, c'est-à-dire qu'elle est et n'est pas en même temps ! Mais cette Église séparée de l'Église est toujours la véritable Église puisque *"nous devons combattre pour l'Épouse du Christ"*. On baigne ici dans la pleine contradiction. C'est dans ce non-sens, que pour la Fraternité Saint-Pie X, Jean-Paul II est à la fois un *"antichrist"* et *"le très-Saint-Père"*.

On pourrait rétorquer que Mgr Tissier de Mallerais, les abbés Bouchacourt, de Tanoüarn, Monsieur Bourcier et d'autres, comme l'abbé Bonneterre — nous le verrons — expriment des opinions personnelles, mais ces opinions découlent de la position de la Fraternité Saint-Pie X. En effet, si on admet qu'un pape puisse être tout à la fois successeur de Pierre et un antichrist ; que l'Église puisse être tout à la fois catholique et schismatique, et que Rome puisse être tout à la fois traditionnelle et moderniste, on peut très bien n'adhérer qu'au *"visage"* traditionnel et rejeter le *"visage"* moderniste.

Le 21 novembre 1974, Mgr Lefebvre avait déjà déclaré : « *Nous adhérons de tout notre cœur, de toute notre âme, à la Rome catholique, gardienne de la foi catholique, et de ses traditions nécessaires au maintien de cette Foi, à la Rome éternelle, maîtresse de sagesse et de vérité. Par contre, nous refusons et nous avons toujours refusé la Rome de tendance néo-moderniste et néo-protestante qui s'est clairement manifestée dans le concile Vatican II et, après le concile, dans toutes les réformes qui en sont issues ».*

Il est impossible d'envisager ces paroles autrement que *"la Rome de tendance néo-moderniste et néo-protestante"* a éclipsé *"la Rome éternelle"*, sans tomber dans la contradiction ; il faut nécessairement conclure que la Rome de tendance néo-moderniste n'est pas la Rome éternelle. Une chose ne peut pas, en même temps et sous le même rapport, être et ne pas être, selon le principe fondamental de non-contradiction. Par exemple, on ne peut pas dire d'un enfant qu'il est en même temps un adulte.

Si la Fraternité Saint-Pie X entend que la Rome actuelle est dans le même temps catholique et moderniste, elle se contredit elle-même. Si on suit son raisonnement, il semblerait presque que le siège est catholique et que celui qui l'occupe est moderniste. Ne serait-ce pas là une résurgence de la distinction faite autrefois par les gallicans, entre *"sedes"* (le siège) et *"sedens"* (celui qui siège) ? Selon eux, en effet, il fallait être soumis au *"siège"* (*sedes*) mais pas nécessairement au *"sedens"*.

De Maistre, à ce propos écrivait après avoir cité quelques auteurs français favorables à la suprématie papale : « Rien n'étant plus aisé que d'accumuler les témoignages français en faveur du système de la suprématie (pontificale), les partisans du système contraire (les gallicans) soutiennent qu'ils s'appliquent tous au siège, et non à la personne des Pontifes ; mais cette distinction subtile, inventée par des modernes opposants poussés à bout, fut toujours inconnue à l'antiquité qui n'avait pas tant d'esprit. Ainsi l'antique tradition de l'église gallicane, alléguée dans le préambule de la Déclaration (de 1682), est une pure chimère »[198] (*"De l'église gallicane"*, Pélagaud, Lyon, 1852, p. 139).

Or si la notion de pape est une abstraction, la personne même du pape ne l'est pas.

Donc on est soumis au siège en étant soumis à la personne même du pape.

Pie XI affirmait : « Personne ne se trouve et personne ne demeure dans cette unique Église du Christ, à moins de reconnaître et d'accepter, avec obéissance, l'autorité et la puissance de Pierre et de ses légitimes successeurs » (*Mortalium animos*, 1928). Les évêques allemands ont fait à ce propos une déclaration explicitement approuvée par Pie IX dans le document *"Mirabilis illa constantia"*, du 4 mars 1875 (Denz., 3117) où ils disent : « ...l'évêque de Rome est aussi pape, c'est-à-dire pasteur et chef de l'Église universelle, chef de tous les évêques et de tous les fidèles ; **son autorité papale** n'est pas en vigueur seulement en quelques cas exceptionnels déterminés, mais subsiste et oblige toujours, **en tout temps et en tout lieu** » (Denz., 3113)[199].

---

[198] Dans plusieurs milieux, dont celui de la Fraternité Saint-Pie x, il est de bon ton d'attaquer les papes Libère, Gélase, Honorius et d'autres, comme, du reste, le faisaient les gallicans et les jansénistes pour justifier qu'un pape puisse être faillible. Il y a bien longtemps que des auteurs sérieux ont répondu à ces attaques et ont démontré que ces soi-disantes erreurs n'allaient pas vraiment contre la foi et la morale.

[199] Un an plus tard, il dira : « Il s'agit en effet, Vénérables Frères et bien aimés fils, d'accorder ou de refuser obéissance au siège apostolique ; il s'agit de reconnaître sa

Pourquoi l'*"autorité papale... oblige toujours, en tout temps et en tout lieu"* ?

Léon XIII en donne la raison : "*...Mais, pour la foi et la règle des mœurs, Dieu a fait participer l'Église à son divin magistère et lui a accordé le divin privilège de ne point connaître l'erreur*" (*"Libertas"*, 20 juin 1888). Pie XII exprime la même idée : "*...la charge d'annoncer le même Évangile... que ce Siège Apostolique et tous les évêques qui lui étaient unis ont conservé, transmis au cours des siècles dans son intégrité et sa pureté...*" (*"Ad sinarum gentem"*, 7 octobre 1954).

Pie XII précise encore que cette soumission ne doit pas se limiter aux questions de foi : "*Par la parole et par les exemples de sa vie (de saint Thomas), il a enseigné à ceux qui cultivent les sciences sacrées, mais aussi à ceux qui s'adonnent aux recherches rationnelles de la philosophie qu'ils doivent à l'autorité de l'Église soumission entière et respect souverain. La fidélité de cette soumission à l'autorité de l'Église se fondait sur la persuasion absolue du saint Docteur (Angélique) que le magistère vivant et infaillible de l'Église est la règle immédiate et universelle de la vérité catholique. Suivant l'exemple de saint Thomas d'Aquin,(...) dès que se fait entendre la voix du magistère de l'Église, tant ordinaire qu'extraordinaire, recueillez-la, cette voix, d'une oreille attentive et d'un esprit docile (...). Et il ne vous faut pas seulement donner votre adhésion exacte et prompte aux règles et décrets du Magistère sacré qui se rapporte aux vérités divinement révélées (...) mais l'on doit recevoir aussi dans une humble soumission d'esprit les enseignements ayant trait aux questions de l'ordre naturel et humain*" (*"Oculis Nostris"*, 14 janvier 1958).

---

suprême autorité même sur vos Églises, et non seulement quant à la foi, mais encore quant à la discipline : celui qui la nie est hérétique ; celui qui la reconnaît et qui refuse opiniâtrement de lui obéir est digne d'anathème » (Pie ix, Encyclique *"Quæ in patriachatu"*, 1er septembre 1876).

Déclaration de fidélité aux positions de la Fraternité Saint-Pie X

Le plus grave est que la Fraternité Saint-Pie X ne confère aux séminaristes le sacrement de l'ordre qu'à la condition *"sine qua non"* de signer le document ci-après :

> Je soussigné,
> reconnais Jean-Paul II comme pape légitime[200] de la sainte Église catholique. C'est pourquoi je suis prêt à prier publiquement pour lui en tant que Souverain Pontife. Je refuse de le suivre quand il s'écarte de la Tradition catholique, particulièrement en matière de liberté religieuse et d'œcuménisme, ainsi que dans les réformes qui sont nocives pour l'Église.
> J'admets que les messes célébrées selon le nouveau rite ne sont pas toutes invalides. Cependant, eu égard aux mauvaises traductions du N.O.M., à son ambiguïté qui favorise son interprétation dans un sens protestant, et à la pluralité de ses modes de célébration, je reconnais que le danger d'invalidité est très grand.
> J'affirme que le nouveau rite de la messe ne formule, il est vrai, aucune hérésie de manière expresse, mais qu'il s'éloigne de façon impressionnante, dans l'ensemble comme dans le détail, de la théologie catholique de la sainte messe, et que pour cette raison ce nouveau rite est en soi mauvais.
> C'est pourquoi je ne célébrerai jamais la sainte messe selon ce nouveau rite, même sous la menace de peines ecclésiastiques ; et je ne conseillerai jamais à quiconque, de manière positive, de participer activement à une telle messe.

---

[200] Il paraît que le terme "légitime" ne fait plus partie de ce document. Mais peut-il y avoir un pape qui ne soit pas légitime ?

J'admets enfin comme légitime et conforme à la Tradition la réforme liturgique de Jean XXIII. J'en reçois donc comme catholiques tous les livres liturgiques : missel, bréviaire, etc., et je m'engage à les utiliser exclusivement, selon leur calendrier et leurs rubriques, en particulier pour la célébration de la messe et pour la récitation du bréviaire.

Je désire ce faisant manifester l'obéissance qui me lie à mes supérieurs, ainsi que celle qui me lie au Pontife Romain dans tous ses actes légitimes.

En ce qui concerne l'interprétation et l'utilisation du Nouveau Code de droit canonique, je me déclare enfin prêt à suivre les directives de mes supérieurs.

Fait à (lieu, date et signature)

Voilà ce que la Fraternité Saint-Pie X exige de ses futurs prêtres qui n'en sont pas moins tenus, de réciter la profession de foi du Concile de Trente et de prêter le serment antimoderniste avant leur ordination. N'est-ce pas un non-sens quand l'autorité à reconnaître est moderniste et en opposition radicale au Concile de Trente ?

La Fraternité Saint-Pie X fait croire que, tout en étant séparée en matière de foi, de ladite autorité moderniste, schismatique et hérétique, elle demeure néanmoins **en communion** avec elle.

Même si, à plusieurs occasions, la Fraternité Saint-Pie X, avec Mgr Lefebvre a prétendu que *"... De cette Église conciliaire nous ne voulons pas faire partie... Cette Église conciliaire n'est pas catholique"*, elle prétend aujourd'hui ne pas être excommuniée et donc *"être en communion"* avec cette nouvelle *"église conciliaire"* *"à la fois hérétique et schismatique"* ! Dans cette optique, elle a diffusé début 1996 plusieurs dizaines de milliers de tracts intitulés : *"Schismatique ? Excommuniée ?* **Rome répond non *!"* *"Les experts de l'Église affirment que la Fraternité Saint-Pie X n'est ni schismatique ni excommuniée".*

Les promoteurs dudit tract ont prétendu avoir fait cela pour attirer à la messe tridentine ceux qui ne sont pas de la Tradition. Selon eux, ce tract est un argument *ad hominem*. Or Mgr Lefebvre n'avait-il pas mis les siens en garde : *"Il y a quantité de gens qui vont garder leur esprit moderne et libéral mais qui viendront chez nous parce que cela leur fera plaisir d'assister de temps en temps à une cérémonie traditionnelle, d'avoir des contacts avec les traditionalistes. Et cela va être dangereux pour nos milieux. Si nous sommes envahis par ce monde-là que va devenir la Tradition ?"* (*Fideliter*, n° 68, p. 23).

Ce tract, comme le dit le Père Vinson dans sa *"Simple Lettre"* (n° 103), est tout à la fois un véritable *"piège et mensonge"*. Il fait croire en effet que les catholiques peuvent fréquenter la Fraternité Saint-Pie X parce que Rome ne l'a pas excommuniée.

Alors pourquoi, quelques mois plus tard, la Fraternité Saint-Pie X écrit-elle dans sa *"Lettre aux Amis et Bienfaiteurs"* : *"Nous n'inventons donc rien lorsque nous essayons, à la suite de Mgr Lefebvre, de distinguer entre une Rome catholique et une Rome moderniste ! D'où aussi le grave problème des relations que nous devrions avoir normalement avec Rome ! A quelles mains allons-nous confier notre futur ? Aux instances romaines qui déclarent que tous, évêques, prêtres,* **fidèles** *sont* **excommuniés** *pour cause de schisme ? A celles qui dégagent de telles sanctions, au moins les prêtres et les fidèles, car il n'y a pas schisme, mais danger de schisme ? Ou à celles qui nous estiment tout simplement* *catholiques ? Comment pourrions-nous opérer un tel choix ? Les autorités romaines sont divisées à notre sujet, c'est un fait, nous avons les documents qui le prouvent en notre possession"* (25 mars 1997, n° 52). Il y a bien là l'affirmation de l'existence d'une sanction étendue aux fidèles de par l'autorité conciliaire que la Fraternité Saint-Pie X reconnaît. En outre, comment peut-on *"distinguer entre une Rome catholique et une Rome moderniste"* sans conclure que, s'il existe une Rome moderniste, nécessairement elle ne peut pas être la Rome catholique !

Toutefois *"l'autorité romaine officielle"* — Jean-Paul II et la Congrégation pour la Foi — a bien excommunié la Fraternité Saint-Pie X et ceux qui la suivent. Le 19 juin 1997, un article intitulé *"Lefebvristes : schisme confirmé. Le Vatican rappelle que les religieux ordonnés par Mgr Lefebvre restent frappés d'excommunication"* paraissait dans Le Figaro. En voici quelques extraits significatifs :

« La Fraternité sacerdotale Saint-Pie X qui a donné naissance à *"l'Église lefebvriste"*, ainsi désignée du nom de son fondateur Mgr Marcel Lefebvre, est bien schismatique. Ses évêques sont toujours excommuniés. Le Vatican, en réponse à une demande de Mgr Norbert Brunner évêque de Sion, diocèse valaisan sur le territoire duquel se trouve Écône, vient de le rappeler. (...) Depuis des mois, par des tracts diffusés en Suisse comme en France, la Fraternité laisse entendre que les décisions romaines prises en 1988 sont entachées de nullité. Mgr Brunner a donc eu recours à la Congrégation des évêques qui, après en avoir référé à la Congrégation pour la Doctrine de la Foi, a envoyé sa réponse, commentée ensuite par le Conseil pontifical pour l'interprétation des textes législatifs. Ces notes justifient, une fois de plus, les sanctions prises, le 1er juillet 1988, aussitôt après les sacres d'Écône du 30 juin : Mgr Lefebvre a créé un schisme en ordonnant quatre évêques sans mandat pontifical et contre la volonté explicitement manifestée par le Pape. Pour avoir commis un acte de *désobéissance d'une extrême gravité, il a été frappé ipso facto de la sanction d'excommunication prévue par le droit (canon 1382 et 1364-1).* Il en est de même des évêques qu'il a ordonnés, des diacres et des prêtres ordonnés par la suite : « *Il est indubitable que leur activité ministérielle à l'intérieur du mouvement schismatique constitue un signe plus qu'évident (...) d'une adhésion formelle à un schisme...* »

De plus, aujourd'hui la Fraternité Saint-Pie X affirme, à ce propos, le contraire de ce qu'elle disait à la fin des années quatre-vingts.

Après l'excommunication, en effet, Mgr Lefebvre affirmait : *"Et pourquoi nous excommunient-ils ? Parce que nous voulons rester catholiques, parce que nous ne voulons pas les suivre dans cet esprit de démolition de l'Église. Puisque vous ne voulez pas venir avec nous pour contribuer à la démolition de l'Église, nous vous excommunions. Très bien... Merci. Nous préférons être excommuniés* » (*Fideliter*, n° 65, p. 4).

Un an avant l'excommunication, Mgr Lefebvre avait déjà dit : *"Etre excommunié par une Église qui n'est pas vraiment catholique n'est pas un péché"* (Rimini, 12.7.1987).

À la suite de cette prise de position, les supérieurs de la Fraternité Saint-Pie X signaient un texte dont voici un extrait significatif :

> « Nous ne demandons pas mieux que d'être *ex communione* de l'esprit adultère qui souffle dans l'Église depuis vingt-cinq ans, exclus de la communion impie avec les infidèles... Ce serait pour nous une marque d'honneur et un signe d'orthodoxie devant les

fidèles. Ceux-ci ont en effet, un droit à savoir que les prêtres auxquels ils s'adressent ne sont pas de la communion d'**une contrefaçon d'Église**, évolutive, pentecôtiste et syncrétiste » (*Fideliter*, juillet-août 1988).

La Fraternité Saint-Pie X neutralise les prêtres et les fidèles qui refusent d'être en communion avec l'autorité conciliaire

La revue *Credo*, citant la *"Simple Lettre"* (n° 104 mai-juin 1997) du R.P. Vinson, écrit : « À ce catholique on a répété à satiété : *"le pape est hérétique, il est schismatique, il est l'antéchrist... L'Église qu'il gouverne est hérétique, est schismatique... n'est pas l'Église de Jésus-Christ !"*. De telles affirmations autorisées ne lui demandent-elles pas de conclure : *"ce pape, celui qui gouverne cette Église, ne peut pas être pape ?"*. L'auteur précise qu'il convient de ne pas oublier ce qu'a dit le pape Léon XIII, à savoir que ne peut pas se considérer comme un vrai membre de l'Église celui-là qui, tout en soumettant son intelligence par la foi, ne lui soumet pas sa volonté par l'obéissance. L'auteur cite ensuite Louis Veuillot qui écrivait : *"Il y a péril à biaiser sur les mots"*, et le R.P. Vinson écrit : *"Très tôt, Mgr Lefebvre a dit et répété : L'Église est hérétique... schismatique... la nouvelle messe est la messe de Luther... etc."*. *"Si l'Église catholique*, poursuit le R.P. Vinson, *est hérétique, schismatique, c'est qu'elle l'est devenue, car sous Pie XI, sous Pie XII, elle ne l'était pas. Et si elle est devenue hérétique, schismatique, elle n'est donc plus l'Église fondée par Notre-Seigneur Jésus-Christ. (...)* Le R.P. Vinson, pour terminer son passionnant propos, en vient véritablement au titre de son article *("Mais oui, on peut en parler")* en écrivant : 'Il y a une question très simple, à laquelle les fidèles en général et les traditionalistes en particulier, souhaitent avoir une réponse de leurs prêtres, de leurs évêques : Jean-Paul II a-t-il vraiment la foi, est-il tombé dans l'hérésie ?

est-il devenu schismatique ? Si c'est oui, alors la logique, le bon sens demandent que l'on conclue : alors il ne peut pas être le vrai pape. Si c'est non, alors il est (en ce cas) un vrai successeur de Pierre. Mais alors, a-t-on le droit de lui désobéir en tout, partout et toujours ? Non, les sédévacantistes ne sont pas tous des Wicleff et Jean Hus (ici le R.P. Vinson se réfère à un article de *Dionisius* paru dans le n° 189 d'avril 1997, de la revue *"Le Courrier de Rome, Si si No no"* contre les sédévacantistes, où on les accusait d'être les disciples de ces hérétiques, n.d.r.), ils ne disent pas tous qu'un pape en état de péché mortel n'est plus pape. Mais ils disent, avec un grand nombre de théologiens et de saints : *"Un pape qui n'est pas catholique ne peut pas être le chef de l'Église catholique"* » (*Credo*, n° 123, septembre-octobre 1997).

Il n'est pas étonnant que la diffusion de ce numéro de *Credo* ait été interdite par l'abbé Bonneterre, de la Fraternité Saint-Pie X, dans son doyenné de l'Ouest de la France. Nous ne sommes pas surpris de cette décision puisque l'abbé Bonneterre a, par exemple, fermé son école pour permettre aux professeurs, aux élèves et à leurs parents d'aller voir Jean-Paul II lors de sa visite à Auray en septembre 1996. Ensuite, lors d'une conférence qu'il fit à Nantes à propos de cette même visite, il a dit que : *"C'est une grande grâce pour nous de recevoir le Saint-Père en France (...) ses discours sont, en certains points, d'une qualité théologique remarquable"*. Après avoir loué *"le courage de Jean-Paul II, homme de prière et de contemplation"*, etc., l'abbé a quand même reconnu qu'il est libéral, mais dans le même temps, il affirmait que le libéralisme n'a pas été condamné comme hérésie[201] ! Beaucoup de fidèles ont été scandalisés par ses propos, surtout

---

[201] Même si le libéralisme n'a pas été condamné d'une manière explicite, plusieurs de ses thèses l'ont été. D. Félix Sarda Y Salvany précise : « Au jour de la Présentation au temple,

le vieillard Siméon, parlant sous le souffle de l'Esprit prophétique, disait à la Sainte Vierge que son Divin Fils serait placé dans le monde comme un signe de contradiction d'où sortiraient la ruine pour un grand nombre et pour un grand nombre la résurrection. Le caractère de sa mission divine, Jésus-Christ l'a transmis à son Église et c'est ce qui explique comment, dès les premiers temps du christianisme, l'hérésie s'est attaquée aux vérités de la Foi. Depuis, cette contradiction n'a pas cessé, mais à chaque siècle, pour ainsi dire, elle s'est transformée, prenant un caractère nouveau dès que l'erreur dernière en date avait été pleinement détruite ou démasquée. Pour ne parler que des trois derniers siècles : le seizième a vu dominer l'hérésie protestante ; le jansénisme a essayé de pervertir le dix-septième et le naturalisme philosophique a pensé, au dix-huitième, bouleverser les fondements mêmes de la société. Avec le résidu de toutes ces erreurs, le dix-neuvième siècle devait nous en apporter une autre plus dangereuse peut-être que les précédentes, parce qu'elle est plus subtile, et qu'au lieu de viser tel ou tel point de la doctrine, elle a prétendu s'insinuer dans l'ensemble même de la doctrine, pour la corrompre jusqu'au fond... il s'agit du libéralisme ». « Dans l'ordre des faits, c'est un péché contre les divins commandements de Dieu et de l'Église parce qu'il les transgresse tous. Plus clairement : dans l'ordre des doctrines, le libéralisme est l'hérésie radicale et universelle... Dans l'ordre des faits, il est l'infraction universelle et radicale de la loi de Dieu parce qu'il en autorise et sanctionne toutes les infractions... Il nie la juridiction absolue de Jésus-Christ, Dieu, sur les individus et les sociétés... Il nie la nécessité de la révélation divine et l'obligation pour tout homme de l'admettre s'il veut parvenir à sa fin dernière... Après cette négation générale, cette négation en bloc, le libéralisme nie chaque dogme en tout ou en partie, selon que les circonstances le lui montrent en opposition avec son jugement rationaliste. Ainsi, par exemple, il nie la Foi au baptême quand il admet ou suppose l'égalité des cultes... Dans l'ordre des faits, le libéralisme est l'immoralité radicale. Il l'est parce qu'il détruit le principe, ou règle fondamentale de toute moralité qu'est la raison éternelle de Dieu s'imposant à la raison humaine ; parce qu'il consacre le principe absurde de la morale indépendante, qui est au fond la morale sans loi, la morale libre... Oui, le libéralisme, à tous ses degrés et sous toutes ses formes, a été formellement condamné ; si bien que, en outre des motifs de malice intrinsèque qui le rendent mauvais et criminel, il a contre lui, pour tout catholique fidèle, la suprême et définitive déclaration de l'Église qui l'a jugé tel et comme tel l'a anathématisé... » ("Le libéralisme est un péché", pp. 8,9,10,37, Ed. Téqui, 1910, ouvrage loué par saint Pie X). Voilà qui est assez pour enlever à quiconque le désir d'être libéral.

parce que, même s'il a admis que Jean-Paul II était *"un peu libéral"* il n'a pas dit, que Jean-Paul II était pire que libéral, c'est-à-dire moderniste ; et le modernisme est explicitement condamné.

Par la suite il a écrit dans le bulletin du prieuré Saint-Louis de Nantes que *"... notre refus des orientations modernistes de la Rome occupée ne doit pas nous faire perdre de vue que nous combattons pour l'Église et son chef visible, le pape Jean-Paul II"* (*"L'Hermine"*, 4 mai 1997). Mais alors, si Rome est occupée, par qui est-elle occupée ? Donc, si les mots ont encore un sens, selon l'abbé Bonneterre, Jean-Paul II ne serait pas le *"chef visible"* des modernistes qui occupent Rome, mais le *"chef visible"* de l'Église. Mais de quelle église ?

Après avoir achevé ces lignes nous avons reçu une cassette de la conférence *("Le point sur l'actualité religieuse")* tenue au prieuré Saint-Louis de Nantes, le 24 septembre 1997, par ce même abbé Bonneterre. Il faudrait l'entendre dans son intégralité pour mesurer combien l'analyse sommaire que nous venons de faire est d'actualité. Après avoir commenté positivement les propos et le sens de la visite de Jean-Paul II aux J.M.J. à Paris, l'abbé Bonneterre ajoute :

« Quand les évêques et les prêtres ne le font pas (catéchiser), il faut bien que le pape fasse quelque chose. C'est là que l'on voit que quelque chose ne tourne pas du tout rond dans l'Église. Ce qui me permet de comprendre le souci du pape, de ses voyages, de suppléer aux carences de l'épiscopat et du sacerdoce. Si je me suis permis ce soir de discerner ce qui est bien de ce qui est mal, je crois que c'est d'abord ce qu'il faut toujours faire, c'est l'attitude fondamentale que Mgr Lefebvre nous a léguée. Il nous le disait encore, oh ! il y a longtemps, il l'a redit toujours, j'ai retrouvé un texte de lui de 1976 : *"Mon attitude a toujours été très respectueuse et déférente, très soumise lorsque le pape confirme la tradition, mais fermement opposée lorsque le pape oriente l'Église dans une voie contraire au magistère de ses prédécesseurs"*[202]. Je crois que c'est ce que nous avons essayé de faire ce soir. En l'occurrence le pape Jean-Paul II, eh bien ! a confirmé pas mal la tradition à l'occasion de ce dernier séjour en France, eh bien ! nous ne pouvons que nous en réjouir, tout en restant fermement opposés à l'orientation dans des voies contraires au magistère de ses prédécesseurs. Voilà ce qu'il faut faire et ce qu'il faut être. Ne jamais avoir des attitudes raides parce que le temps passe et il faut faire très attention (...) Et le danger où est-il ? C'est de vivre dans sa bulle, de considérer que l'Église, le pape, les évêques, ils font bien ce qu'ils veulent, cela ne nous concerne pas. Eh bien ! faites très très attention, parce qu'on peut toujours se dire : *"Moi, je ne suis pas sédévacantiste, je reconnais le pape Jean-Paul II et je prie pour le pape Jean-Paul II, mais ce qu'il dit et ce qu'il fait, ce n'est pas mon problème"*. Mais si ! c'est notre problème. Ce qui se passe dans l'Église nous concerne. Nous pouvons inconsciemment glisser dans un sédévacantisme de fait[203] avant d'avoir glissé dans un

---

[202] Pie XII exclut qu'on puisse trier dans ce que le Pape dit, en laissant ceci, en prenant cela : « Que, parmi vous, il n'y ait pas de place pour l'orgueil du "libre examen", qui relève de la mentalité hétérodoxe plus que de l'esprit catholique, et selon lequel les individus n'hésitent pas à peser au poids de leur jugement propre même ce qui vient du Siège Apostolique » ("Vos omnes" 10/09/1957). On objectera que ce n'est pas du "libre examen" mais que c'est l'examen à la lumière de la foi. C'est justement là qu'est le problème. C'est le pape qui est la règle de la foi et non la foi la règle du pape !

[203] "Mais, qu'est-ce qui change, dans la pratique, si on affirme que Jean-Paul II n'est pas pape ?" Cette objection a été souvent formulée. On peut répondre que, en effet, pour la Fraternité, pratiquement cela ne change rien, car elle se comporte comme si Jean-Paul II

sédévacantisme idéologique. Je m'explique : si on ne tient plus compte de ce que fait le pape et de ce qu'il dit, eh bien ! pratiquement on se coupe de l'Église. Faites très, très attention à cela ! (...) D'autant plus que le sédévacantisme fait des ravages. Je voudrais aussi en parler un instant, pas trop longuement, rassurez-vous ! Beaucoup d'entre vous, oh ! moi il y a un moment que je l'ai compris, font confiance à un bimensuel qui s'appelle *Monde et Vie*, qui a une journaliste qui s'appelle Michèle Reboul qui écrit aussi dans *Le Figaro*. Eh bien ! Michèle Reboul, cet été, a déraillé complètement dans le numéro du 17 juillet au 20 août 1997. Michèle Reboul a fait l'apologie du sédévacantisme dans *Monde et Vie*. J'en ai parlé à Mgr Fellay lors de la retraite à Écône ; il était sur le point, peut-être qu'il lui a écrit, je le souhaite, de faire une déclaration publique. Pourquoi ? Parce que c'est grave. En note, voilà ce qu'elle écrit : elle fait de la pub pour un bouquin infâme qui s'appelle *"L'Église éclipsée ?*[204]*"*, qui est un bouquin nul sur le plan de la pensée, qui cite le Père Malachi Martin qui ferait des révélations selon lesquelles le cardinal Siri aurait vraiment été élu pape, aurait renoncé à son élection parce qu'on avait fait des pressions sur sa famille ; donc Jean-Paul II n'est pas pape, le vrai pape[205] c'était le

---

n'était pas pape, ou pire encore comme si le pape compte peu de chose. En effet, si Jean-Paul II était pape il faudrait lui être soumis "en tout temps et en tout lieu".

[204] Un tel jugement de la part de l'abbé Bonneterre qui, entre autres, montre qu'il n'a pas lu l'ouvrage infâme, c'est pour nous un honneur.

[205] Mélanie utilise cette expression en commentant *le Secret de La Salette* : "... on ne saura quel est le vrai pape". D'ailleurs Mgr Lefebvre lui-même, dans la préface du livre "J'accuse le Concile", avait dit : "... mais si nous laissons à Dieu et aux futurs vrais successeurs de Pierre de juger ces choses..." (Ed. St Gabriel, Martigny, 1976, p. 10). "Vrai" s'oppose nécessairement à faux. Donc, si un futur successeur de Pierre doit être un vrai pape, l'actuel ne peut être qu'un faux pape ! Léon XIII dans *"Epistula tua"* 17/6/1885 précise :

cardinal Siri. Et puis Jean XXIII et Paul VI n'étaient pas papes parce que de toutes façons ils étaient francs-maçons. Avec des délires de ce type on va très loin. Voilà que cette pauvre fille (!, n.d.r.) de Michèle Reboul, excusez-moi pour elle, fait de la publicité. Ecoutez bien : *"L'Église Éclipsée ?" montre, avec la clarté de la vérité, la réalisation du complot maçonnique contre l'Église et retranscrit un entretien avec le Père Malachi Martin, auteur du remarquable* Trésor de Saint-Pierre. *Celui-ci, en tant que traducteur de dix-neuf langues, a assisté aux trois conclaves. Il assure que la nouvelle messe est invalide puisque protestante (l'abbé rit !), rien que ça ! que Jean XXIII et Paul VI étaient francs-maçons, et que Jean-Paul II doute même s'il est pape (nouveau rire de l'abbé), il se comporte plus*

"Semblablement, c'est faire preuve d'une soumission peu sincère d'établir comme une opposition entre un Pontife et un autre. Ceux qui, entre deux directions diverses, repoussent le présent pour se tenir au passé, ne donnent pas une preuve d'obéissance envers l'autorité qui a le droit et le devoir de les guider : et sous quelque rapport, ils ressemblent à ceux qui, condamnés, voudraient en appeler au Concile futur ou à un Pape mieux informé". En outre, en écrivant aux futurs évêques en vue des sacres, Mgr Lefebvre dit : "... confiant que sans tarder le Siège sera occupé par un successeur de Pierre parfaitement catholique entre les mains duquel vous pourrez déposer la grâce de votre épiscopat pour qu'il la confirme". Être catholique, c'est avoir la foi catholique et appartenir à l'Église catholique. Il suffit de ne pas croire, soit par ses paroles, soit par ses actes, à une seule vérité, ou de se séparer de l'Église, pour ne plus être catholique du tout. Tous les catholiques sont parfaitement catholiques ; peut-être de bons ou de mauvais catholiques, mais catholiques. Si quelqu'un, donc, n'est pas parfaitement catholique, il n'est, tout simplement, pas catholique. En précisant cela, Mgr Lefebvre devait certainement penser que Jean-Paul II n'était pas catholique. De cette citation on peut encore déduire qu'il pensait qu'il est moralement impossible que Jean-Paul II se convertisse. Autrement, il n'aurait pas vécu dans l'attente d'un successeur "parfaitement catholique". Du reste, c'est obvie : si le Pape est assisté par le Saint-Esprit, il ne peut contredire un autre Pape : "Pape ne chasse pas Pape", dit une expression populaire italienne.

comme un évêque que comme un pape en raison du fait qu'il a remplacé le cardinal Siri élu par le conclave mais obligé de se rétracter par peur de représailles contre sa famille". Cette revue est tirée quand même à quelques dizaines de milliers d'exemplaires et ça va dans toutes les familles tradis. Dégoûtant ! (ensuite il parle mal du *Catéchisme de l'Oratoire* et continue). Soyez vigilants. Faites très attention. Ainsi ces gens-là montent au créneau, eh bien ! il faut les faire redescendre plus bas que terre ! Le Père Vinson, j'ai quand même le droit d'en parler, qui écrit *"Simple Lettre"*, il est vieux[206], bien oui, pitié pour son âge, et il n'arrête pas à chaque fois de parler du sédévacantisme ; un sédévacantiste ne commet-il pas le péché de schisme ?, mais non, bien sûr, c'est très bien, il faut être sédévacantiste. Mais ça aussi ça circule ! *Credo*, Michel de Saint-Pierre, s'il y avait quelqu'un de normal c'était Michel de Saint-Pierre. Il est mort, il a été remplacé par Jacques Plaçon, un brave gars (!, n.d.r.), un brave homme, il ne trouve rien de mieux que de faire de la publicité pour la dernière lettre du Père Vinson ! Moi, je lui ai renvoyé le paquet ! Évidemment, je ne vais pas vous distribuer ça dans ma chapelle, l'apologie du sédévacantisme, quand même, par le Père Vinson ! Il faut être attentif, c'est dangereux ! (Après il parle très mal des évêques, des prêtres de la ligne Thuc, hors de la Fraternité et poursuit...) Quand on a perdu la tête jusqu'où va-t-on aller ? Il faut faire bien attention. Encore une fois le temps passe. Et il faut être attentif (...) au danger à ne plus considérer que nous sommes, moi en tant que prêtre de la Fraternité, je suis, au service du pape. C'est tout ! Au service de l'Église. Voilà le sens de mon

---

[206] La vieillesse, dans le monde traditionnel, était plutôt une marque de sagesse digne de vénération.

sacerdoce. Le reste je n'en ai rien à faire, mais rien à faire ! Si demain, les supérieurs de la Fraternité, par impossible, disaient, eh bien ! *"il n'y a pas de pape"*, je leur dirais au revoir. Moi je travaille pour l'Église, pour le pape et je pense qu'on ne peut pas envisager les choses autrement. L'Église et le pape c'est tout un[207]. Et si vous voulez vraiment le comprendre, lisez cet article, ce beau numéro écrit par mon confrère de Paris, l'abbé de Tanoüarn (dans *Certitudes* qui reprend magnifiquement, explique-t-il, la pensée de la Fraternité sur la papauté). Ce n'est pas parce que nous sommes mis en délicatesse pour des raisons canoniques avec le Saint-Siège[208] que nous avons à faire fi de l'autorité du pape. Nous travaillons pour lui ! Et comme le disait l'abbé de Tanoüarn en disant que nous avons le pape à cœur, notre souci c'est le pape. Eh bien ! en disant cela, nous signifions non pas une allégeance c'est-à-dire une allégeance à l'idéologie de Vatican II, mais nous redisons notre fidélité. Et notre fidélité c'est la fidélité au pape ! Je suis fatigué moi ici, par moment, et je termine là-dessus, quand j'entends certaines personnes parler du pape, des fidèles, dans la cour. J'ai des oreilles, je ne suis pas encore sourd. Il m'est revenu des propos inqualifiables. Eh bien ! à bon entendeur salut ! S'il y a ici des fidèles qui ne sont pas d'accord avec la ligne de la Fraternité que j'ai définie ce soir, qui considèrent que le siège de Pierre est vacant, eh bien ! qu'ils aillent au Christ-Roi, je ne les retiens pas, bien au contraire, parce qu'au moins j'aurai la paix. Comprenez que cela me fatigue. Moi je travaille pour l'Église, je travaille pour le

---

[207] Sur ce point, nous sommes d'accord. C'est pour cela que, si on ne peut pas, "sans faire le tri", être soumis au pape, c'est un signe qu'il n'est pas pape.
[208] Qualifier l'excommunication de "délicatesse" c'est pour le moins étonnant.

pape... Faites-vous l'écho de mes propos ce soir[209] parce que la question est grave (il précise qu'il a parlé avec Mgr Fellay, lequel lui a dit que la situation de l'Église s'aggrave, puis il fait une description de la crise et de l'opposition des modernistes à Jean-Paul II et conclut). Là nous verrons qui est avec le pape. Est-ce que ce sera l'épiscopat français globalement, ou est-ce que ce sera la Fraternité Saint-Pie X ? (...) Nous, nous travaillons pour Jésus-Christ, pour l'Église et pour le pape (...). On prie pour le pape, réellement, une prière du cœur. Et vous voyez que nos prières sont exaucées. Je pense que dans les derniers propos du pape il y a un mieux sur un certain nombre de sujets (lors de la visite de Jean-Paul II aux JMJ) ».

Que dire ? On voit dans ces propos la différence fondamentale qui existe entre un traditionaliste et un libéral. Pour le traditionaliste, les modernistes sont les pires ennemis de l'Église, comme le dit saint Pie X, et donc, par définition, il faut les combattre, tandis que pour le libéral, les modernistes seraient simplement des catholiques qui se trompent et donc, qu'il faut exhorter et corriger. Le Révérend Père Calmel écrivait avec justesse dans un article intitulé *"Le modernisme actuel"* : « L'hérétique classique, Arius, Nestorius, Luther, même s'il a quelque velléité de rester dans l'Église catholique, fait ce qu'il faut pour en être exclu : il combat à visage découvert la vérité révélée dont le dépôt vivant est gardé par l'Église. L'hérétique ou plutôt l'apostat moderniste, un abbé Loisy, un Père Teilhard de Chardin, rejette consciemment toute la doctrine de l'Église mais il nourrit la volonté de rester dans l'Église et il prend les

---

[209] Nous obéissons à l'abbé en reproduisant son témoignage.

moyens qu'il faut pour s'y maintenir[210] ; il dissimule, il fait semblant, dans l'espoir de mener à terme son dessein de transformer l'Église de l'intérieur ou, comme l'écrivait le jésuite Teilhard de Chardin, d*e rectifier la foi*. C'est dans l'hypocrisie qu'il faut placer la note caractéristique et différentielle du moderniste. Le moderniste, on ne le saura jamais assez suffisamment est un apostat doublé d'un traître[211] » (*Itinéraires* n° 184, Juin 1974, p. 141). Dans la préface du *"Catéchisme sur le modernisme"* de Lémius affirmait d'une autre manière : *"... Le moderniste a ceci de commun avec d'autres hérétiques, qu'il refuse toute révélation chrétienne. Mais parmi ces hérétiques, il présente ceci de particulier, qu'il dissimule son refus. Le moderniste, on ne le saura jamais suffisamment, est un apostat doublé d'un traître"* (p. 12, Ed. Fort dans la Foi, 1974).

Comment le moderniste *"dissimule-t-il son refus"* ? En faisant exactement ce que fait Jean-Paul II, qui est moderniste : en cachant son apostasie avec des propos catholiques ou en omettant des vérités.

Contrairement à l'abbé Bonneterre et à d'autres, bien des prêtres et des fidèles, même à l'intérieur de la Fraternité Saint-Pie X, arrivent à la conclusion qu'*"Un pape qui n'est pas catholique ne peut pas être le chef de l'Église catholique"*. La Fraternité Saint-Pie X est donc forcée d'admettre, qu'elle puisse avoir des prêtres, en raison de leur nombre toujours croissant, qui ne soient pas en communion *("una cum")* avec Jean-Paul II.

---

[210] N'oublions pas les citations d'Aimé Pallière et d'Élie Benamozegh ainsi que l'action correspondante de Karol Wojtyla !

[211] Le R.P. Calmel, qui avait bien compris ce qu'est un moderniste, n'identifie pas Paul vi comme tel dans la suite de son article, même s'il admet que "le Souverain pontife actuel s'est rendu complice de l'apostasie" de ces derniers. Peut-être qu'à l'époque la question n'était pas si claire comme aujourd'hui où aucun doute n'est plus possible.

Par contre elle leur demande de n'en rien dire à personne, et de défendre publiquement la position de la Fraternité. De cette manière, ceux qui ne reconnaissent pas l'autorité de Jean-Paul II mais acceptent les conditions de la Fraternité Saint-Pie X, sont neutralisés ! Les prêtres qui n'acceptent pas ces conditions, sont tout simplement radiés.

Lorsque la Fraternité Saint-Pie X est interrogée sur la question du pape, elle répond que cela est d'une importance secondaire ; car ce qui compte d'abord, c'est le salut des âmes *("Salus animarum suprema lex")*. Cela est vrai, mais justement, pour sauver son âme, il faut être soumis au Souverain Pontife, comme le définissait Boniface VIII : *"Nous définissons qu'il est nécessaire au salut d'être soumis au Pontife romain"* (*"Unam Sanctam"*, Denz. 875). Donc, pour le salut des âmes, la question du pape est primordiale, tout comme la question de la Sainte Messe d'où nous viennent toutes les grâces nécessaires au salut, comme nous le verrons.

La Fraternité Saint-Pie X contribue à *"briser le roc sur lequel Dieu a bâti son Église"* (Nubius)

Les conséquences de l'attitude incohérente de la Fraternité vont très loin ; en effet, une telle position, non seulement neutralise ceux qui n'acceptent pas l'autorité de Jean-Paul II, mais elle porte atteinte au fondement même de l'Église qui est Pierre, selon la parole du Seigneur : *"Tu es Pierre et sur cette pierre j'édifierai mon Église"* (*Mth*, xvi, 18). Comment, en effet, peut-on considérer que Jean-Paul II est le pape, donc la pierre sur laquelle l'Église est fondée, et sur laquelle on ne peut cependant se fonder ? On aboutit à l'absurde. S'il en était ainsi, Pierre serait un fondement sans être le véritable fondement. Qu'elle le veuille ou non, faire croire cela, c'est faire le jeu de la Contre-Église.

À ce propos, il importe de se rappeler ce que disait Nubius : *"C'est qu'avec cela* (la conquête du siège de Pierre), *pour briser le roc sur lequel Dieu a bâti son Église, nous n'avons plus besoin de vinaigre annibalien, plus besoin de la poudre à canon, plus besoin de nos bras"* (Mgr Delassus, op. cit., p. 197). Sans le vouloir on pense ici à la Fraternité Saint-Pie X qui, en soutenant qu'il peut exister un pape auquel on n'est pas obligé, sans faire le trie, d'être soumis, contribue à *"briser le roc sur lequel Dieu a bâti son Église"*.

Voici un exemple démonstratif. À un fidèle de la Fraternité, en train de virer au modernisme, un prêtre disait : *"le modernisme, l'œcuménisme, les principes de la nouvelle messe, etc., ont été déjà condamnés par saint Pie X, Pie XI, Pie XII, etc."*. Ce fidèle répondit tout simplement *"que ces papes se trompaient"*. Ce prêtre lui rétorqua : *"Vous rendez-vous compte de ce que vous dites ?"* À quoi l'autre répondit : *"Mais si la Fraternité Saint-Pie X dit que Jean-Paul II, Paul VI, qui sont papes, se trompent, pourquoi les autres, qui l'étaient aussi, ne peuvent-ils pas s'être trompés ?"* Cet exemple montre à quel point l'attitude de la Fraternité peut avoir des conséquences dramatiques pour la foi des fidèles. La Fraternité objectera qu'elle n'approuve pas les conclusions de ce fidèle, mais à partir des principes donnés par celle-ci, on peut arriver à cette conclusion dangereuse.

Dans son erreur, ce fidèle a été logique. En effet, si on admet que Jean-Paul II se trompe, on doit nécessairement arriver à l'une de ces conclusions : ou bien Jean-Paul II n'est pas pape, ou bien un pape, en tant que tel, peut se tromper et il n'y a pas obligation à lui être soumis.

L'attitude de la Fraternité Saint-Pie X et les conséquences sur les fidèles vont à l'encontre de ce que disait saint Pie X : « Le Pape est le gardien du dogme et de la morale ; il est le dépositaire des principes qui rendent vertueuses les familles, grandes les nations, saintes les âmes ; il est le conseil des princes et des peuples ; il est le chef sous lequel nul ne se sent tyrannisé, parce qu'il représente Dieu Lui-même ; il est le père par excellence qui réunit en lui tout ce qu'il peut y avoir d'aimant, de tendre et de divin.

Il semble incroyable, et c'est pourtant une douloureuse réalité, qu'il existe des prêtres auxquels il faille faire cette recommandation ; mais nous sommes pourtant aujourd'hui en cette dure, en cette malheureuse condition de devoir dire à des prêtres : aimez le Pape ! Et comment aimer le Pape ? Non par des paroles seulement, mais par des actes, et avec sincérité. *Non verbo neque lingua, sed opere et veritate* (I *Jn* IIi, 18). Quand on aime quelqu'un, on cherche à se conformer en tout à ses pensées, à exécuter ses volontés et à interpréter ses désirs. Et si Notre-Seigneur Jésus-Christ disait de Lui-même : *si quis diligit me, sermonem meum servabit* (*Jn* xiv, 23), ainsi pour montrer notre amour au Pape, il est nécessaire d'obéir.

Et c'est pourquoi, quand on aime le Pape, on ne s'arrête pas à discuter sur ce qu'il commande ou exige, à chercher jusqu'où va le devoir rigoureux de l'obéissance, et à marquer la limite de cette obligation. Quand on aime le Pape, on objecte pas qu'il n'a pas parlé assez clairement, comme s'il était obligé de redire directement à l'oreille de chacun sa volonté, et de l'exprimer non seulement de vive voix, mais chaque fois par des lettres et autres documents publics ; on ne met pas en doute ses ordres, sous le facile prétexte, chez qui ne veut pas obéir, qu'ils n'émanent pas directement de lui, mais de son entourage ! on ne limite pas le champ où il peut et doit exercer sa volonté ; on n'oppose pas à l'autorité du Pape celle d'autres personnes, si doctes fussent-elles, qui diffèrent d'avis avec le

Pape. D'ailleurs, quelque soit leur science, la sainteté leur fait défaut, car il ne saurait y avoir de sainteté là où il y a dissentiment avec le Pape » (Saint Pie X, *Vi ringrazio*, aux membres de l'Union Apostolique, 18 décembre 1912).

Étant donné que les hommes doivent être soumis à une autorité, la Fraternité Saint-Pie X, d'une certaine manière, se donne le devoir de prendre la place de l'Église et, donc, de se légitimer. C'est ainsi que, non seulement elle prétend ne pas être excommuniée mais, d'une certaine façon, elle prétend être l'Église. L'Église ayant son Magistère, la Fraternité Saint-Pie X doit, en quelque sorte, le remplacer. C'est dans cette ligne que l'abbé Marcille, dans un article intitulé *"La crise du Magistère Ordinaire et Universel"* affirme : *"En cas de crise, c'est parfois... un Évêque phare qui sert de référence"* (pp. 279 et 284). *"Momentanément le phare de l'Église peut être le magistère d'un Évêque prestigieux plutôt que celui du Pape"* (pp. 279 et 284). *"... un Évêque dont l'expérience aura montré qu'il est digne de confiance... et une fois cette confiance accordée : accepter son enseignement"* (p. 284) (*Actes du 2ème Congrès Théologique de Sì Sì No No*, Publications du Courrier de Rome, 1996, pp. 255-286).

L'abbé Berger, qui a quitté la Fraternité Saint-Pie X en 1994 pour rejoindre, en faisant un mauvais choix, la nouvelle *"église conciliaire"*, a écrit une lettre dans laquelle il explique les motifs de son départ. Voici quelques extraits significatifs :

> « J'ai reçu ensuite cet argument invraisemblable de Mgr Tissier (lettre du 25 septembre 93) : *"Notre position ne vous semble pas claire ; mais c'est Monseigneur qui a eu la grâce d'état de prendre la décision du Sacre, et a eu les lumières pour la prendre ; nous, nous avons*

simplement la grâce de le suivre, et cela suffit : marchons dans la foi ; si ce n'est pas la foi divine, c'est quand même l'esprit de foi, qui vient de la foi divine..."

On nous a souvent mis en garde contre l'obéissance aveugle vis-à-vis du Pape. La faudrait-il donc vis-à-vis de Mgr Lefebvre ? Au jugement, Dieu ne me demandera pas si j'ai *"suivi"*, mais si j'ai fait mon devoir.

En tout cas, l'argument de Mgr Tissier est tout sauf un argument.

C'est même exactement le contraire : l'aveu d'une absence d'argument. On s'appuie sur la confiance, mais la confiance n'est pas un argument théologique. On n'est pas loin du sentiment religieux cher aux modernistes et aux charismatiques.

Quant à me dire *"marchons dans la foi"* à propos de ce qui n'est qu'obéissance aveugle à une décision historiquement contingente, cela pose simplement la question de la nature et de l'objet de la foi ?

J'ai donc demandé des éclaircissements. Mgr Tissier m'a répondu en ces termes : *"J'ai accepté les Sacres 10% pour des raisons spéculatives que j'ai exposées en ce temps-là à mes paroissiens : 1) Pape occupé et donc inhabile à décider validement en la matière ; 2) volonté implicite du Pape favorable au Sacre, vu le cas de nécessité et la finalité de sa charge ; 3) exception faite par Dieu à sa loi divine positive — exception apparente — comme il en fait pour sa loi naturelle en certains cas ; 4) inspiration divine donnée à Monseigneur. L'abbé Mura développe les deux premières raisons ; on peut objecter à son argumentation, il saurait y rétorquer, et ainsi de suite... Et pour 90%, j'ai accepté le Sacre par confiance en Monseigneur et cela suffit...*

Que Monseigneur sacre, les théologiens du XXIème siècle trouveront les arguments... Melius est judicium sapientis (Marcelli) quam millium in sipientium !"(lettredu7juin94) ». Le R.P. Vinson écrit aussi à ce propos : « Dans la Revue *Le Chardonnet*, nous lisons : *"La Fraternité Saint-Pie X est non seulement d'Église, mais elle est l'Église en ce qu'elle a recueilli et défendu son bien le plus précieux : le dépôt de la Foi"*.

Affirmation inacceptable. S'il en est ainsi, il y a obligation pour tout catholique fidèle d'appartenir à la Fraternité Saint-Pie X (sinon par son appartenance à son clergé, du moins en acceptant toutes ses idées). De ce fait, le sédévacantisme ne serait plus une hypothèse valable (ce que reconnaissent cependant les Supérieurs de la Fraternité Saint-Pie X, et beaucoup de ses prêtres).

Affirmation inacceptable... C'est rejeter les nombreux prêtres et fidèles qui combattent pour la Tradition et pour la foi, tous ceux qui appartiennent à une autre communauté, à une autre œuvre (par exemple : les Sœurs de Marie Compatissante et Immaculée — Crézan —... les Écoles comme La Péraudière...). *"Hors d'Écône, point de salut"* »[212] (*"Simple Lettre"*, n° 106).

À cette analyse du R.P. Vinson, on pourrait objecter que cette phrase de la Revue *Le Chardonnet* veut dire que la Fraternité Saint-Pie X est l'Église en tant *"qu'elle a recueilli et défendu le dépôt de la Foi"* et non pas en tant que telle. À cela, on répond que l'un des rôles principal de l'Église est, justement, de *"recueillir et défendre le dépôt de la foi"*. Et si la Fraternité Saint-Pie X prétend le faire comme l'Église doit le faire, cela signifie que

---

[212] Ou encore ce slogan de l'abbé Aulagnier : "Suivez la Fraternité, vous êtes certains de ne pas vous tromper !"

"l'Église officielle", comme l'appelle la Fraternité Saint-Pie X, *"l'église conciliaire"*, comme l'appellent les modernistes, ne le fait plus. Donc, pour ne pas faire partie de cette *"église conciliaire"* il fallait bien, de quelque manière, la remplacer. Mais l'Église ne peut pas être remplacée par une institution humaine, même si certains de ses membres sont clercs, comme la Fraternité Saint-Pie X. Citons à nouveau le Père Pierre de Clorivière S.J. : « **…lors même qu'on ne peut consulter l'Église ou son premier pasteur, à qui l'infaillibilité est promise, il ne faut s'en rapporter aveuglément à aucune autorité particulière,** parce qu'il n'y en a point qui ne puisse être entraînée elle-même et nous entraîner avec elle dans l'erreur » (*"Études sur la Révolution"*, Ed. Sainte Jeanne d'Arc, pp. 132-133). N'est-ce pas étonnant que ce passage, avec d'autres, gênant pour les manœuvres de la Fraternité Saint-Pie X, ait été *"censuré"* dans la réédition de l'œuvre faite par les Éditions *Fideliter* de cette même Fraternité Saint-Pie X !

À tout cela, il faut ajouter que la Fraternité Saint-Pie X prétend avoir une existence juridique grâce à laquelle elle peut incardiner ses prêtres, qui peuvent, donc, célébrer la Sainte Messe ; tandis que, selon elle, les prêtres expulsés ou indépendants, n'étant pas incardinés, ne peuvent pas célébrer. Il est vrai qu'un prêtre *"vagus"* (non incardiné) ne peut pas, normalement, célébrer la Sainte Messe, mais les prêtres de la Fraternité, quoi qu'ils prétendent, sont aussi dans ce cas.

Il faut considérer d'abord que la Fraternité Saint-Pie X, paradoxalement, a été reconnue par cette même *"église conciliaire"* qu'elle prétend combattre, pour mettre en pratique *"les encouragements exprimés par le Concile Vatican II"* qu'elle refuse. Voici le :

« Décret d'érection de la *"Fraternité Sacerdotale Internationale Saint-Pie X"*.

Étant donné les encouragements exprimés par le **Concile Vatican II**, dans le décret *"Optatum totius"*, concernant les Séminaires internationaux et la répartition du clergé ; étant donné la nécessité urgente de la formation de prêtres zélés et généreux conformément aux directives du décret sus-cité ; constatant que **les statuts de la Fraternité Sacerdotale correspondent bien à ces buts** : Nous, François Charrière, Évêque de Lausanne, Genève et Fribourg, le saint nom de Dieu invoqué, et toutes prescriptions canoniques observées, décrétons ce qui suit :

1. Est érigée dans notre diocèse au titre de *"Pia Unio"* la Fraternité Sacerdotale Internationale Saint-Pie X.
2. Le siège de la Fraternité est fixé à la maison Saint-Pie X, 50, route de la Vignettaz, en notre ville épiscopale de Fribourg.
3. Nous approuvons et confirmons les statuts ci-joints de la Fraternité pour une période de six ans *"ad experimentum"*, période qui pourra être suivie d'une autre semblable par tacite reconduction ; après quoi, la Fraternité pourra être érigée définitivement dans notre diocèse ou par la Congrégation Romaine compétente.

Nous implorons les Bénédictions divines sur cette Fraternité Sacerdotale afin qu'elle atteigne son but principal qui est la formation de saints prêtres.

Fait à Fribourg en notre Évêché 1er novembre 1970 en la fête de la Toussaint ».

La Fraternité Saint-Pie X n'est donc reconnue que comme *"pia unio"* (union pieuse) qui selon le Droit Canon n'est rien d'autre qu'une association de laïcs, laquelle, toujours selon le Droit Canon, n'a pas le pouvoir d'incardiner. La Fraternité prétend avoir ce droit parce que, avant la *suspens a divinis* de 1976, Rome avait donné la permission d'incardiner deux religieux en vue de la reconnaissance future de la Fraternité comme congrégation ou prélature ayant le droit d'incardiner. Si cette reconnaissance, ajoute la Fraternité, ne s'est pas faite, c'est parce que Rome a rompu indûment avec elle. Quoi qu'il en soit, ce conditionnel ne lui donne aucun droit. Les prêtres exclus ou indépendants, eux aussi, pourraient dire : *"si l'Église était en ordre, je serais incardiné quelque part"*. *"Avec des si et avec des mais, on peut mettre Paris dans une bouteille"* ironise le dicton français bien connu.

Passons sur la période des six ans *"ad experimentum"* suivie d'une autre période semblable et sur l'érection définitive de la Fraternité Saint-Pie X qui n'a jamais eu lieu. Arrêtons-nous sur le plus grave : c'est-à-dire que la Fraternité reconnaît comme légitimes les autorités en place auxquelles il faut être soumis et à qui, cependant, ses prêtres, de facto, ne le sont pas. La Fraternité Saint-Pie X, pour se justifier, affirme qu'il s'agit de conserver la foi et de donner les vrais sacrements pour le salut des âmes, ce qui est la loi suprême. C'est vrai et c'est justement là le problème : les autorités en place ne conservent plus publiquement la foi et ne donnent plus les vrais sacrements ; elles ont donc perdu leur légitimité selon le canon 188, §4. Alors oui ! en ce cas, c'est-à-dire s'ils reconnaissent la réalité de cette situation, tous les prêtres, y compris ceux de la Fraternité peuvent exercer leur pouvoir sacerdotal par suppléance, acte par acte.

De même que la question du pape est primordiale pour le salut des âmes, de même celle de la Sainte Messe l'est tout autant puisque d'elle nous viennent toutes les grâces nécessaires au salut. C'est pour cette raison que Luther et les francs-maçons, *"fils"* des Rose-Croix dont Luther était membre, cherchent à briser le roc de la papauté et à abolir la Sainte Messe par sa protestantisation.

3. L'abolition et la *"profanation"* du Saint Sacrifice de la Messe

Non seulement il fallait briser le roc sur lequel l'Église se fonde, mais aussi abolir et profaner le Saint-Sacrifice de la Messe.

Les commentateurs de l'Apocalypse s'entendent pour affirmer que l'objectif des adversaires de l'Église est d'aboutir à la cessation du culte de Dieu, du moins publiquement.

Le prophète Daniel parle de cette cessation du *"Sacrifice perpétuel"* appelé par le prophète Malachie[213] *"l'oblation pure"*. Selon le cardinal Billot : « Le sacrifice perpétuel, dont il s'agit ici, est le Sacrifice de la Nouvelle Alliance, qui a succédé à celui que, selon la loi de Moïse, on offrait soir et matin dans le temple de Jérusalem… C'est, en un mot, le Sacrifice de nos autels qui alors, en ces terribles jours, sera partout **proscrit**, sauf ce qui pourra se faire et se fera dans l'ombre souterraine des catacombes, il partout interrompu… Mais que sera, cette fois, l'abomination de la désolation ? Évidemment quelque chose d'analogue à ce qui parut en la persécution d'Antiochus, quand le temple de Jérusalem fut dédié à Jupiter Olympien et souillé par toutes sortes d'impuretés et de **profanations**. Quelque chose d'analogue disons-nous, tout compte fait de la différence de temps et de lieux, et de la disproportion d'une persécution locale à la

---

[213] « Depuis le lever du soleil jusqu'à son coucher, mon Nom est grand dans le peuple et en tout lieu sera sacrifié et offert à mon Nom l'Oblation pure » (*Malachie*, I, 11).

persécution mondiale qui sera celle de l'Antéchrist. Mais quoi encore ? Quelque nouveau monstre d'idolâtrie établi dans nos temples devenus les temples du Dieu Humanité, du Dieu Raison, du Dieu Immanent au monde, triomphant enfin après tant d'efforts de la libre pensée, du Dieu transcendant de la Révélation chrétienne ? Quelque mystérieux luciférien des antres ténébreux des convents maçonniques et installé en plein soleil, en lieu et place des tabernacles renversés de Notre-Seigneur Jésus » (*"La Parousie"*, pp. 122-124, Ed. Beauchesne).

Comme nous le verrons, nous vivons très probablement une préfiguration des temps antichristiques. Il doit donc y avoir nécessairement une analogie entre ce temps futur, la persécution d'Antiochus et aujourd'hui.

Comment donc le *"temple"* est-il, à présent *"partout* **proscrit***"* et *"souillé par toutes sortes d'impuretés et de* **profanations***"* ? Autrement dit, comment les révolutionnaires, qui sont arrivés à avoir *"un pape selon leurs besoins"*, sont-ils également arrivés à *"proscrire"* ou à *"souiller"* la Sainte Messe ?

L'abolition du Saint Sacrifice par la *"nouvelle messe"* devenue le culte de la nouvelle *"église conciliaire"*

Daniel prophétise à plusieurs reprises, pour la fin des temps, l'abolition du Sacrifice perpétuel : *"La Bête s'éleva jusqu'à la puissance du Ciel et elle fit tomber des étoiles* (les prêtres ?, n.d.r.) *; et elle les foula au pied. Elle s'éleva jusqu'au prince de la force et lui enleva le sacrifice perpétuel et le lieu de son sanctuaire fut renversé"* (*Dan.* VIII,10 à 12,17 et encore IX,27. XI,31. XII,11).

Que nous soyons ou non à la fin des temps, le diable cherche de toute façon à détruire le Saint-Sacrifice. Or, comme on le sait maintenant,

Nubius disait : *"...nous devons arriver, ... au triomphe de la révolution par un pape"*. Dans cette perspective, plusieurs étapes avaient été programmées. C'est ainsi que, selon les révélations du luciférien Roca, Vatican II fut le concile schismatique qui permit la création d'une *nouvelle église*, la nouvelle *"église conciliaire"*, qui s'est dotée d'un nouvel évangile (à promouvoir comme *"la nouvelle évangélisation"*), d'un nouveau Droit Canon, d'un nouveau catéchisme, de nouveaux sacrements, etc., et bien évidemment d'un nouveau culte (la nouvelle messe) qui ne devait plus être le Saint Sacrifice.

Ce dernier point retiendra notre attention

On devine pourquoi ce *"triomphe de la révolution"*, même en matière liturgique, devait se réaliser *"par un pape"*. En effet, seul l'élu du conclave pouvait forcer les consciences catholiques à accepter le nouveau rite qui, comme le disaient les card. Ottaviani et Bacci, « soit dans son ensemble, soit dans les détails, s'éloigne de façon impressionnante de la théologie catholique (et qu')il est évident que le nouvel *"ordo"* se refuse à être l'expression de la doctrine que le Concile de Trente a définie comme étant de foi divine et catholique. Et cependant la conscience catholique demeure à jamais liée à cette doctrine. Il en résulte que la promulgation du nouvel *"ordo"* met tout véritable catholique dans la tragique nécessité de choisir » *("Bref Examen Critique"*, juin 1969).

Le journal italien *"Famiglia Cristiana"* (journal conciliaire), dans un article intitulé *"Qui refuse le Concile et ses réformes est hors de l'Église"* cite une lettre de Jean-Paul II du 4/12/1988 dans laquelle, celui-ci, après avoir loué les bienfaits de la réforme liturgique, conclut : « *Ce sont là plusieurs motifs pour rester attacher à l'enseignement de la Constitution* (sur la liturgie) *et aux réformes qu'elle a permis de mettre en œuvre. Pour beaucoup, le message de Vatican II a été reçu avant tout par la réforme liturgique".* Ici on comprend, — commente le *"théologien"* moderniste — le motif du refus de la réforme liturgique : elle résume de fait le renouvellement conciliaire. Ils ont visé le missel de Paul VI pour rejeter Vatican II et revenir au Concile de Trente[214]. Simple prétexte pour refuser le renouvellement. Certes, ces applications erronées se sont vérifiées mais tous les passages de la réforme liturgique se sont déroulés sous le regard vigilant de Paul VI et ils portent sa signature, sans qu'on lui ait forcé la main » (n° 42, 1996).

Le Concile de Trente avait en effet fixé les règles — qui remontaient à la plus haute antiquité — pour la célébration de la Sainte Messe comme, par exemple : « Si quelqu'un dit que le rite de l'Église romaine, où l'on prononce à voix basse une partie de la consécration, doit être condamné, ou que la Messe doit n'être célébrée qu'en langue vulgaire : qu'il soit anathème » (canon 9, Session XXII$_{ème}$, chap. 9)[215]. Ajoutons les admonitions de *saint Pie V*, dans sa Bulle *"Quo primum tempore"* du 14/7/1570 :

> « Par les dispositions des présentes et au nom de notre autorité apostolique, nous concédons et accordons que ce même missel pourra être suivi en totalité dans la Messe chantée ou lue, dans

---

[214] Probablement ce "théologien moderniste" ne s'est pas rendu compte de l'énormité de ce propos qui confirme ce que disaient les cardinaux Ottaviani et Bacci, c'est-à-dire que cette réforme s'éloigne d'une façon impressionnante du Concile de Trente. En effet, si on accepte Vatican II on doit refuser le Concile de Trente et si on reste attaché au Concile de Trente on doit refuser Vatican II car l'un est catholique et l'autre ne l'est pas !

[215] Après cette condamnation, les ennemis de l'Église n'ont pas baissé les bras. En effet "Au XVIIème siècle les hérétiques jansénistes voulurent introduire la pratique de réciter le canon de la messe à haute voix" (Dom Guéranger, op. cit., p. 101).

quelque église que ce soit, sans aucun scrupule de conscience et sans encourir aucune punition, condamnation ou censure, et qu'on pourra valablement l'utiliser librement ou licitement, et cela à perpétuité ; et d'une façon analogue, nous avons décidé et déclarons que les supérieurs, administrateurs, chanoines, chapelains et autres prêtres de quelque nom qu'ils seront désignés, ou les religieux de n'importe quel ordre, ne peuvent être tenus de célébrer la Messe autrement que nous l'avons fixée, et que jamais et en aucun temps qui que ce soit ne pourra les contraindre et les forcer à laisser ce missel ou à abroger la présente instruction ou la modifier, mais qu'elle demeurera toujours en vigueur et valide dans toute sa force. Quiconque oserait aller à l'encontre des dispositions prises par nous, qu'il sache qu'il encourerait l'indignation de Dieu tout-puissant et de ses bienheureux apôtres Pierre et Paul ».

Malgré ces condamnations, les modernistes protestantisaient le culte de la nouvelle *"église conciliaire"*. Voici ce qu'écrivait Luther : « Quand la Messe sera renversée, je pense que nous aurons renversé toute la papauté. Car c'est sur la Messe, comme sur un rocher, que s'appuie la papauté toute entière, avec ses monastères, ses collèges, ses autels. Tout s'écroulera nécessairement quand s'écroulera leur Messe sacrilège et abominable... » (*Contra Henricum Angliæ Regem*). Ou encore lorsqu'il écrivait à ses représentants à la diète d'Augsbourg : « Si l'on admet le Canon romain et la Messe privée, il faut rejeter toute la doctrine protestante » (*De Wette*, IV 170). « Notre intention n'a jamais été d'abolir absolument tout le culte de Dieu, mais seulement de purger celui qui est en usage de toutes les additions dont on l'a souillé... Je parle de cet abominable Canon. On a fait de la Messe un Sacrifice, l'on a ajouté des Offertoires... La Messe n'est pas un Sacrifice ou l'Action du Sacrificateur. Regardons-la comme

Sacrement ou comme testament. Appelons-la : Bénédiction, Eucharistie, ou Table du Seigneur ou Cène du Seigneur, ou Mémoire du Seigneur. Qu'on lui donne tout autre titre qu'on voudra, pourvu qu'on ne la souille pas du titre de Sacrifice ou d'Action... » (*Formula Missæ*).

Il fallait donc réaliser l'œuvre du rose-croix Luther[216]. Vatican II et le franc-maçon Bugnini allaient le permettre. En 1969, la nouvelle *"église conciliaire"* adopta une *"nouvelle messe"*[217] d'inspiration luthérienne ! La

---

[216] L'Ordre des B'nai B'rith — ordre maçonnique entièrement juif, en relation étroite avec le pouvoir occulte, fondé en 1843, et qui signifie "les fils de l'Alliance" — a écrit un long document à l'issue de conversations tenues au cours d'une réunion secrète de leurs membres à Paris, vers 1935 (document publié en 1936 et jamais contesté) : « Nous sommes les pères de toutes les révolutions, y compris de celles qui se tournèrent contre nous... Nous pouvons nous enorgueillir d'être les créateurs de la Réforme ; Calvin fut l'un de nos fils ; il était d'origine juive et fut habilité par l'autorité juive et stimulé par la finance juive pour remplir son rôle dans la Réforme. Martin Luther fut influencé par ses amis juifs, et son complot contre l'Église se vit couronné de succès grâce au financement juif... Nous sommes reconnaissants aux protestants... de l'admirable appui qu'ils apportèrent dans notre lutte contre la puissance de la civilisation chrétienne et dans nos préparatifs pour l'avènement de notre suprématie sur le monde entier et sur les royaumes des Gentils... »

[217] De nombreux ouvrages ont été écrit sur ce sujet. Ici, nous faisons brièvement remarquer que cette "nouvelle messe" reprend le sacrifice de Caïn et non celui d'Abel. En effet, on trouve dans l'offertoire de la "nouvelle messe" : "Béni sois-tu, Dieu de l'univers, toi qui nous donnes ce pain, fruit de la terre et du travail des hommes ; nous te le présentons : il deviendra le pain de la vie". "Béni sois-tu, Dieu de l'univers" est une expression de la kabbale juive. Il est dit non pas "Béni sois-tu Dieu, Créateur de l'univers" mais "Béni sois-tu, Dieu de l'univers", c'est-à-dire Dieu Immanent à l'univers. C'est typiquement kabbaliste. À la véritable messe le prêtre dit : *"Suscipe, sancte Pater, omnipotens æterne Deus, hanc immaculatam Hostiam"* ("Recevez, Père Saint... cette Victime sans tache"), c'est-à-dire l'Agneau de Dieu. Pour comprendre la signification profonde de cette différence reportons-nous à la Sainte Écriture : "Au bout de quelque temps, Caïn offrit des produits

nouvelle *"messe"* a en effet été composée avec la collaboration d'un groupe de pasteurs protestants, dont le prieur de Taizé.

Satisfaction des protestants

Les protestants n'ont pas caché leur satisfaction. C'est ainsi que la plus haute instance protestante, le Consistoire Supérieur de l'Église de la Confession d'Augsbourg d'Alsace et de Lorraine, après sa réunion de 1973, a tenu à déclarer : « Nous estimons que dans les circonstances présentes, la fidélité à l'Évangile et à notre tradition ne nous permet pas de nous opposer à la participation des fidèles de notre Église à une célébration eucharistique catholique ». Ou ce que dit le frère Max Thurian de Taizé (protestant) à propos des fruits de la *"nouvelle messe"* : « Ce sera peut-être que des communautés non catholiques pourront célébrer la sainte Cène avec les mêmes prières que l'Église catholique. Théologiquement c'est possible[218] » (*La Croix*, 30 mai 1969). Citons aussi

---

de la terre en oblation à Jéhovah ; Abel, de son côté, offrit des premiers-nés de son troupeau. Le Seigneur regarda Abel et son offrande ; mais il n'avait pas regardé Caïn et son offrande. Caïn en fut très irrité et son visage fut abattu" (*Gen*. IV, 5-6). "Caïn dit à Abel, son frère : "Allons aux champs". Et comme ils étaient dans les champs, Caïn s'éleva contre Abel, son frère, et le tua (*Gen*. iv, 8). Comment ne pas rapprocher cet événement historique de la nouvelle "église conciliaire" devenue l'église de Caïn, avec son rite (la "nouvelle messe"), qui veut tuer l'Église d'Abel, avec son rite agréable à Dieu (la Sainte Messe de toujours, dite de *saint Pie V*) ? Comme on le voit, cette volonté des ennemis de l'Église de détruire le Saint Sacrifice remonte loin dans le temps.

[218] Mais pourquoi est-ce possible ? Il existe plusieurs raisons. L'une d'elles est que dans la "nouvelle messe", il n'y a pratiquement plus d'Offertoire et le peu qui reste n'exprime plus la théologie catholique. Comment peut-elle alors produire ce qu'elle ne signifie plus ? Les protestants se sont toujours battus contre cet Offertoire catholique qui est d'une importance fondamentale comme l'exprime la doctrine de l'Église. Saint Robert Bellarmin, Docteur de l'Église, dans *"De Sacrificio Missæ"*, XVII, disait : « L'oblation du

ce protestant de Strasbourg : « Je n'ai pu trouver dans la nouvelle liturgie catholique quelque chose qui pût me choquer » (Pasteur Mathis, cité par le *Courrier hebdomadaire* de P. Debray, n° 165 du 27 février 1970) ; et cet extrait d'une grande revue protestante, rapporté, dans *La Croix :* « Les nouvelles prières eucharistiques catholiques ont laissé tomber la fausse perspective d'un sacrifice offert à Dieu » (10 décembre 1969).

De plus, *l'Osservatore Romano*, sans émettre aucun commentaire ni rectification, diffuse cette déclaration du délégué suédois à un congrès laïc : « La réforme liturgique a fait un notable pas en avant sur le champ de l'œcuménicité et elle s'est approchée des formes liturgiques mêmes de l'Église luthérienne » (13 octobre 1967, p. 3). Quel aveu !

Le cardinal Willebrands dira à l'assemblée luthérienne mondiale d'Evian, au mois de juillet 1970 : « Une plus juste appréciation de la personne et de l'œuvre de Luther s'impose... Le Concile Vatican II n'a-t-il pas lui-même accueilli des exigences qui avaient, entre autres, été exprimées par Luther et par lesquelles bien des aspects de la foi chrétienne s'expriment mieux actuellement qu'auparavant ? Luther a fait, d'une manière extraordinaire pour l'époque, le point de départ de la théologie et de la vie chrétienne » (*Forts dans la Foi*, n° 41, p. 335). Et que fait Jean-Paul II vis-à-vis de Luther, sinon préparer l'inscription de son nom dans le nouveau martyrologe de la secte conciliaire qu'il dirige ?

---

pain et du vin qui précède la consécration appartient à l'intégrité et à la plénitude du Sacrifice ». De même, l'école des théologiens de Salamanque qui fait autorité en théologie, affirmait : « Si un prêtre voulait se borner à la seule consécration en refusant d'offrir le Sacrifice, étant donné qu'il ne sacrifierait pas, par le fait même il ne consacrerait pas car la consécration est essentiellement l'oblation d'un Sacrifice » (*Salmaticenses*, XIII. dub.).

On comprend que pour l'église conciliaire il faille inculquer aux jeunes âmes une nouvelle conception de la Messe pour en faire plus tard de vrais protestants. On trouve ainsi dans le nouveau catéchisme des formules comme : *"Pourquoi les chrétiens se rassemblent-ils à la messe ? Les chrétiens se rassemblent pour écouter la parole de Dieu, pour rendre grâce au Père avec Jésus, partager le Pain de Vie"*. — *"La messe est le sacrifice d'action de grâces de l'Église toute entière, de son chef Jésus et de ses membres"*. — *"La messe est un repas de fête en l'honneur de Jésus ressuscité"*. — *"Les chrétiens refont le repas du Seigneur pour être fidèles au commandement qu'il leur a donné : Faites ceci en mémoire de moi"* (*"Célébrons ses merveilles"*, vol. n° 2, le n° 3, *"Rassemblés dans l'amour"*).

Avec trente années de recul, nous pouvons constater que le tour de passe-passe a été réussi et que les propos de Luther se réalisent de manière affligeante. Aussi, force est d'admettre aujourd'hui, que la *"nouvelle messe"* d'inspiration protestante et maçonnique a réalisé le vœu de Luther. On ne peut que constater la perte de la foi des prêtres et des fidèles, et la désertion des églises[219].

---

[219] Voici le témoignage d'un prêtre, l'abbé Michel Marie : « Comme vous, au tout début de la Réforme, ne voyant pas où allaient les premiers allégements de la messe, j'avais accepté ces suppressions. Le jour où j'ai vu Rome même, à n'en plus douter, nous demander positivement de faire disparaître une à une, selon une progression diaboliquement calculée (c'est ce qu'ils appellent là-bas : "ne pas aller trop vite à scandaliser"), toutes, je dis bien toutes les marques de respect et donc de Foi en la Sainte Eucharistie : signes de Croix, génuflexions, tabernacles, nappes d'autel, doigts joints, ablutions, logiquement peu après, communion debout, communion dans la main, corbeille-ciboire et ciboire de bois, etc., j'ai compris le massacre peu savamment camouflé du Prince des Ténèbres. Non, je n'avais pas compris tout de suite, Dieu m'en pardonne, que cette danse macabre de la Messe était tout entière ordonnée à réjouir les protestants :

Aujourd'hui donc, le nouveau rite de la messe ne contient plus que des vestiges du Saint Sacrifice perpétuel. Qui pourra nier qu'avec ce nouveau rite, l'église conciliaire n'a pas éclipsé, aboli le Saint Sacrifice de l'Église catholique, de rite romain, canonisé par *saint Pie V* ? La prophétie de Daniel est ainsi en voie d'accomplissement ou, si cette crise est une préfiguration de l'avènement de l'Antéchrist, cette abolition du Saint Sacrifice serait une préfiguration de l'abolition faite par l'Antéchrist[220]. De plus, cette *"nouvelle messe"* pseudo-humaniste, protestante, en réalité, n'existe même plus. À force de vouloir adapter la nouvelle messe à toutes les opinions, à l'esprit du monde, on a créé un droit de pratiquer une *"messe caméléon"* et c'est ainsi qu'il n'y a pas deux *"nouvelles messes"* semblables. C'est l'originalité qui domine, l'humain règne : on demande

---

les grands vainqueurs du Concile pour le compte du diable dont ils sont issus par leurs réformateurs impurs, orgueilleux, révoltés. Allez donc deviner, quand on n'est point porté aux jugements téméraires, surtout contre la Rome de saint Pierre ! Par votre faute, à la Cène protestante dans nos saints lieux, on n'y reconnaît plus le Fils de Dieu immolé pour nos péchés. Nous serons toujours un certain nombre à ne pas célébrer cette messe hybride inféconde, à refuser la tête de Luther sur l'autel du vrai Sacrifice. Notre cœur se soulève, notre âme se déchire en face de ce carnaval odieux d'une messe hérétique recto verso par omission, que vous supportez en apparence allègrement, et notre esprit se trouve impuissant à trouver les termes qui flétrissent suffisamment ce renversement de la Divinité Rédemptrice du Fils de Dieu fait homme ».

[220] Nous répondons par là-même à l'une des principales objections de M. Michel Martin dans *"De Rome et d'Ailleurs"* (n° 148) lorsqu'il dit que la prophétie de la Sainte Vierge à La Salette : "l'Église sera éclipsée..." se rapporte plutôt à l'avènement de l'Antéchrist. Pour l'époque actuelle, explique M. Martin, la prophétie de la Très Sainte Vierge dit "L'Église aura une crise affreuse". Soit, mais dans la mesure où nous vivons une préfiguration évidente des temps antéchristiques, il y a également une préfiguration de l'éclipse de l'Église des temps antéchristiques. Aujourd'hui, l'éclipse est faite par "l'église conciliaire", dont le chef est Jean-Paul II appelé "un antichrist" par Mgr Lefebvre ; demain, elle sera faite par l'Antéchrist en personne !

aux enfants ce qu'ils veulent ; la messe est devenue un spectacle où le prêtre gesticule en tous sens ; le sacré a disparu pour laisser place au vulgaire, à l'absence complet de recueillement. Dieu a été occulté pour laisser place à l'homme[221] avec tout le vide que cela représente, abandonné à lui-même[222].

---

[221] En 1884, saint Pie x exprimait avec justesse que "Le crime de l'âge moderne est de vouloir sacrilègement substituer l'homme à Dieu" (*Forts dans la Foi*, n° 37, p. 34).

[222] Il y a deux cents ans, Notre-Seigneur disait à la Vénérable Anne-Catherine Emmerich (1774-1824) que « Tout était préparé d'avance et bien des choses étaient déjà faites : mais à l'endroit de l'autel, il n'y avait que désolation et abomination » (A.III.188). « Il y avait à Rome, même parmi les prélats, bien des personnes de sentiments peu catholiques qui travaillaient au succès de cette affaire (la fusion des églises) » (A.III.179). « Tout restait sur la terre et allait dans la terre, et tout était mort, artificiel et fait de main d'homme : c'est proprement une église de fabrique humaine suivant la dernière mode, aussi bien que la nouvelle église hétérodoxe de Rome, qui est de la même espèce » (A.III.105). « Ils bâtissaient une grande église, étrange et extravagante ; tout le monde devait y entrer pour s'y unir et y posséder les mêmes droits ; évangéliques, catholiques, sectes de toute espèce ; ce devait être une vraie communion des profanes où il n'y aurait qu'un pasteur et un troupeau. Il devait aussi y avoir un pape (élu vraisemblablement) mais qui ne posséderait rien et serait salarié » (A.III.188). « Tout y est (dans cette "fausse église") foncièrement mauvais ; c'est la communion des profanes » (A.II.89).

« Cette église est pleine d'immondices, de vanités, de sottise et d'obscurité. Presqu'aucun d'eux ne connaît les ténèbres au milieu desquelles il travaille. Tout y est pur en apparence : ce n'est que du vide » (A.II.88). « Je vis l'église des apostats prendre de grands accroissements. Je vis les ténèbres qui en partaient se répandre alentour et je vis beaucoup de gens délaisser l'Église légitime et se diriger vers l'autre, disant : "Là tout est plus beau, plus naturel et mieux ordonné" » (A.II.414). « Ils veulent être un seul corps en quelque autre chose que le Seigneur. Il s'est formé un corps, une communauté en dehors du corps de Jésus qui est l'Église : une fausse Église sans Rédempteur, dont le mystère est de n'avoir pas de mystère » (A.II.89). « Je vis que beaucoup des instruments qui étaient dans la "nouvelle église", comme par exemple des flèches et des dards, n'étaient rassemblés que pour être employés contre l'Église vivante » (A.III.104). (La plupart de ces citations sont

Aveu du cardinal Stickler

Le cardinal Stickler, préfet émérite des Archives du Vatican, avoue : « La toute nouvelle place de l'autel, ainsi que la position du prêtre face à l'assemblée — interdites autrefois — deviennent aujourd'hui le signe d'une messe conçue comme réunion de la communauté ». Il précise d'ailleurs en se référant au Canon dont l'antiquité est un gage, que celui-ci est « le centre de la Messe comprise comme un Sacrifice » (*"Iota Unum"*, n° 312). Canon qui a été trafiqué (surtout la formule de consécration) dans la nouvelle messe de la nouvelle église ! Dans ce même numéro précité de *"Iota Unum"* le cardinal Stickler ajoute : « Saint Thomas d'Aquin consacre tout un article pour justifier ce *mysterium fidei*. Et le Concile de Florence confirma explicitement le mysterium fidei dans la forme (formule) de la Consécration. De nos jours, le *mysterium fidei* a été éliminé des paroles de la Consécration dans la nouvelle liturgie. Pourquoi donc ? La permission a également été donnée de dire d'autres Canons. Le second Canon — qui ne mentionne pas le caractère sacrificiel de la messe — a sans doute le mérite d'être le plus court mais il a, de fait, supplanté partout l'ancien Canon romain. C'est ainsi que nous avons perdu le sens théologique profond donné par le Concile de Trente ». Lorsqu'il prononça, près de New York, une conférence au congrès de Christi Fideles, en mai 1995, le cardinal Stickler affirma : « D'après la constitution de Vatican II sur la liturgie, il est clair que la volonté du Concile et la volonté de la commission liturgique ne coïncident pas

---

rapportées par *Fideliter* dans son numéro 58 — juillet/août 1987 —). Mélanie précise quant à elle, dans son commentaire du secret de la Salette : "... Et quand les églises seront toutes fermées, excepté pour les prêtres intrus... ! Mon Dieu que de misères qu'on aurait pu éviter..." (Lettre au chanoine de Brandt, Diou, 8 septembre 1902, *Documents pour servir à l'histoire réelle de la Salette*, Résiac, 1978).

souvent, et s'opposent même d'une façon évidente ». Et il poursuit :

> « La messe de Paul VI... met plutôt en lumière l'aspect général de la messe, à savoir la communion ; ce qui a pour résultat de transformer le Sacrifice en ce qu'il est permis d'appeler un repas. La place importante accordée aux lectures et à la prédication dans la nouvelle messe, la possibilité même laissée au prêtre d'ajouter des explications et propos personnels, complète notre réflexion sur ce qu'il est légitime d'appeler une adaptation à l'idée protestante du culte ». Quel aveu de la part de ce membre de l'église conciliaire !

Le 12 novembre 1995, à l'Angélus de midi, Jean-Paul II clamait les bienfaits des *"innovations liturgiques introduites par le Concile..."*

La *"profanation"* du Saint Sacrifice par *"l'anneau des rétrogrades"*

Nous savons que les autorités de la secte conciliaire cherchent *"l'extinction de la Tradition"*, et donc de l'Église. Or, l'Église ne peut être *"éteinte"*, nous dit Dom Guéranger, que par *"l'abolition"* et *"la profanation"*, *"la souillure"* de la Sainte Messe. Si, avec la *"nouvelle messe"* on a *"aboli"* le Saint Sacrifice, comment donc la véritable Sainte Messe célébrée par les prêtres de *"l'anneau des rétrogrades"* pouvait-elle être *"profanée"* ?

Cet *"anneau des rétrogrades"* se proclame défenseur de la Sainte Messe, comme le font la Fraternité Saint-Pie X et d'autres groupes dissidents.

Nous avons vu que la condition posée aux prêtres de la Fraternité Saint-Pie X était la reconnaissance de l'autorité conciliaire ; autrement dit, reconnaître que le pape de la nouvelle *"église schismatique et hérétique"* est aussi le Vicaire du Christ, le doux Christ sur la terre, et par conséquent

citer Jean-Paul II au canon de la messe.

Quelles conséquences engendre donc le fait de nommer Jean-Paul II au Canon de la Sainte Messe ?

Voici ce que Dom Guéranger, dont personne ne contestera la compétence en matière liturgique, affirme : « ...Mais, afin que tous ses membres sans exception soient mentionnés, la Sainte Église parle ici de tous les fidèles, exprimés par ce mot *cultoribus*, c'est-à-dire tous ceux qui sont fidèles observateurs de la foi de la Sainte Église, car il est nécessaire d'être dans cette foi pour être compris dans le nombre de ceux dont la Sainte Église fait mention ; il faut être orthodoxe, comme elle a soin de le dire, *omnibus orthodoxis*, c'est-à-dire bien-pensants et professant la foi catholique, la foi qui vient des Apôtres. La sainte Église, en appuyant sur ces mots *omnibus orthodoxis atque catholicæ et apostolicæ fidei cultoribus*, nous montre bien qu'Elle ne prie pas ici pour ceux qui n'ont pas la foi, qui ne sont pas bien-pensants, ni orthodoxes, et qui ne tiennent pas leur foi des Apôtres. Nous comprenons, d'après les termes qu'emploie l'Église, combien la Messe s'éloigne d'une dévotion privée. Elle doit donc passer avant toute autre chose et ses intentions doivent être respectées » (...)

« ...le prêtre termine en présentant au Dieu vivant les vœux de tous les fidèles, en ces termes : *tibique reddunt vota sua æterno Deo vivo et vero*. Le prêtre ne peut prier ici ni pour les infidèles, ni pour les juifs, pas plus que pour les hérétiques, parce qu'ils sont excommuniés par le fait de leur hérésie, et par conséquent mis en dehors de la sainte Église catholique. Il ne prie pas non plus pour ceux qui, sans être hérétiques, sont excommuniés ; ce serait une **profanation**[223] s'ils faisaient entendre leurs

---

[223] Si c'est une profanation de citer un "simple excommunié", qu'en est-il si le célébrant

noms dans le courant du Saint Sacrifice. On peut prier pour eux dans le secret, et non dans les prières officielles. Ils sont hors du Sacrifice, puisqu'ils sont hors de la Sainte Église ; par conséquent, il est **impossible de les y mentionner »** (Dom Guéranger, op. cit., pp. 106-108-113). D'ailleurs, Dom Guéranger ne fait rien d'autre que reprendre la doctrine de l'Église exprimée par de nombreux Pères et résumée ainsi par saint Thomas d'Aquin : *"Au Canon de la Messe on ne prie pas pour ceux qui sont hors de l'Église"* (*"Summa Theologica"*, III pars, q.79, art. 7).

Le pape, comme nous l'avons vu, est le fondement de l'Église, le Vicaire de Notre Seigneur Jésus-Christ. Donc, pour manifester l'adhésion à l'Église et par Elle à Notre Seigneur, on doit être en communion avec lui. L'Église veut qu'on le manifeste au cœur même de la Sainte Messe. Au Canon, en effet, le célébrant doit dire : *"...Avant tout nous vous l'offrons (le Sacrifice) pour votre Église Sainte Catholique : (...) una cum famulo tuo papa nostro..."* (une avec votre serviteur notre pape...), manifestant ainsi la communion de l'Église avec le pape. Cette traduction est littérale ; on peut, pour donner le même sens avec un tournure plus française, la traduire ainsi que le fait Dom Lefebvre : *"...en communion avec votre serviteur notre Pape... et notre Évêque... et tous ceux qui professent la foi catholique et apostolique"* (Grande Edition de l'Abbaye de St. André de 1928). D'ailleurs le mot *"communion"* vient du latin *"communio"* ou *"unio cum"* c'està-dire *"union avec"* qui est pratiquement la même chose que l'*"una cum"* de la Sainte Messe.

"Le Rite à Observer pendant la Célébration de la Messe" précise : *"Summus autem Pontifex cum celebrat, omissis verbis : una cum famulo tuo papa nostro...*

---

cite des "antichrists", comme les appelait Mgr Lefebvre lui-même ?

et antistite nostro..., dicit : una cum me indigno famulo tuo, quem gregi tuo præsse voluisti" (Quand le Souverain Pontife célèbre il omet les paroles : *"une avec votre serviteur notre pape... et notre évêque..."* et dit : *"en communion avec moi-même, votre indigne serviteur, que vous avez choisi pour pasteur de votre troupeau"*).

Il est précisé encore dans ce même Missel, à l'endroit où l'on doit nommer le pape, que *"Si le Saint-Siège était vacant, cette mention serait omise"*.

Certains objectent, avec Dom Gérard, qui répond aux anti *"una cum"* que : « La démonstration des *anti una cum* paraît rigoureuse. Mais c'est la rigueur d'un sophisme ; toute la valeur de ce syllogisme s'effondre quand on donne aux mots *"una cum"* le sens qui est le leur dans le Canon de la Messe : *"et aussi pour"*, et non point : *"en communion avec"*[224] » (supplément *Voltigeur de la revue Itinéraires*, n° 10 du 15 octobre 1982).

En tout cas, même si on admet, chose que nous ne faisons pas, l'interprétation de Dom Gérard, cela ne change rien parce qu'*"Au Canon de la Messe on ne prie pas pour ceux qui sont hors de l'Église"* comme le dit saint Thomas d'Aquin.

Donc, la reconnaissance de l'autorité de Jean-Paul II par la Fraternité Saint-Pie X a un double effet : premièrement, les *"rétrogrades"* sont neutralisés ; secondement, en nommant Jean-Paul II au Canon de la Messe, ils *"profanent"* le Saint Sacrifice. Remarquez l'incohérence de cette

---

[224] N'est-il pas curieux que la Fraternité Saint-Pie X se soit rangée sur cette fausse interprétation de celui qui, quelques années après, se rangera dans le camp des "antichrists" ?

attitude : d'un côté, elle s'accorde avec Mgr Lefebvre pour qualifier Jean-Paul II d'*"antichrist"* ; de l'autre, elle conditionne l'ordination de ses séminaristes à la signature d'un document où ils doivent le reconnaître comme *"pape légitime"* et par conséquent citer un *"antichrist"* au canon de la Messe !

Dom Guéranger précise *: «* D'*abord le Vicaire de Jésus-Christ est nommé ; et, lorsqu'on prononce son nom, on fait une inclination de tête pour honorer Jésus-Christ dans son Vicaire* » (op. cit., p. 106). Comment Jésus-Christ peut-Il être honoré dans un *"antichrist"* ?

La radiation des *"prêtres réfractaires"* du sein de la Fraternité Saint-Pie X

Reprenons le témoignage de l'abbé Sanborn que nous avons déjà cité plus haut :

> « Incapables de résoudre le problème de l'autorité, les séminaristes considéraient Monseigneur Lefebvre comme le porte-parole exceptionnel de Dieu dans cette crise. Rome n'était plus un problème du moment que Monseigneur était là pour en interpréter la pensée et pour nous conduire entre les divers obstacles modernistes qu'elle suscitait.
>
> De 1970 à 1975, ces trois courants, *ligne des durs, ligne des mous* et ligne de Monseigneur se développèrent parallèlement et n'eurent que de rares accrochages d'ordre mineur. Les *"durs"* faisaient connaître ouvertement leurs opinions sédévacantistes vis-à-vis de Paul VI. Ils ne voyaient pas non plus la nécessité de cacher leur allégeance au Bréviaire et aux rubriques de Saint Pie X, et partout

L'ÉGLISE ÉCLIPSÉE

dans le séminaire, on pouvait voir des séminaristes avec ces bréviaires.

En classe, les *"durs"* bataillaient contre les professeurs de tendance moderniste ; un certain anglais bien connu, maintenant évêque, menait la troupe (+note : il s'agit de Mgr Williamson qui célèbre *"non una cum"*). Les *"mous"* défendaient les professeurs et harcelaient les *"durs"*. Monseigneur Lefebvre restait généralement en dehors.

En 1974, le Vatican décida d'effectuer une enquête sur Écône et envoya des visiteurs interviewer enseignants et séminaristes. Prévoyant que le rapport serait mal reçu, Monseigneur Lefebvre fit sa fameuse *Déclaration* qui plut beaucoup aux *"durs"* et fut un coup pour les *"mous"*. Un an plus tard, en mai 1975, Paul VI interdisait la Fraternité. Monseigneur Lefebvre décida de résister et maintint ouvert son séminaire d'Écône. Les *"durs"* jubilaient, pleins d'enthousiasme pour cette nouvelle guerre ouverte avec le modernisme plus particulièrement localisé au Vatican. Ils n'avaient rien à faire de l'interdiction, considérant les actes de Paul VI comme nuls et non avenus.

Pour les *"mous"* c'était la tempête. Beaucoup quittèrent Écône. Ceux de la ligne de Monseigneur se turent et continuèrent loyalement à le suivre.

Les événements, de 1975 à 1978, firent présager le triomphe des *"durs"*. Monseigneur semblait abandonner tout espoir, et même tout désir de se réconcilier avec le moderniste Montini. Il parlait de l'église de Vatican II comme d'*"une église schismatique"* et de la nouvelle Messe comme d'une *"Messe bâtarde"*. (...) C'est alors qu'eut lieu un événement qui fit la joie de beaucoup de gens : Paul VI cessa de vivre. C'était le 6 août 1978.

Les quelques jours concédés à Luciani étant écoulés, c'est l'actuel et apparemment immortel Wojtyla qui fut élu, en octobre 1978, comme troisième *"pape"* de Vatican II. Monseigneur voulut voir le nouveau *"pape"*. La rencontre eut lieu peu de temps après l'élection de Wojtyla. Au cours de cette conversation historique, Wojtyla déclara à Mgr Lefebvre qu'il pouvait continuer tout en *"acceptant le Concile à la lumière de la tradition"*, formule que Monseigneur avait toujours utilisée jusqu'alors dans sa tentative de coexistence avec *"le Novus Ordo"*. Cela signifiait : pour Monseigneur, évaluer le Concile pour en retenir seulement ce qui était catholique ; pour Wojtyla, avoir une autre couleur dans le spectre des idées. Pour Monseigneur Lefebvre c'était la reprise des espoirs, nourris avant le pontificat de Paul VI, de recevoir l'approbation de la part du *Novus Ordo ;* pour Wojtyla, c'était le moyen de réintégrer les traditionalistes dans une *"High Church"*. Pour Mgr Lefebvre c'était l'espoir d'obtenir une chapelle latérale traditionaliste à l'intérieur de la cathédrale moderniste ; pour Wojtyla également.

Cet espoir de réconciliation les ayant réunis, Wojtyla donna à Monseigneur une accolade fatale. La guerre était finie.

Du moins celle-là. Après cette entrevue, il ne restait à Monseigneur qu'une chose à faire : transformer la ligne dure de sa Fraternité rangée en ordre de bataille en un instrument de compromis plein de souplesse. Le dialogue allait être l'ordre du jour pour les années à venir, et il avait besoin derrière lui d'un clergé qui travaille, non pas l'épée mais la plume en main, à la signature d'un traité de paix avec les saboteurs du catholicisme.

Il s'ensuivit un règne de terreur à l'intérieur de la Fraternité. Convaincu qu'il avait désormais à mettre sur pied une armée de dialogueurs et de gens disposés au compromis pour faire aboutir sa longue recherche en vue de l'approbation du Vatican moderniste, Monseigneur réalisa qu'il devait ou convertir ou éliminer l'opposition. C'est ce qu'il fit avec une décision implacable et même cruelle. Le sédévacantisme fut banni. Il vous fallait ou bien reconnaître que Jean-Paul II était pape, ou bien vous en aller et vivre dans l'exil et la pauvreté.

À la grande joie des *mous*, tout *dur* de la Fraternité fut systématiquement démoli, soit par la conversion obtenue par des pressions, soit par l'expulsion. (...) La voie était dès lors ouverte pour un compromis qui permettrait la cœxistence, la chapelle latérale dans la Cathédrale moderniste de l'Œcuménisme » (*Sodalitium*, op. cit., pp. 36-37).

C'est dans ce contexte qu'après toutes les attaques envers la nouvelle *"église conciliaire"*, définie comme hérétique, schismatique, libérale, moderniste, etc., le 8 novembre 1979, dans une lettre où Mgr Lefebvre veut expliciter *"sa position sur la nouvelle messe et le pape"*, il écrit : « *En conséquence, la Fraternité Sacerdotale Saint-Pie X des Pères, des Frères, des Sœurs, des Oblates* **ne peut tolérer** *dans son sein des membres qui refusent de prier pour le Pape et qui affirment que toutes les Messes du Novus Ordo Missæ* *sont invalides* » (*Fideliter*, n° 13).

C'est ainsi que plusieurs prêtres furent renvoyés de la Fraternité parce qu'ils refusaient, publiquement, de citer le nom d'un *"antichrist"* au Canon de la Messe. L'un d'eux, l'abbé Guépin[225], a eu le courage d'autoriser la publication de son témoignage. Étant encore séminariste, il accompagnait Mgr Lefebvre, en tant que chauffeur, d'Écône à Weisbad pour l'ordination au diaconat de l'abbé Schmidberger. C'était en décembre 1974. Pendant le voyage, il s'entretenait avec lui sur la question du sosie de Paul VI, qui à cette époque faisait beaucoup de bruit. À un certain moment, dit l'abbé Guépin, Mgr Lefebvre s'exclama indigné : *"Il n'y a pas de sosie, c'est bien Paul VI le responsable de tous les maux dont nous souffrons actuellement dans l'Église ; d'ailleurs il n'est pas pape"*.

Cet abbé fut ordonné prêtre le 29 juin 1977. L'affirmation de Mgr Lefebvre le confirma dans son refus de citer Paul VI et ensuite Jean-Paul II au Canon de la Messe. Mgr Lefebvre, déjà avant son ordination, était parfaitement au courant de son *"problème de conscience"*. D'ailleurs il ne le lui a jamais reproché : *"Pour moi c'est mieux de le nommer mais je ne puis pas vous obliger en conscience"*. Il a tenu les mêmes propos à d'autres prêtres jusqu'aux ordinations de juin 1979. C'est, en effet, le 8 novembre 1979 que Mgr Lefebvre écrit la lettre dont nous venons de citer un extrait.

C'est au début de 1980 qu'il a sommé les prêtres qui ne citaient pas Jean-Paul II au Canon de la Messe de le faire. Ce changement est intervenu au moment des tractations avec Rome. Lui-même a eu l'occasion de leur dire : *"Je poursuis des démarches auprès du Vatican pour obtenir la*

---

[225] L'abbé Guépin est actuellement le desservant de la chapelle du Christ Roi à Nantes depuis dix-sept ans.

reconnaissance canonique de la Fraternité Saint-Pie X". Comment ! Obtenir la reconnaissance canonique par cette église *"à la fois hérétique et schismatique" !*

Ces jeunes prêtres étaient, donc, un obstacle à l'accord avec Rome. Pour Mgr Lefebvre, les prêtres non *"una cum"* étaient un problème. D'ailleurs il a dit à l'abbé Guépin : *"Je ne peux pas vous garder, c'est impossible. Retournez chez vos parents".* Le 29 janvier 1980, Mgr Lefebvre le convoqua avec un autre prêtre et leur dit : *"Si vous persistez à ne pas citer Jean-Paul II au Canon de la Messe, vous serez exclus de la Fraternité".* Il leur a ensuite demandé de réfléchir et de lui répondre par écrit sous quinze jours. Ce qu'ils firent le 11 février, fête de Notre-Dame de Lourdes à qui ils avaient fait une neuvaine. Début mars, Mgr Lefebvre leur écrivit une lettre personnelle dans laquelle il signifiait leur renvoi de la Fraternité parce qu'ils refusaient publiquement de citer Jean-Paul II au Canon de la Messe. Avant son exclusion de la Fraternité, l'abbé Guépin précise avoir entendu Mgr Lefebvre, à plusieurs reprises, dire de Jean-Paul II qu'il était *"le chef des modernistes".*

Au même moment, après avoir écrit une lettre de renvoi à l'abbé Guépin, Mgr Lefebvre adressait cette lettre à Jean-Paul II :

Séminaire International Saint Pie X, 8 mars 1980

Très Saint Père, Afin de mettre fin à des doutes qui se répandent actuellement soit à Rome, soit dans certains milieux traditionalistes d'Europe et même d'Amérique concernant mon attitude et ma pensée vis-à-vis du Pape, du Concile et de la Messe du *Novus Ordo* et craignant que ces doutes ne parviennent jusqu'à Votre Sainteté, je me permets d'affirmer à nouveau ce que j'ai toujours exprimé :

1. Que je n'ai aucune hésitation sur la légitimité et la validité de Votre élection et qu'en conséquence je ne puis tolérer que l'on n'adresse pas à Dieu les prières prescrites par la Sainte Église pour Votre Sainteté. J'ai dû déjà sévir et continue de le faire vis-à-vis de quelques séminaristes et quelques prêtres qui se sont laissés influencer par quelques ecclésiastiques étrangers à la Fraternité.

2. Que je suis pleinement d'accord avec le jugement que Votre Sainteté a porté sur le Concile Vatican II, le 6 novembre 1978 à la réunion du Sacré Collège : *"que le Concile doit être compris à la lumière de toute la Sainte Tradition et sur la base du magistère constant de la Sainte Église"*[226].

3. Quant à la Messe du *Novus Ordo*, malgré toutes les réserves qu'on doit faire à son égard, je n'ai jamais affirmé qu'elle est de soi invalide ou hérétique[227].

Je rendrais grâce à Dieu et à Votre Sainteté, si ces claires déclarations pouvaient hâter le libre usage de la Liturgie traditionnelle et la reconnaissance par l'Église de la Fraternité sacerdotale Saint Pie X ainsi que de tous ceux qui, souscrivant à ces déclarations, se sont efforcés de sauver l'Église en perpétuant sa Tradition.

Que Votre Sainteté daigne agréer mes sentiments de profond et filial

---

[226] Pourtant Mgr Lefebvre avait affirmé en 1976 : "L'Église qui affirme de pareilles erreurs (liberté de conscience...) est à la fois schismatique et hérétique. Cette Église conciliaire n'est donc pas catholique. Dans la mesure où le Pape, les évêques, prêtres, fidèles adhèrent à cette nouvelle Église ils se séparent, de l'Église Catholique" (Écône 29 juin 1976).

[227] Mais il avait affirmé que c'était "la messe de Luther".

respect en Jésus et Marie.

Marcel Lefebvre ancien Archevêque de Tulle
(Jean Paul II, pour demander reconnaissance et cœxistence — 8 mars 1980, cf. *Itinéraires,* août 1982, pp. 22-23)

Comment Mgr Lefebvre qui écrivait : "Cette église conciliaire n'est donc pas catholique" ; "Dans la mesure où le Pape, les Évêques, prêtres, fidèles adhèrent à cette nouvelle église, **ils se séparent** de l'Église catholique" ; ou encore : « Le plan annoncé dans les Actes de la Haute-Vente et publié par ordre du pape Pie IX se réalise aujourd'hui sous nos yeux... Un réseau très bien organisé **tient en main toute l'activité de la curie**, intérieure et extérieure... **Rome n'est plus la Rome catholique**. Les prophéties de Notre-Dame de la Salette et de Léon XIII dans son exorcisme, se réalisent... Nous ne pouvons plus, sans manquer gravement à la vérité et à la charité, donner à entendre à ceux qui nous écoutent et qui nous lisent que le pape est intouchable" (Mgr Lefebvre à Jean Madiran, *Itinéraires,* n° 301), et autres choses semblables, a-t-il pu en arriver là ?

Dans le numéro 106 de la *"Simple Lettre"*, le R.P. Vinson termine sa *lettre adressée "À mes confrères prêtres"*, en affirmant : « Je ne crains pas de le dire clairement : Je n'ai jamais célébré una cum... et en 1981 (en réalité c'était déjà le cas fin 1979, n.d.r.), quand Mgr Lefebvre imposa l'una cum aux membres de la Fraternité Sacerdotale Saint-Pie X, je lui écrivis pour lui dire que, si j'en avais fait partie, à ce moment-là je m'en séparerais » (septembre/octobre 1997).

Mgr Fellay, second successeur de Mgr Lefebvre à la tête de la Fraternité Saint-Pie X, a accompli une démarche semblable vis-à-vis de l'abbé Paladino. Ce prêtre, ordonné en 1988, vers les années 1992-1993 a commencé à questionner les supérieurs de la Fraternité au sujet de Jean-Paul II. En effet, la position de la Fraternité lui semblait de plus en plus contradictoire. Mgr Fellay lui demandait, comme à d'autres prêtres, *"de garder cette position en secret"*. Pour ne pas avoir accepté cette condition, l'abbé en question n'a pas renouvelé son engagement au début de l'année 1996. Il est resté cependant encore quelques mois dans un prieuré de la Fraternité. Le 18 juin 1996, il reçut une lettre de Mgr Fellay dans laquelle il lui était dit qu'à cause de ses positions irréconciliables avec celles de la Fraternité, il avait six semaines pour quitter les lieux. Ce qu'il fit en son temps[228].

Dans les mois qui suivirent, une fidèle, indignée de l'attitude de la Fraternité Saint-Pie X, lui demanda : *"Pourquoi la Fraternité persécute-t-elle ceux qui refusent l'autorité conciliaire ?"*.

Que penser en effet d'une telle attitude ? La question doit être posée. Chaque effet a pour origine une cause proportionnée. Par exemple, si on voit un enfant de cinq ans soulever une pierre de cent kilos, on comprend que l'enfant ne peut pas être celui qui soulève cette pierre. Il doit y avoir nécessairement une cause cachée, comme une corde presque invisible, ou une intervention diabolique, ou un miracle. En aucun cas, on n'admettra que l'enfant arrive tout seul à soulever les cent kilos.

Si on voit donc la Fraternité Saint-Pie X persécuter ceux qui refusent l'autorité conciliaire, on ne peut pas l'expliquer à partir de ce qui apparaît. En effet, même si elle n'est pas d'accord avec ceux qui ne reconnaissent pas cette autorité, pourquoi les persécuter ?

---

[228] D'autres prêtres, comme l'abbé Milani, qui se posaient les mêmes questions, ont préféré quitter la Fraternité Saint-Pie x avant que leur renvoi ne leur soit signifié.

Si, pour garder la foi, on ne peut pas être soumis à Jean-Paul II, il est tout à fait normal qu'on arrive à la conclusion que ce dernier n'est pas pape, comme l'a fait remarquer le R.P. Vinson. On ne peut donc pas expliquer comment quelqu'un ayant une réaction tout à fait catholique soit persécuté par ceux qui prétendent être les défenseurs de la vraie Foi. Quelle peut être alors la cause cachée de l'étrange comportement de la Fraternité Saint-Pie X ?

Un accord secret ?

L'explication qui vient d'emblée à l'esprit, et que d'autres avancent est qu'il puisse y avoir un accord secret entre Rome et Écône. D'ailleurs cette rumeur circule depuis bien longtemps.

Certains objecteront qu'il n'y a pas de preuves certaines. Certes, mais il existe plusieurs indices dont l'un est l'attitude de la Fraternité, laquelle fait exactement le jeu de l'ennemi en neutralisant la véritable réaction.

L'un des principes subversifs de la Révolution est d'endormir les gens par tous les moyens, comme la presse, la télévision, le cinéma, le sport, etc., pour les empêcher de réfléchir, et donc, de réagir. Il en va de même pour la révolution dans l'Église. Aussitôt après les réformes conciliaires, beaucoup de fidèles furent scandalisés par tous les changements. Ils sont alors allés voir des prêtres réputés *"traditionnels"* qui répondirent à leurs inquiétudes par ces formules : *"Oui, vous avez raison, c'est grave, mais que voulez-vous, il faut obéir ; le pape c'est le doux Christ sur la terre...",* ou bien : *"Oui, vous avez raison mais la responsabilité incombe aux autorités ; suivez, vous n'avez rien à craindre",* ou d'autres expressions semblables. De cette manière, presque tous les fidèles, même les personnes qui apercevaient le danger de l'*aggiornamento*, se sont laissées abuser.

Comme il y a des fidèles qui s'interrogent sur les réformes post-conciliaires, de même il y a des fidèles qui s'interrogent sur la légitimité des autorités conciliaires. La logique révolutionnaire exigeait alors de neutraliser de tels fidèles. Dans cette optique, la Fraternité Saint-Pie X, attire à elle les fidèles qui refusent le Concile Vatican II, et les *"oblige"* à reconnaître l'autorité de Jean-Paul II, en contribuant par là-même, qu'elle le veuille ou non, à la réalisation de l'objectif de Nubius. Quoi qu'il en soit de ses intentions, en reconnaissant Jean-Paul II, la Fraternité Saint-Pie X fait exactement ce que l'ennemi veut.

Certains ont alors objecté que la Fraternité Saint-Pie X est pourtant, elle-même, persécutée par les modernistes jusqu'au point d'être excommuniée. Même dernièrement, en septembre/octobre 1997, l'épiscopat français a menacé de relancer cette excommunication. Comment peut-il en être autrement ? S'il s'agit, comme on peut le supposer, d'une fausse[229] restauration, elle doit, pour être crédible, être visiblement combattue par les révolutionnaires : les faux ennemis, en effet, sont toujours combattus mais jamais abattus tandis que les vrais ennemis sont abattus ou au moins

---

[229] La Vénérable Anne-Catherine Emmerich ne dit pas autre chose : « Anne-Catherine Emmerich vit les attaques de la secte en vue de détruire l'Église. Après, dans une autre vision, elle dit comment cette restauration serait entreprise par le clergé et les bons fidèles, dès avant la déroute de la Franc-Maçonnerie, mais alors "avec peu de zèle". Ces prêtres et ces fidèles lui semblaient n'avoir "ni confiance, ni ardeur, ni méthode". "Ils travaillaient comme s'ils ignoraient complètement de quoi il s'agissait, et c'était déplorable" » (*"La mission posthume de Sainte Jeanne d'Arc"*, Mgr Henri Delassus, 1913, Ed. Ste Jeanne d'Arc, pp. 502, 503). Mélanie écrit aussi : "La Rénovation aura lieu, c'est certain, mais ses défenseurs y mêlent trop d'erreurs" (*Journal de l'abbé Combe*, 1978, "*Dernières années de Sœur Marie de la Croix, bergère de la Salette*", p. 29).

neutralisés.

D'ailleurs, selon la logique de la dialectique hégélienne, il faut toujours une antithèse c'est-à-dire un ennemi à combattre pour le progrès de la Révolution.

C'est pour cela que toutes les fausses restaurations jusqu'à ce jour ont toujours été combattues *"apparemment"* et non abattues par les révolutionnaires. De plus, une persécution permet de resserrer les rangs qui sont en train de se désagréger ! Actuellement, il existe des problèmes de tous les genres au sein de la Fraternité Saint-Pie X. Cette nouvelle persécution serait justement à propos pour souder provisoirement ses rangs.

En plus, n'oublions pas que la Fraternité Saint-Pie X a été connue dans le monde entier, en 1976, à la suite d'un grand tapage médiatique. Or, comme chacun le sait, les médias ne sont pas au service de la vérité[230].

John Swinton, rédacteur en chef du New York Time, propriété de Sulzberger, famille de la Haute Finance mondiale, lors d'un banquet tenu en son honneur affirma : *"Quelle folie que de porter un toast à la presse indépendante ! Chacun ici présent ce soir sait que la presse indépendante n'existe pas. Vous le savez et moi aussi. Aucun d'entre vous n'oserait publier ses véritables opinions. Je suis payé pour tenir mes véritables opinions en dehors du journal pour lequel je travaille. Si j'autorisais la publication d'une opinion sincère dans un numéro quelconque de mon journal, je perdrais ma place en*

---

[230] C'est pourquoi, comme le disait Pie XII : "Ceux qui connaissent la vérité, doivent se faire un devoir de la définir clairement quand les ennemis la déforment habilement. Ils doivent avoir la fierté de la défendre..." (cité par J. Ousset *"Pour qu'Il règne"* p. 347).

moins de 24 heures, comme Otello. La fonction d'un journaliste est de détruire la vérité, de mentir radicalement, de pervertir, d'avilir, de se traîner aux pieds de Mammon, et de se vendre soi-même, de vendre son pays et son peuple pour son propre salaire. Vous, tout cela, vous le savez et moi aussi : quelle folie donc de porter un toast à la presse indépendante. Nous sommes les instruments et les vassaux d'hommes riches qui commandent derrière la scène. Nous sommes les marionnettes et eux sont les manipulateurs. Eux tirent les ficelles, et nous dansons. Notre temps, nos talents, nos possibilités et nos vies sont la propriété de ces hommes" (Father Denis Fahey, *"The mystical body of Christ in the modern world"*). Peu de jours après, John Swinton était mis au repos.

Ce témoignage, et non des moindres, confirme que la presse internationale est bien sous le contrôle du pouvoir occulte, et donc de la Contre-Église. Comment est-il alors possible que ce *"pouvoir"* qui tient les médias ait contribué au lancement de la Fraternité Saint-Pie X ?

Dans une conférence, Mgr Lefebvre disait que, paradoxalement, l'implantation de la Fraternité en France avait été aidée par l'attitude favorable des autorités civiles. Il expliquait cela en affirmant que celles-ci avaient fait un mauvais calcul. Selon lui, ces autorités civiles pensaient qu'en favorisant la réaction, elles auraient augmenté la division interne de l'Église et donc lui auraient porté dommage. Est-il possible que le pouvoir maçonnique soit si naïf au point de favoriser une véritable réaction ?

Prêtres *"una cum"* et prêtres non *"una cum"*

Nous nous trouvons donc devant deux groupes distincts de prêtres qui célèbrent la Sainte Messe. Ceux qui sont encadrés dans cette réaction, très probablement pilotée par les ennemis de l'Église, que ce soit la Fraternité Saint-Pie X ou la Fraternité Saint-Pierre, qui nomment Jean-Paul II au Canon de la Sainte Messe[231], et ceux qui ne le nomment pas.

Après la première édition de ce livre, un lecteur nous a fait remarquer que « Un *"résumé"* de *"L'Église Éclipsée ?"* avait été déjà écrit, sans toutefois en tirer les conclusions qui s'imposent ». En effet, le numéro 58 de *Fideliter* (juillet/août 1987) a publié un article de H. Le Caron, intitulé *"Des preuves irréfutables : la secte mondialiste infiltre le Vatican"*. Dans cet article, l'auteur, comme nous, cite à plusieurs reprises la Vénérable Anne-Catherine Emmerich, pour conforter sa démonstration. Mais il ne cite pas ce passage : « Elle voit *"que l'on y mine et y étouffe la religion si habilement qu'il ne reste à peine qu'***une centaine de prêtres** *qui ne soient pas séduits. Je ne puis dire comment cela se fait, mais je vois le brouillard et les ténèbres s'étendre de plus en plus. Tous travaillent à démolir, même les ecclésiastiques. Une grande dévastation est proche"* » (A.III.122). Cette citation illustre admirablement ce que l'article voulait démontrer et pourtant elle n'a pas été mentionnée. Est-ce que cette omission a pour cause le fait que le nombre des prêtres de la Fraternité, même à l'époque, était supérieur au chiffre donné par la mystique ? Nous l'ignorons, mais ce nombre correspond curieusement, à peu près, à celui des prêtres qui refusent publiquement d'être *"una cum"* avec l'autorité de la nouvelle église

---

[231] Le 14 mai 1997, le quotidien *"Présent"* publiait ceci : « Pèlerinages de Pentecôte. Dans notre numéro du 7 mai, nous avons rappelé l'existence des deux pèlerinages annuels de la Pentecôte : le Paris-Chartres d'une part qui est "le quinzième", et d'autre part le Chartres-Paris qui a lieu "depuis plusieurs années". Celui-ci est issu d'une dissidence de celui-là, il est organisé dans un esprit analogue de fidélité au pape et à la tradition liturgique latine » (L'un est organisé par la Fraternité Saint-Pie X, l'autre par la Fraternité Saint-Pierre, mouvement dissident du premier après les sacres de 1988).

schismatique !

Certains lecteurs pourront être attristés devant cette réalité des *"deux anneaux"*. Nous avons cherché, pour notre part, à relater les faits avec objectivité et à les interpréter sans forcer les arguments. À partir des révélations des initiés et de la situation dont nous sommes témoins, nous sommes obligés de constater que ce qui arrive est la triste réalisation de ce qui avait été annoncé. Il est bien évident qu'une telle situation ne peut pas laisser indifférent et, plus l'opposition de deux camps se profile d'une manière précise, plus cette opposition *"met tout véritable catholique dans la tragique nécessité de choisir"*.

4. Conséquences de l'abolition et de la profanation de la Sainte Messe

Dom Guéranger précise à ce propos : « La Sainte Église fait entrer tous ses membres en participation du grand Sacrifice ; c'est ce qui fait que, si le Sacrifice de la Messe s'éteignait, nous ne tarderions pas à retomber dans l'état dépravé où se trouvait les peuples souillés par le paganisme[232], et telle sera l'œuvre de l'Antéchrist : il prendra tous les moyens d'empêcher

---

[232] « En 1834, Guizot disait : "Que deviendrait l'homme, si la religion y était (sur la terre) effectivement abolie, si la foi religieuse en disparaissait réellement ? Je ne veux pas me répandre en complaintes morales et en pressentiments sinistres ; mais je n'hésite pas à affirmer qu'il n'y a point d'imagination qui puisse se représenter, avec une vérité suffisante, ce qui arriverait en nous et autour de nous, si la place qu'y tiennent les croyances chrétiennes se trouvait tout à coup vide, et leur empire anéanti. Personne ne saurait dire à quel degré d'abaissement et de dérèglement tomberait l'humanité". "Aujourd'hui, Dieu disparaissant, l'être moral n'existe plus. Et alors quel sera le déchaînement des instincts de la bête, d'une bête intelligente, qui mettra son génie au service de ses appétits ?" (Mgr Delassus, op. cit., p. 36).

la célébration de la Sainte Messe, afin que ce grand contrepoids soit abattu et que Dieu mette fin alors à toutes choses, n'ayant plus de raison de les faire subsister (...) Des guerres sociales se sont élevées, portant avec elles la désolation, et cela uniquement parce que l'intensité du Sacrifice de la Messe est diminuée. C'est le commencement de ce qui arrivera lorsque le Diable et ses suppôts, déchaînés par toute la terre, y mettront le trouble et la désolation, ainsi que Daniel nous en avertit. À force d'empêcher les ordinations et de faire mourir les prêtres, le diable empêchera enfin la célébration du grand Sacrifice, **alors viendront les jours de malheur.** Il ne faut pas nous en étonner, car la Sainte Messe est un événement pour Dieu comme pour nous ; cet événement va directement à sa gloire. Il ne saurait méconnaître la voix de ce Sang plus éloquent mille fois que celui d'Abel ; Il est obligé d'y apporter une attention particulière parce que sa gloire y est intéressée et que c'est son Fils lui-même, le Verbe éternel, Jésus-Christ, qui s'offre comme victime et qui prie pour nous son Père » (op. cit., pp. 106-108).

Anne Catherine Emmerich

Son ange gardien lui dit : "*Tu ne peux pas savoir combien d'âmes liront un jour cela et seront par là consolées, ranimées et incitées au bien. Il existe beaucoup de récits de grâces semblables accordées à d'autres, mais la plupart du temps, ils ne sont pas faits comme il faudrait. De plus, les anciennes choses sont devenues étrangères aux hommes de ce temps, et elles ont été discréditées par des inculpations téméraires : ce que tu peux raconter est suffisamment intelligible, et cela peut produire beaucoup de bien que tu ne peux pas apprécier.*" "*Ces paroles, me consolèrent*", dit simplement Anne-Catherine, en rapportant l'épisode.

CHAPITRE V

DE *"LA CATASTROPHE UNIVERSELLE"* AU TRIOMPHE DE L'ÉGLISE

Après le Concile attendu des Loges, le moderniste Congar était satisfait : *"L'Église a fait pacifiquement sa révolution d'octobre"* (*"Le Concile au jour le jour"*, 2ème session, p. 115). Et le cardinal Liénart, lorsqu'il mourut, fit un constat : *"Humainement, l'Église est perdue !"* Que devrait-on dire aujourd'hui ? Dans son attaque, l'ennemi cherche à briser le roc de Pierre et à abolir ou profaner la Sainte Messe. Ce double objectif a toujours été celui de Luther. Selon lui, en détruisant l'un on détruirait l'autre et vice versa. Or, qu'écrivait Pierre Virion, il y a plus de trente ans ? « Le protestantisme lui-même ne serait qu'une transition et la protestantisation générale qu'une étape **vers un monothéisme portant la marque du judaïsme** post-christique, puis du luciférianisme des plus hautes maçonneries... le fait est là et qui demeure : finance internationale, communisme, protestantisme, maçonnerie, impérialisme racial et judaïsme sont intimement et irrévocablement liés dans l'exécution du complot d'Apocalypse atteignant l'humanité tout entière » (*"Le Nouvel Ordre du Monde"*, p. 105).

Nous voyons en effet, avec le noachisme, que cette *"protestantisation générale*[233] (n'a été) *qu'une étape vers un monothéisme portant la marque du*

---

[233] Ajoutons que si le judaïsme réclame la disparition des religions et d'abord de la religion catholique, il est aussi un autre élément que la Contre-Église utilise et développe

judaïsme...", lequel est projeté dans une perspective qui n'est pas lointaine puisque la réunion du Sinaï, c'est demain. L'étape suivante est donc le *"luciférianisme des plus hautes maçonneries"*. Nous verrons que ce scénario apocalyptique n'empêchera pas le fait que l'Église connaîtra, cependant, un réel triomphe. D'ailleurs le luciférien Pike avouait : *"Notre complot sera révélé, les nations se retourneront contre nous avec esprit de revanche et notre domination sur eux ne sera jamais réalisée"*.

aujourd'hui considérablement pour donner un second souffle à la nouvelle "église conciliaire" : le Pentecôtisme ou charismatisme. Le Pentecôtisme est issu d'une fraction occulte du protestantisme et il dispose, tant d'une apparition-phare, Medjugorje, destiné à "éclipser" Fatima et la Salette, que de différents relais, mouvements, associations dites "mariales". Il faut en effet bien se rendre compte qu'il ne peut y avoir de règne de l'esprit selon les occultes, sans qu'il y ait en même temps, d'une certaine manière, l'équivalent d'une manifestation particulièrement importante de la Vierge Marie, c'est-à-dire du Sophia du ternaire androgyne. L'une des attaques ultimes de Satan doit être lancée contre la Très Sainte Vierge, et comment mieux attaquer la "Femme bénie entre toutes les femmes" qu'en se présentant sous son apparence, en tenant son propre langage ? Dans cette mouvance pentecôtiste il existe un mouvement dissident dont le développement est inquiétant : le Mouvement Sacerdotal Marial. Il présente deux prêtres du diocèse de Milan à sa tête : don Gobbi, qui est l'inspiré et don Renzo, son directeur spirituel. Né en 1973, le mouvement compte des millions de fidèles. Il a, dès le début, bénéficié de l'appui du cardinal Villot (franc-maçon) et des bénédictions "papales", puisque les messages flagornent Vatican II et Jean-Paul II. Ce à quoi, la "Vierge" a pensé, c'est de "promouvoir un esprit nouveau" ! Et ce qui marque en premier lieu cet "esprit nouveau", c'est le Naturalisme mystique dont les locutions de Don Gobbi sont imprégnées et dont la teneur des messages nous ramène au Pentecôtisme et aux Renouveaux charismatiques. Le spirituel se fait sensible, puis sacrificiel, enfin sensuel. Le Mouvement Sacerdotal Marial serait donc un espèce de chemin initiatique avec un "guide", don Gobbi, "médium" de la "Vierge Sophia", sa "maman". Quant à la consécration au sein du Mouvement en question, ne recouvrirait-elle pas une consécration au "cœur immaculé" de la Sophia luciférienne, la Myriam des occultes ?

L'ÉGLISE ÉCLIPSÉE

1. *"La catastrophe universelle"*

Cette *"catastrophe universelle"* est évoquée par quelques-uns des initiés.

« La méconnaissance de la véritable valeur de la doctrine du monothéisme d'Israël a abouti à une explosion sauvage contre la civilisation chrétienne. Son retour à la doctrine de l'unité, dont Israël est le gardien prédestiné, nous donnera la possibilité de surmonter la catastrophe universelle » (Josué Jéhouda, op. cit., p. 20).

Il semblerait, selon ce rabbin, que cette catastrophe serait surmontée si la religion noachide, voulue par Jean-Paul II, aboutissait. Le *"prophète"* Élie Benamozegh ne dit pas autre chose :

« La religion universelle ne consiste pas dans une conversion pure et simple des gentils au mosaïsme (...) mais dans la reconnaissance que l'humanité doit faire de la vérité de la doctrine d'Israël » (*"Israël et l'Humanité"*, pp. 364-365).

Tel est donc le programme des architectes de la Révolution ; programme auquel il faudra se soumettre si on ne veut pas subir *"un châtiment"* annoncé par le grand rabbin de Livourne *"pour ceux qui s'abstiendraient de célébrer cette fête aux temps messianiques"* (*"Israël et l'Humanité"*, p. 364).

Si l'apostasie de la nouvelle *"église conciliaire"* et le développement du projet du Sinaï sont aujourd'hui une évidence, des éléments nous incitent à penser que certaines confessions pourraient avoir des velléités de refuser la religion noachide. Par exemple, il est possible que les musulmans l'acceptent mal. Les événements au Moyen-Orient montrent, en effet, qu'il peut y avoir un obstacle. Le refus de l'une des confessions, ou tout autre élément, expliquerait probablement la raison pour laquelle le fondateur du rite palladique luciférien, Albert Pike, évoque un conflit mondial[234]. Dans une lettre[235] qu'il écrivit à Mazzini en **1871**, il dévoile le projet des trois guerres mondiales. W. Carr résume ainsi le contexte de la Troisième :

> « La Troisième Guerre mondiale doit être fomentée en profitant des divergences suscitées par *"l'agentur"* des *"Illuminés"* entre les Sionistes politiques[236] et les dirigeants du monde islamique. Elle doit être menée de telle manière que l'Islam (le monde arabe musulman) et le Sionisme politique se détruisent mutuellement[237]. Tandis que les autres nations, une fois de plus divisées sur cette affaire, seront contraintes à se combattre jusqu'à complet épuisement physique, moral, spirituel et économique ».

Toujours selon Albert Pike, ceux qui aspirent à dominer le monde sans conteste, provoqueront le plus grand cataclysme social que le monde ait jamais connu :

---

[234] Voir l'article *"L'Heure approche"*.

[235] Cette lettre fut exposée une seule fois à la British Museum Library à Londres. Elle fut recopiée intégralement par l'officier W. Carr, qui la fit connaître dans son ouvrage *"Des Pions sur l'échiquier"*, et que d'autres auteurs ont reprise (voir note précédente).

[236] À ce titre, Israël Shahak écrit : "Israël, en tant qu'État juif, constitue un danger non seulement pour lui-même et pour ses habitants, mais encore pour tous les juifs, et pour tous les autres peuples et États du Moyen-Orient, et au-delà..." (*"Histoire juive — Religion juive — Le poids de trois millénaires"*, Ed. La Vieille Taupe, 1996, dos de la page de couverture).

[237] Quelle personne raisonnable et impartiale pourrait nier que les intrigues en cours au Proche, au Moyen-Orient ne préparent pas l'accomplissement de ce dessein infernal ?

« Nous allons lâcher les Nihilistes et les Athées et provoquer un formidable cataclysme social qui, dans toute son horreur, montrera clairement aux nations les effets d'un athéisme absolu, origine de la sauvagerie et du plus sanglant chambardement. Alors, tous les citoyens, obligés de se défendre contre la minorité révolutionnaire mondiale, extermineront les démolisseurs de la civilisation et **les masses déçues par le Christianisme**, dont l'esprit déiste, laissé à partir de ce moment sans boussole, à la recherche d'une idéologie, sans savoir vers qui tourner son adoration, recevra la vraie lumière grâce à la manifestation universelle de la pure doctrine de Lucifer, enfin révélée aux yeux de tous, manifestation qui suivra la destruction du christianisme et de l'athéisme, simultanément soumis et détruits[238] ».

J.M. Jourdan explique : « Ainsi le Génie du Monde édifie après avoir brûlé, saccagé, concassé ; il ne bâtit son royaume en ses sujets, et par le concours de ceux-ci, sur la terre, que sur les ruines et avec les décombres d'un autre royaume. À la rage de destruction qui marque le satanisme succède, au moment voulu, l'avènement de l'ordre luciférien. Ainsi, tandis que le Grand-Orient mène à son terme la révolution en poussant au communisme, le Suprême Conseil écossais s'adonne à l'œcuménisme, il prépare le rassemblement et l'unification des religions dans l'empire mondial qui s'annonce, il juge l'Église suffisamment démantelée pour être absorbée... De l'Église il n'est plus question. Elle est enveloppée, absorbée, éliminée comme telle. Seul règne un œcuménisme initiatique, garant de la subversion de l'ordre, d'un ordre luciférien digne de l'empire

---

[238] Tel est le sens du message du dessin animé *"Le Roi Lion"* (Voir la plaquette *"Le sens de l'Histoire à partir de la Sainte Écriture"*).

de l'Antéchrist » (*"L'Œcuménisme vu par un franc-maçon de tradition"*, Tiré à part de *"Permanences"*, pp. 10 et 14).

À partir de la déception du *"christianisme"* les initiés, donc, espèrent faire accepter la religion luciférienne. Cet *"avènement de l'ordre luciférien"*, nous l'avons vu, doit permettre la manifestation de la *"pure doctrine de Lucifer"*, laquelle n'est rien d'autre que la religion maçonnique, définie par le chevalier de Ramsay comme la religion noachide.

Le même Pike dévoile que cette *"religion universelle"* interviendra après *"un formidable cataclysme social"*. Or, que disait Lénine en juin 1919, à Bakou ?

"Dans un premier temps, nous détruirons les empires des pays capitalistes.
Dans un second temps, nous occuperons ces empires.
Dans un troisième temps, nous créerons une crise économique sans précédent.
Dans un quatrième temps, **nous créerons une crise sociale telle que l'Europe tombera comme un fruit mûr**".

N'avons-nous pas vécu ces trois premières étapes et ne sommes-nous pas à l'orée de cette dernière phase ? Ce que disent Pike et Lénine ne confirme-t-il pas que le mondialisme est la synthèse des sociétés capitaliste et communiste ? Comment ne pas voir que notre société, contrairement au mensonge entretenu par le cortex politico-médiatique, glisse vers le triomphe du marxisme qui, pour mieux réussir, avance masqué derrière la bannière démocratique ?

N'est-il pas surprenant de constater que le plan de Lénine voit sa dernière condition réalisée par les eurocrates et les gouvernements occidentaux, nécessairement inféodés aux puissances financières qui les soutiennent ?

Voici un extrait du compte rendu d'une réunion secrète en son temps, et qui confirme bien ceci : l'objectif final de la mondialisation est un chômage massif et, donc, une crise sociale insoluble.

« C'est dans ce cadre chargé d'histoire (l'hôtel *Fairmont* de San Francisco) qu'à la fin de septembre 1995, l'un des rares personnages à avoir lui-même écrit l'histoire accueille l'élite du monde : il s'agit de Mikhaïl Gorbatchev. En signe de reconnaissance, les mécènes américains viennent de lui créer une fondation au Presidio, une ancienne zone militaire. (...) Cette fois, Gorbatchev a fait venir, de tous les continents, cinq cents hommes politiques, leaders économiques et scientifiques de premier plan. Ce nouveau *"brain-trust global"*... doit ouvrir la voie au XXIème siècle, *"en marche vers une nouvelle civilisation"* (lors de son allocution, le 27 septembre 1995). (...) Dans le siècle à venir, deux dixièmes de la population active suffiraient à maintenir l'activité de l'économie mondiale. *"On n'aura pas besoin de plus de main-d'œuvre"*, estime le magnat de Washington SyCip... Il est possible que ce chiffre s'élève encore d'un ou deux pour cent, admettent les débatteurs, par exemple en y ajoutant les héritiers fortunés. Mais pour le reste ? Peut-on envisager que 80% des personnes souhaitant travailler se retrouvent sans emploi ? *"Il est sûr, dit l'auteur américain Jeremy Rifkin, qui a écrit le livre 'La fin du travail', que les 80% restants vont avoir des problèmes considérables"* » (H.P Martin et H. Schumann, *"Le piège de la mondialisation"*, Ed. Solin Actes Sud, 1997, pp. 10 et 12).

La compréhension de cette glissade infernale vers le marxisme échappe malheureusement à beaucoup. Et pourtant, un autre élément pris en considération confirme nos dires. L'histoire récente a montré, par exemple, que les Bolcheviques ont toujours été contraints de liquider la classe moyenne, seul élément susceptible de combattre, voire de détruire le pouvoir central. Or aujourd'hui, les mondialistes vont, très probablement, *"liquider"* cette classe moyenne au moyen d'un krach financier. Cela explique, bien sûr, l'euphorie des marchés financiers depuis 1980. Dans cette attente, ces mêmes mondialistes, au moyen des multinationales, des grands trusts, des grandes surfaces, etc., sont en train d'éliminer la paysannerie, les artisans, les petits commerces, la petite et moyenne entreprise, précisément cette classe moyenne !

Ces éléments ne vont-ils pas tous dans le sens d'une accélération foudroyante du chômage et, de fait, ne rendent-ils pas inévitable la réalisation de cette quatrième étape du plan dévoilé par Lénine, initié sur l'île de Capri[239] : *"***Nous créerons** *une crise sociale telle que l'Europe tombera comme un fruit mûr"* ?

2. La *"catastrophe universelle"* doit-elle amener le règne de l'Antéchrist ?

En ce qui concerne le temps de l'avènement de l'Antéchrist, accomplissement du mystère d'iniquité, il faut être extrêmement prudent dans l'interprétation des signes eschatologiques. L'Antéchrist ne peut intervenir dans un monde chrétien, même partiellement. Or il est manifeste qu'en cette fin de siècle, la déchristianisation massive prépare le milieu social où pourra s'exercer la domination de l'Antéchrist. Déjà saint Pie X, en constatant les malheurs de son temps, s'exprimait ainsi dans sa première encyclique : *"Nous éprouvons une sorte de terreur à considérer les conditions funestes de l'humanité à l'heure présente. De nos jours, les nations*

---

[239] Lire *"Complot contre l'Homme"* de J. Delacroix.

ont frémi et les peuples ont médité des projets insensés contre leur Créateur. Qui pèse ces choses a droit de craindre qu'une telle perversion des esprits ne soit le commencement des maux annoncés pour la fin des temps, et que véritablement « le fils de perdition », dont parle l'apôtre, n'ait déjà fait son avènement parmi nous" (*"E Supremi apostolatus"*, 4 octobre 1903). Que dirait-il aujourd'hui, alors que la situation s'est considérablement dégradée ?

a) La préparation du règne de l'Antéchrist

La préparation de la venue de l'Antéchrist remonte, d'une certaine façon, au péché originel. « *"Le premier homme, dit le grand docteur* (saint Thomas d'Aquin), *pécha principalement par le désir de devenir semblable à Dieu, suivant la suggestion du serpent : de manière à pouvoir, par les seules forces de sa nature, se fixer lui-même les règles du bien et du mal ; ou connaître d'avance et par lui-même le bonheur ou le malheur qui pouvait lui arriver. Il pécha secondairement par le désir de devenir semblable à Dieu, quant à la puissance d'agir, de manière à arriver à la Béatitude par ses propres forces"*. Saint Thomas n'est ici que l'écho de saint Augustin » (Mgr Gaume : *"Traité du Saint-Esprit"*, Vol. 1, pp. 74 à 79).

"L'homme pécha par le désir de devenir semblable à Dieu". Comment ne pas penser ici à ce que Paul VI déclarait dans son discours de clôture du Concile, le 7 décembre 1965 :

> « L'Église du Concile, il est vrai... s'est aussi beaucoup occupée de l'homme, de l'homme tel qu'en réalité il se présente à notre époque : l'homme vivant, l'homme tout entier occupé de soi, l'homme qui se fait non seulement le centre de tout ce qui l'intéresse, mais qui ose se prétendre le principe et la raison

dernière de toute réalité. Tout l'homme phénoménal, c'est-à-dire avec le revêtement de ses innombrables apparences, s'est comme dressé devant l'assemblée des Pères conciliaires... L'humanisme laïc et profane enfin est apparu dans sa terrible stature et a, en un certain sens, défié le Concile. La religion du Dieu qui s'est fait homme, s'est rencontrée avec la religion (car c'en est une) de l'homme qui s'est fait Dieu. Qu'est-il arrivé ? Un choc, une lutte, un anathème ? Cela pouvait arriver ; mais cela n'a pas eu lieu. La vieille histoire du samaritain a été le modèle de la spiritualité du Concile. Une sympathie sans bornes l'a envahi tout entier... Reconnaissez-lui au moins ce mérite, vous, humanistes modernes, qui renoncez à la transcendance des choses suprêmes, et sachez reconnaître notre nouvel humanisme : **nous aussi, nous plus que quiconque, nous avons le culte de l'homme**" (*Doc. Cath.* 1966, pp. 63 et ss)[240].

Jean-Paul II a confirmé cette *"religion (car c'en est une) de l'homme qui s'est fait Dieu"* : *"Nous aussi, s'écriait Paul VI (le 7 décembre 1965) au nom de tous les Pères du Concile œcuménique dont j'étais membre moi-même, nous plus que quiconque nous avons le culte de l'homme !"* (Lettre au cardinal Casaroli du 20 septembre 1982). Jean-Paul II est explicite, il fait sienne la religion de l'humanité prêchée par Paul VI.

De ce discours-clé de Paul VI il ressort qu'au Concile, *"la religion de l'homme qui s'est fait Dieu"* a éclipsé *la religion du Dieu qui s'est fait homme.*

---

[240] Les citations en ce sens sont multiples. Par exemple, Paul VI, le 7 février 1971, à l'occasion d'un voyage de la terre à la lune, composa un Hymne à la gloire de l'homme : "Honneur à l'homme,... honneur à la hardiesse humaine,... honneur à l'homme roi de la terre et aujourd'hui prince du ciel".

Paul VI décrit ici l'homme laïc et profane, issu de l'humanisme néo-païen, cet homme qui s'est rebellé contre la religion chrétienne.

Jusqu'à Vatican II, l'Église avait condamné cet humanisme. Avec le Concile, cette condamnation a été remplacée par une *"intégration"*, et même davantage puisque Paul VI a poussé l'humanisme jusqu'au bout. Pour lui, les humanistes modernes n'ont pas tout à fait compris sa véritable nature.

L'humanisme laïc et profane est incomplet parce qu'il se limite à éliminer Dieu, tandis que le nouvel humanisme est transcendant. Plutôt que de Le nier, il substitue l'homme à Dieu et engendre par conséquent le culte de l'homme, véritable religion, au dire de Paul VI lui-même[241].

Ce n'est rien d'autre que la réalisation de ce que Satan, le *"père du mensonge"*, sous la forme du serpent, suggère à Eve : *"Eritis sicut dii"* (Vous serez comme des dieux). Or, comme on a pu le constater dans les écrits d'Albert Pike, pour les lucifériens, Lucifer *"porteur de lumière"* est le véritable *"dieu bon"* venu délivrer l'homme de l'esclavage du *"dieu méchant"*,

---

[241] Cette conclusion pourrait paraître hâtive à certains. Pourtant, Mgr Licinio Rangel, au second congrès théologique de Si Si No No d'Albano en janvier 1996, partage le même avis. Après avoir cité cette même phrase de Paul vi, il explique : « L'affirmation de Paul VI à la suite de Teilhard de Chardin est assez grave et triste. Elle est pleine du poison de l'ambiguïté et d'erreurs graves. Ces paroles manifestent le résultat pratique d'un Concile qui se proclame "pastoral", en rupture avec la Tradition sacrée, c'est-à-dire qu'il proclame une pastorale humaine destinée à éliminer Dieu du centre de la religion et poser l'homme à sa place ». C'est exactement ce que nous avons affirmé. Cette conclusion est lourde de conséquences. Le principal acte de la religion est d'adorer Dieu. Il est donc logique qu'après avoir substitué l'homme à Dieu, Paul vi, et les modernistes à sa suite, parlent du "culte de l'homme".

le Dieu des chrétiens. Comment le diable prétendra-t-il y parvenir ? En cherchant à persuader nos premiers parents qu'en réalité l'homme lui-même est dieu. Il fallait qu'ils en prissent conscience.

En réalité, le serpent infernal dit cela non pas pour délivrer l'homme de l'esclavage du *"dieu méchant"* ou pour lui faire comprendre qu'il est le vrai dieu, mais pour l'empêcher d'adorer son Créateur et de fait, se substituer à Lui comme cela se fit dans les religions païennes.

Le christianisme, comme on l'a vu, a mis un terme à cela. Toutefois le même processus recommença à s'opérer avec l'humanisme. L'homme, peu à peu, se substitue à Dieu, comme le dit Paul VI, et ceci aboutira nécessairement à l'adoration du diable, comme dans l'Antiquité païenne. Il en sera de la fin comme du début.

Il résulte donc que cette religion de l'humanité, néo-moderniste, syncrétiste, universelle, conciliaire, etc., qui est inspirée par l'Adversaire lui-même, n'est qu'une étape vers la religion luciférienne. Le docteur Carlo Alberto Agnoli précise : « Comment est-ce possible ? L'orgueil, que dis-je, le plus grand orgueil, de se faire les égaux de Dieu, le *"non serviam"* n'est-il donc pas le plus grave de tous les péchés, la cause de la chute originelle, la rébellion programmée, la plus grande de toutes les fautes ? Et d'ailleurs la religion de l'homme qui se fait Dieu sous la conduite de l'Antique Serpent, exalté comme le *"libérateur"*, n'est-ce pas, justement, la religion gnostique, luciférienne et donc maçonnique ? » (op. cit.).

L'abbé Coache affirme à ce propos : « Ce Néo-Modernisme, que nous appelons la Nouvelle Religion, c'est la religion de l'homme et du Monde, dont elle substitue le culte à celui de Dieu... Conduite par le Démon et par le cerveau des têtes pensantes, c'est-à-dire des intellectuels qui trahissent l'Église, cette Nouvelle doctrine — si on veut bien l'appeler une doctrine — veut finalement la destruction de la Religion, destruction de l'Église d'abord, destruction du catholicisme, destruction finalement de la Chrétienté car elle veut instaurer le Règne du Monde, c'est-à-dire des Puissances du Monde, c'est-à-dire finalement de Lucifer. Pour moi, cela ne fait absolument aucun doute : ils veulent détruire l'Église, ils veulent supprimer l'idée de Dieu » (*"Évêques... restez catholiques"*, Conférence du 14 octobre 1969, p. 8).

Dans un autre ouvrage, le même abbé Coache arrive à la même conclusion en commentant l'Encyclique *"Pascendi"* :

> « ... Dénoncé par les paroles fulgurantes et en même temps prophétiques du saint Pape, le but du Modernisme apparaît très clair : *"annuler les énergies vitales de l'Église et renverser de fond en comble le règne de Jésus-Christ !"* Il est bien vrai que ses adversaires *"trament sa ruine"* et *"donnent l'assaut à ce qu'il y a de plus sacré dans l'œuvre de Jésus-Christ"*. *"Ennemis de l'Église, certes, ils le sont, et à dire qu'Elle n'en a pas eu de pires on ne s'écarte pas du vrai"*. Le plus odieux pourtant n'est pas leur haine et leur volonté de destruction mais leur perfidie : *"Ils se cachent... c'est du dedans qu'ils trament sa ruine. Rien de si insidieux, de si perfide que leur tactique"*. Que cherchent ces bons apôtres ? Rendre la pastorale plus proche de l'homme, la liturgie plus vivante et compréhensible ? Comprendre mieux les hommes et faciliter l'exercice de la charité ? Rendre plus ouvertes les institutions ecclésiastiques et l'Église plus sympathique aux masses ? Prêcher une morale plus attirante et faciliter l'exploitation

des Vérités de la Foi ?

Pas du tout ! Ces *"recherches"*, pour beaucoup, sont uniquement des prétextes et d'abominables tromperies. Ils veulent abolir toutes institutions ecclésiastiques, détruire l'Église elle-même et détrôner Notre-Seigneur Jésus-Christ. Finalement, après avoir glorifié le monde, célébrer Satan. D'où cette parole très dure de Notre-Dame à La Salette : *"Rome perdra la Foi et deviendra le siège de l'Antéchrist"*.

Tout le reste est trompe l'œil et manœuvre pour endormir et exploiter les tièdes, les lâches, les aveugles et même les bonnes volontés. L'affadissement n'est qu'une étape, le laxisme n'est qu'une étape, la protestantisation n'est qu'une étape, l'adoption de tous les principes et pratiques du monde (y compris toutes les immoralités) n'est et ne sera qu'une étape, la marxisation totale ne sera qu'une étape... vers la haine du monde, après la haine de Dieu, et le culte de Lucifer » (*"En attendant la fin"* pp. 22 à 24).

En somme, Paul VI a montré le vrai visage de la religion de l'humanité, qui aboutira au culte de Lucifer. Donc, avant d'en arriver là, il faut passer par le culte de l'homme.

Mais qui est cet homme qui se fait dieu ?

a) "L'homme qui s'est fait dieu" : l'Antéchrist

Les Pères de l'Église expliquent que l'Antéchrist sera un homme, inspiré, possédé par le diable, mais un homme. Jésus-Christ, dans l'Incarnation, réunit toutes les perfections divines et humaines. L'Antéchrist, même s'il ne sera pas l'incarnation du diable, réunira en lui tout ce qu'il y a de pervers et d'opposé à Dieu et régnera sur les hommes qui, en lui étant soumis, seront soumis à Satan[242].

Notre-Seigneur Jésus-Christ avait dit : *"Je suis venu au Nom de mon Père, et vous ne me recevez pas ; si un autre vient en son propre nom, vous le recevrez"* (Jean V, 43). Les Pères de l'Église affirment que cet *"autre"* sera l'Antéchrist et non pas un prophète quelconque. En effet les faux prophètes qui sont venus ont prétendu venir au nom de Dieu. Le dernier faux prophète — l'Antéchrist — viendra en son propre nom, dans le sens qu'il se prétendra supérieur à tous, y compris Dieu.

C'est ainsi que saint Paul prophétise : *"Que personne ne vous égare d'aucune manière ; car auparavant viendra l'apostasie, et se manifestera l'homme de péché, le fils de perdition* (l'Antéchrist, n.d.r.), *l'adversaire qui s'élève contre tout ce qui est appelé Dieu ou honoré d'un culte, jusqu'à s'asseoir dans le sanctuaire de Dieu, et à se présenter comme s'il était Dieu"* (II Thess. II, 3-4).

L'homme qui se fait dieu est donc, par définition, l'Antéchrist. Ici, il n'est pas sans intérêt de rappeler encore une fois les paroles de Paul VI : *"La religion du Dieu qui s'est fait homme, s'est rencontrée avec la religion (car c'en est une) de l'homme qui s'est fait dieu... nous aussi, nous plus que quiconque, nous avons le culte de l'homme"*. La ressemblance de ces paroles avec celles de l'épître de saint Paul est si évidente qu'il est difficile de croire qu'il s'agisse d'une simple coïncidence.

---

[242] "Le Rédempteur religieux, politique et social régnera sur l'humanité par des institutions impersonnelles" (Roca : *"Fin de l'Ancien Monde"*, p. 36). "Le règne impersonnel et divin de la Vérité dans la Liberté, dans la Justice, dans l'Égalité, de l'Économie sociale dans la Fraternité, ce qui est le trinôme sacré de la Synarchie évangélique" (Roca : *"Glorieux Centenaire"* p. 20). Comment ne pas voir l'Antéchrist et son royaume dans ces "prophéties" ?

Voulait-il signifier (à ceux qui devaient comprendre) qu'il venait de réaliser le plan de la Contre-Église ? Ce n'est pas impossible. Il se peut aussi que Dieu ait permis cela pour montrer au monde en quoi consiste véritablement *"l'aggiornamento"* conciliaire commencé par Jean XXIII.

Il reste maintenant à résoudre la question suivante : quand seront réunies les conditions pour la venue de l'Antéchrist ?

Il est par exemple inquiétant de constater les orientations données pour l'utilisation de la *"puce électronique"*. Voici le témoignage du Dr. Carl W. Sanders, inventeur de la micro-puce : *"J'ai consacré trente-deux années de ma vie à la conception électronique, concevant des micro-puces dans le domaine bio-médical. En 1968, je devins impliqué, presque par accident, dans un projet de recherche et de développement concernant un pontage spinal. Le projet aboutit à la micro-puce dont nous parlons maintenant-une micro-puce que je crois être la "Marque de la Bête". "Cette micro-puce est rechargée par les changements de température du corps humain. Évidemment, vous ne pouvez pas aller à l'intérieur de votre corps et changer vos piles de temps en temps, alors la micropuce a un circuit de rechargement qui fonctionne selon les changements de température du corps. Plus d'un million et demi de dollars furent dépensés pour trouver les deux endroits sur le corps humain où la température change le plus rapidement : le front (premier choix), tout juste en bas de la naissance des cheveux, et le revers de la main (position de rechange)"*[243]. Ces informations ne sont pas sans rapport avec la situation antichristique dépeinte par saint Jean dans l'Apocalypse.

Nul doute également qu'en matière économique une *"main invisible"*

---

[243] Lire l'étude intitulée : *"Dévoilement du complot relatif au plan du chaos et du marquage de l'humanité"*.

mène aujourd'hui le monde vers un Gouvernement mondial antichrétien, que doit diriger l'Antéchrist. Ce Gouvernement mondial doit exercer sa tyrannie d'une manière différente de l'époque du paganisme antique. L'écrivain polono-français Stanislas Rzewuski, ami intime du cardinal Sarto, résume à ce propos la pensée du futur saint Pie X : *"Le vingtième siècle sera rude. On peut déjà prévoir qu'un matérialisme sans entrailles cherchera comment utiliser les découvertes de la science à des fins d'oppression. Mais il n'est pas exclu que, les moyens de destruction devenant assez puissants pour nuire également aux adversaires en présence, ceux-ci n'en arrivent à quelque accord en vue de leur commun sauvetage, cependant qu'ils s'appliqueront à mettre au point d'autres formes de lutte. Celles-ci seront diaboliques.* **Ceux qui voudront dominer la terre tenteront d'y parvenir en diluant la personnalité humaine.** *Ainsi, sans qu'on s'en doute,* **l'asservissement des esprits** *remplacera l'antique esclavage"* (M. Fontbel, *"Fioretti de Pie X"*, Ed. Pauline, 1958, pp. 117, 118).

Le principe du Gouvernement mondial, la disparition des nations, le concept de monnaie unique, la mondialisation des marchés, le génocide de masse, le marquage des individus, les maladies causées par toutes sortes de vaccins dangereux, etc., ont fait un pas de géant.

À ce sujet, le Père Malachi Martin écrit dans un ouvrage intitulé *"The Keys of this Blood"*, publié en 1990 :

> *"Qu'on le veuille ou non, que l'on soit prêt ou pas, nous sommes tous concernés... La question est de savoir qui établira le premier système de gouvernement mondial qu'ait jamais connu notre planète ? Qui jouira de l'autorité et du contrôle au-dessus de chacun, tant sur un plan individuel que communautaire... Nos modes de vie individuels et de*

citoyens ; nos familles et nos emplois ; nos échanges commerciaux et d'argent ; nos systèmes éducatifs, nos différentes religions, cultures ; les emblèmes mêmes de notre identité nationale que tous considèrent inaltérables, tout cela sera complètement et radicalement changé à tout jamais. Personne ne sera épargné. Tous les domaines de notre vie en ressentiront l'impact profond" (p. 15).

Cela étant dit, peut-on affirmer que le règne de l'Antéchrist est proche ? Comme le dit Notre-Seigneur : *"Personne ne connaît ni le jour ni l'heure".* En effet, il existe plusieurs interprétations des signes eschatologiques qui doivent précéder l'avènement de l'Antéchrist. Quoi qu'il en soit, la perte de la foi, l'apostasie des Nations, le retour des juifs en Palestine, l'abomination de la désolation dans le lieu saint qui, comme l'explique saint Jérôme[244], peut être interprétée comme le *"dogme pervers"* dans le sein de l'Église, etc., sont bien des signes de l'approche de la fin des temps.

À ce propos, le grand Rabbin Élie Benamozegh explique : *"Ce qui caractérise le judaïsme, c'est qu'au rebours des autres religions, il place la perfection non pas au commencement, mais à la fin. Telle est, en effet, la signification de l'ère messianique qu'il attend, et que nous définissons ainsi : la foi en la perfection future, religieuse, morale, sociale et matérielle du genre humain, qui doit avoir son accomplissement dans les temps derniers"* (Élie Benamozegh, op. cit., p. 182).

Mélanie, elle, le 23 novembre 1882, écrivait au chanoine de Brandt : *"On n'aime plus le bon Dieu en France : pauvre France ! Si les juifs étaient dans le*

---

[244] Saint Jérôme, Livre 4 comment. in ch. XXIV Mt, où Notre-Seigneur parle justement de la fin du monde.

sein de l'Église, je croirais que nous sommes à la sixième époque, à la fin du monde".

Ces signes réalisés, l'Antéchrist pourra alors paraître selon ce que disait saint Paul : *"Vous savez bien ce qui empêche la venue de l'homme d'iniquité. Déjà, en effet, le mystère d'iniquité est en action. Que seulement disparaisse celui qui fait obstacle présentement et alors se manifestera l'inique que le Seigneur Jésus fera disparaître par le souffle de sa bouche et qu'Il anéantira par l'éclat de Sa venue"* (II Thess. II, 6-8). Le Père jésuite Arrighini, en 1944, interprétant la pensée des Docteurs de l'Église, considère que cet *"obstacle"* serait le pape. Le Père conclut donc que, chaque fois que la papauté est menacée, il faut s'attendre à l'avènement de l'Antéchrist (*"L'Anticristo"*, pp. 115-122. I Dioscuri, 2ème éd. 1988).

3. Un essai de réponse

Pie IX semble dire que nous ne sommes pas proches de l'avènement de l'Antéchrist :

> « Étant donné que le monde s'est placé contre Dieu et son Église, il est clair que Dieu se réserve la victoire sur les ennemis. Cela est rendu clair du fait qu'à la racine de nos maux, ceux qui sont étrangers à la religion, même s'ils ont du talent et de la vigueur, préfèrent les satisfactions terrestres. Non seulement ils ne s'occupent pas de Dieu mais ils L'oublient complètement. Pour cela, il est clair que ces personnes ne peuvent revenir à Dieu en aucune autre manière qu'à travers un acte qui ne pourra pas être attribué à un agent secondaire. Alors tous seront obligés de reconnaître l'intervention surnaturelle de Dieu en s'exclamant :

"Cela arrive par l'intervention du Seigneur et c'est merveilleux à nos yeux !" Arrivera un grand événement qui remplira le monde de stupeur. Mais ceci sera précédé par la domination de la Révolution. L'Église devra souffrir énormément » (*"The Prophets and our Times"*, Rv. G. Culleton, Tan Books, Rockford, 1974).

Donc, selon Pie IX, la crise actuelle n'aboutirait pas au règne de l'Antéchrist, puisque le triomphe de l'Église, rendu possible par *"l'intervention surnaturelle de Dieu"*, doit précéder son avènement.

A) Selon les Pères de l'Église, la destruction de Rome doit précéder la venue de l'Antichrist

Le cardinal Newman, qui s'est détaché de l'anglicanisme pour rejoindre l'Église catholique, le 2 octobre 1845, a fait quatre sermons sur l'Antichrist absolument remarquables. On y remarque une formation théologique sérieuse, qu'il doit aux Pères de l'Église. Grâce à lui, nous pourrons ajouter quelques précisions sur ce sujet.

« L'Antichrist[245], selon les Pères de l'Église, sortira de l'Empire romain juste **après la destruction** de celui-ci » (*"L'Antichrist"*, Ed. ad Solem — Genève, p. 66).

« La puissance qui se dressera au-dessus des rois est l'Antichrist, et je vous demande de considérer attentivement, dans la prophétie, les places de Rome et de l'Antichrist, l'une par rapport à l'autre : Rome doit tomber avant que l'Antichrist ne s'élève ; en effet, elle est d'abord détruite par les

---

[245] Antichrist signifie celui qui s'oppose à Jésus-Christ, tandis qu'Antéchrist signifie celui qui Le précède et, bien sûr, il s'agit de la même personne.

dix rois et alors seulement apparaît l'Antichrist qui supplante ceux-ci » (p. 79).

« À l'exception de saint Augustin, qui ne se prononce pas, c'est en effet l'opinion de la majorité des Pères de l'Église, grecs et latins, dont, parmi les plus importants, saint Cyrille de Jérusalem (*catech.* XV, 12) : *"L'Antichrist viendra lorsque le temps de l'Empire romain sera révolu"* ; saint Jérôme (*epist.* 121 ad Algasiam) : *"Le Christ ne viendra pas avant que l'Antéchrist ne l'ait précédé et que l'Empire romain ait été dévasté"* ; saint Jean Chrysostome (in ep. II ad Thess. 2, hom. 4) : *"Les uns disent que c'est la grâce du Saint-Esprit qui retient l'Antichrist, les autres l'Empire romain. C'est à ces derniers que je donne mon plein assentiment"*. On peut ajouter celle de Tertullien, le plus impétueux des Pères de l'Église d'Afrique, le maître de saint Cyprien : *"Nous avons un autre motif, plus pressant encore, de prier pour les empereurs, même pour la prospérité de l'Empire tout entier et pour la puissance romaine : nous savons, en effet, que la terrible catastrophe suspendue au-dessus de la terre entière, et la clôture du temps elle-même, qui nous menace d'horribles calamités, ne sont retardées que par le répit accordé à l'Empire romain"* (*Apol.* 32, 1) » (pp. 131-132).

B) La destruction de Rome, conséquence de son apostasie

L'histoire montre que, si la désagrégation de l'Empire romain en un certain nombre de royaumes indépendants fut réalisée, il n'empêche que Rome existe toujours en tant que cité, « alors qu'elle devrait avoir été *rendue déserte, dévorée et consumée par le feu* » (Newman, op. cit, p. 80).

Les raisons à l'origine de cette destruction devraient donc être comprises dans un sens particulier. Dans le numéro 59 de *Fideliter*, Mgr Lefebvre cite le commentaire de saint Thomas d'Aquin sur la seconde épître de saint Paul aux Thessaloniciens : *"Il faut qu'un obstacle disparaisse. Les Pères de l'Église ont pensé que l'obstacle était l'Empire romain. Or l'Empire romain a été dissout et l'Antichrist n'est pas venu. Ce n'est donc pas du pouvoir temporel de Rome qu'il est question. Pour saint Thomas, il s'agit bien du pouvoir romain spirituel, qui n'est autre que celui du pape"*. Cela rejoint ce que dit le Père Arrighini déjà cité.

Ce qui permet au cardinal Newman d'écrire : « Il est un point, dans la description de cette cité sans pitié, resté pratiquement inaccompli dans le cas de Rome : elle devrait tenir *dans sa main une coupe d'or, chargée d'abominations et rendre ivres du vin de sa prostitution les habitants de la terre* (*Apoc.* XVII, 4.2) » (op. cit., p. 80).

S'agissant de ce pouvoir de séduction exercé par Rome sur *"les habitants de la terre"*, nous pouvons penser qu'il s'agit de son apostasie. En 1917, Notre-Dame n'a-t-elle pas demandé de lire le troisième secret de Fatima en 1960 ? Or, cette date se situe entre l'élection de Jean XXIII grâce aux manœuvres du pouvoir occulte et le Concile *"indispensable"* à la constitution de la nouvelle *"église conciliaire"*. En outre, sœur Lucie a fait remarquer à une religieuse qui l'interrogeait à ce sujet que le troisième secret était dépeint dans plusieurs chapitres (du XIII au XVIII) de l'Apocalypse, lesquels, selon les Pères, font référence à une crise de la foi.

Dans le même temps, cette apostasie rend encore plus compréhensible ce qu'annonce Notre-Dame à La Salette : *"Rome perdra la foi et deviendra le siège de l'Antéchrist"*.

En plus d'une interprétation scripturaire des textes bibliques par les Pères de l'Église, cette annonce de la perte de la foi des autorités romaines, aujourd'hui conciliaires, est également prophétisée. Le Vénérable Barthélemy Holzhauser (1613-1658), dans son célèbre Commentaire de l'Apocalypse, fait une description saisissante de notre époque. Au sujet de la cinquième église, celle de Sardes, qui s'achève par une préfiguration du règne antichristique, il précise par exemple que cette époque sera marquée par un triomphe évident de la Révolution : **sur le plan temporel** avec des républiques ; **sur le plan religieux**, *"une très grande partie de l'Église latine abandonn(er)a la vraie foi et tomb(er)a dans les hérésies en ne laissant en Europe qu'un petit nombre de bons catholiques..."* (*"Interprétation de l'Apocalypse"*, traduit du latin par le Chanoine de Wuilleret, Ed. Louis Vives, 1857, p. 159).

"une très grande partie de l'Église latine abandonn(er)a la vraie foi et tomb(er)a dans les hérésies"

Quelle sera donc la sanction du *schisme de l'église latine* ? Mgr Gaume dans le *Traité du Saint-Esprit*, nous apprend ceci :

« Dès les premiers siècles, les Grecs, poussés par l'Esprit mauvais, n'avaient cessé d'attaquer la troisième personne de la sainte Trinité. Macédonius, Photius, Michel Cérulaire, sont les coupables pères d'une longue postérité d'insulteurs. L'Église latine, alarmée sur le sort de sa sœur, ne néglige rien pour la ramener à l'unité. Treize fois les Grecs signent solennellement le symbole catholique, et treize fois ils violent la loi jurée. En 1439, à peine de retour en Orient, après le concile de Florence, ils se moquent de leur signature, et reprennent le cours de leurs blasphèmes contre le Saint-Esprit.

Ce dernier crime comble la mesure, et le nouveau déicide sera puni comme le premier[246]. Ici commence, entre la ruine de Jérusalem et le sac de Constantinople, le terrible rapprochement qui n'a point échappé aux observateurs chrétiens. *"Pour trouver, disent-ils avec raison, quelque chose de semblable à la ruine de Constantinople par Mahomet, il faut remonter à la ruine de Jérusalem par Titus. Afin que les Grecs sachent bien que la cause de leur désastre fut leur révolte obstinée contre le Saint-Esprit, c'est aux fêtes mêmes de la Pentecôte que leur capitale fut prise, leur empereur tué, leur empire anéanti* (Hist. univ. de l'Église, t. XXII, p. 105, 2ème édit., in-8)".

Pour les Juifs, la voix de la justice succéda à l'appel de la miséricorde. Il en fut de même pour les Grecs. Environ deux ans (octobre 1451) avant la prise de Constantinople, le pape Nicolas V, après avoir épuisé tous les moyens de persuasion, les menaça de la ruine prochaine de leur empire. "*Nous supportons encore,* leur écrit-il, *vos retards en considération de Jésus-Christ, pontife éternel, qui laissa subsister le figuier stérile jusqu'à la troisième année, quoique le jardinier se préparât à le couper, puisqu'il ne portait pas de fruits. Nous avons attendu pendant trois ans, pour voir si, à la voix du divin Sauveur, vous ne reviendriez pas de votre schisme. Eh bien ! si notre attente a été vaine, vous serez abattus, afin que vous n'occupiez plus inutilement la terre*" (Apud Reginald, an. 1451, n° 1 et 2). Au lieu de s'unir, les Grecs, comme les Juifs, se divisent de plus en plus[247].

---

[246] Nous appelons les Grecs, déicides du Saint-Esprit, dans le même sens que saint Paul appelle déicides ceux qui, par leurs péchés, crucifient de nouveau le Verbe incarné. Heb., VI, 6 (note de Mgr Gaume).

[247] Cette division est toujours le signe de l'erreur, opposée à la vérité qui rassemble. Dans l'Église, c'est le pasteur, le pape, le doux Christ sur la terre, qui doit unir les fils de l'Église

L'ÉGLISE ÉCLIPSÉE

Ceux qui paraissent accepter le dogme catholique touchant le Saint-Esprit sont regardés comme des impies. La grande église de Sainte-Sophie, qui était pour Constantinople, ce que le temple était pour Jérusalem, ayant servi de lieu de réunion aux catholiques, *"n'est plus pour les schismatiques qu'un temple païen, une retraite de démons, on n'y laisse ni cierges ni lampes. Ce n'est plus qu'une affreuse obscurité et une triste solitude, funeste image de la désolation où nos crimes allaient la réduire dans peu de jours"* (Michel Ducas, c. XXXVI).

Il ressort de là que des deux plus effroyables catastrophes dont l'histoire fasse mention, la ruine de Jérusalem et le sac de Constantinople, la première est la punition éclatante du crime commis contre la seconde personne de la sainte Trinité ; la seconde, le châtiment non moins éclatant d'un crime analogue, commis contre la troisième personne de la sainte Trinité. Ce que les Romains firent à Jérusalem est dépassé par ce que les Turcs firent à Constantinople. Comme dans le temple et dans Jérusalem, ainsi dans Sainte-Sophie et dans Constantinople, tout fut massacre et abomination.

Comme Jérusalem, Constantinople fut si bien dépeuplé, que Mahomet n'y laissa, dit le cardinal, ni un grec, ni un latin, ni un arménien, ni un juif.

Ainsi s'accomplit sur le grec, déicide de la troisième personne de la sainte

---

par un même amour de la Vérité. De fait, les différentes tendances qui aujourd'hui s'opposent, tout en se réclamant de la Tradition, témoignent que cette division est la conséquence directe de l'absence du doux Christ sur la terre. C'est bien évidemment à partir de ce seul constat que l'union pourrait se faire, sans quoi la division ne sert que le Diviseur, le Diable.

Trinité, la menace accomplie sur le Juif, déicide de la seconde. *"Vous n'avez pas voulu servir le Seigneur dans la joie, dans l'allégresse de votre cœur et dans l'abondance de tous les biens ; vous servirez l'ennemi que le Seigneur vous enverra, dans la faim et dans la soif, dans la nudité et dans l'indigence, et il mettra sur votre cou un joug de fer qui vous écrasera. Le Seigneur amènera contre vous une nation lointaine, rapide comme l'aigle et dont vous n'entendrez pas la langue. Nation orgueilleuse et cruelle, sans égard pour la vieillesse, sans pitié pour l'enfance, elle renversera vos murailles et vous anéantira par le massacre et la dispersion"* (Deuter., XXVIII, 48 et seq.).

Depuis l'accomplissement littéral de cette divine menace, les Grecs vivent sous le joug tyrannique de leurs vainqueurs. Aujourd'hui même, après quatre siècles d'humiliations et de châtiments, ce peuple, comme le Juif, a des yeux pour ne pas voir, des oreilles pour ne pas entendre, une mémoire pour ne point se rappeler, une intelligence pour ne point comprendre la leçon formidable que Dieu lui inflige en punition de sa révolte obstinée contre le Saint-Esprit.

Nations de l'Occident, que cette leçon ne soit pas perdue pour vous. Puissent les gouvernants, plus encore que les gouvernés, prendre au sérieux la sentence prononcée par le législateur suprême, contre les blasphémateurs du Saint-Esprit, et se rappeler que, immuable comme la vérité, elle demeure toujours suspendue sur la tête des sociétés qui les imitent ou qui les tolèrent ! » *(Traité du Saint-Esprit*", Mgr Gaume, Tome 2, pp. 644 à 677).

Le Vénérable Barthélemy Holzhauser annonce la même chose : « Dans ce cinquième âge, nous voyons que l'Empire romain fut divisé, et il est tellement agité maintenant que nous devons craindre qu'il périsse comme l'empire d'Orient périt en l'an 1452 » (op. cit., p. 160).

"L'abandon de la foi par une grande partie de l'Église latine" ne sera-t-il pas sanctionné comme le schisme de l'Église d'Orient l'a été ? Rome connaîtra-t-elle la manifestation visible de la justice divine comme Constantinople, ouvrant par là-même la voie à l'Antéchrist ?

Certes, l'avenir nous éclairera, toutefois le songe de saint Pie X, voyant le pape marcher sur le cadavre des prêtres, rend cette éventualité probable.

"en ne laissant en Europe qu'un petit nombre de bons catholiques..."

L'importance du *"petit nombre"*, quand il est dans la main de Dieu, est une donnée pleine d'espérance au regard de l'Histoire Sainte. Souvenons-nous de l'exemple de Gédéon, chargé par Dieu de délivrer Israël de l'armée de Madian. Il a groupé autour de lui un peuple nombreux : « Alors Yahvé dit à Gédéon : *"Le peuple qui est avec toi est trop nombreux pour que je livre Madian entre ses mains : Israël pourrait en tirer gloire à mes dépens, et dire : "C'est ma propre main qui m'a délivré !"* Et maintenant proclame donc ceci aux oreilles du peuple : *"Que celui qui a peur et qui tremble s'en retourne"*. Gédéon les mit à l'épreuve. Vingt-deux mille hommes parmi le peuple s'en retournèrent et il en resta dix mille. Yahvé dit à Gédéon : "Ce peuple est encore trop nombreux. Fais-les descendre au bord de l'eau et là, je les éprouverai. Celui dont je te dirai : *"Qu'il aille avec toi, celui-là ira avec toi"*. Gédéon fit alors descendre le peuple au bord de l'eau... Alors Yahvé dit à Gédéon : *"C'est avec les trois cents hommes qui ont lapé l'eau que je vous sauverai et que je livrerai Madian entre tes mains"*. (*Livre des Juges* Chap. VII). Ainsi l'armée de Gédéon est passée de trente deux mille hommes à trois cents, et c'est avec ce *"petit nombre"* que le Seigneur a donné la victoire ». Dans son ouvrage *"Pour qu'Il règne"*, Jean Ousset a des passages extrêmement importants sur la force du *"petit nombre"* dès lors qu'il est uni à la Vérité : "Se peut-il que l'histoire n'ait pas encore appris aux catholiques combien Dieu se plaît à confier le succès de sa cause à de minuscules bataillons ? Le diable, lui, le sait parfaitement, qui rageusement lançait au Curé d'Ars : *"S'il y en avait trois comme toi sur la terre, mon royaume serait détruit. Tu m'as enlevé plus de quatre-vingt mille âmes"* (p. 294).

L'abbé Demaris, professeur de théologie, exilé vers 1803, et mort pour la foi de Jésus-Christ a écrit ces lignes très actuelles :

> « Vous tremblez, mes chers enfants ; tout ce que vous voyez, tout ce que vous entendez est effrayant, mais consolez-vous : c'est la volonté de Dieu qui s'accomplit. Vos jours sont comptés, sa providence pèse sur vous. Chérissez ces hommes que l'humanité vous offre comme farouches ; ce sont des instruments que le ciel emploie à ses desseins et, comme une mer courroucée, ils ne passeront pas la ligne prescrite contre les flots qui se balancent, s'agitent et se menacent. (...) Aimer Dieu et ne craindre que lui seul, tel est l'apanage du petit nombre des élus. (...) Rien n'arrive sans la volonté de Dieu : que nous avons un culte qui nous permette d'assister à la messe ou que nous en soyons privés, nous devons être également soumis à sa volonté sainte et, dans toutes les circonstances, soyons dignes du Dieu que nous servons ! (...) Le nombre des élus est toujours fort petit. Craignez seulement que Dieu ne vous reproche votre peu de foi et de n'avoir pu veiller une heure avec lui. Je vous avouerai cependant que l'humanité peut s'affliger, mais, en vous faisant cet aveu, je dirai que la foi doit se

réjouir. Dieu fait bien toutes choses : portez ce jugement, mes enfants, il est le seul qui soit digne de vous. (...) Ce qu'il fait à présent est bien plus grand : dans sa vie mortelle, il guérissait les corps ; actuellement, il guérit les âmes et complète par la tribulation le petit nombre des élus. Quels que soient les desseins de Dieu sur nous, adorons la profondeur de ses jugements et mettons en lui toute notre confiance. (...) Si nous sommes sans secours du côté des hommes, nous voilà du côté de Dieu, qui, selon le prophète-roi *délivrera le pauvre du puissant et le faible qui n'avait aucun secours.* L'univers est l'ouvrage de Dieu ; il le régit, et tout ce qui arrive est dans les desseins de sa Providence. Quand nous croyons que la désertion va être générale, nous oublions qu'il suffit d'un peu de foi pour rendre la foi à la famille de Jésus-Christ, comme un peu de levain fait fermenter toute la pâte. Ces événements extraordinaires, où la multitude lève la hache pour saper l'ouvrage de Dieu, servent merveilleusement à manifester sa toute-puissance. Dans tous les siècles, on verra ce que vit le peuple de Dieu quand le Seigneur voulut, par Gédéon, manifester sa toute-puissance contre les Madianites. Il lui fit renvoyer presque toute son armée. Trois cents hommes seulement furent conservés, et encore sans armes, afin que la victoire fut visiblement reconnue venir de Dieu. Ce petit nombre des soldats de Gédéon est la figure du petit nombre des élus vivant dans ce siècle. Vous avez vu, mes enfants, avec l'étonnement le plus douloureux, que de la multitude de ceux qui étaient appelés (puisque toute la France était chrétienne), le plus grand nombre, comme dans l'armée de Gédéon, est demeuré faible, timide, craignant de perdre leur intérêt temporel : Dieu les renvoie. Dieu ne veut se servir dans sa justice que de ceux qui se donnent entièrement à lui. Ne nous étonnons donc pas du grand nombre de ceux qui le quittent ; la vérité triomphe, quelque petit que soit le nombre de ceux qui l'aiment et lui restent attachés. Pour moi je ne forme qu'un vœu : c'est le désir de saint Paul. Comme enfant de l'Église, je souhaite la paix de l'Église ; comme soldat de Jésus-Christ, je souhaite de mourir sous ses étendards. (...) Que la volonté de Dieu soit faite, puisque de quelque manière qu'il nous délivre, ses miséricordes éternelles se répandent sur nous » (*"Consolations pour les fidèles en temps de persécutions, de schismes, d'hérésies"*, Beauchêne, 1969).

Dans une brochure intitulée *"Dénouement de la persécution"*, les abbés Lémann donnent les quatre étapes utilisées par Sénnachérib (une préfiguration de l'Antéchrist dans l'Ancien Testament) et par les sectes maçonniques pour imposer le règne de Satan : a) substituer l'homme au Maître Suprême ; b) renverser Jérusalem, centre de l'Église judaïque, c'est-à-dire renverser Rome, centre de l'Église catholique ; c) effacer le nom du vrai Dieu ; d) courber toutes les têtes sous le despotisme. En deux mots, destruction de la Synagogue dans le passé et volonté de détruire l'Église dans le présent. Ensuite ils étudient l'intervention divine. Premièrement, elle aura lieu quand la purification des bons sera accomplie et quand le triomphe des méchants sera sur le point de s'achever. Secondement, on croira tout perdu ! Troisièmement le joug sera brisé par l'oint de l'huile.

Citons encore le Vénérable Barthélemy Holzhauser lorsqu'il décrit la transition entre le cinquième et le sixième âge :

« *Parce que tu as peu de force*. Ces paroles expriment l'industrie des serviteurs de Dieu qui emploieront avec prudence et zèle le peu de force qu'ils auront reçu de lui, et obtiendront ainsi de très grands fruits par la conversion des pécheurs et des hérétiques. (...) *Tu as gardé ma parole, et tu n'as point renié ma foi.* Par là il désigne la constance et la persévérance de ses serviteurs dans son amour et dans sa foi. Car, vers la fin des temps du cinquième âge, ceux-ci, ayant peu de force, s'élèveront contre les pécheurs qui auront renié la foi à cause des biens terrestres. (...) Or, au temps où le démon jouira d'une liberté presque absolue et universelle, et où la plus grande tribulation sévira sur la terre, ces serviteurs fidèles, unis entre eux par les liens les plus forts... passeront pour vils aux yeux des hommes, et se verront méprisés et repoussés du monde, qui les tournera en ridicule. Mais le Sauveur Jésus-Christ, dans sa bonté regardera d'un œil propice leur patience, leur industrie, leur constance et leur persévérance, et il les récompensera dans le sixième âge, en secondant et favorisant leurs efforts dans la conversion des pécheurs et des hérétiques » (op. cit., pp. 190-191).

4. L'intervention divine et le triomphe de l'Église

Dans cet ouvrage, pour chercher à comprendre ce qui arrive, quelques prophéties et révélations privées sont citées. Souvent on peut partir de ce qui est présent et déduire logiquement la suite. Mais, plus sûrement, le bon Dieu se charge de nous l'apprendre par la Révélation, la Sainte Écriture et la Tradition (et ceci s'adresse à tout le monde). Parfois, pour nous éclairer davantage, Il nous informe par des révélations privées au sujet desquelles il faut, bien sûr, faire preuve de discernement, mais ne pas les rejeter à priori.

Les révélations privées doivent être approuvées par l'Église. Cette approbation ne garantit pas d'une manière absolue que celles-ci soient absolument certaines, mais qu'elles ne contiennent rien de contraire à la foi. A fortiori, on ne peut pas avoir une certitude absolue au sujet des prophéties qui n'ont pas été confirmées par l'Église. Toutefois, la conformité du message avec la foi, la vraisemblance de ce qui y est dit, l'honnêteté de la personne, etc., peuvent donner une certaine crédibilité, à plus forte raison lorsqu'on voit que ces prophéties sont en cours de réalisation. En tous cas, on ne peut jamais se fonder uniquement, absolument sur ces révélations, qui ne peuvent ajouter rien d'essentiel à la Révélation, celle-ci étant close depuis la mort du dernier Apôtre, saint Jean l'Evangéliste. Cependant on peut toujours en tenir compte. De toute façon, les auteurs attestent de leur entière soumission à toutes les décisions de la sainte Église et spécialement aux décrets d'Urbain VIII, relatifs à ce genre de manifestations.

a) L'intervention divine

"Lorsque les nations-dit Joseph de Maistre dans ses *"Considérations sur la France" — sont devenues criminelles, lorsque Dieu a résolu de les ramener à l'ordre par la punition, de les humilier, de les exterminer, de renverser les trônes ou de transporter les sceptres ; pour exercer ces terribles vengeances, presque toujours il emploie de grands coupables, des tyrans, des usurpateurs, des conquérants féroces qui se jouent de toutes les lois : rien ne leur résiste, parce qu'ils sont les exécuteurs d'un jugement divin ; mais pendant que l'ignorance humaine s'extasie sur leurs succès, on les voit disparaître subitement comme l'exécuteur quand il a fini".*

"Le châtiment que subirent la France et l'Europe au siècle dernier nous paraît

terrible, et il le fut ; celui qui apparaît aujourd'hui à l'horizon est effrayant". Pourquoi ?

"Parce que si la Révolution, dans sa première phase, a eu le caractère de châtiment, châtiment terrible qui s'est étendu à toute l'Europe et qui l'a inondée de sang, il est bien à craindre que, dans sa dernière phase, celle où nous sommes entrés, elle n'ait d'abord à remplir le même ministère de justice" (Mgr Delassus, op. cit., pp. 31-33).

Dans cette même perspective, le Père Deschamps cite le cardinal Manning qui, le 1er octobre 1877, s'exprimait ainsi dans une importante réunion politique : *"...Si j'insiste sur toutes ces choses, c'est pour que vous compreniez bien que ce ne sont ni les empereurs, ni les rois, ni les princes, qui dirigent le cours des événements en Orient. Il y a quelque chose au-dessus d'eux et derrière eux, et ce quelque chose, plus puissant qu'eux tous, se fera sentir quand l'heure en sera venue. Oui, le jour où toutes les armées de l'Europe seront engagées dans un immense conflit, alors, ce jour-là, la Révolution, qui jusqu'à présent travaille sous terre secrètement, aura trouvé l'heure favorable pour se montrer au grand jour. Ce qui s'est vu pour Paris se verra de nouveau pour l'Europe tout entière"* (Père Deschamps, op. cit., pp. XXXIV et XXXV).

La lecture de ces lignes nous achemine vers une seule conclusion : Dieu seul peut sauver le monde.

"Oui, Dieu seul sauvera le monde, et il ne se servira pas d'un bras de chair pour relever la société ; les sociétés, plongées, ensevelies dans l'iniquité, dans l'oubli de leurs devoirs les plus sacrés et dans l'abandon de Dieu et de ses commandements. Pour l'ordinaire, oui, le bon Dieu se sert des hommes comme instrument pour relever la société, lorsque dans cette société il y a une certaine crainte de Dieu,

du respect pour l'autorité, pour les autorités une certaine souplesse à se soumettre... ; mais aujourd'hui que l'orgueil et l'esprit d'indépendance sont arrivés aux nues, aucun homme ne pourra jamais dompter la rébellion effrénée des sociétés. Il nous faut la verge de fer dans les mains de la justice divine" (Lettre du 23 juin 1885 de Mélanie à l'abbé Combe).

"Dans ces temps les chrétiens fidèles seront très peu, la plus grande partie sera apostate. Il n'y aura plus de perfection religieuse et beaucoup renieront Notre-Seigneur, sa croix, ses mystères, même s'ils ne seront pas forcés par les persécutions... Toute révérence envers les prêtres sera enlevée, le Saint Sacrifice de la messe sera supprimé et le prêtre sera comme un homme quelconque du peuple. Alors commenceront les fléaux du ciel, la peste et la famine désolatrice" (Saint Méthode d'Olympia, Révélations" T. 3, n° 18, Bibliothèque des Pères de Gallandi).

Ne faut-il pas justement interpréter les derniers tremblements de terre ressentis en Italie fin septembre/début octobre 1997 comme un signe avant-coureur de *"la verge de fer dans les mains de la justice divine"* ? Est-ce un hasard si ces tremblements de terre ont touché Assise où Jean-Paul II a réalisé *"l'innommable"* en 1986 ?

Le jour de la fête de saint François, le 4 octobre 1997, lors même d'une procession faite par ceux qui ont fait le pandémonium d'Assise pour les délivrer d'un tel fléau, un tremblement de terre s'est produit ! N'est-ce pas un signe que Dieu n'accepte plus leurs prières ? N'oublions pas ce que dit Isaïe : *"De même que ma main s'est emparée des royaumes consacrés aux idoles, ainsi j'emporterai les simulacres qu'on adore dans Jérusalem comme en Samarie. Est-ce que je ne ferai pas à Jérusalem et à ses idoles ce que j'ai fait à Samarie et à ses idoles"* (X, 10-11). De même on peut dire : est-ce que Dieu ne fera pas à Assise et à ses idoles, ce qu'Il a fait à Jérusalem, Samarie et à leurs idoles ?

Que dit Mélanie ? « *En attendant, Dieu donne des coups de cloche par les tremblements de terre, tantôt à un endroit et tantôt à un autre, ainsi que le choléra qui moissonne ; et les ouragans parcourent aussi et accomplissent leur mission. Le ciel et la terre s'unissent pour venger leur Créateur, inconnu par ses créatures raisonnables* ».

b) Les moyens à utiliser pour l'obtention du triomphe de l'Église

En aucun cas, le mensonge ne peut totalement triompher. Que faire donc à une heure où l'Église est en état de mort apparente et qu'humainement tout semble perdu ? Dans sa bonté, Dieu ne nous a pas laissés sans indication sur les moyens à partir desquels l'obstacle, qui s'oppose à son action divine pour la fin de *"l'éclipse de l'Église"*, sera levé. Car quelle que soit la résistance qu'on Lui oppose, sa volonté s'accomplira. Il frappera de plus en plus fort jusqu'à ce que nous fassions ce qu'Il attend de nous.

Or, plusieurs moyens nous ont été donnés pour percer la voûte des cieux. L'un d'entre eux, assez récent, est la dévotion aux saintes Plaies de Notre-Seigneur[248].

En 1924, les Visitandines de Chambéry publièrent un opuscule avec *Imprimatur* : *"Sœur Marie-Marthe Chambon et les Saintes Plaies de Notre Seigneur Jésus-Christ"* (1841-1907). Des centaines de cardinaux et d'évêques, et les plus éminents théologiens du temps le louèrent sans la

---

[248] Pour se procurer cette dévotion, écrire à la chapelle du Saint Curé d'Ars — 35 rue du Transvaal — 73 000 Chambéry.

moindre réserve. Le Seigneur fit connaître à cette humble religieuse les trésors infinis renfermés dans ses Plaies et l'importance de les offrir sans cesse à Dieu le Père pour les besoins de l'Église, la conversion des pécheurs et la délivrance des âmes du purgatoire. Il lui donna comme mission spéciale de rappeler aux âmes la dévotion à ses saintes Plaies[249]. N'est-ce pas le moment de déverser sur ce monde apostat les mérites infinis du Sang du Rédempteur ? (*"C'est l'heure de la puissance des ténèbres... mais ayez confiance, j'ai vaincu le monde"* Luc XXII, 53 ; Jean xvi, 33).

c) Que dit Notre-Seigneur à cette religieuse ?

"Les invocations aux saintes Plaies lui obtiendront une victoire incessante... Il faut que tu puises sans cesse dans ces sources pour le triomphe de mon Église"

"Ma fille, il faut bien faire ta charge, qui est d'offrir mes divines Plaies à mon Père Éternel, parce que de là doit venir le triomphe de l'Église, *lequel passera par ma Mère Immaculée"* (*"Sœur Marie-Marthe Chambon et les saintes Plaies de Notre-Seigneur Jésus-Christ"*, p. 41)[250].

Comment ne pas rapprocher cette demande de Notre-Seigneur de ce qu'écrit saint Louis Marie Grignion de Montfort dans son *"Traité de la*

---

[249] Voici, par exemple, quelques oraisons jaculatoires à réciter plusieurs fois dans la journée :
"Père Éternel, nous vous offrons les Plaies de Notre-Seigneur Jésus-Christ pour guérir celles de nos âmes" ; "Mon Jésus, pardon et miséricorde par les mérites de vos saintes Plaies" ; "Seigneur Jésus, nous Vous offrons les mérites de Marie, votre Mère et notre mère, au pied de la croix pour apaiser votre justice" ; "Mon Dieu, par vos Plaies sanglantes et glorieuses, auxquelles nous unissons nos vies, ouvrez à tous votre Royaume".
[250] Cette révélation rejoint parfaitement celle de Notre-Dame à Fatima : "À la fin, mon Cœur Immaculé triomphera".

vraie dévotion à la Sainte Vierge" :

> « C'est par Marie que le salut du monde a commencé, et c'est par Marie qu'il doit être consommé. Marie n'a presque point paru dans le premier avènement de Jésus-Christ, afin que les hommes, encore peu instruits et éclairés sur la personne de son Fils, ne s'éloignassent pas de Lui, en s'attachant trop fortement et trop grossièrement à Elle, ce qui, apparemment, serait arrivé si Elle avait été connue, à cause des charmes admirables que le Très-Haut avait mis même en son extérieur (...) Mais dans le second avènement de Jésus-Christ, Marie doit être connue et révélée par le Saint-Esprit, afin de faire, par Elle, connaître, aimer et servir Jésus-Christ... Dieu veut donc révéler et découvrir Marie, le chef-d'œuvre de ses mains, dans ces derniers temps... » Le saint donne ensuite sept raisons pour le démontrer (Ed. Bureau du règne de Jésus par Marie, 1922, pp. 27-29).

Le saint affirme que cette période sera caractérisée par de nombreuses hérésies durant laquelle « ces grandes âmes (les serviteurs de Marie, n.d.r.), pleines de grâces et de zèle, seront choisies pour s'opposer aux ennemis de Dieu qui frémiront de tous côtés, et elles seront singulièrement dévotes à la Très Sainte Vierge... D'une main elles combattront, renverseront, écraseront les hérétiques avec leurs hérésies, les schismatiques avec leurs schismes, les idolâtres avec leur idolâtrie, et les pécheurs avec leurs impiétés ; et de l'autre main, elles édifieront le temple du vrai Salomon et la mystique cité de Dieu, c'est-à-dire la Très Sainte Vierge » (op. cit., pp. 27-28).

Marie est, en effet, Celle *"qui, seule, terrasse toutes les hérésies dans le monde entier"* (Office de la Sainte Vierge dans le bréviaire romain). Le moyen principal donné à saint Dominique est le très saint Rosaire auquel Notre-Dame a attaché quinze promesses[251].

---

[251] Promesses de la Très Sainte Vierge à saint Dominique et au bienheureux Alain de la Roche en faveur de la dévotion du Rosaire :

1. — À tous ceux qui réciteront dévotement mon Rosaire, je promets ma protection toute spéciale et de très grandes grâces.

2. — Celui qui persévérera dans la récitation de mon Rosaire recevra quelques grâces signalées.

3. — Le Rosaire sera une armure très puissante contre l'enfer : il détruira les vices, délivrera du péché, dissipera les hérésies.

4. — Le Rosaire fera fleurir les vertus et les bonnes œuvres et obtiendra aux âmes les miséricordes divines les plus abondantes ; il substituera dans les cœurs l'amour de Dieu à l'amour du monde, les élevant au désir des biens célestes et éternels. Que d'âmes se sanctifieront par ce moyen !

5. — Celui qui se confie en moi, par le Rosaire, ne périra pas.

6. — Celui qui récitera pieusement mon Rosaire, en considérant ses mystères, ne sera pas accablé par le malheur. Pécheur, il se convertira ; juste, il croîtra en grâce et deviendra digne de la vie éternelle.

7. — Les vrais dévots de mon Rosaire seront aidés à leur mort par les secours du Ciel.

8. — Ceux qui récitent mon Rosaire trouveront pendant leur vie et à leur mort la lumière de Dieu, la plénitude de ses grâces et ils participeront aux mérites des Bienheureux.

9. — Je délivrerai très promptement du purgatoire les âmes dévotes à mon Rosaire.

10. — Les véritables enfants de mon Rosaire jouiront d'une grande gloire dans le Ciel.

11. — Ce que vous demanderez par mon Rosaire, vous l'obtiendrez.

12. — Ceux qui propageront mon Rosaire seront secourus par moi dans toutes leurs nécessités.

13. — J'ai obtenu de mon Fils que tous les confrères du Rosaire aient pour frères, en la vie et à la mort, les saints du Ciel.

Nous pourrions citer un grand nombre de dévotions. Rappelons l'importance de la dévotion à saint Joseph protecteur de l'Église universelle, des Oraisons de sainte Brigitte[252] recommandées par Notre-Seigneur, la consécration des familles au Sacré-Cœur, le port du scapulaire du Mont Carmel, de la médaille de saint Benoît, puissant exorcisme, ainsi que celle de la médaille miraculeuse, etc., mais surtout, d'user de sacrements valides et licites, d'avoir souvent recours à la Sainte Messe, l'oblation pure. Nous avons vu en effet combien les ennemis de l'Église, eux, connaissaient l'importance de ce moyen.

d) Le triomphe du règne social de Notre-Seigneur par le Cœur Immaculé de Marie

La manière dont la justice de Dieu se manifestera est annoncée par plusieurs prophéties, dont certaines sont reconnues par l'Église (La Salette et Fatima). À partir de leur contenu, nous pouvons raisonnablement envisager des guerres civiles, une invasion russo-musulmane[253] et d'autres faits semblables. Mais « …tandis que tout est dévasté par la guerre[254] (dans le cinquième âge) ; que les catholiques sont

---

14.   — Ceux qui récitent fidèlement mon Rosaire sont tous mes fils bien-aimés, les frères et sœurs de Jésus-Christ.

15.   — La dévotion à mon Rosaire est un grand signe de prédestination.

[252] Nous écrire pour obtenir ces Oraisons.

[253] Notre-Dame a annoncé à Fatima que "la Russie sera(it) le fouet des nations". N'oublions pas que saint Jean Bosco avait aussi vu "les chevaux du Don boire dans les fontaines de la place Saint-Pierre".

[254] Si nous vivons très probablement le moment où les camps se constituent, qu'en sera-t-il au cours de la persécution ouverte que les initiés nous ont annoncée pour "les temps messianiques" ? Voici un extrait instructif de la vie du saint curé d'Ars : « Cependant les jours de persécution sanglante étaient venus. Tout prêtre ayant refusé le serment s'expose à

L'ÉGLISE ÉCLIPSÉE

opprimés par les hérétiques et les mauvais chrétiens ; que l'Église et ses ministres sont rendus tributaires ; que les principautés sont bouleversées ;

être arrêté et exécuté, sans recours possible, dans les vingt-quatre heures. Quiconque dénoncera le proscrit recevra cent livres de récompense. Quiconque, au contraire, lui donnera asile sera déporté. Ainsi parlent les lois des 24 avril, 17 septembre, 20 octobre 1793. Malgré ces menaces terribles, les prêtres sillonnaient les environs de Dardilly, et la maison des Vianney les cacha l'un après l'autre. Quelquefois même ils y célébrèrent la Messe. C'est un miracle que le fermier, suspecté par quelques jacobins du cru, n'ait pas payé de sa tête son audace sainte. Des messagers sûrs, envoyés d'Ecully, passaient à certains jours dans les maisons catholiques. Ils indiquaient la retraite où, la nuit suivante, seraient célébrés des divins mystères. Les Vianney partaient le soir, sans bruit, et ils marchaient parfois longtemps dans les ténèbres. Jean-Marie, tout heureux d'aller à cette fête, allongeait vaillamment ses petites jambes... Puis, au milieu d'un silence profond, il commençait les prières liturgiques : Je monterai à l'autel du Seigneur. Quelle ferveur dans sa voix, et dans l'assistance quel recueillement, quelle émotion ! Souvent, au murmure des paroles saintes se mêlait le bruit des sanglots. On eût dit une Messe des catacombes, avant l'arrestation et le martyre. Combien fut remuée, en ces minutes inoubliables, l'âme du petit Vianney ! Agenouillé entre sa mère et ses sœurs, il priait comme un ange ; il pleurait d'entendre pleurer. Puis avec quelle attention il écoutait, sans tout comprendre, les graves enseignements de ce proscrit qui risquait sa tête pour l'amour des âmes ! N'est-ce pas aussi pendant ces réunions nocturnes que parut pour la première fois l'appel au sacerdoce ? » (extraits de la vie du curé d'Ars, par Mgr Trochu, Résiac, pp. 33-34). Commentant le secret de La Salette, Mélanie écrit au chanoine de Brandt : "Pauvre France ! Qui l'aurait cru, il y a 49 ans, qu'aujourd'hui elle serait gouvernée par les Palladistes Lucifériens ? Eh ! attendons un autre peu, et nous verrons les églises cédées, données aux Loges Lucifériennes" (Lettre du 22 avril 1895).

La Vénérable Anne-Catherine Emmerich précise : « Je vis dans l'avenir la religion tombée très bas et se conservant seulement par endroits dans quelques chaumières et dans quelques familles que Dieu a protégées aussi des désastres de la guerre » (A.III.557). « Je vois l'Église complètement isolée et comme tout à fait délaissée. Il semble que tout le monde s'enfuit. Tout est en lutte autour d'elle. Partout je vois de grandes misères, la haine, la trahison et le ressentiment, le trouble, l'abandon et un aveuglement complet » (A.III.127). « L'Église était toute rouge de sang, et il me fut dit qu'elle serait lavée dans le sang » (A.II.205).

que les monarques sont tués, que des sujets sont rejetés, et que tous les hommes conspirent à ériger des républiques, il se fait un changement étonnant par la main de Dieu tout-puissant, tel que personne ne peut humainement se l'imaginer. Car ce monarque puissant qui viendra (au début du sixième âge) comme envoyé de Dieu détruira les républiques de fond en comble ; il soumettra tout à son pouvoir *(sibi subjugavit omnia)* et emploiera son zèle pour la vraie Église du Christ. Toutes les hérésies seront reléguées en enfer. L'empire des turcs sera brisé, et ce monarque régnera en Orient et en Occident. Toutes les nations viendront et adoreront le Seigneur leur Dieu dans la vraie foi catholique et romaine. Beaucoup de saints et de docteurs fleuriront sur la terre. Les hommes aimeront le jugement et la justice. La paix régnera dans tout l'univers, parce que la puissance divine liera Satan pour plusieurs années, etc. ; jusqu'à ce que vienne le fils de la perdition qui le déliera de nouveau, etc. » (Vénérable Barthélemy Holzhauser, op. cit, p. 184).

Plusieurs autres prophéties annoncent ce triomphe de l'Église. La vénérable Elisabeth Canori Mora (1774-1825), comme aussi la Bienheureuse Anna Maria Taïgi, prophétise, à ce propos, que saint Pierre et saint Paul seront obligés de venir rétablir la papauté à l'issue du châtiment divin : « Saint Pierre choisit alors le nouveau pape... L'Église fut reconstituée, les Ordres religieux rétablis ; et les maisons particulières des chrétiens devinrent semblables à des couvents, tellement étaient grands leur ardeur et leur zèle pour la gloire de Dieu. Tel est le triomphe éclatant réservé à l'Église catholique. Elle sera louée, honorée et estimée de tous ; tous se livreront à elle, reconnaissant le pape pour le Vicaire de Jésus-Christ » (La plaquette présentée en fin de volume développe l'intégralité du texte prophétique extrait de l'ouvrage *"Derniers avis prophétiques"*, par Victor C. de Stenay, Palmé, 1872, pp. 83 à 101).

L'ÉGLISE ÉCLIPSÉE

Ce temps donc ne passera pas sans que la Mère de Dieu ait terrassé l'Adversaire[255], selon ses propres paroles à Fatima en 1917 : *"Alors le Saint-Père* (probablement celui dont parle la Vénérable Elisabeth Canori Mora) *me consacrera la Russie et il sera donné au monde un certain temps de paix"*. Et *"À la fin, mon Cœur Immaculé triomphera"*. Temps de paix avant le dénouement du mystère d'iniquité et la venue de l'Antéchrist, le fils de perdition.

Au cours de ce temps de paix, se réalisera enfin la promesse de Notre-Seigneur à sainte Marguerite-Marie : *"Je régnerai malgré mes ennemis"*. L'Église triomphante fera ce que saint Louis Marie Grignion de Montfort avait annoncé. Selon lui, le règne de l'Antéchrist doit être précédé de la définition par l'Église de deux dogmes : celui de Marie Médiatrice de toutes les grâces et de Marie Co-Rédemptrice.

Mais *"Cette paix parmi les hommes ne sera pas longue"* nous dit Notre-Dame à la Salette. L'Antéchrist mettra fin à cette courte paix, à laquelle succédera une fausse paix : *"une espèce de fausse paix s'installera dans le*

---

[255] Le R.P. Dupraz, missionnaire de la Salette, curé de Weyburn, écrit en 1911-1912, donc avant l'apparition de la Sainte Vierge à Fatima : "La dévotion à Notre-Dame du Mont Carmel sera la grande dévotion envers la Sainte Vierge dans les derniers temps, ainsi qu'Elle-même l'a déclaré. Ayant été connue et honorée en ce lieu, sous ce titre, longtemps avant sa naissance, par le prophète Élie et ses disciples, c'est sous ce titre qu'Elle veut être honorée en dernier lieu ; et c'est sous ce titre qu'elle exercera sa royauté future, royauté qui amènera le nouveau Règne du Sauveur, comme l'a prophétisé saint Grignion de Montfort. Ce sera sous ce titre qu'Elle régnera dans les derniers temps, sur le monde converti par les terribles calamités qu'elle a prédites, calamités qui jetteront les hommes dans la terreur. Devant ces calamités, les hommes, ou se convertiront ou mourront de peur, et ce sera alors un monde nouveau sur lequel Marie Immaculée régnera en Souveraine pour son Divin Fils" (extrait de lettres inédites).

monde" (La Salette), sans que l'on aperçoive bien le passage de la première paix à la seconde paix, annonciatrice de l'Antéchrist.

En effet l'Antéchrist, quand il viendra, se manifestera comme le prince de la paix ! Et les hommes passeront peu à peu, insensiblement, de cette paix qu'ils devaient à la miséricorde de Dieu, à cette fausse paix qu'ils croiront devoir à leurs travaux. De nouveau triomphera l'affirmation de la divinité de l'homme se substituant à Dieu. Et l'Antéchrist, hideuse et fatale issue de l'iniquité des hommes, s'assiéra dans le Temple de Dieu comme s'il était Dieu lui-même, avant d'être tué par Notre-Seigneur !

Pour ne pas rester accablé après la lecture de cet ouvrage, terminons avec ces paroles de Pie XII, pleines d'espérance :

> « L'Église de Dieu peut être combattue, Elle ne peut être vaincue ; car les portes de l'Enfer ne prévaudront pas contre Elle, et son divin Fondateur a promis à ses apôtres :
>
> *"Je suis avec vous tous les jours jusqu'à la consommation des siècles".*
>
> Aussi, ceux qui, dans les difficultés actuelles, sont déconcertés, chancelants et inquiets, doivent, en s'appuyant sur les promesses de Jésus-Christ, fortifier leurs âmes »[256]

"Si le maximum de la vertu c'est supporter les injures qui nous atteignent, le comble de l'impiété c'est supporter les injures qui atteignent Dieu" (Saint Thomas d'Aquin).

"Error, cui non resistitur,... approbatur : et veritas quæ minime defensatur...

---

[256] (Discours à l'Académie pontificale des Sciences, 11 juin 1950).

opprimitur" "L'erreur à laquelle on ne résiste pas... est approuvée : la vérité qui est défendue faiblement... est opprimée"(Félix III, *"Au Patriarche Acace"*, 483).

"Le loup infernal emporte les créatures, les tendres brebis qui paissent dans le jardin de la Sainte Église, et il ne se trouve personne pour se dresser et pour les lui arracher de la gueule. Les pasteurs dorment... Ah ! assez de silence ! Criez avec cent mille langues. Je vois qu'à force de silence, le monde est pourri" (Lettre de sainte Catherine de Sienne à un grand prélat).

Comment l'ennemi va-t-il opérer pour obtenir ces *"***masses déçues par le Christianisme***... sans boussole à la recherche d'une idéologie, sans savoir vers qui tourner son adoration"* ? Il est possible d'émettre une hypothèse à partir des rudiments connus de la guerre psychologique. Il se peut, en effet, qu'un jour les ennemis de l'Église dévoilent ceci : la nouvelle *"église conciliaire"*, l'élection de Jean-Paul II, le Sinaï, etc., sont l'aboutissement de leur complot et les chrétiens ont été dupes. Qui pourra alors nier que ces chrétiens ne seront pas justement ces *"masses déçues par le christianisme"* ?

L'ÉGLISE ÉCLIPSÉE

« Réforme de différents droits féodaux et de la dîme. Le 11 août 1789. »
(Caricature anonyme de 1789. Un homme du tiers état : « *Hé, prenez toujours, M. le curé, tel, refuse d'une main, qui voudrait tenir de l'autre, mais c'est la dernière fois.* »)

La nuit du 4 août 1789 est un événement fondamental de la Révolution française, puisque, au cours de la séance qui se tenait alors, l'Assemblée constituante a mis fin au système féodal. C'est l'abolition des privilèges.

"Gaude Maria Virgo, cunctas hæreses sola interemisti"

Soyez dans la joie, Vierge Marie : à vous seule vous avez détruit toutes les hérésies.
Trait de la Messe *Salve, sancta parens*

La Très Sainte Vierge Marie, Reine de France, ne descend pas du ciel pour rien. Chez elle, chez nous, à la Salette, en trois mots sobres, Elle nous a tout enseigné.

Qui est meilleur théologien que la Reine du ciel, Mère de Notre-Seigneur Jésus-Christ, Mère de l'Église ?

Qui sera assez fou pour oser ne pas L'écouter, oser La reprendre, oser La contredire ?

La Très Sainte Vierge Marie aurait pu dire : "*l'Église sera ébranlée, détruite, supprimée, perdue, démolie, enterrée, effacée, ruinée, exterminée*".

Elle ne l'a pas dit.

L'ÉGLISE ÉCLIPSÉE

Elle aurait pu dire : "*l'Église sera abattue, anéantie, abolie, abaissée, profanée, humiliée, abandonnée*". Elle ne l'a pas dit.

Elle aurait pu dire : "*l'Église sera changée, modifiée, transformée, réformée, rafraîchie, renouvelée, rénovée*". Elle ne l'a pas dit.

Elle aurait pu dire : "*l'Église sera obscurcie, enténébrée, pulvérisée, éteinte, rasée, livrée, renversée, accablée*". Elle ne l'a pas dit.

Elle aurait pu dire : "*l'Église sera cachée, dissimulée, écrasée, étouffée, démantelée, séduite, trompée*". Elle ne l'a pas dit.

Elle aurait pu dire : "*l'Église sera infiltrée, investie, assiégée, encerclée, circonvenue, altérée, corrompue*". Elle ne l'a pas dit.

Elle aurait pu dire : "*l'Église disparaîtra, vacillera, titubera, chancellera*". Elle ne l'a pas dit.

Elle aurait pu dire : "*l'Église sera occupée*". Elle ne l'a pas dit.

Chacun de ces mots, et la liste est loin d'être exhaustive, a un sens très précis et correspond à une réalité différente. La très Sainte Vierge Marie n'a choisi aucun de ces mots.

La très Sainte Vierge Marie a dit : "**l'église sera éclipsée**". Elle n'a dit que cela.

Aucune autre expression ne résume mieux la situation. Aucune autre expression n'explique mieux la crise. Aucune autre expression ne donne mieux la solution.

Apprenons donc à bien lire pour bien comprendre, et méditons avec attention son enseignement.

Louis-Hubert Remy

DÉJÀ PARU

Omnia Veritas Ltd présente :

2000 ans de complots contre l'Église

de
MAURICE PINAY

Aucun autre livre au cours de ce siècle n'a été l'objet d'autant de commentaires dans la presse mondiale.

Une compilation de documents d'Histoire et de sources d'indiscutable importance et authenticité

Omnia Veritas Ltd présente :

Le Judaïsme & le Vatican
de Léon de Poncins

*L'irréductible antagonisme avec lequel le **Judaïsme** s'est toujours opposé au **Christianisme** depuis deux mille ans est la clef et le principal ressort de la **subversion** moderne*

Entre l'Évangile et le Talmud il y a un antagonisme irréductible

Omnia Veritas Ltd présente :

LUCIFER & le Pouvoir Occulte

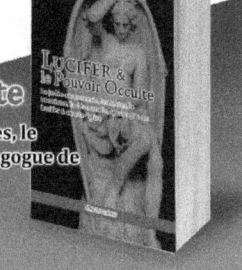

La judéo-maçonnerie, les sectes, le marxisme, la démocratie, synagogue de Lucifer & contre-église

Dans cette étude, il y a un principe fondamental, qui ne doit jamais être oublié sous peine de ne rien comprendre à l'histoire du monde...

Les bras de la pieuvre incarnant la Synagogue de Satan, c'est-à-dire la Contre-Église

OMNIA VERITAS

Omnia Veritas Ltd présente :

LA GUERRE OCCULTE
de
Emmanuel Malynski

Satan s'est révolté au nom de la **liberté** et de **l'égalité** avec **Dieu**, pour asservir en se substituant à **l'autorité** légitime du Très-Haut...

Toute l'histoire du XIXe siècle est marquée par l'évolution du mouvement révolutionnaire

Les étapes du duel gigantesque entre deux principes

OMNIA VERITAS

Omnia Veritas Ltd présente :

JÉSUS-CHRIST,
sa vie, sa passion, son triomphe
par AUGUSTIN BERTHE

Par sa doctrine, il éclipsa tous les sages ; par ses prodiges, tous les thaumaturges ; par ses prédictions, tous les prophètes...

*Il fit du monde entier son **royaume**, et courba sous son joug les peuples et les rois*

OMNIA VERITAS

Omnia Veritas Ltd présente :

LA RÉVOLUTION
PRÉPARÉE PAR LA
FRANC-MAÇONNERIE
PAR
JEAN DE LANNOY

La Franc-Maçonnerie doit porter la responsabilité des crimes de la Révolution aussi bien que de ses principes

L'histoire de la Révolution remise à l'endroit

L'ÉGLISE ÉCLIPSÉE

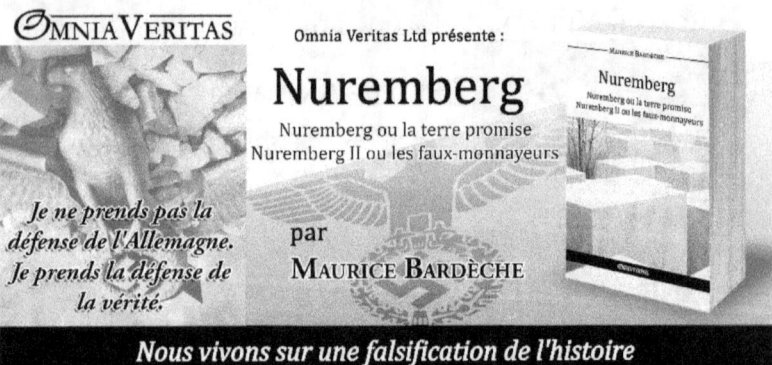

www.omnia-veritas.com

www.ingramcontent.com/pod-product-compliance
Lightning Source LLC
Chambersburg PA
CBHW050322230426
43663CB00010B/1709